The Reconstruction of Nations:
Poland, Ukraine, Lithuania, Belarus, 1569–1999

民族的重建
波兰／乌克兰／立陶宛／白俄罗斯
1569—1999

[美] 蒂莫西·斯奈德 —— 著　　潘梦琦 —— 译

南京大学出版社

The Reconstruction of Nations: Poland, Ukraine, Lithuania, Belarus, 1569–1999
by Timothy Snyder
Copyright © 2003 by Yale University
Originally published by Yale University Press
Simplified Chinese edition copyright © 2020 Shanghai Sanhui Culture and Press Ltd.
Published by Nanjing University Press
All rights reserved.
版权登记号：图字10-2019-278号

图书在版编目（CIP）数据

民族的重建：波兰、乌克兰、立陶宛、白俄罗斯，1569—1999／（美）蒂莫西·斯奈德(Timothy Snyder)著；潘梦琦译. －－南京：南京大学出版社，2020.1（2022.6重印）
书名原文：The Reconstruction of Nations: Poland, Ukraine, Lithuania, Belarus, 1569－1999
ISBN 978-7-305-22164-4

Ⅰ.①民… Ⅱ.①蒂… ②潘… Ⅲ.①民族历史—研究—欧洲—1569-1999 Ⅳ.①K508

中国版本图书馆CIP数据核字(2019)第088187号

出版发行　南京大学出版社
社　　址　南京市汉口路22号　邮　编　210093
出 版 人　金鑫荣

书　　名　民族的重建：波兰、乌克兰、立陶宛、白俄罗斯，1569—1999
著　　者　［美］蒂莫西·斯奈德
译　　者　潘梦琦
策 划 人　严搏非
责任编辑　卢文婷
特约编辑　张祝馨　杨揄熹
印　　刷　山东临沂新华印刷物流集团有限责任公司
开　　本　880×1240 1/32　印张 15.25　字数 302千
版　　次　2020年1月第1版　2022年6月第7次印刷
ISBN 978-7-305-22164-4
定　　价　68.00元

网　　址　http://www.njupco.com
官方微博　http://weibo.com/njupco
官方微信　njupress
销售热线　（025）83594756

版权所有，侵权必究
凡购买南大版图书，如有印装质量问题，请与所购图书销售部门联系调换

致玛丽安娜·布朗·斯奈德和盖伊·伊斯泰尔·斯奈德
纪念露西尔·费雪·哈德利和赫伯特·米勒·哈德利

目 录

名字与来源	I
地名表	III
地 图	IV
缩 写	VII
档 案	VIII
导 论	001

第一部分 | 立陶宛和白俄罗斯的祖国之争

第 1 章 立陶宛大公国（1569—1863）	019
第 2 章 立陶宛！我的祖国！（1863—1914）	041
第 3 章 第一次世界大战与维日诺之问（1914—1939）	070
第 4 章 第二次世界大战与维尔纽斯之问（1939—1945）	098
第 5 章 尾声：苏维埃立陶宛的维尔纽斯（1945—1991）	121

第二部分 | 危机四伏的乌克兰边境

第 6 章 近代早期的乌克兰（1569—1914）	141
第 7 章 加利西亚和沃里尼亚的边缘（1914—1939）	177
第 8 章 乌克兰西部的种族清洗（1939—1945）	203
第 9 章 波兰东南部的种族清洗（1945—1947）	235

第 10 章 尾声：共产主义和被清除的记忆（1947—1981） 264

第三部分 | 重建波兰祖国

第 11 章 爱国的反对派和国家利益（1945—1989） 283
第 12 章 标准的民族国家（1989—1991） 301
第 13 章 欧洲标准和波兰利益（1992—1993） 330
第 14 章 尾声：回到欧洲 356

注　释 378
致　谢 442
索　引 447

名字与来源

本书的主题是关于民族理念的转变、种族清洗的原因以及民族和解的条件。其中一个主题是领土争端,那些有争议的地方在不同的时代、对不同的人群来说有不同的名字。另一个主题是历史和记忆之间的区别,当我们留心名字时,这种区别就会显现。根据争议民族在相关时刻的用法,本书的主体部分会指出华沙和莫斯科之间的城市名字。这将使时代错误被最小化,让人们想起语言对民族主义的重要性,并强调对城市的支配永远不是最终的。地名表提供了用八种语言写作的地名。

国家的名字也需要特别注意。在本书中,中世纪公国基辅罗斯(Kyivan Rus')修饰语为"罗斯的"(Rusian)。近代早期的波兰-立陶宛王国内部的东斯拉夫文化被称为"鲁塞尼亚的"(Ruthenian)。"俄罗斯的"(Russian)这个形容词特指俄罗斯帝国、俄罗斯苏维埃社会主义共和国和俄罗斯联邦。"乌克兰的"(Ukrainian)在中世纪和近代早期阶段是一个地理术语,在现代语境下是一个政治术语。"白俄罗斯"(Belarus)标志着一种倾向地方传统的定位;"白俄罗斯亚"❶(Belorussia)表示一种与俄罗斯完整关联的信念。"立陶宛的"(Lithuanian)和"波

---

❶ 该译名及书中部分地名仅为区分对应原文词汇所使用,翻译时以尽量接近原文读音为准。——编者注

兰的"（Polish）指在某段时期对应的政体或文化。自始至终，本书都会用"加利西亚"（Galicia）和"沃里尼亚"（Volhynia）这两个从拉丁语延伸出的英语术语来指称这两片历史上的土地。

　　本书引用了档案材料，文件集，议会记录，部长备忘录，不同国家和时期的地方、全国以及少数民族报纸，日记，回忆录和通信，学术著作，其他付印及未付印的资料来源，对公务员、议会议员、部长和国家首脑的采访。不同档案在引用时缩写为四个字母，文件集在引用时加注简短标题：这些可以在本书最后找到。首次引用的书本及文章会标注完整，之后引用时会加注作者姓氏和简短标题。其他引用资料会标注完整。即便因为音译而出现不一致，作者的姓名依旧以它们出现在所引著作中的姓名拼写为准。在处理翻译文字时，用一种字母表拼写的文字，要在另一种字母表中具有易读性，音译是不可避免的做法。与英语、法语和德语一样，波兰语、立陶宛语和捷克语使用的是罗马字母的不同正字法（orthography）。乌克兰语、白俄罗斯语和俄语使用的是西里尔字母的不同正字法。和翻译一样，音译充满了难处理的问题，挑剔的读者要明白，所有解决方法都是不完美的。除了众所周知的姓氏，本书中的西里尔字母使用简易版美国国会图书馆体系（Library of Congress system）进行翻译。除了立陶宛语之外，所有翻译均由我个人完成。

汉语	乌克兰语	波兰语	白俄罗斯语	俄语	意第绪语	德语	立陶宛语	英语
维尔纽斯	Vil'nius	Wilno	Vil'nia	Vil'nius	Vilne	Wilna	Vilnius	Vilnius
利沃夫	L'viv	Lwów	L'vou	L'vov	Lemberik	Lemberg	Lvovas	Lviv
基辅	Kyiv	Kijów	Kieu	Kiev	Kiv	Kiew	Kijevas	Kyiv
明斯克	Mins'k	Mińsk	Minsk	Minsk	Minsk	Minsk	Minskas	Minsk
加利西亚	Halychyna	Galicja	Halitsiia	Galitsiia	Galitsye	Galizien	Galicija	Galicia
沃里尼亚	Volyn'	Wołyń	Valyn	Volyn'	Volin	Wolynien	Volyne	Volhynia
波兰	Pol'shcha	Polska	Polshcha	Pol'sha	Poyln	Polen	Lenkija	Poland
立陶宛	Lytva	Litwa	Letuva	Litva	Lite	Litauen	Lietuva	Lithuania
白俄罗斯	Bilorus'	Białoru	Belarus'	Belorussia	Vaysrusland	Weissrussland	Baltarusija	Belarus
乌克兰	Ukraina	Ukraina	Ukraina	Ukraina	Ukraine	Ukraine	Ukraina	Ukraine
俄罗斯	Rosiia	Rosja	Ras'eia	Rossiia	Rusland	Russland	Rusija	Russia

波兰语中的"w"在英语中的发音是"vain"中的"v";波兰语中的"ó"在英语中的发音是"true"中的"u";波兰语中的"j"在英语中的发音是"yoke"中的"y";波兰语中的"ń"在英语中的第一个"n";波兰语中的发音是"wonder"中的"w"。俄语、乌克兰语和白俄罗斯语中的地名通常用西里尔字母拼写,意第绪语中的地名通常用希伯来字母拼写。

* 表格引自原书,在翻译时添加"汉语"一列。后页地图亦均出自原书,由帕斯托地图公司 Jonathan Wyss 绘制。——编者注

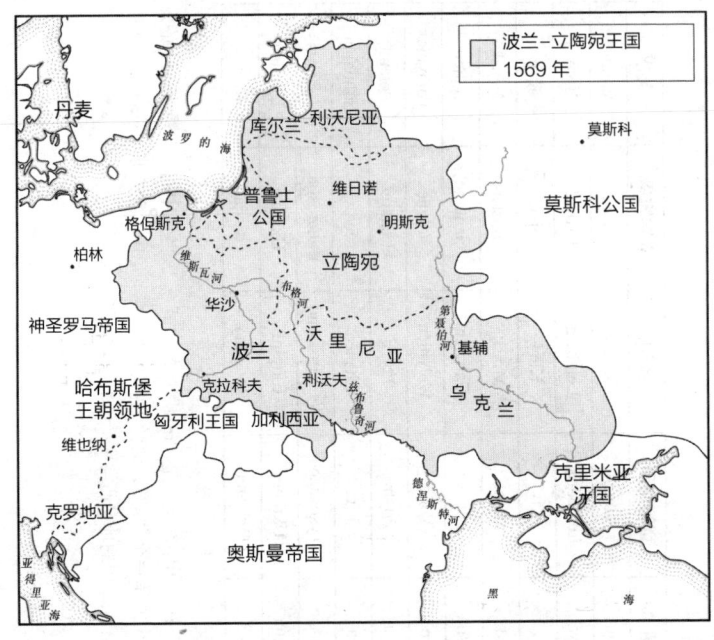

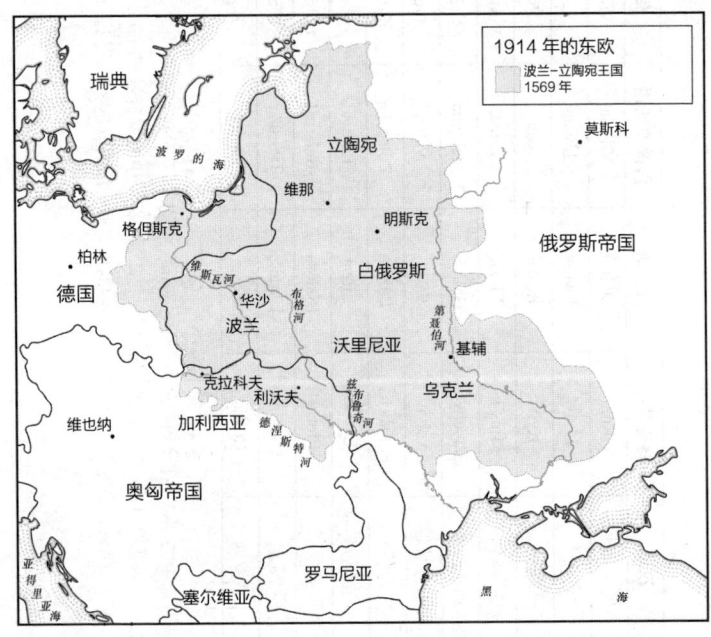

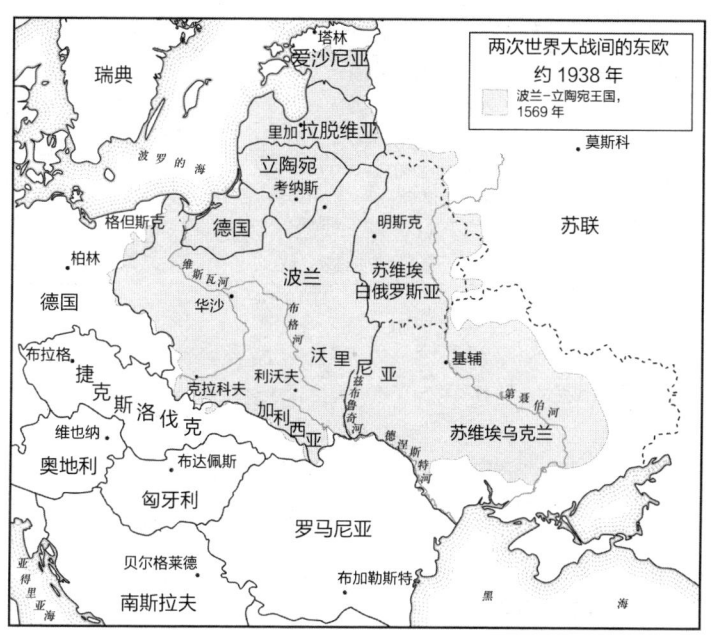

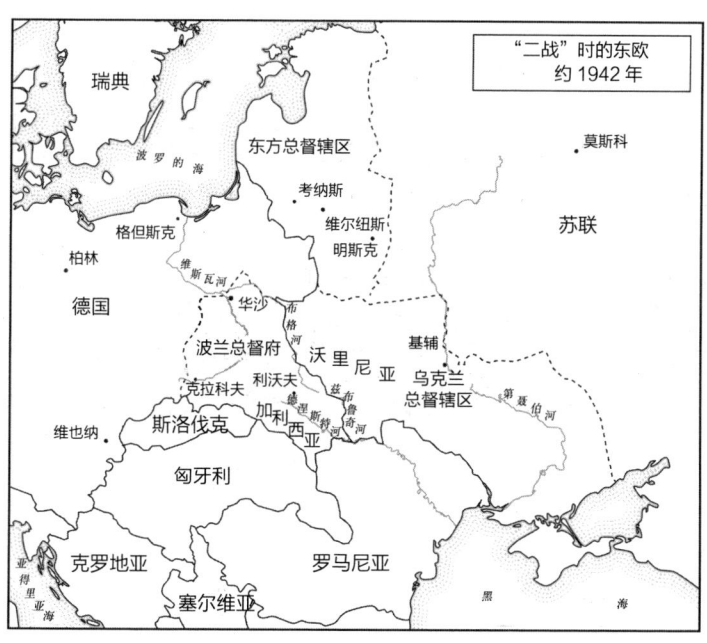

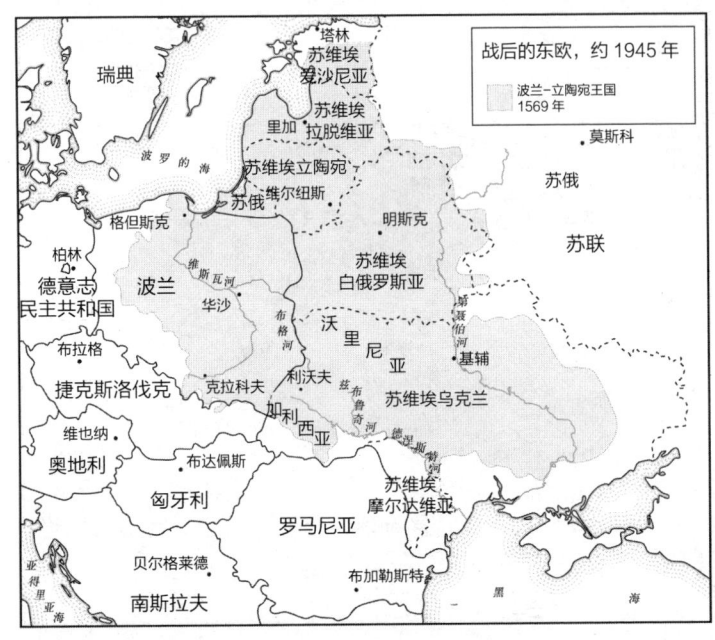

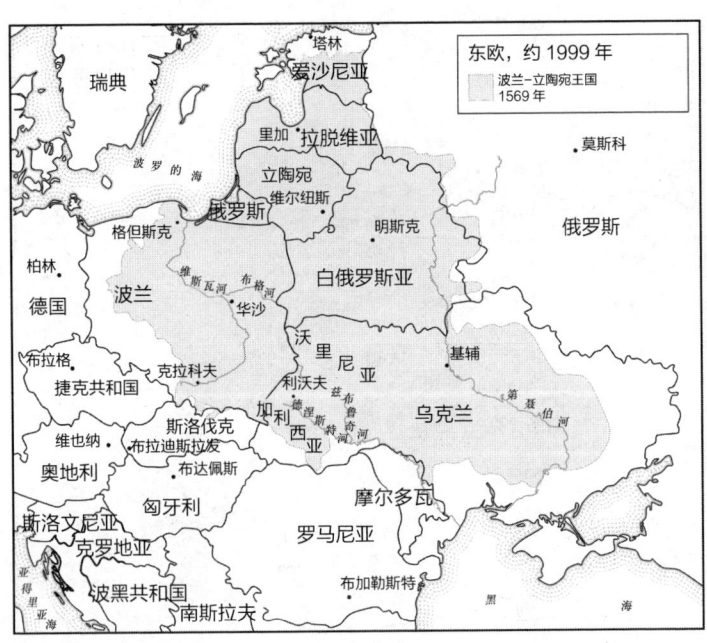

缩 写

AK Armia Krajowa 波兰救国军

EU European Union 欧盟

OUN Orhanizatsiia Ukrains'kykh Natsionalistiv 乌克兰民族主义组织

NATO North Atlantic Treaty Organization 北大西洋公约组织

SSR Soviet Socialist Republic 苏维埃社会主义共和国

NKVD Narodnyi Komissariat Vnutrennikh Del 内务人民委员部

UNDO Ukrains'ke Natsional'ne Demokratychne Ob'iednannia 乌克兰民族-民主联盟

UPA Ukrains'ka Povstans'ka Armiia 乌克兰起义军

YIVO Yidisher Visnshaftlekher Institut 犹太研究学会意第绪科学院

档 案

AMPN Archiwum Muzeum Polskiego, Dział Narodowościowy
波兰博物馆民族部档案（伦敦）

AWKW Archiwum Wschodnie, Ośrodek Karta, Wspomnienia
卡塔中心东部档案：传记（华沙）

BUWR Biblioteka Uniwersytetu Warszawskiego, Dział Rękopisów
华沙大学图书馆手稿部（华沙）

CAWR Centralne Archiwum Wojskowe
中央军事档案馆（华沙，伦贝尔图弗）

GARF Gosudarstvennyi Arkhiv Rossiiskoi Federatsii
俄罗斯联邦国家档案馆（莫斯科）

LCVA Lietuvos Centrinis Valstybes Archyvas
立陶宛国家中央档案馆（维尔纽斯）

SPPL Studium Polskiej Podziemnej
波兰地下档案（伦敦）

VUBR Vilniaus Universiteto Biblioteka, Rankraščiu Skyrius Vilnius
大学图书馆手稿部（维尔纽斯）

导 论

民族是何时产生的？是什么导致了种族清洗？国家间如何达成和解？

本书追溯了现代独立国家历史中的一段时期，起始于近代早期欧洲历史中最庞大的共同体——16世纪的波兰-立陶宛王国——建立之时。当时，王国内的民族构成是其贵族，既有天主教徒，也有东正教徒和新教徒。波兰、立陶宛和东斯拉夫的贵族由共同的政治和公民权利所联合，他们用拉丁语或波兰语描述自己是"来自波兰民族的"。他们理所应当地认为，在万事万物的自然秩序中，国家、演说、文学和宗教礼拜仪式的语言本就不同。18世纪，在王国遭到后来崛起的帝国瓜分后，一些爱国者将民族（nation）重新解释为国民（people），而民族性（nationality）则由人们所说的语言决定。在20世纪末，也就是本书追溯的历史的尾声，原来波兰-立陶宛王国的核心地区已经分裂为四个以民族命名的现代国家：波兰、乌克兰、立陶宛和白俄罗斯。自那时起，有关民族性概念的盛行观点认为，说不同语言的人群应以国界线作为边界，而演说、政治和宗教礼拜时应该使用同一种语言。那么，早期的一种民族观念是如何演变为四种现代民族观念的？

我们在本书中探讨的这块土地上涌现的民族观念分为三个时期，即近代早期（early modern）王国时期（1569—1795）、19世纪帝国瓜分时期（1795—1918）以及独立国家和随之取代它们的苏联加盟共和国时期（1918—1939）。我们会发现近代早期的波兰民族在瓜分后依然幸存，并在帝国统治时期逐渐繁盛，而它的瓦解是从19世纪末期开始的。连现代民族观念都是在与近代早期民族观念的激烈竞争中逐渐显现的，以此和更遥远的帝国统治背景形成了对比。而传统爱国主义和种族民族主义之间胶着的竞争状态，在第一次世界大战后确立的政权形态中依然存在。1918年之后，尽管国家本身已经强制做出选择，不再考虑其他选项，但是当时刚刚出现的关于现代民族国家的特许观念并未占得支配性地位。直到经历了第二次世界大战的组织暴力，这层历史外壳才被最终打破，而关于近代早期民族性的各种观念只有依赖这层历史外壳才能协调一致。驱逐、种族灭绝和种族清洗彻底破坏了历史区域，洗劫了多文化并存的城市，为现代民族主义的产生扫除障碍。大屠杀和精英置换将历史传统连根拔起。为了进一步阐明这一观点，本书将聚焦于战时波兰人和乌克兰人的经历，探寻他们之间相互实施种族清洗的原因。在苏维埃和纳粹的四年占领之后，乌克兰人和波兰人又对彼此进行了四年的种族清洗，造成的后果是超过10万人死亡，140万人被迫定居别处。这一切是如何发生的？是民族主义导致了种族清洗，还是种族清洗给不同人群贴上了民族标签？

　　单一民族国家能够挨过这段历史吗？被粗暴地表现为种族清洗的现代民族观念的要求，能否找到一种更加和平的表达方式？以上都是20世纪40年代到90年代间，人们陆续提出的问题。在1989年革命发生后，在波兰、立陶宛、白俄罗斯和乌克兰，人们可以找到所有能想象到的造成民族冲突的原因：帝国瓦解、不具有历史合法性的国界线、挑衅的少数族群、扬言复仇者、恐惧的精英人群、新建立的民主政治体制、种族清洗的记忆以及长期冲突的民族迷思。意识到现代民族性存在的波兰东部政策，从一开始就促成了一种稳定的地缘政治秩序。苏联的解体是被预料到的，被加速了，最终转向了和平的目的，而证明波兰的成功的最简单证据就是西方对这片地区曾发生的历史敌对和战时种族清洗一无所知，而这些正是本书所要描述的。在90年代爆发武装冲突的国家，比如前南斯拉夫，人们对那里先前的战争和可能存在的古老仇恨所知一二。而在和平与繁荣盛行之地，比如波兰，"重返欧洲"的历史叙述重回人们的视野。波兰的东方政策的成功，另一个证据正是波兰被整合进了西方。1999年，人们惊讶地看到所谓新欧洲的失败与成功同时出现：北约接纳了波兰，同时北约轰炸了南斯拉夫。正当全世界都在关注塞族人和他们的邻居之间的冲突时，一支波兰-乌克兰维和部队进驻科索沃。为何欧洲东北地区能够团结一致，而欧洲东南地区却分崩离析？

时　间

现代民族何时产生，种族清洗为何发生，民族国家如何和平共处——这三个问题与本书研究的时间顺序正好一致，即1569—1999年。1569年标志着近代早期波兰民族的诞生。是年，波兰和立陶宛的贵族通过成立卢布林联合（Lublin Union）建立了波兰-立陶宛王国。从那以后，立陶宛和波兰贵族共同加入一个议会，共同选出统治者，并逐渐共享一种共同的文明。波兰王国和立陶宛大公国依然保持独立的法律条文和行政机构，并且保持内部分界线。卢布林联合针对国界线的修改对波兰更为有利，它将立陶宛东南地区的斯拉夫人的土地划给了波兰。这分裂了东斯拉夫的贵族和人民，在今天我们熟知的乌克兰和白俄罗斯之间划定了新的边界。尽管卢布林联合提倡一种宗教包容精神，它却与雄心勃勃的宗教改革保持一致。东斯拉夫贵族从东方基督教向西方基督教的转变，在现在我们称为白俄罗斯和乌克兰的土地上造成了贵族和平民之间一种新的区别。因此，在贵族组成的波兰民族保持统一的同时，其他各个社会阶层之间产生了新的分裂。之后1648年在乌克兰发生的叛乱，大致描绘出波兰、乌克兰甚至俄罗斯民族的民族历史。

1569年是一个特别的历史起点。波兰、立陶宛、白俄罗斯、乌克兰和俄罗斯的民族历史通常从中世纪开始，据称如今这些民族国家历史都可追根溯源到那时。为了识别出这种变化，最好的办法是承认在近代早期领土广袤的王国内明显存在单一的近代早期民族，然后再思考它给现代政治留下的影响。这个近代早期民族被称作"波兰人"，但是这个词语象征的是一种公民权利和文明，而不是语言或种族。从1569年这个时间点作为起始，能够使我们看到近代早期波兰民族内在的一致性和吸引力，并且使我们摆脱我们对民族性概念的现代假定。既然这是一份关于民族性而非国家的研究，它的年代划分也是非传统的。19世纪是波兰文明的"美好时代"，尽管王国已经在1795年分裂。本书没有像浪漫主义传统、民族传统和历史编纂传统所倾向采取的那样，将1795年视为近代早期政治的终点，而是选择了1863年这个年份。在1863年，波兰贵族最后一次反抗俄罗斯人的统治；而在1863年之后，俄罗斯帝国开始动摇波兰在西部领地的文化和经济支配优势。在反抗起义后，波兰精英中重要的一部分人开始反对传统上对政体和民族的定义，一些帝国行政官和底层活动家加入了他们，这些人认为民族是以宗教和语言所决定的。直到1863年之后，我们才发现近代波兰、立陶宛和俄罗斯民族主义对近代早期政治遗产的敌视，以及有关白俄罗斯概念的苗头。

而在被奥地利掠夺的、面积很小的旧王国土地上，并不存在如此分裂。如此，我们应将注意力放在1876年，那一年乌克兰出版物被俄罗斯帝国封禁，乌克兰的理念在奥地利开始成型，而在当时的奥地利加利西亚地区（Austrian Galicia），乌克兰和波兰之间的敌对关系开始显现。

我们应当明白，在现代民族的崛起过程中，历史的影响非常重要——但不是以现代民族主义者所宣称的那种形式。我们所遭遇的每一种现代民族主义都忽略了近代早期的传统，反而支持想象中的中世纪历史延续。我们也应发现，现代化和民族主义息息相关，尽管现代化理论无法解释民族兴衰的基本事实。现代社会的特征——包括政治意识形态、民主政体、不断精进的宣传技巧、大众媒体、公立教育、人口增长、城市化、工业化——在这份研究中均有所涉猎。民族主义者和社会科学家同时迷信于所谓集权化的国家：前者将国家投射到过去；后者适当地强调了国家的新奇性和潜力，但有时也夸大了建国者取得的成就。国家，和民族一样，也是随时间而改变的。当人们认为国家的权力是合法的，它就是合法的。而本研究表明，现代集权国家的建立，常常会带来意想不到的复杂结果。国家被建立、被摧毁、被摧毁的方式往往会决定下一代的民族观念。当国家被建立时，它的形式经常是含糊不清的，比如：早期苏联加盟共和国的民族政策时有改变，每当民族复兴浪潮涌来，知识阶层就暴露在大规模清洗的危险中；内战中的波兰因对民族的定义不同而分裂，雄心勃勃的波兰人既不能消除分歧，也无法建立起联邦结构；战后波兰的国家合法性源自种族同质性，却由共产主义者统治这个国家。在处理20世纪第一个十年的历史时，本书将重点关注建立国家的经验如何塑造或阻碍民族观念的诞生。

在20世纪中叶，作为集权化国家的一种类型，纳粹德国和苏联分别占领了本书所涉及的所有领土。这两个国家输出的统治系统对那些处于它们治下的人民满怀敌意,且与当地政治传统格格不入。在涉及第一次世界大战后的民族国家如何被建立和被破坏时,本书更关注第二次世界大战时各民族人民的命运。"二战"摧毁了近代早期的民族性残余,使现代民族主义传播甚广。尽管1918年和1945年都是历史进程的停顿点,但后者更为重要。1863年后,现代民族理念将"大众"(mass population)这一因素纳入其中;1945年后,大众开始接受现代民族理念。因此出于相同的理由,本书的研究终止于1999年,而非1989年。尽管波兰在1989年后重获国家主权,白俄罗斯、立陶宛和乌克兰也在1991年获得独立,但是波兰在1999年加入北约才真正宣告了这一民族历史进程阶段的终结。成为北约成员不仅意味着对作为现代民族国家的波兰所取得的成功的认可,这也是对波兰成功解决敏感民族问题的奖赏。支持处于本国和俄罗斯之间的新兴民族国家的同时,波兰成功将自己划入西方阵营。1569年标志着近代早期的波兰向东扩展的雄心,这一扩展的脚步止于20世纪40年代;而1999年标注着新生的波兰维护西方阵营的安全和政治认同的决心。

领　土

本书没有将重点放在20世纪民族国家领土边界或19世纪帝国边疆上,而是关注1569年波兰-立陶宛王国成立后划分的领土区域。第一部分的重点是城市维尔纽斯(Vilnius)。维尔纽斯是当时立陶宛大公国的首都,它曾是俄罗斯帝国维尔纽斯省首府、20世纪20年代到30年代时的波兰城市以及"二战"后立陶宛苏维埃社会主义共和国的城市。

今天,维尔纽斯是独立后的立陶宛的首都。在希特勒实行"最终解决方案"❶之前,犹太人称维尔纽斯是"北方的耶路撒冷",不久前波兰人、俄罗斯人、白俄罗斯人还有立陶宛人曾接连对这座城市宣称主权。如果放在近代早期的政治民族框架中来看,维尔纽斯属于立陶宛,因为它一开始就是立陶宛大公国的首都。但如果放在现代政治民族框架中来看,维尔纽斯在"二战"前根本不属于立陶宛:其居民几乎没有立陶宛人,而且它属于波兰版图内。至此,我们要讨论的问题就是维尔纽斯如何在现代民族观念、人口和文化变迁过程中变成一座立陶宛城市。

第二部分将关注东部的加利西亚和沃里尼亚(Volhynia)地区。大量的波兰人和犹太人居住在这些东部斯拉夫领土上,这里也是波兰-立陶宛王国的中心地区,在王国衰亡后这里依然是帝国腹地。在18世纪晚期,沃里尼亚被划给了俄国,而加利西亚被划给了奥匈帝国。根据立陶宛的历史记载,在加利西亚和沃里尼亚的波兰人在整个19世纪占据着统治地位。直到19世纪末,波兰大地主们或是让位于沃里尼亚的俄国竞争对手,或是与加利西亚的乌克兰政党达成妥协。在俄国和奥匈帝国,波兰民族主义者通过贬低波兰的民族性,帮助乌克兰人达成了他们的事业。事实上,近代早期的波兰民族达成了令人印象深刻的成就,他们塑造了一种以波兰语为载体的文明。通过在人群中重新识别出民族,波兰民族主义者将波兰人重新定义为一个独特的种族群体,并且在未受教育的农民中产生影响力。"一战"以后,加利西亚和沃里尼亚都被整合进一个新的波兰国家中。尽管在两次大战间,波兰针对

---

❶ 最终解决方案(Final Solution)指"二战"期间纳粹德国针对欧洲犹太人的系统化种族灭绝计划。——译者注(下文脚注如无另行说明,皆为译者注。)

乌克兰民族主义者的政策显得优柔寡断，但是20世纪早期的加利西亚和沃里尼亚与19世纪甚至18世纪的非常相似。"二战"彻底破坏了这两个区域的历史一致性，现代民族主义在这里生根发芽。1945年，这两个区域被并入乌克兰苏维埃社会主义共和国，从1991年起这里是乌克兰独立呼声最高、最爱国的地区，今天这里被人们称为"西乌克兰"（western Ukraine）。

着重关注维尔纽斯（考察波兰、立陶宛和白俄罗斯）以及加利西亚和沃里尼亚（考察波兰和乌克兰）是基于所谓的长时段（longue durée）理论以区分这些地方的历史变迁。如果我们把目光锁定在这四个世纪的历史，我们会发现经济和社会变化，发现军队的前进和后退，以及观察20世纪的种族灭绝、驱逐和流亡。如果我们有足够的耐心，如果我们能专注地沉浸下去，就会发现一些令人感伤的巨变。我们看到了政治版图的流变：破裂最终演变为一种全新的事物。为了探明20世纪40年代的变化，本书第三部分会描述维尔纽斯、加利西亚和沃里尼亚在1989年革命后面临的每个主权民族国家可能面临的外交新问题，但不会花太多篇幅。第三部分将着重讨论波兰在20世纪90年代的大战略，即如何承认东欧地区分裂为目前的国家版图现状，且进一步加固这种现状。这种战略也许非常直接，但这确实是波兰政治理论的一大创新，而且这种外交策略在共产主义终结后的东欧地区中并不常见。

犹太人、俄国人、德国人？

当加利西亚城市科洛梅亚（Kolomya）的列宁雕像被推倒后，雕像的底座被改造为犹太人墓碑。今天科洛梅亚是乌克兰西南部的一座城市。在1939—1941年和1945—1991年间,这里属于乌克兰苏维埃社会主义共和国;在1941—1944年,这里曾是波兰总督府(Generalgouvernement)辖属城市;在"二战"前,这里是斯坦尼斯拉维夫省(Stanisławów)的一个城市;在"一战"前,这里属于奥匈帝国加利西亚地区;在1772年前这里只是波兰王国中鲁塞尼亚人(Ruthenian)居住地的一个小镇。在1941—1942年"最终解决方案"实施期间,无论科洛梅亚的实际统治者是谁,它都是一座犹太城市。犹太人在科洛梅亚甚至整个东欧的缺席,正好与共产主义对东欧40年的统治相吻合。20世纪90年代东欧的民族"历史债"乱成一锅粥,很多由共产主义者编纂的新研究往往从起始于"二战"的民族主义世界。犹太历史与东欧的主流历史逐渐分离开来。正如以色列历史强调犹太复国主义计划的成功,忽视以色列政治的东欧源头,东欧历史学仅关注独立国家,没有给犹太人应有的重视。当然,也有很多有价值的非主流研究著作,近来一种值得称赞的趋势是出版容纳各类民族观点的选集。虽然这样做确实有效,但是这并没有解决历史上的民族主义问题,这只能导向一种政治正确的多维民族主义(multi-nationalism),后者将平行的民族研究从历史的土壤中连根拔起,而这才是我们需要耐心研究的问题。

那么,考虑到本书的研究视野,为何要把犹太人、德国人和俄国人从副标题中删去呢?因为这是一份关于现代波兰、乌克兰、立陶宛和白俄罗斯民族性的研究,本书并未对追溯德国人、俄国人或犹太人的民族性及对此下结论有任何雄心。这是一种谦逊的做法,而非无视。因为德国的民族历史主线将我们引向别处,在这里我们只考虑和近代早期乌克兰和立陶宛有关的俄国民族观念。基于以下五个原因,我们必须在别的研究中探寻犹太民族观点的问题。首先,犹太民族是比斯拉夫民族或波罗的民族（Baltic nations）历史更悠久的社群。第二，要研究这个问题，必须涉及犹太人在波兰-立陶宛王国中公社式的自治传统，但这与本书的结构相去甚远。第三，犹太人进入现代政治生活的路径是通过废除社群特权、王国统治下的独立司法以及缓慢而渐进式的个人权利拓展而达成的，这一切都发生在帝国逐渐分崩离析的19世纪。这一经验与非犹太教徒的限制主义民族政治历程截然不同，因此需要别的解释。第四，21世纪兴起的以领土为目标的民族主义，强调恢复昔日的王国边界，并使之成为民族国家，但这种民族主义从来不是犹太人的选择。最后，尽管大屠杀和以色列建国的关系可以成为本书的重要论据之一，但这个问题将转移我们在东欧领土上的注意力，而这才是构成本书研究方法的要素。犹太民族研究与本书的研究存在异同，无论如何，划分和论证这段历史需要一种完全不同的重构方式。

尽管本书没有研究俄国、德国和犹太民族历史的雄心，但本书认为，只有理解了这三个民族，才能理解波兰、乌克兰、立陶宛和白俄罗斯的民族历史。因此本书以一种特殊的方式呈现"二战"后的整体历史，将一些以往分而述之的部分汇总在一起。"最终解决方案"被视为战时及战后东欧的一个组成部分。1941—1944年对维尔纽斯犹太人的种族清洗以及1944—1946年对维尔纽斯波兰人的驱逐，都属于战后立陶宛苏维埃共和国对维尔纽斯的重建。我们会发现，1942年的沃里尼亚大屠杀培养了那些参与1943年针对沃里尼亚波兰人的屠戮行动的年轻人。苏联的暴力行为开始在这里扎根。在1944年乌克兰人针对波兰人的种族清洗中，苏联对波兰的领土企图使之改变了本国的民族政策。而波兰共产主义者在苏联军队的直接帮助下，以及在波兰民族主义者的间接帮助下，于1947年实施了所谓的"民族净化"（national homogenization）

行动。从中我们可以观察到这段历史的延续性：从纳粹的"最终解决方案"到针对某一方的种族清洗，再到为了建立新的统治而实行的大清洗。

本书从当代东欧历史研究成果中获益良多。但是，我希望本书能在另一种分析框架中呈现这段民族历史。本书要回答的是关于多个民族的问题，而不是创造一种单一民族叙事或对现有叙事做调整；向前迈进而不是退回到历史中，后者往往避免触碰后来的政治如何形塑了历史这一问题。本书关注的特定的地理空间，我们将审视在这些地方的民族理念、社会运动和政治主张所经历的变化。书中所呈现的近代早期的历史或是那种复杂的民族性，对现代读者来说可能有些难以理解，这其中充满了意外、偶然事件和运气。本书对成功民族的案例和对失败案例（比如白俄罗斯）的关注一样多，因为后者也让我们了解了现代民族走向政治成功需要具备的因素。在近代早期的背景下，那些民族英雄所思考的、不断适应的以及拒绝服从的民族理念也在本书中有所体现。此外，本书重新解读了那些在民族主义和共产主义之间相反的意识形态。以上提及的这些目标已经被许多来自东欧或研究东欧历史的历史学家所接受，我对此并未做出任何创新，我只希望能在他们设立的框架内写作这样一本书。

尽管这些章节提供了一些新的论述，第 1 章到第 7 章受到前述历史学家的帮助最多。本书用浪漫主义来论述分别出现在帝国统治时期、民族国家和苏联时期的近代早期和现代民族观念，也许称得上是创新。此外，对比其他民族运动取得成功的背景，本书系统性地研究了白俄罗斯民族失败的案例；还研究了维尔纽斯的立陶宛化过程——据我所知，此前未有类似的研究涉及以上方面。第 8 章到第 14 章参考了档案资料和其他重要文献研究，不仅呈现了许多新的论证依据，还展示了一些鲜为人知的历史事件。第 8 章到第 10 章第一次在英文学术著作中完整描述了发生在 1943 年至 1947 年间乌克兰人和波兰人相互实施的种族清洗事件。第 11 章到第 14 章将波兰在 20 世纪 70 年代精心制订的国家战略、在 90 年代实行的东部政策与波兰成功融入欧洲联系起来。尽管我们已经看到了许许多多关于南斯拉夫解体和欧洲东南部分裂的研究，但这四个章节首次对波兰在欧洲东北部的稳定化中扮演的角色进行了研究。总体而言，本书对近代早期的波兰王国和其现代继任国做了整体性的研究。只有横跨国界的限制——如东欧和苏联或俄国和奥匈帝国——我们才能绘制出民族性从近代早期到现代的流变画卷。

元历史（Metahistories）与迷思

本书呈现了一种全新的东欧历史，但是几乎很少涉及民族迷思。例如，关于波兰军队在 1920 年进驻维尔纽斯后发生的事件，已经有很多成熟的立陶宛和波兰方面的研究；而关于 1943 年发生在沃里尼亚的种族清洗，乌克兰和波兰方面仍然各执一词。这些民族争端的每一方都提供了重要证据，但是即使把各方证据综合起来，还是不能满足一个局外人的好奇心。外交上的冲突妥协固然重要，但对历史学家来说这徒然无益。妥协无法产生独立的视角，而历史学家必须在独立的框架下进行研究。没有人能声称所有研究框架都是超越政治的，但是在建立学术研究机制和为民族迷思下定论之间存在明显差异。驳斥所谓的迷思无异于和骷髅共舞：当音乐响起，你会发现自己很难从"舞伴"柔软的肢体中抽离开来，很快你就意识到你的舞步只是徒劳地让这具尸体不断旋转而已。你很容易沉浸在制造迷思和破除迷思的舞蹈中，但要再找回自己的节奏却很难。而且,这种研究带来的陈腐气味一时很难消散。

同样,本书也不会流连于19世纪宏大的民族历史观——当代已有太多关于这一议题的讨论了。例如,在口语中,"波兰人"(Poles)通常指代生活在近代早期波兰-立陶宛王国中的波兰人,在这个意义上的王国类似今天的波兰。而俄国人认为,东斯拉夫地区在波兰-立陶宛王国中度过的几个世纪,对这一地区"重新回归"俄罗斯帝国毫无意义。在这里,以上元历史观点"甚至连错误都算不上"。这些观点如此深入人心,也给反对者带来灵感,提出完全相反的论述:立陶宛人能够"论证"中世纪维尔纽斯不属于波兰,而是立陶宛的;乌克兰人能够"证明"是他们而不是俄国人继承了基辅文明。与元历史争辩同时冒着认可它的风险,但是胡言乱语的反面依然是胡言乱语,在元历史中没有有效的分析,只有"这些观点"和"那些反对的观点"。关于迷思和元历史的辩证法使民族主义者的思维更锐利了,但这只是一个研究主题,而非民族历史的研究方法。

意见和模式

迷思制造者和元历史学家的声音往往真诚而令人信服,他们的观点不证自明。而民族主义理论家的声音疏离而充满讽刺,他们认为那些不言自明的事情是明显的错误,众人深信的事物往往是错误的。问题是为何这些漏洞百出的观点大行其道?部分可能是因为讽刺的本质充满了欺骗性。在尖锐矛盾的伪装下,讽刺更加固化了我们对世界麻木的误解。讽刺源于那些我们认为理所应当的东西,我们的自满成为讽刺的牵引力。如果我们将讽刺视为事物的终结,那么我们将得出错误的结论,认为民族性是被发明出来的,是偶然产生的,或者民族性太令人迷惑了以至于难以归类。也许具有讽刺意味的是,一个生活在20世纪的乌克兰活动家,一个希腊天主教会(Greek Catholic)成员,竟然在一个波兰家庭长大,并且在天主教会受洗。这种讽刺实际上说明了加利西亚地区的复杂性,以及从近代早期的王国时代到现代的艰难转变。同样具有讽刺意义的是,20世纪上半叶最著名的波兰政治家竟然称自己是"立陶宛人",还有每个波兰人耳熟能详的那句诗:"立陶宛!我的祖国!"如果我们把讽刺的事物作为进一步研究的入口,那么我们就会发现近代早期王国的民族性经过了一个多世纪才彻底消亡。在本书中,讽刺不是一种提出问题的方式,更不是答案的代替物。在这里,民族既不是信念的对象,也不是取乐的对象,而是研究对象。

本书的叙述模式是按时间顺序的历史叙述。这种模式曾被批评倾向于将"民族"当作文学中与磨难、救赎等主题相关的史诗作品的主角。正如这篇导论所提出的,一种批判性的民族历史叙述也许可以这样写:关于什么主题、关于哪段历史时期、关于哪个地点,以及关于何人的意见和观点。但这还称不上是冒险。叙述性历史对理解民族和民族主义至关重要。近年来,几本优秀的社科著作引发了关于民族主义理论的争论,这些著作全都"寄生"在历史之上。"寄生"(parasitism)是个很糟的字眼,我想表达的是当社会科学家兴致勃勃地分析民族主义时,他们都在谨慎地使用历史叙述。而当历史编纂学颤颤巍巍地想要迎接这个挑战时,寄生成了相互利用的代名词。说到底,由建构主义者(constructivist)在民族研究中提出了种种问题,最终还是需要进一步的历史研究。而且,就像历史叙述可以在社会学批评中拉开和政治的距离,社会科学也可以在历史学中获得一种政治视角。毕竟,历史学和社会科学都无法摆脱为政治服务的烙印。今天，一些人饶有兴致地想要证明乌克兰是奥匈帝国（德国、波兰，等等）因素的"产物"，就像另一些人坚持认为一种"必要的"、不间断的乌克兰历史赋予了乌克兰独立的合法性。在南斯拉夫战争之后，人们有时会认为种族清洗者背后的动机就是这种关于血缘与归属的本质主义（essentialist）观点；事实上，历史研究揭示出那些相关人士正是采用了建构主义者提出的关于民族性的复杂观点。民族性是政治合法性的主要基础，这个简单事实暗示它的拥护者——民族研究——理应服务于此。为了完成这项事业，历史叙述者提供了编年史、比较研究和一致性（coherence）等这些来自历史学家的朴实馈赠。然而，在历史结束之际，我们又如何分辨这种历史叙述是不是靠得住？

  传统智慧就像薄薄的冰层，覆盖了未知事物的深海。历史叙述会像流水一样因势而变吗？水屈服于重力和寒冷，随时改变以通过任何路径。当水冻结就能封住还未显露的缺口，最终聚集成冰，水最终会和它流经的物体融为一体。抑或，历史叙述像一艘破冰船，它依靠一己之力扬帆远行，找出问题并直面问题？它是否能一往无前，迎战恶劣的天气，在肆虐的风暴之后依然存活？在它消逝之际，它是否唤醒了沉寂的深海，在白色的冰面上凿开一道黑色的裂痕，引得其他船只竞相追随？

| 第一部分 |

立陶宛和白俄罗斯的祖国之争

第1章

立陶宛大公国
（1569—1863）

> 立陶宛！我的祖国！你如同健康一般，
> 只有那些失去你的人才懂得你的珍贵。
>
> ——亚当·密茨凯维奇《塔杜施先生》

很久以前，立陶宛大公国统治着中世纪东欧。然而自1991年以来，立陶宛共和国一直是波罗的海沿岸的一个小国。曾经的大公国首都维尔纽斯，如今依然是共和国的首都。这一延续似乎让人感受不到其间发生的翻天覆地的变化。在1991年前的500年中，立陶宛语既不是维尔纽斯的官方语言，也不是大多数维尔纽斯居民所说的语言。在第二次世界大战前，维尔纽斯三分之一家庭使用的语言是意第绪语；街上、教堂中和学校里使用的语言是波兰语；而维尔纽斯农村通用的语言是白俄罗斯语言。1939年，几乎没有人会在维尔纽斯说立陶宛语。在那一年，苏联从波兰手中夺取了这座城市。在这之后，今天的"立陶宛"——这个以维尔纽斯为首都、地狭人稀的独立民族国家究竟是如何诞生的？如果往昔和当下关联紧密，历史又是如何施加影响的？

对现在的理解几成定论。从16世纪中叶到20世纪中叶，这座城市一直是波兰文明和犹太文明的中心。在成为一座立陶宛现代城市之前，维尔纽斯的波兰性和犹太性突然消失了。维尔纽斯曾经是跨民族王国的首都，现在却成了一个小国的首都，关于立陶宛大公国是一个联邦国家的现代观点也不攻自破了。尽管在过去200年间，它大多数时候都在莫斯科和圣彼得堡的统治下，但这座城市最终也没有加入俄罗斯；尽管农村居民以东斯拉夫农民为主，维尔纽斯也没有加入白俄罗斯。基于历史和语言的现代立陶宛理念最终在维尔纽斯取得胜利，即使我们发现一直对维尔纽斯心心念念的立陶宛民族主义者并没有从历史和语言中获得多少帮助。在这种情况下，现代民族主义如何重新划分领土边界？为什么是这种民族主义胜利了，而不是另一种？

民族观念的现状与历史争论息息相关。对历史延续性和正义的伸张以及主权国家的民族历史在其背后支持，在激烈而充满未知数历史竞赛中，这些都曾是有力的武器。接下来的五章将集中讨论维尔纽斯的前世今生，不仅会讨论立陶宛的成功，更会涉及这座城市中波兰人、白俄罗斯人、俄罗斯人和犹太人曾经的目标与计划。此后，这个昔日立陶宛大公国的首都，将被野心家和居住者赋予不同的名字，立陶宛人称它为"维尔纽斯"，波兰人叫它"维日诺"（Wilno）；白俄罗斯人叫它"维尔尼亚"（Vil'nia）；犹太人称它"维尔纳"（Vilne）；俄罗斯称它"维尔那"（Vil'no），之后是"维那"（Vil'na），再之后是"维尔纽斯"（Vil'nius）。❶ 名字上的变化乍一看有些复杂，却能让我们看到其中的政治争端，唤起我们对地理学"事实"的怀疑。在此基础上，我们才能发现各种针锋相对的观点、运动和国家曾经的面貌：从近代早期大公国的精英重建时期到新的现代国家时

---

❶ 考虑到作者的意图及区分，下文将在不同语境中保留上述不同译法。

期。为了避免将这些发展视为无可避免的，我们应该关注其中的曲折、偶然、误解和无心插柳的后果。我们应该分析那些成功和失败之处。

在民族观念和政治权力的关系之间，没有什么是简单的。一个社会的不同部分存在不同形式的民族忠诚，而这些不同可能使一些重要问题难以达成共识。民族观念自有其力量，能为一些别有用心的局外人用于政治用途。除了获得力量的情况之外，民族观念也兴起于以下情形：当传统在实践中被证明是笨拙的；当它们以延续性的名义尴尬地要求创新的变化。民族观念在让我们误解过去这件事情上越发有效，为了理解它们隐藏这些变化的力量，我们必须先矫正对过去的理解。我们的目标不是纠正民族迷思，而是揭示这些迷思在何种政治和社会状况下获得生命力。通过定义近代早期的民族性，本章及下一章将帮助我们理解立陶宛、白俄罗斯和波兰的现代民族观念有何新颖之处。为了了解那些影响20世纪现代民族活动家的历史遗产，我们必须先审视中世纪的立陶宛大公国和近代早期的波兰-立陶宛王国。对维尔纽斯的争夺战起源于立陶宛历史上关于界定一个国家的早期理念。

立陶宛大公国，1385—1795

立陶宛大公国的公爵曾是13世纪和14世纪欧洲的大军阀。他们掠取了广袤的领地，从波罗的海地区向南，穿过东斯拉夫腹地，直到黑海。立陶宛异教徒们拿下了蒙古帝国攻占基辅罗斯后留下的几片领土，将这一时期的大部分东斯拉夫王国收入囊中。信仰东正教的罗斯波雅尔❶已经习惯于蒙古帝国的封建君主地位，他们将立陶宛人视为盟友而非掠夺者。当立陶宛的军事力量流入南部的基辅，罗斯文明——东正教、斯拉夫教会语言和成熟的法律传统——也相应传入北方的维尔纽斯。自此，维尔纽斯取代基辅成为斯拉夫东正教文明的中心，两大天主教势力条顿骑士团和波兰王国，开始寻求立陶宛领土。身为异教徒，立陶宛大公国的公爵敏锐地以接受天主教洗礼为交易条件，在14世纪晚期，立陶宛大公国公爵约盖拉（Jogaila）以皈依天主教为条件，获得了波兰国王的王冠。波兰贵族为了避免哈布斯堡王朝的统治，将一位11岁的公主雅德维加（Jadwiga）送给约盖拉做新娘，并获得了波兰国王的继承权。约盖拉，作为立陶宛大公和罗斯人的王和继承人，于1385年宣布了他治下波兰和克鲁瓦（Krewo）合并，次年，他以瓦迪斯瓦夫二世·雅盖沃（Władysław Jagiełło）之名受洗，并被选为波兰国王。继承权的共识保障了波兰和立陶宛的联合，前提是恢复立陶宛的自治权，将波兰和立陶宛的贵族联合。雅盖沃王朝对波兰和立陶宛的统治接近两个世纪，直到1572年结束。

即使在1385年克鲁瓦联合之前，立陶宛在宗教和语言上也更像一个斯拉夫东正教国家而非波罗的海异教国家。约盖拉此前皈依天主教的承诺仅限于自身，他本质上还是一个异教徒，他王国的大多数人，他的大部分亲戚已经是东正教徒了。向一个大部分人信仰东正教的国家引入罗马天主教，在此意义上，约盖拉本人的皈依并没有那么强烈的

---

❶ 波雅尔（boyar）：公元10—17世纪，在保加利亚帝国、莫斯科大公国、基辅罗斯、瓦拉几亚和摩尔多瓦出现的一种仅次于大公的贵族头衔。

异教国家基督教化的意义。天主教的引入，在立陶宛和欧洲之间建立了一种文化上的联系，并为波兰日后的影响力奠定了基础。立陶宛大公受洗成为天主教徒，这确保了立陶宛不再是像莫斯科公国（Muscovy）建国时那样的东正教国家。同样，约盖拉的受洗也为莫斯科公国摆出东正教保护者的姿态提供了机会。当立陶宛将基辅吸纳进本国时，东正教的主教区就此让位给了克利亚济马河沿岸的弗拉基米尔市（Vladimir-on-the-Kliazma）。主教区易位莫斯科公国的结果让立陶宛所谓的罗斯人继承者的声明变得复杂。约盖拉原本能解决这一矛盾，在14世纪80年代他有机会在天主教的波兰和东正教的莫斯科公国之间做选择。1382年，他已经同意与德米特里·顿斯科伊❶（Dmitrii Donskoi）的女儿成婚，并皈依东正教。但是，这个计划有两个不足之处：首先，不确定东正教是否会保护立陶宛免受条顿骑士团的侵略，后者将东正教视为异端；其次，东正教会更青睐在立陶宛的斯拉夫波雅尔，他们比约盖拉的波罗的海立陶宛贵族人数更多、更有文化。而波兰王冠和天主教十字架在内政外交方面都更受欢迎：它们为抵抗条顿骑士团提供了更可靠的堡垒，为向东扩张提供了坚实的基础，并为雅盖沃的子孙后代带来更多荣耀。

撇开政治不谈，中世纪的波兰和立陶宛的共同点比常人想得更多。当我们想象1385年立陶宛人和波兰人协商联盟条款时，或者1410年他们计划在格伦瓦德（Grunwald）向条顿骑士团发起攻击时，我们必须记住，他们之间不仅能用拉丁语交流，也能用斯拉夫语交流。由南边的东正教士带来的教会斯拉夫语，经过本土化的改变，成为斯拉夫官方语言（Chancery Slavonic），即大公的朝堂语言。在兼并加利西亚

---

❶ 德米特里·顿斯科伊：弗拉基米尔与莫斯科大公，1359—1389年在位。

（一个基辅罗斯省，被波兰人称为"罗斯的领地"[Rus' Palatinate]）后，波兰也拥有了当地的东正教士和斯拉夫语抄写员。在共同分割了基辅罗斯的土地后，波兰和立陶宛也分享了共同的文化遗产。当年的立陶宛人和波兰人在语言上的隔阂并没有像今天波兰人和德国人的区别那么大。1386年后，波兰-立陶宛宫廷使用拉丁语和另外两种区别明显的斯拉夫语言：来自波兰王国的波兰语和大公使用的斯拉夫官方语言。立陶宛语在立陶宛大公和他们的随从间继续通用了一个世纪，但在波兰-立陶宛政治生活中这种语言的使用频率很低。[1]

在下一章，我们会发现波罗的海的立陶宛语（Baltic Lithuanian）为现代立陶宛民族的诞生提供基础；我们必须先更加关注它在近代早期立陶宛大公国中无关紧要的位置。显然，最后一任熟知立陶宛语的大公是卡齐米日四世（Kazimierz IV），他于1492年逝世。卡齐米日四世在1457年重申了立陶宛的特权，他用拉丁语和斯拉夫官方语言同时宣布；当他颁布王国法律条款时，他只使用斯拉夫官方语言。在卡齐米日四世的统治内，印刷术已经传到波兰：克拉科夫（Cracow）的出版商出版波兰语和教会斯拉夫语的图书，而不是立陶宛语的。立陶宛大公国的第一位印刷商弗兰斯克·斯卡利纳（Frantsysk Skaryna）在1517年前后，用经过白俄罗斯语改良的教会斯拉夫语出版了大量的《圣经》。[2]在16世纪早期，我们可以发现用斯拉夫方言——鲁塞尼亚语（Ruthenian）——翻译的《圣经》译本，而不是波罗的海方言——立陶宛语。和斯卡利纳出版的《圣经》不同，这些译本中有从希伯来语翻译的《旧约全书》。显然，这些《旧约全书》的翻译是由立陶宛犹太人完成的，他们既通晓希伯来语，又会说鲁塞尼亚语。[3]既然16世纪早期，当地的基督教徒和犹太人都说鲁塞尼亚语，那么这些译本的预期读者自然是他们。在东正教和天主教传统中的7022年/1514年——"semtisiach dvadtsat vtoroho"年，波兰国王和立陶宛大公用斯拉夫官方语言颁布了一条保证犹太人特权地位的法令。[4]而1529年大公国法律也是以斯拉夫官方语言写成的。立陶宛大公和波兰国王齐格蒙特·奥古斯特（Zygmunt August）在16世纪40年代回复维尔尼亚上层阶级时，对该法律做了一番解释，其中夹杂着波兰语。

在莫斯科公国，立陶宛大公国的官方语言，也就是我们所说的"斯拉夫官方语言"，曾被称为"立陶宛语"或"白俄罗斯亚语"。尽管现代的俄国历史学家将这种语言称作"俄语"，当时的莫斯科抄书吏不得不将立陶宛语法令翻译成莫斯科方言，以便在法庭上使用这些法令。[5]斯拉夫官方语言和今天的波兰语有很大的区别，但是通过和波兰的王朝联合，波兰语言和观念得以在斯拉夫人的地方流传开来。早在1501年用斯拉夫官方语言写成的法律文本中，已经出现了波兰词语甚至是波兰语语法的痕迹。立陶宛大公国1566年的法律序言，记录下立陶宛上层阶级已经开始在生活中使用波兰语。[6]1569年卢布林联合法案孕育了波兰-立陶宛王国，这份法案只有波兰语版本。在立陶宛，并非因为波兰移民提高了波兰语的地位，而是因为人们对波兰政治秩序的逐渐接受，最终由1569年的波兰-立陶宛王国将这一秩序汇编为法律。1588年的大公国法律强调，这一切是由于政治文化造就，而非个人行为，正因如此，犹太人皈依天主教显得异常尊贵。波兰也将欧洲法律趋势带入立陶宛，此前罗马法从未能踏足莫斯科公国，1566年和1588年颁布的法律阐释了罗马模式（和日耳曼模式）在立陶宛不断增加的重要性。[7]在文艺复兴时期，那些曾从意大利通过拉丁语传到波兰的思潮，再次通过波兰语从波兰传到立陶宛。

在波兰，波兰语的地位被提升为书面语言，它取代了斯拉夫官方语言（和鲁塞尼亚方言）在立陶宛的地位。波兰和立陶宛贵族在文艺复兴时期逐渐开始讲同一种语言，这促进了近代早期单一政治共同体的诞生。这意味着，在波兰的从拉丁语到波兰语的转变和在立陶宛的从斯拉夫官方语言到波兰语的转变有着巨大的不同。在波兰王国，方言（波兰语）取代了外来的书面语言（拉丁语）的统治地位。波兰语被提升到和拉丁语一样的地位，这代表了整个使用拉丁语的欧洲地区的历史趋势，从意大利人的"语言之问"❶开始。[8]在立陶宛大公国，外来语（波兰语）取代了本土的政治和法律语言（斯拉夫官方语言），并阻止了当地方言（鲁塞尼亚语）进一步用于书面文字。众所周知，波罗的海的立陶宛语言在很久之前就失去了政治重要性。文艺复兴掀起的"语言之问"在立陶宛找到的答案非同寻常。在但丁之后的意大利，以及整个基督教欧洲，方言成为文学和国事语言。而立陶宛大公国成了这样一个国家，在其中文化和政治的语言和方言不仅不接近，反而相去甚远。作为公认的高级语言，波兰语满足了共和机构和近代早期波兰-立陶宛联合理念的需求；但是当现代民主到来后，民族理念孕育了这些相同的名字，波兰语却无法满足新的需求。

近代早期和近代民族

在指出近代早期和近代政治遗产时，我们必须清楚区分它们的不同。

---

❶ 在文艺复兴之前，意大利语并不是意大利文学所使用的语言，直到13世纪，意大利作家才开始用母语代替拉丁语开始创作，促进了本国民族语言和民族文学的发展。

图1：弗兰斯克·斯卡利纳（1490？—1552？），文艺复兴时期的东斯拉夫人。这幅雕刻自画像作于1517年。起初，立陶宛还以本国的斯拉夫教会和官方语言参与了文艺复兴运动，到斯卡利纳去世时，波兰语已经成为当时的文明语言。

由立陶宛上层阶级共同缔造的近代早期波兰民族，与今天我们熟悉的近代民族观念大相径庭。前者建立在共和国公民权的基础上，即上层阶级可以享受广泛的法定权利。到16世纪早期为止，波兰的上层阶级已经确保他们不会受国王的肆意妄为或驳回新立法之害，国王是当时主要的外交事务引导者。波兰政治制度不断加强的法律基础，使得一些地方传统权利得以长期保留，例如皇家普鲁士（Royal Prussia）。[9]出于同样的原因，波兰政治体系为邻国那些希望固化和拓展他们的特权的上层阶级也创造了一种模式。[10]在决定是否与波兰正式联合时，立陶宛的上层阶级也希望为自己争取到权利、特权和庇护。在与波兰的王朝联合时期，立陶宛成为一个东斯拉夫王国，其上层阶级享受着与主权相关联的各种权利。1569年卢布林联合缔结后，立陶宛的贵族加入了波兰邻居们，参加同一个议会，共同选举国王。同时，立陶宛保留了本国的头衔、行政机构、财政部门、法律和军队。联合王国因此造就了一个由上层阶级组成的共和国，他们认可的萨尔玛提亚人起源❶（Sarmatian origin）神话中包含了不同出身和拥有不同宗教信仰的贵族，但将其他人排除在外。[11]

1569年后，立陶宛上层阶级对波兰身份的认同逐渐成为一种文化和政治问题，有时混杂着对波兰文字那种文艺复兴式的魅力的接受，有时又有从东正教转向天主教的倾向。在立陶宛大公国，新教改革和反新教改革交替出现。如同其他欧洲贵族家庭，很多立陶宛名流在16世纪五六十年代转向加尔文主义❷。东正教徒转向新教，不仅因为新教

---

❶ 萨尔马提亚人起源于东欧，属印欧语系民族。鼎盛时期，其部落分布在西到维斯瓦河和多瑙河、东到伏尔加河、北到希柏里尔、南到黑海和里海的区域内。

❷ 加尔文主义（Calvinism）是16世纪法国宗教改革家、神学家约翰·加尔文毕生的主张和实践，其宗派是基督教新教原始三教派之一。在现代神学论述中，加尔文主义常指"救赎预定论"和"救恩独作说"。加尔文认为教义应该回归《圣经》，他支持马丁·路德的"因信称义"学说。

的教义和教理，还因为新教在以下问题的做法上和东正教颇为相似：牧师的婚姻、礼拜仪式中民族语言的使用和普通教众使用的圣餐杯。德国和法国的贵族只是从天主教的一种宗派转向另一种宗派，立陶宛贵族则不同，他们经常通过从东方基督教转向西方基督教的方式参与宗教改革。[12] 在一代新教徒之后，这些原来的立陶宛东正教家庭通常会转而信仰罗马天主教。通过这种方式，新教无意中成了天主教在立陶宛大公国的盟友。并非是天主教本身，而是宗教改革使得立陶宛东正教贵族接受了西方基督教的信仰，先是新教，然后是天主教。当然，反宗教改革的天主教派也采取了对手新教的策略。这些教派使用波兰语作为教会语言（尽管天主教也会用立陶宛语出版几本图书），这加强了波兰文化在立陶宛贵族中的声望，而信仰的改变也促使说立陶宛语的农民开始接触到波兰语。[13] 1579 年，耶稣会教士在维尔那设立了一所学院，他们的反新教宣传伴随着他们希望东正教接受罗马教廷权威的呼声。[14]

尽管罗马天主教被认为是"波兰信仰"；甚至在反宗教改革后，"波兰信仰"对"波兰"政治忠诚毫无必要，天主教依然保持这个地位。如同语言，宗教也能被之后的民族主义者追溯为一种民族身份的记号或载体。然而并没有发生过导致领土争端及其解决方案的宗教冲突，无论是德国的"谁的王国，谁的宗教"（cuius regio, eius religio）方案，还是法国的"一个王国、一部法律、一种信仰"（un roi, une foi, une loi）方案。1566 年立陶宛大公国的法令由五名东正教徒和五名天主教徒组成的委员会拟定。奥古斯丁·罗顿都斯（Augustyn Rotundus），一位在立陶宛参加反宗教改革的波兰人，他是米科瓦伊·拉齐维尔（Mikołaj "the Black" Radziwiłł, 1515—1565）的朋友，后者是维日诺的巴拉丁伯爵，也是立陶宛重要的宗教改革倡议者（先是倡导路德宗，然后是加尔文宗，最后是反三位一体派）。罗顿都斯是一位波兰天主教徒，他写了一篇为立陶宛法律辩护的长文，而作为立陶宛新教徒的拉齐维尔出版了这篇辩护词。罗顿都斯还将1566年立陶宛法律编译为拉丁语，他同意拉齐维尔的观点：立陶宛的"公共事务秩序良好"（respublica bene ordinata）。[15]波兰最似大的耶稣会教士彼得·斯卡加（Piotr Skarga，1536—1612）将他1577年出版的伟大著作❶献给了基辅的巴拉丁伯爵——东正教徒康斯坦丁·奥斯特罗日斯基（Konstantyn Ostroz'kyi）。事实上，那次不同宗派间的和解并不顺利。奥斯特罗日斯基是一位自负且野心勃勃的君主，他想要教会按照他的意思行事，他将这版著作买空并焚烧一尽。波兰-立陶宛王国的政治秩序不仅基于对西方基督教各宗派的包容，也基于对东方基督教的包容。1573年的华沙同盟（Confederation of Warsaw）确立了王国内对全体天主教贵族的宗教宽容。这种宽容仅限于社会少数阶层，尽管在我们看来这存在某种排斥，但是同一时代在欧洲还未出现类似华沙同盟如此宽容的存在。

  近代早期的波兰民族观念比起之后的现代民族主义，它有时更排外，有时又更包容。它更排外是因为现代民族主义获得了所谓全体民族成员的支持，而近代早期的波兰政体则将有投票权的政治团体同被剥夺公民权的下层阶级区分开来。近代早期的波兰民族不是以经济水平为导向的阶层，富人总是贵族，但几乎没有贵族生来就富有。富有的中产阶级只有成为贵族后，才算得上是公民。近代早期的民族观念在政治领域却比现代民族主义更包容，因为后者要求

---

❶ 此处应指彼得·斯加卡最负盛名的圣徒言行录《圣人的生活》（Żywoty świętych）。

的是一个中央集权国家，而波兰-立陶宛王国保留了波兰和立陶宛的法律及行政机构。而近代早期民族在个人领域更为包容，现代民族主义倾向于坚持民族身份应包含文化源头和政治命运；而近代早期的波兰认同则认为上层阶级可以在文化上倾向一方，在政治忠诚上倾向另一方。在当时，贵族们与同僚商谈政事时使用一种语言（波兰语），在家中或与农奴交流时使用另一种语言（我们今天所称的白俄罗斯语或立陶宛语）。

一位贵族的出身可以是"立陶宛人"，他在政治上可以是"波兰人"，在宗教上可以是"罗斯人"（或"希腊人"）。既然在很长时间以来，立陶宛境内有大部分东正教国民，继承了基辅的诸多遗产，因此它也被称为"罗斯"王国。1385年，约盖拉以"立陶宛大公与罗斯人的王和继承人"的名义将他的领地与波兰合并。在1449年波兰-立陶宛王国与莫斯科公国的条约中，前者被称为"罗斯的"，而后者被称为"莫斯科的"（Muscovite）。1453年君士坦丁堡被土耳其人攻陷后，莫斯科公国声明在精神上和政治上它是东正教所在地、拜占庭的继承人以及基辅罗斯的后继者。这为莫斯科公国与他们的东斯拉夫伙伴立陶宛发生战争，提供了合法性的理由，因为一个世纪以来立陶宛大公一直视自己为基辅君主的继承人。[16] 事实上，莫斯科公国关于罗斯后继者的声明将立陶宛推向波兰。当伊凡四世（伊凡雷帝，1530—1584年在位，1547年加冕为沙皇）在1558年挑起利沃尼亚战争（Livonian Wars）时，他加速了波兰和立陶宛在1569年的联合。当然，在那是波兰-立陶宛也自称罗斯后人：1569年，齐格蒙特·奥古斯特在加冕典礼上的头衔是"波兰国王，立陶宛大公，罗斯人、普鲁士人、马佐夫舍人和萨莫吉希亚人的王和继承人等"。同年，伊凡四世对待波雅尔对手的方式也与齐格蒙特·奥古斯特治下立陶宛贵族的法定权利形成鲜明的对比。[17]

尽管波兰-立陶宛王国在17世纪与俄国的战争中取得了巨大的胜利，而且扬·索别斯基（Jan Sobieski）1683年将维也纳从土耳其人手中顺利营救，也为波兰带来了巨大的荣耀，但王国在18世纪却遭受了接连失败。我们在第6章中将看到，乌克兰的反叛在17世纪中叶对王国造成了致命打击。王国没能为成为现代强权积蓄起财政和军事实力。刚开始的好运用完后，之后的几任君主没有维护好王国的利益。无法建立起王朝的国王们，更无心考虑王国的福祉，而出身国外的国王们也不愿意投身波兰政治的困局中。波兰和立陶宛上层阶级不断拓展的权利，也为俄罗斯帝国（莫斯科公国在1721年后的国名）提供了使王国政体瘫痪的可乘之机。考虑到王国议会的议事原则是全体一致，那么只要贿赂一个人，就能阻止任何改革通过。沙皇彼得一世（彼得大帝，1682—1725年在位）的势力渗透至波罗的海，从内部腐化王国。莫斯科的独裁者利用了波兰的无序状态。然而即使王国在18世纪瓦解为一个国家，其最珍贵的包容原则也被逐渐破坏，波兰文明依然进一步渗透进立陶宛大公国。任何曾经能代表贵族的标志，如今成为地位的象征，因此整个18世纪所有和波兰相关的事物都在立陶宛欣欣向荣，即便波兰-立陶宛王国早已消散成为回忆。[18] 王国的文化不断演化，它的制度却没有适应这种演化。1772年，奥地利、普鲁士王国和俄罗斯帝国第一次瓜分波兰-立陶宛王国。波兰-立陶宛贵族最后一次试图修复王国制度的努力是1791年的五三宪法（Constitution of 3 May 1791）。这部宪法将波兰-立陶宛贵族阶层视作单一政治联合体，取消了议会投票的全体一致原则，希望建立一个现代的、中央集权的共和国。[19] 这激起了1793年王国被普鲁士和沙皇俄国第二次瓜分。1794年，柯斯丘什科

(Tadeusz Kościuszko)❶领导的反沙俄起义被击溃，1795 年王国第三次、也是最后一次遭到瓜分。从此，波兰－立陶宛联合王国从欧洲地图上被抹去了。

俄罗斯帝国的叶卡捷琳娜二世（叶卡捷琳娜大帝，1762—1796 年期间在位）逐渐吞并了原立陶宛大公国的几乎所有领土：1772 年波洛茨克、1774 年的明斯克和 1795 年最后成为维尔那的城市。通过吞并立陶宛，俄罗斯帝国吸收了一些讲波兰语的精英，讲我们今天所说的白俄罗斯语的农民（大多数人如此）和大部分居民为犹太人的城镇。波兰－立陶宛王国的终结意味着一种政治制度的终结，即除去地方偏见，犹太人可在其中享受到共同的制度性包容。[20] 突然间，俄罗斯帝国掌握了犹太人世界的大部分领土。维也纳会议（1815）使沙俄在瓜分了王国领土后又将华沙纳入其中，整个帝国境内有当时世界上大部分波兰人。仅从立陶宛大公国——既不是当时建立的所谓波兰会议王国（Congress Kingdom of Poland），也不是乌克兰——整个俄罗斯帝国吸收受波兰文化影响的贵族比当时受沙俄文化影响的贵族还要多。在 19 世纪早期，沙皇治下能阅读波兰语的臣民比能阅读俄语的要多得多。一些曾经的波兰－立陶宛王国贵族，如亚当·恰尔托雷斯基亲王（Prince Adam Czartoryski）在沙皇亚历山大一世（1801—1825 年在位）的朝廷中取得了巨大的影响力。比方说，俄罗斯帝国于 1804 年颁布的犹太人法典中的某些条款，恰尔托雷斯基负有部分责任。[21]

波兰－立陶宛王国的夭折，以及俄罗斯帝国的犹太定居界限区（Pale

---

❶ 塔德乌什·柯斯丘什科（1746—1817），波兰军队领导人，1794 年担任波兰国家武装部队最高司令，领导了反抗俄罗斯帝国和普鲁士王国的柯斯丘什科起义。

of Settlement）❶ 的出现，这些都与帝国极度想要改革犹太教和犹太社会规制的愿望相关。我们将在第3章再来讨论这些问题。在这里，我们只是指出这些历史迷思不仅仅是领土问题（如1760年拉比巴尔·谢姆·托夫［Ba'al Shem Tov］去世后，哈西迪犹太教在乌克兰兴起），或泛欧洲趋势的问题（如哈斯卡拉运动［Haskalah］，即犹太启蒙运动）。这些历史趋势尽管最终汇聚在维那，但它们不是立陶宛大公国历史传统的变体。只有在19世纪末，诸如犹太世俗政治之类的事物才开始出现。对沙皇统治下的基督教臣民来说，近代早期上层阶级形成的民族正在慢慢地被现代民族概念所代替，后者以民族语言的形式被表达。19世纪在立陶宛的基督教徒中，民族分歧是一个漫长而复杂的进程，它本身并不是现代民族主义者们创造的那种非黑即白的、回溯性的民族分类。伟大的浪漫主义诗人亚当·密茨凯维奇（Adam Mickiewicz）在1834年创作的诗歌《塔杜施先生》［"Pan Tadeusz"，或《萨帝厄斯殿下》（"Lord Thaddeus"）］就像棱镜一般，从中可以观察到近代早期立陶宛爱国主义中色彩分明的民族观念。

俄罗斯帝国和立陶宛祖国

密茨凯维奇（1798—1855）出生在波兰-立陶宛王国被第三次瓜分三年后的圣诞夜，他生于新格鲁代克（Nowogródek），镇上的居民说意第绪语和波兰语。当地的立陶宛鞑靼人那时刚刚建造了一座崭新的清真

---

❶ 犹太定居界限区指1791年到1917年间俄罗斯帝国西部的区域，该区域的边界时有变动，帝国允许该犹太人永久定居在该区域内。

寺。虽然旁边就是立陶宛村庄,但大多数当地农民说的还是白俄罗斯语。密茨凯维奇在一个体面的波兰上流家庭长大,虽然他的父亲很可能是东正教教徒,他的母亲可能有犹太血统。[22]密茨凯维奇就读于维日诺的帝国大学,这所机构很好地展示了一个无知的帝国吸收了大批知识家庭后如何陷于进退两难的境地。在19世纪早期,沙皇俄国的政策目标是维持波兰人的教育成就,而不是将潜在的优秀臣民俄国化。1803年,沙皇亚历山大一世将维尔那学校(耶稣会教士于1579年建立)重建为大学,规定波兰语为教学语言。大学和整个维尔那学校的事务由沙皇的朋友、顾问和导师亚当·恰尔托雷斯基亲王(1770—1861)负责。作为王国遗产的维尔那大学是当时俄罗斯帝国最大的大学。在整整一代人的努力后,大学培养了一批当地精英,比如密茨凯维奇,在他们心中文化和政治语言应该是波兰语。大学及其附属学校培育了一批人,他们有能力编纂消失的立陶宛大公国遗留下的历史、文学和诗歌遗产。[23](顺便说一句,恰尔托雷斯基的秘书和他的顶头上司都是乌克兰人。正如18世纪晚期波兰被瓜分后,波兰人纷纷服务于沙皇俄国,一个世纪前安得所沃条约[Treaty of Andrusovo]的签订瓜分了乌克兰,乌克兰人因此来到俄国。)

如果没有在大学期间受到波兰和立陶宛文化的熏陶,我们很难想象密茨凯维奇的诗人生涯。这一点从他的杰作《塔杜施先生》中可以清楚地看到,这首诗是他在1834年流亡巴黎期间所作。这首诗是关于立陶宛上流家庭的爱恨情仇,故事到1812年春天戛然而止,彼时拿破仑和他的军队横扫立陶宛,直奔莫斯科。在诗中,立陶宛贵族青年加入了法国军队,这从史料上来说确凿无误,密茨凯维奇从13岁时就开始观察这些。事实上,1812年加入拿破仑的上层阶级青年中,有三分之一是维尔那大学的学生。最终,沙皇亚历山大赢得了这场战争。当亚历山大重新夺回立陶宛,他拒绝关闭维尔那大学,因此密茨凯维奇才能在1815年顺利入学。在登记入校时,密茨凯维奇获得了政府奖学金,这位年轻人甚至将自己的名字改为亚当·拿破仑·密茨凯维奇。就读于沙皇所办大学的立陶宛上流社会年轻人却参与攻击俄罗斯帝国,沙皇对此依然保持耐心,这使密茨凯维奇能获得更高阶的波兰语教育,因此他才能创作出这首怀旧杰作,将波兰的悲剧和那次攻击俄国事件联系起来。[24]

在密茨凯维奇的大学时代,前波兰-立陶宛王国遗民认为立陶宛人的崛起指日可待,这将加速王国重建。而这一切的假想敌并非对立的民族主义思潮——当时并不存在这些——而是俄罗斯帝国。这些新的思潮影响了密茨凯维奇和他的学生朋友,他们称自己为"爱智者"(Philomaths)。毕业后,密茨凯维奇逃脱了在考纳斯❶教书的苦差事,取而代之的是被捕入狱、流放到俄国各地的经历。这段流放到敖德萨、彼得堡和莫斯科,之后又先后移居德累斯顿和巴黎的岁月,是他创作波兰语诗歌最鼎盛的时期。密茨凯维奇没有参加1830—1831年波兰人对抗俄国统治的起义,这次起义失败标志着波兰政治思想进入浪漫主义时期。这次起义也直接导致维尔那大学关闭。大学的学生四散到立陶宛、波兰、俄国和欧洲其他地区。密茨凯维奇的诗歌是人性和民族渴望的完美融合,波兰-立陶宛王国复国无望,他也未有机会看到祖国立陶宛复国的那一天。他的杰作《塔杜施先生》写于1832年到1834年间,就在起义失败后不久开始创作。今天,每位波兰和立陶宛学童都知道这首诗的第一句话:"立陶宛!我的祖国!你如同健康一般,只有那些失去你的人才懂得你的珍贵。"[25]

尽管他的作品被证明能够超越时间,我们应该将密茨凯维奇本人放

---

❶ 考纳斯,旧称考诺(Kowno),今立陶宛第二大城市。

图2：亚当·密茨凯维奇（1798—1855），欧洲浪漫主义诗人、波兰语诗人，这是他的诗歌《塔杜施先生》1834年版的卷首插画。

在他那个时代来理解。就像其他欧洲浪漫主义者一样，密茨凯维奇希望"在旧世界的废墟上创造一个新世界"[26]。对中欧和西欧的浪漫主义者来说，法国大革命和拿破仑彻底毁灭了古典欧洲，当下的任务是建立起新的政治和文化准则。在密茨凯维奇和其他波兰浪漫主义者看来，瓜分波兰破坏了旧有秩序，而法国大革命和拿破仑提供了一点儿波兰复国的希望。在拿破仑被打败后，立陶宛大公国的上流阶级没有任何像样的盟友，只有包围他们的农民，于是密茨凯维奇的浪漫主义诗歌就制造了一个政治困境。其他没有国家的民族浪漫主义者，比如意大利或德国的，他们要想将"人民大众"纳入新兴的"政治共同体"中相对容易一些，但立陶宛的历史问题要复杂得多。赫尔德❶提出的所谓每个民族都有自己独特的天赋，这一理念很难运用到那些不同区域、语言和宗教长期

---

❶ 约翰·戈特弗里德·赫尔德（Johann Gottfried Herder），德国哲学家、路德派神学家、诗人，其作品《论语言的起源》成为德国狂飙突进运动的基础。

共存于同一个政治共同体的情况。问题不仅在于文化的多样性,还在于人们对政治制度的鲜活记忆。在 19 世纪中叶,统一的德国或意大利的理念留下了很多想象的空间,因为此前没有类似的先例存在。但是,统一的波兰的理念会让人想起刚刚灭亡的波兰-立陶宛王国的幽魂,人们更会想起王国在灭亡前刚刚出台了欧洲第一部宪法。在密茨凯维奇的观念中,立陶宛也是这种政治传统的一部分,还是诸如和谐、美丽、活力和愉悦等浪漫主义美德的源头。如同赫尔德曾相信斯拉夫人可以让欧洲重焕年轻与活力,密茨凯维奇也相信立陶宛将复兴曾经的王国。[27]

密茨凯维奇关于"立陶宛"的近代早期式的观念,将立陶宛视为一片不同民族共居的土地,但是经过一个世纪的纷争,当民族性彻底改变后,这片土地最终迎来成为波兰的命运。虽然他本人并不是一位波兰大众民族主义者,也从未涉足华沙或克拉科夫,但是在他 1855 年去世后,波兰大众民族主义者将他优美的诗歌用作一种宣传媒介。虽然密茨凯维奇从未设想过立陶宛会独立于波兰存在,但是他描绘的图景让立陶宛激进分子更加确信他们独特的种族和民族身份。在 19 世纪晚期,在原立陶宛大公国的西北角,立陶宛语提供了一种文化特殊性,倡导建立单一种族的立陶宛国家的激进分子最终将利用这一点,其中就包含了如何将密茨凯维奇转化为立陶宛民族诗人。具有讽刺意味的是,如果我们认为,兴起于波兰中部和立陶宛西北部的民族性的种族定义是一种对历史趋势的合理描述,那么按此定义,密茨凯维奇既不是波兰人也不是立陶宛人,而是白俄罗斯人。毕竟,密茨凯维奇的出生地和"塔杜施先生"的背景都在东斯拉夫农民的居住地,这片土地上的人民也就是我们今天所说的白俄罗斯人。也许更具讽刺意味的是,白俄罗斯上层阶级和文人是最坚定的密茨凯维奇支持者,而且他们从未抓住"种族"优势不放,继而将他据为他们的"民族"诗人。围绕在密茨凯维奇的立陶宛、曾经的大公国周围,可能会有这样一种现代种族民族主义思潮,这种思潮主要建立在"语言"上,即我们今天所知的白俄罗斯语。但这种种族民族主义从未产生。种族民族主义是一种政治概念,它的成与败和我们今天看到的"种族群体"的人数多少几乎没有关系。我们将在下一章讨论,现实政治如何最大程度地促成对《塔杜施先生》最具原创精神的解读(立陶宛和波兰的种族民族主义),以及如何边缘化对这首诗歌最忠实的政治解读(白俄罗斯和波兰的联邦主义)。

正如密茨凯维奇所说,对近代早期立陶宛爱国主义的考验就是1863年反抗沙俄统治。某些少数人士相信立陶宛大公国和王国的复兴,有赖于说波兰语的上层阶级与说立陶宛语或白俄罗斯语的农民阶级的联合。在俄国人败于克里米亚战争(1856)和沙皇亚历山大二世废除农奴制(1861)之前,一些立陶宛的波兰贵族曾密谋以一种同时满足地主和农民的方式彻底解决农奴制问题。[28]雅各布·盖伊什托尔(Jakób Gieysztor,1827—1897)曾组织运动说服立陶宛贵族,在沙皇之前还农民以自由身。虽然盖伊什托尔的号召在当地得到响应,但立陶宛贵族整体错失了抢下这个功劳的机会。盖伊什托尔自认是波兰贵族,在建立和波兰人民的联盟关系;他创办了一所以立陶宛语为教学语言的学校,并没有发现其中的矛盾。[29]他之前就反对1863年的反抗沙俄统治运动,运动开始后,他秘密联合激进的康斯坦蒂·卡利诺夫斯基(Konstanty Kalinowski,1838—1864)❶。在起义期间,卡利诺夫斯基用农民的语言(白俄罗斯语)向农民许诺他们能拥有自己的土地。[30]安塔纳斯·马可维

---

❶ 康斯坦蒂·卡利诺夫斯基,19世纪作家、记者、律师和革命家。他是白俄罗斯、波兰和立陶宛民族复兴运动的领导人之一,也是1863年反抗俄罗斯帝国的"一月起义"的领导人之一。

西斯（Antanas Mackevičius）❶现在被视为最早的立陶宛民族主义者,他力争通过与波兰的临时结盟达到光复立陶宛大公国的目的。[31]1863年,这三人都试图说服农民为他们自己的利益而战,但他们都不相信农民能理解复国的重要意义。这些人和1863年起义的其他领导者已不再是近代早期式的爱国者,后者寻求的是光复一个由上层阶级组成的共和国;但他们也不是现代意义上的民族主义者,现代民族主义者经过充分准备,试图将民族定义为国民。他们希望借助人民的力量来打败俄罗斯帝国,这种尝试带来了两个根本困境。革命者使用的是各种不同语言,而不只有波兰语,这预示着一种新的民族政治诞生。如果他们以农民所说的语言来号召农民冒此生命危险,那么在和平时期他们也希望能继续使用这些语言。而贵族需要将土地出让给农民,以得到他们的支持,这就迫使贵族要在个人安全和民族解放之间做出艰难选择。

1830年起义失败后,密茨凯维奇的怀旧作品指向的是一个近代早期式的政治共同体。1863年起义失败后出现的却是现代民族理念。

---

❶ 安塔纳斯·马可维西斯（1828—1863）,立陶宛神父,也是1863年"一月起义"的发起人和领导者之一。

第2章

立陶宛！我的祖国！

（1863—1914）

就像蝴蝶淹没在金色的琥珀中

亲爱的，让我们保持原样，恰似我们曾经那样。

——亚当·密茨凯维奇《康拉德·瓦伦罗德》

（圣彼得堡，1828）

1863年后的近代政治意味着摆脱波兰-立陶宛王国的重负，接受农民及其用以界定民族的语言。这一点首先在原立陶宛大公国激进的西北部地区变得清晰明了，1863年起义失败加速了以语言为界定条件的现代立陶宛民族主义的发展。农民解放的巨变催生出农业现代化，并最终创造了一个繁荣的立陶宛农民新阶层。[1]俄罗斯帝国决定将立陶宛学生引到圣彼得堡而不是华沙，以培育一批新的世俗精英。学校参差不齐的去波兰化过程导致了一种意外且彼此相似的民族建设后果，因为俄国文化对立陶宛学生拥有的吸引力，要比波兰文化曾拥有过的要小得多。在接下来的几十年中，崛起的立陶宛农民在学校学会了阅读母语，那些说波兰语的、失势的上层阶级开始重新学习立陶宛语，在俄国大学受教育的社会主义者和医生，以及罗马天主教神父——他们共同塑造了立陶宛民族运动。[2]立陶宛民族活动家认为1863年民族主义起义的失败是由于波兰的原因，他们相信自己可以发展出一套更好的民族主义战略。相比武装叛乱,这批新生代将注意力转向民族文化。事实上,他们的做法和 1863 年后波兰主流爱国主义思潮相似,波兰实证主义者建议通过实际的"有机工作"来建立民族团体。[3] 对波兰人来说,这种"基础工作"意味着加强精英民族团体的大众基础,立陶宛人则发现要做到这些,首先要完成自身的民族化。

立陶宛人的民族基础却被厚重的历史埋葬了。几个世纪以来,立陶宛语从未被列为某种政治语言。立陶宛大公也从未出版过立陶宛语书籍。最后一任熟知立陶宛语的大公在哥伦布发现美洲那年就去世了。不仅立陶宛大公国的历史传统是以波兰语和斯拉夫官方语言(和白俄罗斯语类似)记录下来的,立陶宛农民也非常希望跟随他们的神父和国王的脚步。在整个 19 世纪中,说立陶宛语的农民逐渐被同化到白俄罗斯语的阵营,这为之后朝波兰语或俄语进一步同化提供了斯拉夫文化的基础。在一些农民家庭中,祖父辈说立陶宛语,父辈说白俄罗斯语,子孙这一辈说波兰语:一个家庭就是历史变革的缩影,这也正是立陶宛活动家希望改变的。富裕的农民将他们的孩子送到学习波兰语的学校(即使波兰语不是教学语言,至少也是校园中有声望的象征),这直接使他们的孩子波兰化。显然,民族忠诚岌岌可危,立陶宛活动家因此坚持一种激进的修辞。他们心里都明白,自己的波兰语比立陶宛语说得和写得更好,民族复兴的紧迫感由此而来。

作为祖国的立陶宛种族

立陶宛活动家以一个想象中的立陶宛大公国作为参考,以解决他们目前面临的困境。他们无视 1569—1795 年确凿的、连续的历史传统,转而相信1569年与波兰订立卢布林联合前波兰和维尔纽斯的中世纪迷思。活动家看重一种在近代早期的大公看来无足轻重的语言（立陶宛语），强调一个在大公国时期被边缘化的社会群体（说立陶宛语的农民）的重要性，屈服于一种出于异教信仰的浪漫主义怀旧。他们将1569年和波兰的联合描绘成专制君主对农民的压迫,而当代的"国王"（波兰-立陶宛上层阶级）则是民族的背叛者。正如对民族历史的重新解释是为了应对想象的民族遇到的真实问题，这种观念的偏颇源于许多立陶宛民族活动家遭遇的社会困境。

如果立陶宛能成为一个现代民族，它一定是由农民组成的民族。因此，农民共同体的领导者一定会在语言和历史的脆弱基础上来质疑社会上层人士。就算没有立即带来必要的自信，废除农奴制以及向农民子弟敞开学校大门也为农民提供了政治机会。立陶宛民族主义运动起源于苏瓦乌基（Suvalkai）地区，拿破仑在1807年废除了当地的农奴制。1863年后对波兰语学校进行"俄国化"（The "Russification"）是又一项重要举措。马里扬泊列（Mariampol）高中曾是1863年波兰化的产物，它在1867年成了一所帝国学校。学校禁止教授波兰语，立陶宛语被加入课程大纲。马里扬泊列高中造就了两位最重要的立陶宛民族活动家：约纳斯·巴萨纳维丘斯（Jonas Basanavičius）❶ 和文采斯·库迪尔卡（Vincas Kudirka）❷。他们出身于富裕农民家庭，从小就是聪明的孩子，两人都曾被寄予希望成为天主教神父，但是他们在俄国教育系统中找

---

❶ 约纳斯·巴萨纳维丘斯（1851—1927），立陶宛民族复兴运动的提倡者，创办了立陶宛第一家报纸《黎明》，他也是立陶宛科学协会的创始人和主席。作为1917年立陶宛国民大会的成员之一，他参与签署了1918年《立陶宛独立法案》。

❷ 文采斯·库迪尔卡（1858—1899），立陶宛诗人、医生，他是立陶宛国歌的词、曲作者，被视为立陶宛民族英雄。

到了更好的发展前景。从这个意义上来说，1863年后俄国当局企图遏制波兰在立陶宛的影响，无意中为建立在立陶宛语基础上的现代立陶宛民族运动创造了社会空间。

实际上，1863年后开始沿用的历史和语言规则在很久之前就存在了。特奥多尔·纳尔布特（Teodor Narbutt）❶ 提出了最具说服力的证明，他在1835年至1841年间用波兰语写作出版了大量的立陶宛历史著作。在4000页巨著的最后，纳尔布特总结说，立陶宛历史在1569年就"停止"了，并且象征性地在之后登基的波兰国王和立陶宛大公的坟墓前折断了他的笔。[4] 纳尔布特的巨大成就在于，他为一种政治观点——现代立陶宛历史应该从中世纪而不是从近代早期的故国开始描述——提供了学术基础。在19世纪，这种观点比任何其他立陶宛历史著作被引用的频率都更高。[5] 事实上，西蒙纳斯·道坎塔斯（Simonas Daukantas）❷ 在更早之前就使现代立陶宛民族主义形成了一个体系。道坎纳斯是密茨凯维奇在维尔那大学的同学，同密茨凯维奇一样，他也着迷于中世纪立陶宛。道坎纳斯似乎第一个将1569年立陶宛与波兰的联合视为一种投降条约，并认为波兰语的扩张是对本地文化的破坏。1822年，他将这些主张写进了第一本用立陶宛语写作的立陶宛历史著作。尽管这本书到1929年才出版，但另一份有影响力的相关研究在1845年就已出现。

立陶宛历史学家创造了这种新的历史划分法，在他们的划分中，中世纪历史充满荣光，而近代早期历史是可耻的，密茨凯维奇的诗

---

❶ 特奥多尔·纳尔布特（1784—1864），立陶宛历史作家，曾是俄罗斯帝国的军事工程师。他最负盛名的著作是十卷本的波兰语立陶宛历史。
❷ 西蒙纳斯·道坎塔斯（1793—1864），立陶宛作家、民族之学者和历史学家，他是立陶宛民族复兴运动的发起人之一。

歌为这段光荣历史增色不少。他的史诗著作《格拉日娜》(*Grażyna*, 1823)和《康拉德·瓦伦罗德》(*Konrad Wallenrod*, 1828)都将背景设在中世纪立陶宛。有趣的是，道坎纳斯和密茨凯维奇无意中的一次合作也为中世纪历史的理想化提供了另一基础。1822 年，道坎纳斯将密茨凯维奇年轻时的一组诗歌习作从波兰语翻译到立陶宛语，很明显他将这组诗歌误解为真实的编年史选段。之后，道坎纳斯又将密茨凯维奇关于立陶宛公主日薇拉(Żywila)的故事纳入历史写作中。当 1884 年日薇拉故事的著作权归属于密茨凯维奇时，这个故事在立陶宛民族历史中已有举足轻重的地位。[6]日薇拉的"揭秘"并未改变什么。另一位虚构的公主"格拉日娜"也是密茨凯维奇杜撰的，"格拉日娜"这个名字在 19 世纪末成了常见的立陶宛女孩名。但是这位浪漫主义诗人和他的立陶宛现代读者之间存在着一个重要的区别。密茨凯维奇在《康拉德·瓦伦罗德》前言的最后引用了诗人席勒的一句话："诗歌的永恒必腐蚀在真实生活中。"在密茨凯维奇的观点中，古代立陶宛确已消亡，人们应该怀念的对象——就像《塔杜施先生》中所写的——应该是加入波兰王国的近代早期立陶宛。然而，立陶宛民族活动家却跟随着道坎纳斯和纳尔布特的脚步，他们认为立陶宛历史终结于 1569 年，所以人们必须复兴的是中世纪立陶宛。这就是最早的现代立陶宛语著作所传达的历史模型。

1883 年，约纳斯·巴萨纳维丘斯决定创办一家立陶宛语报纸。巴萨纳维丘斯是马里扬泊列高中的毕业生，在他求学时，这所高中的教学语言从波兰语变成了俄语，并且增加了立陶宛语课程。他是众多得以在帝国大学学习的立陶宛年轻人之一，这段经历使他翻译了更多的文摘，并且理清了他关于立陶宛的观点。在莫斯科，他师从法语教授，和保加利亚民族活动家成为朋友，还出版了用波兰语写成的立陶宛历史书。1879年，他完成了药学专业的学习并移民保加利亚，在那里成了一名医生，同时继续他的立陶宛历史研究。这些经历促使他于1882年来到布拉格，他在那里遇到了捷克民族运动的参与者。和他的保加利亚朋友一样，他的捷克朋友也强调中世纪庄严宏伟的历史，不断解释着近代早期的民族失败。正是在布拉格巴萨纳维丘斯决定创办一家立陶宛语评论报纸。他在布拉格看到的这幅从黑暗中觉醒的民族图景打动了他，巴萨纳维丘斯决定将这份报纸命名为"黎明"（*Aušra*）。[7]

1883年，巴萨纳维丘斯计划和一些同胞在德国印报纸。虽然立陶宛语在俄罗斯帝国境内是合法的，但是必须以西里尔字母❶印刷。在德国，立陶宛活动家可以出版立陶宛语和以拉丁字母拼写的作品，然后偷偷带入俄国境内。巴萨纳维丘斯在布拉格编辑了最初几期报纸，将德国的出版工作委托给一位叫作尤尔吉斯·米克舍斯（Jurgis Mikšas）的人。在一次恋爱危机后，米克舍斯不得不离开德国，他的工作由约纳斯·什柳帕斯（Jonas Šliupas）接替，什柳帕斯在和波兰共产主义政党"无产阶级"（Proletariat）的密谋政治中获得激励，此时什柳帕斯（1861—1944）正在被普鲁士驱逐期间。对1569年以前的立陶宛历史和独立于波兰的立陶宛大公国形象的研究，因为这40期《黎明》而变得流行起来。这全都因为道坎纳斯和纳尔布特的研究以及密茨凯维奇的诗歌。[8]

不出意外，《黎明》跳过近代早期立陶宛历史的决定——从中世纪历史直接到现代——是追随了同时期的捷克民族活动家发展出的框架。

---

❶ 西里尔字母（Cyrillic characters），是通行于斯拉夫语族大多数民族中的字母书写系统，目前使用西里尔字母作为标准文字的国家，其中有半数在苏联疆域范围内。

1569年卢布林联合对立陶宛人的意义正如1621年白山战役 ❶ 对捷克人的意义,即标志着民族生命终结的象征,外族入侵是罪魁祸首,中世纪的荣光应被珍惜,并以此解释活动家产生的社会原因以及人民大众的地位应该获得提升的理由。[9] 就像卢布林联合(据说)根除了立陶宛贵族,白山战役的失败(据说)亦迫使捷克贵族流浪外乡。因此民族复兴需要新鲜血液,而我们只能在普通民众身上重振民族传统。在这两个例子中,这种中世纪-现代历史分析最先在近代早期的高雅文化语言中发展出来,即捷克人所说的德语和立陶宛人所说的波兰语。而用他们自己的语言将这些观点传达给人民是非常重要的一步,但这同样面临着重重阻碍。

历史、美和力量

19世纪80年代,《黎明》以当时的方言立陶宛语出版。我们已经知道,"黎明"这个名字本身就是对弱小而具有悠久历史的民族的一种比喻:曾经的消亡只是沉睡,当世界天翻地覆,长夜回归白昼,沉睡者将被唤醒。然而,以立陶宛语写作来表达这种理念的企图会带来另一个更深层的可能性。唤醒沉睡民族的概念中包含着一个充满诱惑力的可能性,就是通过夸大他者的成就来美化落后者。举例而言,立陶宛字母其实只被发明了一次。[10] 然而,那些希望将方言演讲编纂成书面语言的民族活动家必须再发明一次字母,以便和普通民众建立联系,

---

❶ 白山战役是欧洲三十年战争(1618—1648)早期的一次战役,发生在今天布拉格附近。波希米亚贵族的军队被神圣罗马帝国皇帝费迪南二世的军队打败,之后帝国皇帝迫使波希米亚人改信天主教,否则将驱逐出境。

这是充满民族德性的必要实践。这次我们不仅要关注"黎明"的意思，还要看看"Aušra"的拼写。在历史书中，在拼写这个单词时使用了字母"š"，实际上 1883 年它的拼法应该是"Auszra"。区别在于，当时立陶宛语的拼写常常参照波兰语正写法，波兰语中"sz"发音同英语中"sh"的发音，而捷克语正写法中"š"发音同英语中"sh"的发音，报纸编辑想要他们的语言读起来少些波兰语烙印。这种拼写调整和在沙俄境内出版毫无关系：两种语言都使用罗马字母拼写，因此都是不合法的。无论是报纸名称是"Aušra"还是"Auszra"，都会被沙俄警察没收查抄，只有叫作"Аушра"才被允许。因此，立陶宛民族活动家关心的仅仅是使立陶宛文化从波兰影响下脱离出来。

立陶宛语借鉴捷克语，这件事本身就充满了反讽意味。（1）在中世纪，波兰和立陶宛两国联合之前，波兰语正是在捷克语的影响下成为一门可书写的语言。[11]近代早期进入立陶宛大公国的波兰语，正式借鉴了旧捷克语（Old Czech）的书写形式。几个世纪后，立陶宛民族活动家从现代捷克语中拷贝的语言符号，其实是现代捷克人为了避免他们的语言中存在德语辅音组合和特定的字母而改造过的。在这次改造后，现代捷克语和波兰语的区别也变大了，因为波兰语保留了旧捷克语中的拼写元素以及用辅音组合替代单音节的习惯。捷克语改造后意想不到的副作用让很多捷克泛斯拉夫主义者深感惋惜，而这正是吸引立陶宛人的地方，因为他们主要的文化对手是波兰文化。举例而言，传统上在捷克语、波兰语和立陶宛中都用"w"代替"v"的发音，这和德语一样。在语言改造后，捷克语和立陶宛语直接使用"v"。类似地，这三种语言以前都用"cz"代替"ch"；在改造后，捷克语和立陶宛语直接使用"č"。因此，立陶宛人用这种新捷克语正写法取代了和波兰文化纠缠密切的旧立陶宛语。

（2）但是由于俄罗斯帝国禁止立陶宛语书写中出现拉丁字母，在维尔纽斯，立陶宛人两种语言都不能使用。所以，在德国东普鲁士边界处，立陶宛人用捷克字母来书写（或多或少）改造后的立陶宛语。通过这种迂回的方式，一种原本目的是限制德国文化传播的字母体系，又再次回到了德国。（3）然而，还有更深层的讽刺。借鉴了捷克语的立陶宛语正写法中，部分写法是分别用"š"和"č"代替"sz"和"cz"。德国语言学家奥古斯特·施莱歇（August Schleicher）多年来一直倡议另一部分的改造，即放弃波兰语中的"ł"，采用"v"代替波兰语中的"w"。所以，最终一位德国语言学家支持了这种捷克语借鉴，如此沙俄境内的立陶宛语终于可以摆脱波兰语的影响。（4）德国语言学研究中兴起的对立陶宛语的兴趣，源于其本身的浪漫主义学术转向，部分目的是为了使德国文化摆脱法国文化的影响。这就好比在一个摆满了镜子的屋子里走动，我们会发现在19世纪末的欧洲，民族性观念反射出一些奇怪的观点，甚至连地方的民族主义者也希望自己的形象是独特、纯粹和美好的。同时，我们也能在其中看到18世纪法国民族主义的起源形象，在莱茵河以东的人们看来，法国是政治哲学的源头和民族国家的典范。[12]

在欧洲这样一个地方，文学被普遍视为国家地位的象征，人们对语言内在价值的加倍关注，使立陶宛文学长期缺位这一事实变得更加费解。巴萨纳维丘斯坚持认为，语言上的尽善尽美可以证明古立陶宛人已经处于文明之中。由于没有什么留存下来的世俗文学可以支撑他的观点，语言的悠久历史成了代替品。就像尽管近代早期发生了经济衰退，但多亏这一点，托斯卡纳小镇上的中世纪塔楼才能幸存，尽管近代早期的文学中看不到立陶宛语作品，但多亏这一点，立陶宛语才能保留下那些古朴的价值。波兰语——而非立陶宛——经受了拉丁语、德语和法语新词的冲击；而且，立陶宛语极度复杂的语法也通过农民们难懂的谈话保留下来。密茨凯维奇曾说立陶宛语是"在欧洲大陆上使用的最古老语言"。1843年，他将立陶宛语比作梵语（立陶宛人好比一支失落的印度部落），这比立陶宛历史学家纳尔布特早了八年，后者在他的立陶宛历史巨著的第一卷中，表达过立陶宛语和梵语的联系。纳尔布特请求一些德国权威学者的帮助，比如雅各布·格林❶（1785—1863），他是一位法学家和语言学家，同时也致力于收集民间故事。道坎纳斯在他1845年的研究中，也引用了语言学家施莱歇的著作。[13]密茨凯维奇对古立陶宛形象的绘制，也部分借鉴了德国文化的来源，比如奥古斯特·冯·科策布（August von Kotzebue，1761—1819）关于普鲁士历史的作品。[14]为了证明立陶宛语的独特性，道坎纳斯、纳尔布特和密茨凯维奇都从德国浪漫主义时期的民间文化以及德国学者的成果中获得资源。此外，密茨凯维奇在流亡巴黎期间很容易和法国历史学家交流，比如儒勒·米什莱（Jules Michelet）❷。米什莱在担任法兰西公学院（Collège de France）教授时，在讲座中表达了关于立陶宛历史地位的主张。[15]德国人和法国人有关立陶宛语的结论，之后变成了立陶宛民族主义的中心思想，这在我们看来有些讽刺。然而，波罗的海立陶宛方言在与高雅文化完全隔离了数个世纪后得以保留，如果没有这个简单

---

❶ 雅各布·格林（Jacob Grimm），即《格林童话》的编纂者之一。
❷ 儒勒·米什莱（1798—1874），被誉为"法国史学之父"，他是第一个使用和定义"文艺复兴"这个术语的历史学家，法国历史学家傅勒曾说米什莱的《法国大革命史》是"所有大革命史的基石，也是一座文学丰碑"。

粗暴的事实，这些学术结论就是无稽之谈。

在19世纪末期，当立陶宛人人数还不足以成立一个国家，当活动家还停留在与近代早期文化的联系中，活动家觉得有必要证明新旧文化之间可以勾连起来。整个19世纪欧洲的浪漫主义民族主义者们认可这样一种关于民族性的共同标准：高雅文化是必要的，文学是一种高雅文化，但是古老文化比什么都没有要好。在美产生之前的历史，完全没有美可言。在接受了格林、纳尔布特和密茨凯维奇关于立陶宛语悠久历史的说法后，《黎明》一代立陶宛民族活动家一同证明了他们的语言可以承受现代文字的重量。立陶宛作家接受密茨凯维奇的预设，即高雅文化和政治命运紧密相连，他们把密茨凯维奇的诗歌翻译成立陶宛语，为了证明他关于波兰语是立陶宛语的高级形态的观点是错误的。他们认为，如果立陶宛语可以表现密茨凯维奇卓越的诗歌，那么立陶宛也可以被视为一个拥有光明未来的独立民族。民族复兴的文学柔术表面上充满了对波兰文化的敬意，实际上揭示了立陶宛作为一个民族的独立性。为了跳过一个必经的历史阶段，人们花费了巨大的努力，历史终将成为美。[16]

这种美说服了他们周围的波兰人，也说服了在立陶宛人中的波兰人。为了掀起一场民族运动，为了让美变成力量，民族活动家之外的人也必须被说服。比巴萨纳维丘斯略年轻几岁的诗人文采斯·库迪尔卡在历史和美之间找到了一种向人民传达的方式。他的故事很复杂，与其说是对近代早期波兰遗产的排斥，不如说是一种融合。尽管库迪尔卡和巴萨纳维丘斯一样也在马里扬泊列高中学习立陶宛语，但这所学校对他主要影响是使他波兰化了。我们来看看他对学生时代的回忆："我的自卫本能告诉我不要说立陶宛语，确保没人注意到我父亲穿着一件粗糙的农民外套、只会说立陶宛语。我尽全力只说波兰语，尽管我说得很差。当我的父亲和其他亲戚来看我,如果我发现有同学或其他绅士在看,我就会躲开家人们;只有在独处或在外头时,我才会与他们和气地说话。我把自己看作一个波兰人、一个绅士,我已经被这种波兰精神所感染。"[17] 有人可能会问,为何马里扬泊列高中对巴萨纳维丘斯和库迪尔卡的影响截然不同,前者在学生时代就成了一个自觉的立陶宛人,后者却把自己看作波兰人。问题的答案就在于俄罗斯帝国政策中最细微的细节有多重要。巴萨纳维丘斯比库迪尔卡年长几岁,他在军事法时期就读于马里扬泊列,那时俄国人以武力禁止人们说波兰语。当1872年军事法取消,此时正好是库迪尔卡入学第二年,波兰语重新回归立陶宛的课程大纲。甚至马里扬泊列,就像我们看到的那样,再次成为波兰化的基地。

和巴萨纳维丘斯一样,库迪尔卡离开立陶宛到俄罗斯帝国大学接受大学教育。但是,库迪尔卡在华沙学习,在那里他把自己当成了波兰人,在波兰社会主义者的影响下接受了政治洗礼。最终,他和波兰的长期结缘却促成了立陶宛人的事业。巴萨纳维丘斯在保加利亚和捷克民族复兴主义者那里接受教导,而库迪尔卡不是简单地拒绝波兰遗产,而是选择与之融合。巴萨纳维丘斯最出色的一击就是忽略近代早期历史的复杂性,如同捷克人和保加利亚人一般为中世纪历史增添荣耀。库迪尔卡1889年从华沙回来后就接受了现代立陶宛观念,为实现这一目标,他对近代早期的波兰理念加以利用。他的贡献不仅是将历史上的立陶宛与波兰分离开来,就像巴萨纳维丘斯所做的那样,还将如今的立陶宛当作平等的民族存在。尽管过程中遭遇了很多波折和超出理性的尝试,但对民族地位的追求是始终贯穿着的。追求和展示文化的信念激励着库迪尔卡以一位绅士的身份做出朝气蓬勃的尝试;在他步入中年时,这个信念支撑他投身更大的运动，帮助农民阶层参与政治，此举使他和他的出身都变得高贵起来。他在19世纪70年代对波兰的迷恋，为他在90年代完成挑战提供了能量。他在波兰语方面的渊博知识，使他有能力将密茨凯维奇的作品用于建立一个由农民组成的民族。库迪尔卡在华沙发现，波兰民族活动家正在把密茨凯维奇变成一个现代波兰爱国者。对此库迪尔卡的回应是将密茨凯维奇的杰出作品转变为现代立陶宛爱国主义的源泉。密茨凯维奇诗歌中孤零零的开头"立陶宛！我的祖国！"在库迪尔卡这里翻译为充满希望的语言："立陶宛！我们的祖国！"1898年,库迪尔卡在一首诗中化用了密茨凯维奇《塔杜施先生》的第一句话,这首诗后来成了立陶宛国歌。[18]

对密茨凯维奇之后的两代人来说，曾经的语词有了新的含义。和密茨凯维奇不同，库迪尔卡相信那个尚不确定的祖国就是这个说立陶宛语的民族命中注定的国家。在这种理解下，异质的变成了原初的，如果能和这套说辞相匹配，那么密茨凯维奇经过翻译和略微改动的语言，自然成了立陶宛民族运动的箴言。除了讽刺意味，这一切还意味着：关于近代早期波兰-立陶宛王国长期的浪漫主义观念，变成了现代民族形式中的某一种，1830年起义失败造就了浪漫主义诗人密茨凯维奇《塔杜施先生》的成熟；1863年起义失败则使民族主义运动分裂为不同支流，1863年后库迪尔卡和其他立陶宛浪漫主义者希望"在旧世界的废墟上创造一个新世界"。对他们来说，波兰-立陶宛王国已成废墟。

作为祖国的立陶宛大公国

1863年为立陶宛民族性划下了一个休止符。在波兰和白俄罗斯的例子中，我们更难分清何时是现代民族主义的黎明，何时是近代早期大公国的薄暮。甚至在19世纪八九十年代的新一代立陶宛现代活动家定义了立陶宛独立的历史和民族后，说立陶宛语的波兰人和白俄罗斯人还是将"立陶宛"视作一个地理上和政治上的概念。在他们的理解里，要成为立陶宛人就要退回立陶宛大公国的传统。除此以外，很多人发现了一个不算重要的民族问题：许多波兰上层阶级都存在波兰语中所说的"tutejszość"（"地方性"，如果不是逐字翻译，更确切的意思是"注重地方性的"），这个词意味着当遇到看起来与地方现实和传统不相符的意识形态时，人们会警觉地反对。[19]维尔尼亚周围的农民"注重地方性"，这正是对复杂的语言同化模式的一种反应，也是一种避免受说波兰语的上层阶级或沙俄官员约束的圆滑方式。[20]在19世纪晚期，和密茨凯维奇的学生时代一样，这些地区人们广泛接受波兰语作为交流方式的优越性。[21]

其至在1863年起义失败后，有政治抱负的上层人士依然努力使大公国的历史传统适应现代政治。其中，践行这一理念的最重要人物就是波兰革命家、政治家约瑟夫·毕苏斯基（Józef Piłsudski, 1867—1935），他的父母都来自优越的立陶宛贵族家庭。[22]毕苏斯基在维日诺的俄国学校学习、成长。在西伯利亚流亡过后，他回到了立陶宛，在19世纪90年代的维日诺开始了自己作为波兰社会主义者的生涯。正如我们将看到的，他是促成波兰于1918年建国、之后兼并维日诺的最重要的人。他的爱国主义不是建立在现代种族意义上或语言学意义上的对波兰的定义，而是出于对立陶宛大公国共和理念的怀念，他尤为反对历史上专断俄国的主张。毕苏斯基称自己是立陶宛人，他会说家乡的波兰方言、乡村人民说的白俄罗斯语和流放西伯利亚时学会的粗略俄语。正如我们所见，他的盟友为他作为立陶宛人的失败做担保，正是这些盟友给予了他作为波兰人的成功。[23]

白俄罗斯民族活动家对立陶宛大公国的兴趣，以及他们所持的社会主义联邦制主义和毕苏斯基的观念不谋而合。然而，那些以"白俄罗斯"这个新名字来寻求复兴立陶宛大公国的人们，却被他们对近代早期波兰性的认同限制了。波兰语作为当地的文化语言已有300年历史，它的地位为当地罗马天主教精英家庭和罗马天主教会所维护，而且得到了西部地区数百万说波兰语人民的支持。立陶宛语虽然在地位上无法和波兰语媲美，但作为不可动摇的波罗的海语言脱颖而出。说立陶宛语的人口虽然在缩减，但是他们比说白俄罗斯语的人能得到更好的地缘庇护。白俄罗斯的地位最微妙：未经编纂的、地位低下的斯拉夫方言，在词法上介于波兰语和俄语之间，使用者处于波兰文化和沙俄权力的控制下。说白俄罗斯语的农民将波兰语（随着时间的流逝还有俄语）视作有学识的语言，而我们今天所说的白俄罗斯语则是普通大众之间简单交流的语言。要超越农民阶级取得更高的社会地位，就是要说波兰语或俄语，成为波兰人或俄国人。[24]对近代早期波兰-立陶宛王国和立陶宛大公国如此珍贵的语言灵活性，对希望促成以白俄罗斯语为民族界定的现代民族主义者来说却是负担。

那么，我们为何要逼迫自己进入如此狭窄的领域？为何要关注说白俄罗斯语的人们和白俄罗斯民族活动家，即使他们对维尔尼亚的所有权声明并不会被严肃对待，即使现代白俄罗斯民族还未产生？大公国传统的白俄罗斯分支警示我们不要忽略那些危险思潮，即认为过去的语言或"种族"群体就是现有民族群体的祖先，这种想法犹如在现代性的魔法下变得栩栩如生的假人。在已有现代民族的情况下，这些民族的历史学家会发现要"证明"他们继承自某些"种族群体"是很容易的。

因此，白俄罗斯人的失败为我们提供了一个有效的测试。我们现在已知在某个未有定论的区域内有一个最大的"种族群体"。根据俄罗斯帝国在 1897 年的人口普查显示，在维那省说白俄罗斯语的人口比说其他语言的人口的总和还要多。在维那、明斯克、格罗德诺（Grodno）、莫吉廖夫（Mogilev）和维捷布斯克（Vitebsk）几个省，与历史上立陶宛领土相邻的地区，说白俄罗斯语的人口占到总人口的四分之三。在 20 世纪，这个"种族群体"却没有成为一个现代民族。与立陶宛人和波兰人的成功放在一起看，白俄罗斯人的失败帮助我们认识到民族主义运动实际上是必需的。如果他们的成功只是由于对立陶宛大公国传统的忠诚，或者是因为说某种语言的人口数量，那么白俄罗斯人原本会比其他人有更大的希望。白俄罗斯人的失败是民族推论无法适用的、社会和政治的偶然现象，因此值得历史学关注。[25]

白俄罗斯人和立陶宛人的祖国？

诗人文森特·迪南-马尔钦克维奇（Vincent Dunin-Marcinkievič，1807—1884）曾用优美的语言表达出白俄罗斯人和立陶宛人的希望。迪南-马尔钦克维奇出生于一个立陶宛-波兰贵族小家庭，他在彼得堡接受教育。1840 年，他以一出波兰语-白俄罗斯语喜歌剧在维尔尼亚首次登场，这部歌剧是与作曲家斯坦尼斯拉夫·莫纽什科（Stanisław Moniuszko）❶一起完成的。[26] 1859 年，迪南-马尔钦克维奇完成了将密

---

❶ 斯坦尼斯拉夫·莫纽什科（1819—1872），波兰作曲家、指挥家，其音乐具有浓郁的民族色彩和强烈的政治倾向，被誉为波兰民族歌剧的创始人。

茨凯维奇的《塔杜施先生》翻译为白俄罗斯语的工作。和我们之前讨论过的立陶宛民族活动家一样，迪南-马尔钦克维奇想当然地认为，方言获得尊严的吉兆就是它与波兰语之间地位的平等，要证明这点，最有说服力的证据就是用方言翻译波兰文学。他真切地感受到斯拉夫文学语言对两者的压力：据他的解释说，《塔杜施先生》的俄语译本而不是波兰语原版促使他开始了将该书翻译为白俄罗斯语的工作。和立陶宛人一样，迪南-马尔钦克维奇很享受可以说是来自诗人本人的支持。密茨凯维奇曾说白俄罗斯语是"最丰富和最纯粹的古老语词源头"；迪南-马尔钦克维奇想通过将密茨凯维奇的小说《白俄罗斯绅士的》翻译为"白俄罗斯农民"也能阅读的语言来证明这点。[27]这真是非常雄心勃勃的想法，因为原诗篇幅极长，故事优美而复杂，而白俄罗斯方言还未经编纂。尽管白俄罗斯-鲁塞尼亚语在16世纪曾为书面语言，但是1569年波兰语获得胜利后，前者几乎很少用于书写。

初始工作已经开始了：扬·切乔特（Jan Czeczot 或 Jan Chachot，1796—1847）将白俄罗斯民谣翻译为波兰语。切乔特曾与密茨凯维奇一起在维日诺学习，也是密茨凯维奇秘密社团的一员，他们是一生的挚友。密茨凯维奇曾将白俄罗斯传统民谣改编为《祖先的前夜》（*Forefathers' Eve*，1822年和1832年的两部诗选集），他还在《塔杜施先生》中描绘了生活在说白俄罗斯语的土地上的波兰上层阶级，而他的朋友切乔特则收集了各种民谣歌曲，并将它们改编为丰富多彩的波兰文学语言。[28]从实际操作来看，切乔特的计划远比迪南-马尔钦克维奇的要容易得多。在一个非常讲究地位社会里，把民间文化翻译成文学语言是一回事，把文学杰作翻译成农民语言又是另一回事。如果有人从猪圈里带回一颗沾满泥土的珍珠，放在文化人面前，他们也许会为它着迷,但如果他们发现有人把珍珠扔在猪面前,就不见得会如此了。

地位带来的难题也横亘在白俄罗斯爱国者面前。他们中很少有人真正看得起白俄罗斯农民。与密茨凯维奇和切乔特一样,迪南-马尔钦克维奇接受的还是近代早期王国式的爱国主义,将波兰语看成政治和文化语言。同时,迪南-马尔钦克维奇也意识到波兰语即将在一种新的政治形态中发挥新的作用。无论密茨凯维奇的初衷如何,但他以波兰语创作诗歌的事实实际上加强了一种以语言(种族)为界定的波兰民族主义。[29] 在波兰,波兰语的地位"下降了",而白俄罗斯爱国者希望能"提高"白俄罗斯语在白俄罗斯的地位。迪南-马尔钦克维奇知道,《塔杜施先生》的故事发生在白俄罗斯语的方言背景下,他希望能提高这种语言的地位,帮助那些生活在密茨凯维奇的立陶宛中的白俄罗斯人。

第二类难题出现在现实政治中,而作家们不得不在其中生活和工作。在波兰人可以出版原版《塔杜施先生》、俄语译本也能流通的情况下,俄国审查者以迪南-马尔钦克维奇的译作使用拉丁字母而非西里尔字母为由,没收了他的所有译作。[30] 那时候官方并未禁止白俄罗斯语,只是不允许以拉丁(波兰)字母书写白俄罗斯语。真正的问题是迪南-马尔钦克维奇的白俄罗斯语译本的标题就是"Pan Tadeusz",和波兰语原文一模一样,而不是和俄语译文相同的"Пан Тадеуш"。立陶宛活动家通过和在德国的同胞合作来避开这种问题,但是迪南-马尔钦克维奇没有这样的办法,那时所有白俄罗斯人都住在俄罗斯帝国境内。那时已有勇敢的白俄罗斯民族活动家,那些方言原本可以变成一门书写语言,原本有数百万人有机会学习如何阅读这门语言。但是在19世纪中叶,几乎没有人只会白俄罗斯语,没有面向白俄罗斯人的出版途径,白俄罗斯语书籍也没有市场。

波兰、立陶宛和俄罗斯：白俄罗斯？

很明显，问题在于俄罗斯帝国政策是根植于立陶宛大公国留下的波兰和罗马天主教遗产，而这正是白俄罗斯人期望复兴的传统。首先，俄国官方是支持大公国遗留的体制的。教宗克雷芒十四世（Pope Clement XIV）1773年禁止耶稣会的活动，但耶稣会被允许在俄罗斯帝国境内传教。在1820年沙俄颁布禁止令之前，耶稣会办的学院、学校和印刷出版机构主要通行语言是波兰语。维尔那大学（前身是耶稣会于1579年建立的学院）和维尔那学区使用的都是波兰语，一直持续到1832年。直到1840年，立陶宛大公国1588年颁布的法令依然有效。尽管法令是以斯拉夫官方语言写成，这种语言和白俄罗斯语很相似，贵族参与的当地议会（dietines）和司法审讯的语言都是波兰语。最初，沙俄的统治在宗教、教育和法律领域保留了立陶宛大公国留存的波兰文明，这一切并没有看起来的那样怪异。沙皇亚历山大的统治与今日波兰—俄国历史的现代民族主义版本大相径庭，这块民族主义的棱镜是1863年后才嵌入的。19世纪初期，政府的主要任务是选派地方精英，而非大众动员，亚历山大相信启蒙运动奠定的基本原则——就像他的波兰朋友恰尔托雷斯基教给他的那样——是吸引精英们加入俄罗斯帝国最坚实的基础。[31]

19世纪的旧立陶宛和18世纪很像：波兰政治理念失败了一次又一次，但是波兰文化却大步向前。这正是米特罗凡·多夫纳尔-扎波尔斯基（Mitrofan Dovnar-Zapolski，1867—1934）——一位来自维尔尼亚地区小贵族家庭的白俄罗斯历史学家——称亚历山大的俄国政策是"波兰化"(Polonization)的原因。[32]多夫纳尔-扎波尔斯基出生于1863年后,他目睹了如火如荼但互不相关的民族主义事件,但他依然高度强调1863年前波兰文化在白俄罗斯土地上的持续影响。即便在1830—1831年起义失败后,现在我们称为白俄罗斯人的贵族们仍可以毫无困难地参与波兰和沙俄政治,而不必再留心他们周围农民的语言和风俗习惯。[33]毫无疑问,1840年大公国法令被取消后,白俄罗斯贵族的传统地位骤降,1861年废除农奴制后他们的社会地位也下降了不少。1863年后,一些贵族转向立陶宛大众民族的阵营,另一些则加入了白俄罗斯大众民族的阵营。他们再次面临一个制度性难题,从表面上来看这又是沙俄统治的结果。

半个世纪内,沙俄政策允许白俄罗斯上层人士向波兰高雅文化靠近,这样做的结果是抽离了独立的白俄罗斯民族这一流行观念的宗教基础。当波兰-立陶宛王国于1795年最后一次被瓜分时,立陶宛公国内大约五分之四的农民是东仪天主教会❶信徒(Uniates)。[34]1839年,这些地区的东仪天主教会被东正教会合并。当立陶宛民族活动家以罗马天主教作为区别于沙俄的标志时,白俄罗斯的活动家只能徒然地惋惜失去了"他们"的东仪天主教会。自1863年起义后,白俄罗斯爱国者一直为东仪天主教会的命运扼腕叹息。[35]然而,1839年时东仪天主教会远远不能成为白俄罗斯人的民族信仰。这一教派是为波兰-立陶宛王国所建,其教会语言是波兰语。近200年来,教会的统治层从未真正使用过

---

❶ 东仪天主教会(Eastern Catholic Churches),是指完全承认罗马教宗权威的东方公教会。它保存了东方基督教派的仪式、神学基础和奉献的传统,但仍与东正教会、东方正统教会和东方亚述教会存有分歧。

当地方言。尽管最初从波兰语转到俄语的过程困难而痛苦，但实际上等于从一种外来书面语言转到另一种。诚然，东仪天主教会在奥地利加利西亚地区成了民族信仰，但这背后的原因是一个多世纪的国家支持，以及当时与俄罗斯帝国竞争的国际环境。如果东仪天主教会能在白俄罗斯幸存下来，它也许会成为白俄罗斯的民族信仰，但这需要白俄罗斯与近代早期传统彻底决裂，而不是继续延续。（见65页图表1。）[36]

种族意义上或历史意义上的立陶宛？

1863年起义失败的余波为立陶宛民族运动开放了一些社会空间，却消除了白俄罗斯人原本就有限的空间。1863年后，活动家以立陶宛人和他们所说的语言为基础，宣扬作为种族观念的立陶宛，他们享受着在俄罗斯帝国境内的某种优势；而以波兰-立陶宛王国传统为基础，宣扬作为精英观念的立陶宛和白俄罗斯方言的活动家却处于明显劣势。虽然1863年起义的后果创造了新一代的现代立陶宛活动家，但它使白俄罗斯爱国者恰恰处于迷人的波兰文化和渐增的沙俄权力的夹缝中。想想康斯坦蒂·卡利诺夫斯基，这位说波兰语的立陶宛贵族在1863年与农民阶层结盟，他的宣传册上写的是白俄罗斯语。在后1863年的大众政治时代，他向普通大众发出的诉求颇有前景，但是用白俄罗斯语作为发出诉求的方式这一点却不尽然。1863年起义后，白俄罗斯人不能在俄罗斯帝国境内以白俄罗斯语出版。1905年前，白俄罗斯民族复兴的阵营在遥远的克拉科夫、波森（Posen）和维也纳。[37]弗兰切斯查克·巴甫舍维奇（Frantsishak Bahushevich），维尔尼亚地区小贵族一家的儿子，在19世纪90年代于克拉科夫出版了他的白俄罗斯语诗歌——以白俄罗斯语和波兰正写法写作。即使（在1905年后）当白俄罗斯语在俄罗斯帝国境内已经合法化，波兰字母表依然在白俄罗斯语出版物中被广泛使用。第一家重要的白俄罗斯语期刊《我们的土地》(Nasha niva)同时出版了罗马字母和西里尔字母版本。尽管巴甫舍维奇现在被视为白俄罗斯文学之父，但当时他的诗歌在俄罗斯帝国境内影响有限。他的诗歌在1908年被禁，不是因为白俄罗斯语的问题，而是因为诗歌中怀念那些在沙俄统治前的传统。[38]

似乎立陶宛民族活动家也面临着相似的难题。从19世纪60年代起，沙俄境内非法的立陶宛语出版物一直在德国出版，而立陶宛民族运动的领导人都远在保加利亚和美国。那么，为什么1863年后立陶宛民族运动能持续下去，而白俄罗斯民族运动就不行？实际上，第一眼看上去像是劣势的，反而会变成优势。就拿立陶宛人想要和过去决裂的需求来说。虽然立陶宛民族主义理念中包含了非凡的历史想象特质，但是写大部头来发明历史比通过改变精英们的行为以改变传统要容易得多。传统包括了人们现在在做的事情，而历史叙述了人们曾经应该做过的事。传统在哪里终止，历史从哪里开始，这些大部分取决于民族活动家的社会起源。相比白俄罗斯人，立陶宛人在这方面又有了意想不到的优势。出身低微的活动家们——他们的家庭从没有在近代早期政治中发挥重要作用——发现如果把整个过去当作历史来对待会容易许多。立陶宛活动家往往是受沙俄教育的农民后代，他们可以欣喜地跳过几个世纪的历史，无所顾忌地讨论民族复兴。白俄罗斯活动家们来自说波兰语、信奉罗马天主教的上层家庭，从父辈和曾祖父辈那里习得的关于历史传统的真理，却让他们深陷泥沼。因此对他们来说，接受建立在白俄罗斯人和白俄罗斯语基础上的种族白俄罗斯观念，要比让立陶宛人接受种族立陶宛观念更难。立陶宛活动家为了打破他们和波兰文化的联系,他们发明了新的正写法;而这时的白俄罗斯人为了和沙俄拉开距离,开始使用波兰字母和拼写规则。

这提醒了我们,在斯拉夫语系中白俄罗斯语与波兰语和俄语都很相似,而作为波罗的海语言的立陶宛语和二者差别很大。沙俄禁止以罗马字母出版立陶宛语的规定影响到一些说立陶宛语的农民,这正好为立陶宛活动家所用。如果国家机器剥夺了某个团体视作珍贵的东西,那么那些能提供这种东西的组织就能得到支持。在这一点上,白俄罗斯民族主义者再次陷入更糟的境地。在俄罗斯帝国,没有人在教堂或学校里学过如何阅读白俄罗斯语。有读写能力的白俄罗斯人已经学会了波兰语和俄语。因此,禁止白俄罗斯语出版物的规定对白俄罗斯活动家来说几乎无用。没有人像怀念立陶宛语那样怀念白俄罗斯语。结果,立陶宛活动家或立陶宛神父在对付立陶宛农民时,比说俄语的官员或说波兰语的上层人士更有优势。另一方面,一个白俄罗斯活动家在这方面的优势比他的俄国和波兰对手要小得多。从这些角度来看,不可预知的语言事实决定了民族主义者能取得多大的影响力。

再让我们回到民族活动家移民国外的问题上,很明显在两个案例中这个问题都很棘手。尽管移民海外在所有民族殉道史中都扮演了突出的角色,移民(émigrés)本身对民族事业非常有帮助。虽然密茨凯维奇美好地且无疑是真诚地向往着祖国立陶宛,但事实上他本人是考纳斯一个无聊而生硬的学校教师。入狱、流放和移民使他成为原本能成为的那个伟大诗人。本书中引用的密茨凯维奇的诗歌出版于圣彼得堡、德累斯顿和巴黎。当然,无论他在哪里,他都能找到波兰同伴,这一点很重要。离开沙俄、在德国普鲁士东部出版《黎明》的立陶宛人和密茨凯维奇一样，都是渴望失落家园的浪漫主义者。而且，他们也和他一样，能够利用同道者的思想资源。当时在德国大约有10万名立陶宛人。将立陶宛资料从德国走私到沙俄的书贩们表现出高度的组织化特征，至少他们的任务是可持续且合情合理的。另一方面，白俄罗斯人完全被俄罗斯帝国边境限制住了。跨越国境和其他白俄罗斯人合作是完全不可能的。努力在遥远的克拉科夫维持民族复兴大业的白俄罗斯人几乎找不到当地的合作者，容易淹没在当地波兰人的汪洋大海中。无论他们用白俄罗斯语出版了什么，都必须穿越这遥远的距离，才能够获得一些效果。现在来看，分裂有时也有好处。

这些因素——民族活动家的社会起源、民族语言的特征以及帝国边界的位置——和主流民族性叙述格格不入。首先，总体而言，成功的民族活动家在解释他们的成功或失败时没有提到这些因素。其次，对这些因素的认可破坏了"种族群体"即"原初民族"的普遍观念。当时，说白俄罗斯语的农民这一"种族群体"是说立陶宛语的农民这一"种族群体"的10倍，而且前者的人数增长是以后者为代价的，但立陶宛民族运动有了结果，而白俄罗斯民族运动却没有。第三，这些因素证明了这种观点，即现代化国家（modernizing state）创造了民族。1863年后，沙俄政策无意中促进了其他民族主义运动，但是在沙俄统治下，大公国旧都遗民从未大规模地称自己是"俄国人"。[39] 其中最有名的人身上的"俄国性"是和立陶宛大公国的遗风分不开的。

立陶宛：作为俄国的伟大祖国

1863年后，沙俄当局基本上将波兰精英视为敌人，将立陶宛民族

鲁塞尼亚语、波兰语、拉丁语和俄语教会档案的比例

1590-1599 1610-1619 1630-1639 1650-1659 1670-1679 1690-1699 1710-1719 1730-1740 1750-1759 1770-1779 1790-1799 1810-1819 1830-1839

▨ 鲁塞尼亚语　▨ 波兰语　■ 拉丁语　▨ 俄语

表1

运动视作削弱敌人的方式，将白俄罗斯亚农民视作沙俄境内的民族之一。地方上层精英失去了大部分权威，部分原因是1863年后集权国家对他们的惩罚，另外还因为1861年获得土地的解放农奴。沙俄第一次着手解决这些大量人口的民族性问题。虽然这个过程缓慢而复杂，但是19世纪60年代确是沙俄解决立陶宛——帝国西北部领土——历史问题的转折点。沙俄逐渐挑起地方人民对抗地方精英，而不是依靠地方精英统治地方人民，以此将民族性作为国家治理的工具。

1863年起义后对波兰上层阶级的压制，和M. N. 穆拉维约夫（M. N. Muraviev）有关，他是当时被派去镇压起义的维那总督。他的残忍为他在俄国人、波兰人和立陶宛人中间获得了"绞刑男"（The Hangman）的名声。穆拉维约夫把起义看作俄国人和波兰人为争夺维那而爆发的民族战争。起义证明了他关于波兰人生来反叛的观点，在此意义上，他将沙俄看作一个类似民族国家的存在。穆拉维约夫在彼得堡大受欢迎，不仅因为他不负残忍的名声，而且因为他有能力将这种民族范式转化为可操作的行动。他把立陶宛当作波兰人和俄国人之间民族战争的舞台，实际上他也是这么行动的。他的政策迫使关于立陶宛大公国的历史观念退出舞台。我们想想康斯坦蒂·卡利诺夫斯基就行，他用白俄罗斯语写作，支持东仪天主教会，将立陶宛大公国当作自己的祖国。1846年，作为支持波兰语和天主教的代表，穆拉维约夫下令将卡利诺夫斯基在维那处以绞刑。

穆拉维约夫的行动无意中在社会的各个层面促成了一种新的民族联盟。1863年以前，俄罗斯帝国西北部最大的人口群体——说白俄罗斯语的农民——普遍自称是"立陶宛人"。1863年后，沙俄的宗教政策、镇压行动和等级分类迫使这一传统观念转向社会觉醒的边缘。帝国将东正教徒视同"俄国人",人们因此被迫在不同的民族标签中做选择。到19世纪末,说白俄罗斯语的人如果是东正教徒,就说自己是"俄国人",如果他们是罗马天主教徒就说自己是"波兰人",如果他们没有信仰就说自己是"本地人"。沙俄当局从人们的脑海中移除了"立陶宛人"这个词的历史感,这样一来,他们为现代的、种族的立陶宛定义扫清了道路,并且简化了立陶宛民族活动家的任务。[40] 如同1863年后的立陶宛民族活动家,沙俄历史学家也重新发现了立陶宛大公国的新含义,后者将其视为沙俄帝国的雏形。1863年起义失败被民族主义的语言重新诠释,沙俄视作异质的波兰和天主教的影响,在沙俄和东正教的土地上终于迎来终结。

1898年,俄罗斯帝国境内其他地方的波兰人为纪念密茨凯维奇百年诞辰,为他竖立了一尊塑像;与此同时,俄国人和沙俄效忠者们也在维那树立了一尊穆拉维约夫总督的塑像。密茨凯维奇激发了人们解放维那斯脱离沙俄统治的爱国热忱;穆拉维约夫则使得这些热忱加速成为现代民族主义。当然,1863年以后确实有些改变,我们从 P. D. 斯维尔托波克-米尔斯基亲王(Prince P. D. Sviatopolk-Mirskii)的职业生涯中就可看出端倪,他于1902—1904年出任维那总督。沙皇需要穆拉维约夫的残忍以镇压起义,而米尔斯基是一位欢迎宏大改革计划的总督。和前者一样,米尔斯基也想当然地认为波兰人(和他们的犹太人盟友)是来自维日诺和曾经的立陶宛的劲敌。但是和穆拉维约夫不同的是,米尔斯基将波兰性和天主教教义区分开来。他争辩说帝国政策驱使波兰人以外的天主教徒投向波兰民族性的怀抱,通过一种更巧妙的方法可以在立陶宛人和白俄罗斯亚人中建立对帝国的忠诚。1904年,米尔斯基总督生涯的最后一项举措是说服沙皇允许立陶宛语读物以拉丁语字母的形式出版。1905年出任内政部部长时，米尔斯基甚至开始支持白俄罗斯亚民族性。当然，米尔斯基相信在波兰和沙俄宏大的历史竞争背景下，这些民族运动是没有未来的。以他看来，这些民族会慢慢被波兰民族性所同化，为沙俄必然的胜利争取时间。[41]

一些心怀感激的立陶宛民族活动家认识到，米尔斯基并非他治下领土的入侵者。和许多为沙皇管理波兰和立陶宛的帝国官员一样，米尔斯基是旧立陶宛上层阶级的后裔。在大公国时期，大部分贵族家庭都是东正教教徒出身，米尔斯基和其他人一样在沙俄统治下"重新皈依"东正教。有学识的波兰-立陶宛上层家庭不仅为俄罗斯帝国的官僚制提供了新鲜血液，也提供了一些保守思想家。[42] 20世纪早期，当米尔斯基统治维那时，大俄罗斯（Great Russian）帝国的理念中已经增加了现代民族元素。新的民族构成包容一切，在它的影响下，"失落的"斯拉夫土地被"重新寻回"，所有民族安于俄国人治下。在这种历史叙事中，立陶宛大公国被视为一个曾被波兰和天主教夺去的立陶宛-俄国国家，如今它又重回沙俄和东正教。

这种大俄罗斯历史观和现代立陶宛活动家在1863年后提出的历史观惊人地一致。现代立陶宛和现代俄国的视角都略去了近代早期历史，即波兰-立陶宛大公国两个世纪的历史，而更偏向符合现代政治需求的中世纪立陶宛历史。在立陶宛的案例中，古代历史意味着在自己的王国内的立陶宛族的历史。在俄国的案例中，古代历史意味着大俄罗斯的历史叙事。1863年后，立陶宛人和俄国人都重新以中世纪时的名称称呼原大公国首都。立陶宛人开始称这座城市为"维尔纽斯"，俄国人称这座城市为"维那"——他们都拒绝承认这座城市的波兰名字"维日诺"，这是迄今它最为流行的名字。立陶宛和俄国的民族主义正史是中世纪史和现代史的综合产物，唯独忽视了近代早期历史。以所谓延续中世纪历史的名义，它们都倾向于去除近代早期历史遗产的激进变革。这两种史观都以历史深层逻辑的名义，使家庭忠诚的剧烈变革正当化。立陶宛活动家往往是说波兰语的上层人士，他们通过联合人民大众来达到"回归本源"的目的。沙皇治下的官员也往往是说波兰语的上层人士，他们"回归本源"的方式是皈依东正教、帮助沙皇取得东斯拉夫领土。

这些俄国人不仅相信要将东斯拉夫元素融合进俄罗斯民族，他们还是这一历史进程的活生生的例子。米尔斯基很可能认为他回到维那这件事并没有什么值得讽刺的地方，立陶宛也是他的祖国。

第3章
第一次世界大战与维日诺之问
（1914—1939）

死亡，也许能让他的伤口愈合。

——亚当·密茨凯维奇《祖先的前夜》

（德累斯顿，1832）

1914年，原立陶宛大公国的首都成为希望通向民族之路的立陶宛人、白俄罗斯人和波兰人渴求的政治家园；这里也是居住在其中最特殊的群体——犹太人的精神家园；对掌权的沙俄官员来说，这里还是一座古老的俄罗斯城市。这里大多数学校都以俄语教学，大多数教堂是罗马天主教堂，超过三分之一的居民是犹太人。1863年之后，俄罗斯帝国的维那省的人口翻了不止两番，这座城市的人口占该省人口比例增加了近三倍；维那城内的人口增加了三倍多。[1] 在工业化和城市化的时代，1863年后俄罗斯帝国西部的每一代人都比上一代人更都市化、受教育程度更高。这座城市还是有不同的名字——立陶宛语的"维尔纽斯"，波兰语的"维日诺"，白俄罗斯语的"维尔尼亚"，俄语的"维那"以及意第绪语的"维尔纳"。1905年革命后，对这座城市种族所有权的声明第一次激起辩论，语言的不同更能代表这些不可调和的观点。

对立陶宛活动家来说，维尔纽斯是大公国的旧都，立陶宛大公盖迪

第3章 第一次世界大战与维日诺之问(1914—1939)

米纳斯(Gediminas)❶在立陶宛鼎盛末期建造了这座城市。活动家越发认为中世纪的立陶宛大公国是独立的立陶宛的前身,有某种类似种族边界存在。尽管立陶宛活动家更喜欢在维尔纽斯活动,但是在那里说立陶宛语的人口所占比例极小(大约在1%到2%)。[2]虽然立陶宛人最显著的标志是他们的语言,但是立陶宛活动家对维尔纽斯的所有权声明却建立在所谓的历史基础上的。这种概念上的模棱两可被一些宏大规划掩盖了,比如1902年立陶宛民主党(Lithuanian Democratic Party)的纲领,该党是在"民族志边界的大约范围内"来讨论一个独立的立陶宛。在1905年革命时期,由左翼和中间团体组织的立陶宛民族议会呼吁以"现有民族志边界内的核心"建立一个自治的立陶宛,这意味着把维尔纽斯和周边地区囊括进来。用"现有的"(present)来修饰"民族志的"(ethnographic)并非偶然。正如当时的波兰民族民主人士和其他民族主义者一样,立陶宛活动家将民族志看作科学和政治变化的产物。在他们看来,维尔纽斯周围那些看起来像波兰人或白俄罗斯人的人,只是碰巧会说波兰语或白俄罗斯语。在恰当的环境下,"民族志的立陶宛"(ethnographic Lithuania)是可以扩展的。[3]我们之后会发现,他们在这点上是正确的。

白俄罗斯民族活动家和立陶宛对手一样,当时也在维尔尼亚。他们也在追溯立陶宛大公国的过往,将自己视为大公国的后裔,并声称维尔尼亚是他们的首都。[4]立陶宛民族活动家坚信1569年与波兰的联合破坏了立陶宛的独立,但白俄罗斯活动家不同,他们更偏向于复兴

---

❶ 盖迪米纳斯(1275—1341),于1315年继任立陶宛大公,直到1341年去世。在他统治时期,立陶宛领土从波罗的海扩展到黑海,他被认为是立陶宛历史上最赫赫有名的人物。

曾经的波兰-立陶宛王国。我们会发现这一点体现了历史诠释的一个重要区别。立陶宛人对波兰影响的非议起始于19世纪40年代,在80年代开始公开化,但似乎在1910年前没有任何白俄罗斯思想家质疑过波兰-立陶宛王国的价值。[5]在20世纪早期,白俄罗斯社会主义者最先声称对维尔尼亚的所有权,他们都来自说波兰语的罗马天主教上层家庭,他们相信社会主义国际主义和传统的联邦主义是内在一致的。[6]在1905年革命中,波兰和立陶宛政党再次体现出行动果决和大众支持,这场革命对白俄罗斯民族主义运动来说是一次温和得多的试验。革命之后,独立的白俄罗斯这一概念对作为"沙俄西部"帝国的白俄罗斯这一概念产生了真正的冲击。[7]第一家重要的白俄罗斯语期刊《我们的土地》诞生于1906年。在1914年以前,那些把白俄罗斯人看作一个民族的人没有想过让白俄罗斯独立出去。正如我们所见,"种族特征"(ethnicity)和政治上的民族主义没有必然联系。在维那城内,说白俄罗斯语的人要比说立陶宛语的人多得多。而在整个维那省,说白俄罗斯语的人口超过总人口的一半。在维那、明斯克、格罗德诺、莫吉廖夫和维捷布斯克各省——邻近历史上的立陶宛上的地区——说白俄罗斯语的人口占总人口的四分之三。但是,没有任何地区的白俄罗斯农民从工业化中受益,没有任何地区的白俄罗斯人在城市生活中占主导。在每个白俄罗斯人口占多数的城市,和别的群体相比,他们的受教育程度更低。[8]

尽管对立陶宛和白俄罗斯的活动家来说,维尔纽斯/维尔尼亚非常重要,但是这些活动家在俄罗斯帝国治下的维尔那却无足轻重。1914年,波兰语主导了公共生活,虽然这里的波兰语和华沙的波兰语不同。在俄罗斯帝国的统治下,一种特别的波兰文化巩固了它对维尔那及维尔那地区（Wileńszczyzna）的掌控。尽管一系列法律都旨在将土地所有权转给俄国人和东正教徒，但在20世纪初期波兰人依旧拥有着维那省的大部分土地。[9]1914年，波兰人口也许比犹太人口稍多一些，是城市中的多数派。至于波兰人是维尔那及其周边地区的主要民族，还是根本不算一个民族，这取决于个人的不同观点了，那时改说波兰语和加入某个特殊的民族团体或某个颇受尊重的社团根本不是一回事。[10]在历史上的立陶宛，几乎没有出现过有关"唤醒"波兰语人群认同他们"真正的"民族身份的思潮，因为这种文化无论如何都是吸引人的，而且掌握这种语言本身就象征着一种社会地位。在原立陶宛大公国里，波兰文化不是因为活动家的积极工作而被视为一种可以转化成政治权力的"种族"现实，反而是一种人文品质，这种品质的代言人（无论他们原来的"种族"是什么）决定了什么是有教养的交流。

1905年后，这种波兰性的精英代表被称为"当地人"（krajowcy），他们认为他们的波兰性区别于波兰领土（crownlands）以西的波兰性。这些精英认识到他们的家族渊源在立陶宛贵族之间，而且他们自己常常会说两种语言或三种语言，他们认为大公国是波兰遗产中最美好的部分。对这些波兰人来说，维尔那是文明的中心，这种文明是他们已经形成的、维持的并希望在复兴的波兰中继续体现的。他们根本没有将维尔那视为未来"种族的"波兰国家东北角、由波兰"种族"构成的城市，他们将其视作历史上立陶宛的首都，而历史上的立陶宛和波兰领土的联合，始终是一个政治上的中心问题。他们所有人都按照1569年后的历史定义，将立陶宛视为自己的政治故乡。其中大多数人认为历史上的立陶宛会与波兰领土组成一个共同体，尽管一些人更希望将这个问题留给未来的维尔那议会。[11]比起现代波兰或立陶宛的民族主义者，"当地人"是密茨凯维奇更加忠诚的学生。在20世纪早期,受社会主义爱国人士——如约瑟夫·毕苏斯基——的影响,他们的政治观点属于联邦主义的政治架构。

如此立陶宛的波兰人假定,由于立陶宛大公国历史传统中的美德,他们身上的波兰性比别人的更高级,而且这种波兰文化总体上比立陶宛语或白俄罗斯语中包含的波兰文化品质更高。随着现代民族性观念的传播,这种双重自信导致了一个圈套。一方面,这种由波兰领土引发的优越感是建立在地方传统上,因此不会被华沙或克拉科夫的波兰人所接受。不断地将密茨凯维奇解释为完全的波兰人,便是一个例子。另一方面,对这种高度本地化的传统的培育可能带来一个恶果。既然民间文化被视为立陶宛大公国的遗产之一,那些以波兰语进行早期立陶宛和白俄罗斯民族复兴的活动家们对此毫无怨言。[12]然而,早期活动家的成果中的形象和比喻,对现代主流文化的质疑者来说依然有效,他们用立陶宛语和白俄罗斯语再造了这些成果。当一些天主教精英家庭的成员"背叛"了1905年后的白俄罗斯和立陶宛民族运动,立陶宛民族活动家反而在乡村地区出现,波兰性就渐渐变成了一个必须被维护的选择。[13]

1905年革命时期,立陶宛议会赢得了沙皇政权意义重大的妥协。一些波兰的立陶宛人,如米哈乌·罗默(Michał Römer)❶,他们吸取教训,认为立陶宛的民族性是需要被严肃对待的一支力量。罗默相信历史上的立陶宛可以被塑造为由立陶宛人、白俄罗斯人、犹太人和波兰人

---

❶ 米哈乌·罗默(1880—1945),立陶宛律师、科学家和政治家。他后来将名字改作了立陶宛语的米科拉斯·罗梅里斯(Mykolas Römer'is)。

共同组成的多民族国家,其中立陶宛人扮演领导角色,波兰人在不同文化中扮演调和角色。这种富有想象力的解决方案忠实于大公国传统,但新立陶宛民族运动却对此警惕,现代民族活动家不会轻易接受这种方案。事实上,如巴萨纳维丘斯和什柳帕斯等立陶宛激进主义领导者曾经也有过类似的想法。[14] 正如我们所见,这些立陶宛活动家在继承使用这一多民族遗产时面临着实际的问题,这些问题促使他们将以种族的形式定义立陶宛。就在一些立陶宛的波兰人已经准备好接受妥协时,立陶宛活动家却决心在一个差不多以种族来定义的立陶宛国家里,用立陶宛文化取代波兰文化。[15]

犹太人与古老文明之间的关联毋庸置疑,他们的独特性显而易见,他们并没有陷入立陶宛人的辩证法。1914 年,犹太人当时占到城市人口的 40%,当时四分之三的商人也许都是犹太人,他们大规模地居住在"立陶宛的耶路撒冷"已经有 400 年了。[16] 所谓存疑的"立陶宛"指的是原立陶宛大公国,大公国包含的城市有明斯克(当时约有 51% 的人口是犹太人)、戈梅利(Homel,当时约有 55% 的人口是犹太人)、平斯克(Pinsk,当时约有 74% 的人口是犹太人),还有维捷布斯克(当时约有 51% 的人口是犹太人)。那个时代的维捷布斯克最有名的就是当地人马克·夏加尔(Marc Chagall)❶的画作。维尔纳是当时研究《塔木德》的学术中心之一,也是许多学者的故乡,如以来亚·本·所罗门(Elijah ben Solomon),后来人们更熟悉维尔纳的加翁(Gaon of Vilne)这个名字,他被认为是哈西迪犹太教运动最大的反对者。我们应该正确地看待这

---

❶ 马克·夏加尔(1887—1985),超现实主义画家之一,出生于维捷布斯克贫困的犹太家庭。故乡的自然景象和宗教传统为夏加尔提供了丰富的创作元素,不断出现在其作品中。

些反对:加翁和哈西迪犹太教教义一样,试图践行卡巴拉(Kabbalah)❶,并且从基督教徒那里学习关于草药学的知识。他甚至尝试过制造机器人。19世纪,维尔纳是俄罗斯帝国中哈斯卡拉运动(Haskalah)❷或者说犹太启蒙运动的主要中心。哈斯卡拉运动影响下的年轻人逐渐成为现代犹太政党的奠基者。尽管政治参与被局限在世俗化的(或世俗进程中的)小部分年轻人中,但是城市中的氛围有利于促进建立在历史可能性之上的犹太政治团体的诞生。他们所缺乏的是一种政治同化主义(如同在当代维也纳和利沃夫[Lwów]中一样),这种同化主义在广泛使用的主要语言和对政治体制的忠诚之间建立了联系。在当时的维尔纳,主流基督教文化是波兰和罗马天主教文化,但是政治体制确是俄国和东正教为主导的,19世纪末立陶宛的犹太人对于波兰文化可以使沙俄政权自由化这一点毫无希望。[17]这种由波兰政治导致的巨大的疏离感,使得维尔纳(维日诺)区别于勒姆瑞克(Lemberik,即利沃夫),成为现代犹太政治中非传统观念的阵营。

虽然犹太复国主义是民族主义的一种形式,而马克思主义是国际主义的一种形式,但这两者都造成了维尔纳的波兰文化的问题。犹太复国主义者和犹太社会主义者相同,比起立陶宛民族主义的渴望,他们对波兰民族主义更有敌意,他们的逻辑是立陶宛将会是弱小的多民族国家,而波兰将成为强大的民族国家。犹太复国主义是一种反应性的民族主义,通过向犹太人许诺给予他们自己的领土家园,以保护他们、

---

❶ 卡巴拉,字面上的意思是"接受/传承",是与犹太哲学观点有关的思想,用来解释永恒的造物主与有限的宇宙之间的关系。

❷ 哈斯卡拉运动,即犹太启蒙运动,是18世纪至19世纪欧洲犹太人的一场社会运动,运动旨在吸取启蒙运动的价值,推动社群更好地融入欧洲社会。哈斯卡拉运动标志着欧洲犹太人与世俗世界开始更广泛地接触。

给他们尊严。在原立陶宛大公国时期犹太人集中在市镇（这些市镇之后大多归入犹太定居界限区），由此来看犹太复国主义是一种特殊的民族计划。犹太复国主义者无法在过去建国或如今人口统计的基础上对欧洲领土声明所有权：他们被公认的家园在亚洲（在一些其他版本中是在非洲）。犹太复国主义者无法参加对原立陶宛大公国的领土竞争，但是在使用意第绪语和推广希伯来语的过程中，他们可以进一步拉开犹太文化和波兰文化的距离。与之相对，在历史上的立陶宛中的犹太社会主义者设想的未来是通过一场欧洲革命或是国际革命实现的。这一重大转变将使人们重新思考立陶宛大公国的遗产和信贷民族主义者的奋斗。然而同时，发动革命是必要的，这些犹太人的政治语言是俄语或意第绪语。维那的犹太社会主义者使用俄语而非波兰语的情况使波兰政治活动家十分恼怒：举例而言，毕苏斯基曾提议大家使用意第绪语作为妥协。[18] 1897年，来自历史上的立陶宛的、说俄语的、犹太出身的社会主义者在维那组成了同盟，他们在1905年革命中于当地起到了重要作用，并且在1917年布尔什维克革命中扮演了主要角色。

世界大战与民族主张

布尔什维克革命和第一次世界大战促使在历史上的立陶宛领土上诞生了新的国家。俄罗斯帝国的失败和崩溃为立陶宛和波兰建国开辟了道路，也为它们对维尔纽斯/维日诺的争夺提供了机会。在1919—1920年波兰-布尔什维克战争以及波兰军队和立陶宛军队之间爆发的小规模冲突之后，波兰于1920年夺取维日诺。虽然这个过程由波兰联邦主义者完成，但这正与波兰民族主义者的企图相符。

我们之前已经聚焦过维日诺地区的波兰联邦主义，但事实上波兰民族主义中的这一主流趋势是在华沙、罗兹（Łódź）、克拉科夫、波兹南（Poznań）和波兰中部的乡村地区建立的。在原波兰领土上，历史和社会的不同确保了"何为波兰"的理念能够向现代理念进发。在这里，说波兰语的精英直面的不是说其他语言的农民，而是说波兰语的农民，还有在市镇的犹太人和德国人，以及俄国、德国和奥地利帝国的政府代表。一些农民和工人也说波兰语的地方没有成为波兰领土的一部分，这一点反而加强了民族性的语言定义，而非历史定义。在19世纪晚期，语言的（种族的）民族主义能联合起波兰中部的精英和大众：使用这种人人能理解的语言并非耻辱，这种语言本身已经过编纂和丰富。事实上在波兰中部，波兰文化的保存已成为爱国主义者的首要任务；波兰语、罗马天主教信仰和精通浪漫主义诗歌成为波兰民族性的标志。[19]虽然维日诺的波兰爱国主义根植于那些把历史上立陶宛大公国的国家地位拿来做参考的精英家庭，波兰领土上的民族主义——罗曼·德莫夫斯基（Roman Dmowski）❶发起的民族民主运动——却是与那些准备好迎接现代民族国家的波兰农民和工人息息相关。

德莫夫斯基和毕苏斯基代表了不同的波兰性，他们对波兰的想象也不同。毕苏斯基的社会主义联邦主义是对立陶宛的波兰人转向现代政治的一种效仿反应。在俄罗斯帝国中，他的密谋式社会主义鼓动很自然地从东部的波兰人开始，他们自认是有文化的精英，对秩序的认识更优越。1892年毕苏斯基的波兰社会主义党（Polish Socialist Party,

---

❶ 罗曼·德莫夫斯基（1864—1939），波兰政治家。他开创的民族民主政治运动在50年内一定程度上左右了波兰的历史与政治，并令其追随者成为当时波兰最强大的政治集团之一。

简称 PPS）设想了一种联邦制度。这种社会主义联邦主义取近代早期爱国主义和现代大众政治的折衷版本，和德莫夫斯基的民族民主运动有着三点不同。首先，这是一种传承而来的传统，而不是被发明的传统，希望大公国复国的精英阶层所经营的是代代相传的、连续的民族性概念。其次，社会主义联邦主义的推进不仅通过启蒙大众的方式，还通过与可信任的同志合作的方式。在毕苏斯基的波兰社会主义党内，民族问题的辩论非常热烈，但是直到该党于1905年分裂，政党领导层都没有考虑过应该跟从大众而非领导大众。最后，社会主义联邦主义假定民族不是一个语言群体，而是一个身份群体。重点不是想象在特定领土上的每个人都属于同一个种族群体，因此理应有一个民族国家，而是识别他们之间的不同，并在波兰公民身份的共和理念下引导他们。东部的波兰上层家庭的后代自信于他们比当地的立陶宛人、白俄罗斯农民和犹太人的地位更高，他们相信这个共和国在文化上是属于波兰的。1914年前，在俄罗斯帝国的密谋政治中抱持此种理念的人不在少数，我们有理由认为，1918年后维日诺地区的波兰上层阶级会支持民主波兰的左翼联邦主义者。[20]

　　石匠之子德莫夫斯基来自波兰中部一处穷乡僻壤之地，他在不同的历史条件下得出了不同的政治结论。当毕苏斯基想象一个波兰的政治民族漂浮于多民族的边陲——他称之为家的地方，德莫夫斯基看到的是在与狡猾的犹太人和自律的德国人的激烈竞争中诞生的波兰大众民族。他制定了这个设想中的大众民族的标准：波兰人在语言和宗教上与别人不同。在解释为何波兰人必须巩固他们的特征并保护自己不受他人的攻击时，德莫夫斯基还加上了时兴的社会达尔文主义的论据。毕苏斯基是一个怀旧的人，反之德莫夫斯基称自己是"一个现代波兰人"。德莫夫斯基公然地设法毁灭波兰-立陶宛王国遗产,以现代波兰人的身份取而代之。尽管毕苏斯基才是社会主义者,但是德莫夫斯基更加关注社会变化和大众政治对何种意识形态满意。在第一次世界大战前,德莫夫斯基的成就比起以毕苏斯基为代表的社会主义者们令人惊叹的政变行动来说要平淡得多,但是他在波兰民族性内容方面做了更多工作。1914年时,德莫夫斯基对波兰性的定义占有支配性的地位,他的民族民主运动组织成为波兰土地上最重要的政治团体。[21]正是他领导的政党在1918年之后举行的选举中获得了大部分波兰人的选票。

毕苏斯基和德莫夫斯基的理念不仅在长期的社会历史中意义非凡,在那些乍一看由军事力量决定事件走向的重要时刻,也发挥着重要作用。第一次世界大战结束后,维日诺成为三重竞争的舞台:(1)两种波兰性观念的代表间的竞争;(2)国际主义者、多民族主义者和现代民族主义者对"立陶宛"的不同定义的信徒间的竞争;(3)布尔什维克、波兰、立陶宛和白俄罗斯民族活动家在这座城市的实际控制权问题上的竞争。1918年,所有之前提到过的团体——来自大公国的国际主义者之子(相似的斯拉夫人、犹太人和波罗的海人)最终成为布尔什维克,大公国忠心耿耿的后代最终成为波兰或白俄罗斯社会主义联邦主义者,以及立陶宛民族活动家和波兰现代民族主义者——对国家组织的恰当形式、国家边界的恰当安排都各自有着坚定的想法。布尔什维克希望共产主义能扩展到维那,波兰和白俄罗斯社会主义联邦主义者同意维日诺/维尔尼亚将成为多民族国家的首都,波兰和立陶宛民族主义者同意维日诺/维尔纽斯将包含在一个民族国家之中(但对究竟是哪个民族国家意见不一)。我们会发现,联邦主义比民族主义和国际主义难有市场得多。联邦主义的解决方案需要恰当的边界、地方精英之间的妥协和被统治者之间的共识。比起苏维埃俄国或其他民族国家吞并维日诺，这些事宜天然地要复杂得多。

在维日诺/维尔纽斯被某一民族国家吞并这件事上，波兰和立陶宛民族主义者都是正确的，而且波兰民族主义者在哪个民族国家这个问题上也是正确的。作为预言者和胜利者的波兰民族主义者还远远不是强大的群体。在本国，他们可能是最弱小的群体。和立陶宛民族主义者与白俄罗斯联邦主义者不同，他们甚至没有指望获得立陶宛大公国土地上的人民支持。和布尔什维克与波兰联邦主义者不同，他们从来没有派出过占领维日诺的军队。和其他所有群体（包括布尔什维克）都不同，他们从来没有提过立陶宛大公国的遗产。波兰民族主义者在国家制度和边界安排上的双重胜利，揭示了在帝国崩溃之际现代民族主义理念具备的优势。毕苏斯基曾有实质性的优势，但被联邦主义计划的复杂性困住了。当其他各方都拒绝联邦制度时，毕苏斯基发现自己别无选择，只能把他的力量投入德莫夫斯基的政策中。波兰并没有取得多大的胜利，这只是关于波兰的一种设想。这也称不上是战后民族自决的范例，而是现代民族主义对立陶宛大公国传统的多民族爱国主义的胜利（某种程度上也是现代民族主义对布尔什维克国际主义的胜利。）

到1918年为止，密茨凯维奇的诗歌——怀念立陶宛大公国的产物——成为现代波兰和现代立陶宛民族主义的准则。1920年，毕苏斯基的联邦主义——复兴立陶宛大公国的愿望——成为士兵们夺回维日诺，将其纳入波兰民族国家版图内的动力。让我们从充满讽刺的现实回到战争世界，看看这一切是如何发生的。

第一次世界大战与波兰-布尔什维克战争

1917 年 11 月发生的布尔什维克革命，以及 1918 年 11 月第一次世界大战的终结，在俄国西北部领土——曾经的立陶宛大公国——之上造成了让人非常困惑的局面。德国军队在西线败于英国、法国和美国之手，但它在东线却未被打败。与此同时，苏联红军和俄国白军（Russian White Armies）之间发生战争；在历史上的立陶宛地区，当地政治家宣布民族独立，竭力组建自己的部队。协约国对民族自决的支持为波兰独立提供了规范性基础，但是西方国家缺乏军事力量以决定或促成东方国家的结局。德国军队陆陆续续撤退，他们经常能找到留下并和布尔什维克战斗的理由。[22]

立陶宛和白俄罗斯活动家希望能以德军作为掩护，在布尔什维克到来前完成他们自己的新国家建设。白俄罗斯人对维尔尼亚的争取最先失败了。由安东·卢茨克维奇（Anton Lutskevich）领导的白俄罗斯民族委员会于 1918 年 3 月正式宣布，维尔尼亚是独立的白俄罗斯的领土之一。他们构想中的白俄罗斯是一个多民族国家，与领土声明一同发布的还有对包容性的声明。卢茨克维奇希望将原立陶宛大公国重建为一个横跨波罗的海和黑海的现代社会主义联邦国家。这份声明是在德国占领期间发布的，德国方面对此没有给予任何支持。在 1918 年 12 月红军进入前，卢茨克维奇和委员会大部分成员无论如何也要逃往明斯克。在维尔尼亚，他们提出了白俄罗斯人-立陶宛人同盟的提议。白俄罗斯社会主义者相信联邦制度能将维尔尼亚从"文职资产阶级"（clerical bourgeois）民族国家立陶宛手中拯救出来。[23] 当时正陷于极度困境的立陶宛领导人对这个拯救方案不感兴趣。因此，以白俄罗斯之名重建历史上的立陶宛的计划在那时就此终结。这一失败却催生了一连串的成功。虽然布尔什维克党是集权化的,但它向留在明斯克的白俄罗斯亚活动家许诺建立一个白俄罗斯苏维埃社会主义共和国。[24]尽管这个共和国刚开始只有明斯克周围的一小片土地,但在1922年苏联成立后,白俄罗斯苏维埃社会主义共和国急剧扩张,并存在了70年。

布尔什维克革命消除了立陶宛政治生活中的对沙俄的忠诚,而战争经验也使立陶宛民族主义者的目标更加清晰了。在战争的最后一年,独立运动层出不穷。1917年9月,德国军队在维尔纽斯宣布保护立陶宛民族委员会(Taryba),这对"在民族志边界内"独立的立陶宛来说是必要的。德国人已经为波兰王国的宣言背书,他们希望借此防止波兰声明对维日诺和立陶宛的所有权。立陶宛活动家充分认识到德国的这一战略考虑,决定对此充分加以利用。[25]在1917年12月2日,立陶宛民族委员会在维尔纽斯宣布独立,同时接受德国保护国的地位。立陶宛活动家紧张地关注着德国和布尔什维克在布列斯特-立陶夫斯克的谈判,双方都以民族自决为依据支持它们对立陶宛的所有权声明。在1918年2月,立陶宛民族委员会再次宣布独立,这次他们不再宣誓对德国的忠诚。柏林对此几乎不在意,此时德国军队正挺进俄国。德国在西线的失败让立陶宛民族委员会在1918年10月得以绘制新的路线。[26]他们没有时间庆祝。红军很快向立陶宛推进。他们与波兰军队关于保护立陶宛的紧急谈判在1918年12月破裂了。没能组建起一支军队的立陶宛政府,从毫无防备的维尔纽斯撤离到更西面的考纳斯。当地的波兰志愿军根本不是红军的对手,后者于1919年1月5日接管该城。之后,维尔纽斯成为立陶宛苏维埃社会主义共和国的首都,由两名立陶宛共产主义者领导。立陶宛苏维埃社会主义共和国很快和新的白俄罗斯亚社会主宛共和国合并，维尔纽斯成为"立-白"苏维埃社会主义共和国的首都。对立陶宛爱国主义者、波兰联邦主义者和拥护共和制度的社会主义者毕苏斯基来说，这是最坏的结果。在华沙，他默默流泪。[27]

但是，在华沙和考纳斯的立陶宛人看来，这一结果并非定局。在1919年初，军事力量的进驻或撤出几乎没有改变立陶宛人和波兰人对维尔纽斯/维日诺的想法。立陶宛领导人将维尔纽斯视作他们国家的首都，处于极度弱小状态的他们需要波兰撤回所有权声明。毕苏斯基现在是波兰的国家领袖，他已经准备好把维日诺授权给立陶宛人，条件是立陶宛加入波兰组成联邦。但是加入波兰国家的想法是立陶宛政治家最厌恶的，他们害怕波兰的高雅文化和可量化的优势地位，现在他们渴望的是完全的独立。[28] 毕苏斯基和波兰联邦主义者没能完全认识到立陶宛人的恐惧和热望，尽管他们的立场比其他波兰人的立场更自由。他们在波兰的对手——德莫夫斯基的民族民主党人，则认为小小的立陶宛（如果他们能幸存下来）别无选择，只能成为波兰的卫星国。[29] 波兰和立陶宛民族主义者在关键问题上想法一致：波兰-立陶宛王国已经灭亡了，多民族联邦更无从谈起。

布尔什维克的实力这一实际议题被置于道德义务的框架内看待。1919年2月，波兰军队向东行进与红军交战。波兰议会在这次不宣而战的战争的领土目标问题上产生分歧，但他们正式对外宣布"波兰东北部省份和首都维日诺"应该被解放。[30] 毕苏斯基的军队于1919年4月21日将红军驱逐出维日诺。立陶宛和白俄罗斯的共产主义者逃往明斯克，彼此指责称"立白"苏维埃社会主义共和国的陷落是对方的过错。在进攻前，毕苏斯基派了同伴米哈乌·罗默——一位波兰的立陶宛人——去往考纳斯组建一个波兰-立陶宛政府，但是没有一个立陶宛

第3章 第一次世界大战与维日诺之问（1914—1939）

部长对此有兴趣。4月22日，维日诺的立陶宛人听到了"致前立陶宛大公国居民的声明"中毕苏斯基的承诺，他承诺说当地居民可以选择自己的政府。波兰和立陶宛的民族主义者纷纷谴责这一声明。在华沙，波兰民族民主党人认为不把维日诺当作波兰城市是很荒谬的；在考纳斯，立陶宛政府将毕苏斯基引证大公国历史的做法当作波兰帝国主义的伪装。

1919年夏天，当协约国在巴黎试图对领土分配做最后决定时，波兰和立陶宛武装之间爆发了一系列结果不明的小冲突。1919年8月，毕苏斯基两次提议全民投票，一次是在波兰武装占领的土地上，另一次是在立陶宛的其余地区。立陶宛领导人反对他的提议，理由是维尔纽斯是立陶宛民族的领土，无论其居民对此发表什么意见。外交部部长奥古斯丁纳斯·沃尔德马拉斯（Augustinas Voldemaras）相信"一个民族由更多死者而非生者组成"，这个想法也许在计算选票时会引发实际问题。[31]之后，毕苏斯基在1919年8月试图推翻考纳斯的立陶宛政府，但是他的策划者找不到一个立陶宛合作者，很快他们就被逮捕了。如果当时在立陶宛领导层中有任何结盟波兰的支持者，这次惨败也会使他们哑口无言。

在1919—1920年冬天，毕苏斯基相信他们能在战场上打败俄国，维日诺的问题随之也就迎刃而解了。1920年4月，毕苏斯基的波兰与西蒙·彼得留拉（Symon Petliura）❶的乌克兰结盟，这是对布尔什维克俄国的一次进攻。大约同一时间，布尔什维克-立陶宛条约谈判开始。

---

❶ 西蒙·彼得留拉（1879—1926），乌克兰政治家、军事家。"十月革命"后，他组织乌克兰人民共和国军队与苏联红军、俄国白军作战，企图维护乌克兰的独立自主，失败后流亡欧洲。

1920年7月，在立陶宛和布尔什维克俄国准备签订双边条约时，战局开始对波兰不利。考虑到这将是致命一击，布尔什维克俄国许诺把维尔纽斯给立陶宛，作为交换红军将能自由地经由立陶宛前往波兰。立陶宛同意在1920年7月12日的《莫斯科条约》中附上这一秘密协议；红军很快占领了维尔纽斯，之后将其交给立陶宛。1920年8月，波兰军队在华沙边界处阻止了红军的行进，并将红军赶出了波兰。[32] 如果波兰人在1920年战败，那么布尔什维克俄国肯定会吞并小小的立陶宛国。当时立陶宛政府想的全是波兰，他们相信布尔什维克的胜利能保住立陶宛的独立，并使立陶宛拿回维尔纽斯。这肯定是错误的想法。[33]

当波兰和布尔什维克代表1920年9月在里加（Riga）进行和平商谈时，协约国强权向波兰和立陶宛施压，要求他们解决双方分歧。因此，双方在1920年10月7日达成政治共识，划定了停火线，将维尔纽斯归到立陶宛这边。事实上，毕苏斯基秘密计划了一次军事行动，旨在夺回维口诺，重燃建立新立陶宛大公国的希望。他把这个任务交给卢茨扬·泽里格斯基（Lucjan Żeligowski）将军，这也是一名波兰的立陶宛人。泽里格斯基之前服役于俄国军队，他娶了一个俄国妻子，说着一口类似白俄罗斯语的波兰语：换言之，他也是大公国之子。在去往维日诺的路上，从毕苏斯基向其他军官发表的关于"立陶宛-白俄罗斯"划分的讲话，我们可以听出一种非常地方化的爱国主义诉求："你们来自这些地方，你们已经武装好，那么继续向家迈进。"[34] 1920年10月9日，泽里格斯基大约带领1.5万名士兵进军维日诺。立陶宛军队完全没有抵抗，城市里的波兰市民欢迎这些士兵入驻。10月12日，泽里格斯基正式宣布这里是"中心立陶宛"（Central Lithuania），即这里将作为一个立陶宛州（canton）以联邦的形式加入波兰。

第3章 第一次世界大战与维日诺之问（1914—1939）

另外两个州是以考纳斯为首都的民族立陶宛，以及以明斯克为首都的白俄罗斯的立陶宛。立陶宛以省的形式加入波兰联邦，这个想法并不是当时才有的。1863年起义期间，这个想法就被提出了，社会主义者就此讨论了几十年。然而，在1920年的背景下，这个想法是不可能实施的。一个复兴的、联邦制度下的立陶宛大公国至少需要有三个州，而泽里格斯基和毕苏斯基只能创立一个州。当然，考纳斯的立陶宛政府根本不想成为州，而入侵考纳斯不仅会违反联邦主义精神，还会激怒其他欧洲强权。波兰民族民主党人尽力确保不会出现一个白俄罗斯-立陶宛州。就在泽里格斯基正式宣布"中心立陶宛"的那一天，在里加的波兰代表拒绝了布尔什维克提出明斯克和波兰军队占领的其他土地归波兰的提议。每个人都明白这为联邦计划蒙上了一层阴影。这位波兰代表受控于民族民主党人斯坦尼斯拉夫·格拉布斯基（Stanisław Grabski, 1871—1949），后者希望建立一个波兰人处于统治地位的波兰。他越过了毕苏斯基的盟友利昂·瓦西莱夫斯基（Leon Wasilewski）设定的联邦主义者界限。[35]这位代表代表的是民主波兰政府和选民选举出的议会，不是波兰国家首脑毕苏斯基。在毕苏斯基背后的是军队和军官团队，而站在格拉布斯基背后的是由民族民主党人主宰的议会。

由于华沙的波兰民族民主党人和考纳斯的立陶宛政府强烈反对，联邦理念前景黯淡，两方都阻止白俄罗斯和民族立陶宛州出现的任何可能性。为了创造新的民族国家，为了埋葬近代早期波兰-立陶宛王国的传统，现代民族主义者心照不宣地结成联盟。毋庸置疑，立陶宛已经正式退出了1569年卢布林联合。

里加的民族后果，1921—1939

白俄罗斯。白俄罗斯活动家把里加协议视为背叛和悲剧。其他打击将接踵而至，而且里加之后，他们很难再将华沙视为白俄罗斯民族期望的盟友。虽然波兰拥有了维日诺和一些白俄罗斯西部领土，要让联邦制度变得可信，这还远远不够。里加协议中的边界规定使得在波兰说白俄罗斯语的群体变成少数派，且都在农村地区，而这正是民族民主党人想要的结果。没有明斯克，白俄罗斯知识分子群体人数太少，以至于无法成为支持波兰政治结构的盟友；一旦明斯克成为苏联的领土，那么波兰国内对白俄罗斯民族抱有期望的人可能被视为布尔什维克秘密党人（crypto-Bolshevism）。[36]苏联确实对波兰的白俄罗斯人产生了巨大的吸引力。在1921年里加协议签订后，作为名义上的共和国联盟，苏联于1922年诞生了，其中就包含了白俄罗斯亚苏维埃社会主义共和国（简称苏维埃白俄罗斯亚），其首都在明斯克。共产国际（Communist International）执行了苏联的政策，即苏维埃白俄罗斯亚应该向西扩展，将波兰境内属于白俄罗斯亚族的土地纳入进来。

20世纪20年代，传入波兰的共产主义利用了反国家的民族主义和农民对土地的渴望。在苏联刚刚成立的时候，列宁的两大战略创新——与农民阶层结成联盟、利用民族自决——在策动波兰革命时发挥了作用。国内的行动支持了境外策动。种族原则是苏维埃白俄罗斯国内的复仇主义和建立在波兰的西部白俄罗斯亚共产党的基础，事实上苏联内部就已经执行种族原则了。苏维埃白俄罗斯在1923年、1924年和1926年不断向东扩张领土，而这是以曾经的俄罗斯共和国（Russian republic）为代价的。在20年代，莫斯科支持白俄罗斯文化。在沙皇时期没有学校用白俄罗斯语授课,而苏维埃白俄罗斯亚却以拥有这些为荣:一个国家科学院、一所国立大学、一所文化研究所、一座白俄罗斯国家图书馆和4000所白俄罗斯语学校。第一本正式的白俄罗斯历史课本正是在苏维埃白俄罗斯亚编写的:但它并未出版,其作者也被流放至莫斯科。[37]

20世纪20年代至30年代,在波兰的高压政策下,国内剩下的白俄罗斯语学校被关闭,异见者被关进监狱。白俄罗斯民族运动在维尔尼亚停滞不前。白俄罗斯活动家几乎没有机会使现代民族理念从维尔尼亚传播到众所周知的落后地区,比如波利西亚(Polesie)。波兰当局从不允许任何白俄罗斯亚民族社团成立。另一方面,斯大林的苏联也

图3:普里皮亚季沼泽(靠近平斯克),波利西亚地区,波兰,1934年。在今天的白俄罗斯,人们很难查明在这些地方的当地人究竟是何种国籍。

图4：霍迪尼琴科（Chodynicze）的两位老人，波利西亚，波兰，1934年。

图5：拉特涅（Ratno）与科布林（Kobryń）间的一位流浪者，波兰，1934年。拉特涅位于今天的乌克兰境内，科布林在今天的白俄罗斯境内。拍下这张照片时，摄影师正在波兰的波利西亚沼泽间。

在 30 年代摧毁了自 20 年代兴起的苏维埃白俄罗斯社团。我们从白俄罗斯政治家和作家布拉尼斯洛·塔拉什克维奇（Branislau Tarashkevich，1892—1938）的命运就可以看出这种反差。塔拉什克维奇出生在维尔尼亚附近，之后在城里上学，年轻时就参加了俄罗斯帝国的波兰和白俄罗斯组织。在两次大战之间的波兰，他是白俄罗斯民族事业的主要倡导者，担任议会议员、白俄罗斯语学校的负责人以及农民组织赫罗马达（Hromada）的创始人和领袖。1925 年，他加入了西部白俄罗斯亚共产党，在波兰被捕入狱。他被关在狱中四年多，在牢房里翻译了《塔杜施先生》全诗。1933 年的一次囚犯交换后，塔拉什克维奇带着翻译手稿去了苏联。在那里他也无法出版手稿。事实上，他甚至不被允许居住在苏维埃白俄罗斯亚。1937 年他又在莫斯科被捕，并在次年被处以死刑。多亏了塔拉什克维奇的遗孀，他的翻译手稿才得以幸存。[38]

波兰。里加协议、白俄罗斯被瓜分，以及维日诺被暴力夺取，这些都标志着密茨凯维奇的大公国理念在波兰政治生活中遭遇惨败。毕苏斯基作为这种联邦传统的代表，被宣扬民族主义不可或缺的德莫夫斯基给彻底打败了。民族民主党人在内政外交上都取得了胜利，这是因为他们的方法非常简单。他们还享受着基本的政治地理优势。由于那时波兰东部已经被红军占领，1920 年 2 月选出的议会仅代表了波兰中部。议会中民族民主党人占绝对多数，因此议会也无意于兼并更多东部领土以创造一个联邦国家。议会对里加协议的支持使波兰变成一个太过向西以至于无法成为联邦的国家，但是对一个民族国家来说，它又不够向西。1921 年，民族民主党人在里加向布尔什维克拱手让出了明斯克、卡缅涅茨波多利斯基（Kamieniec Podolski）、别尔基切夫（Berdyczów）和周围地区，这迫使数十万波兰人——他们中很多人对波兰-立陶宛-白俄罗斯联邦国家表示欢迎——归入莫斯科的"悉心照料"下。大多数生活在苏联的波兰人在20世纪30年代被驱逐到西伯利亚或哈萨克斯坦。同时，民族民主党人的弃权使波兰失去了大约200万东斯拉夫潜在人口（potential population）和数十万犹太潜在人口。[39]民族民主党人知道他们在做什么，如果波兰的边界再往东面延伸，他们根本不可能赢得选举。正如1922年议会选举所显示的那样，里加协议划定的波兰会慢慢地被民族民主党人和右翼人士分裂，另一方面社会主义者和少数族群也会形成分裂。1922年12月9日，左翼人士、中间派和少数族群选出了波兰历史上第一位总统加布里埃尔·纳鲁托维奇（Gabriel Narutowicz）。一周后，他被一名右翼极端分子刺杀身亡。和毕苏斯基一样，纳鲁托维奇是波兰的立陶宛后裔，他倾向于为少数民族争取平等权利。纳鲁托维奇被刺身亡对毕苏斯基来说是一个巨大的打击，之后他（暂时）退出政坛。

毕苏斯基在维日诺所取得的残缺胜利不可避免地瓦解成民族民主党人所构想的波兰。波兰和立陶宛的民族主义者葬送了毕苏斯基复兴立陶宛大公国的理想，同时维日诺也被民族国家波兰同化。1923年1月8日，泽里格斯基在维日诺安置的文官政府举行了地方议会选举。这场选举是在波兰军事统治下进行的，当地的犹太人、白俄罗斯人和立陶宛人抵制选举，期间频发的违法事件也破坏了选举工作。但是，维日诺市内54.4%的参与率传达了一个强有力的政治信息，非波兰人士的抵制意味着推崇领土合并的波兰人控制了当地议会。追根溯源来看，波兰吞并维日诺似乎因为维日诺是一个"种族上"属于波兰的城市。实际上应该反过来说：吞并维日诺是根除传统爱国主义，加速波兰和立陶宛种族爱国主义的第一步。在全民公投后，波兰正式兼并了维日诺和周围领土，协约国也承认了这些新的边界。

立陶宛。如果波兰把维尔纽斯/维日诺授予立陶宛，那么立陶宛的民族主义会如何发展呢？许多说波兰语的维日诺居民投票支持兼并，毕苏斯基和泽里格斯基和他们一样，也称自己是立陶宛人。毕苏斯基忠诚于历史上的立陶宛，德莫夫斯基渴望的是吞并一座"波兰"城市，他们二人间的分歧真实存在且十分重要，分别代表了毕苏斯基的传统爱国主义和德莫夫斯基的种族民族主义。不过，毕苏斯基通过占领维日诺巩固了一种领土秩序，即那里的波兰和立陶宛民族主义者得以欣欣向荣，这是毕苏斯基之前的左膀右臂米哈乌·罗默建议的。无论毕苏斯基的动机如何，在立陶宛人看来夺取维日诺之举不符合大公国的传统。正如我们所见，立陶宛和维尔纽斯之间的联系是有历史渊源的。无论毕苏斯基如何考虑自己的行动，武装占领该城注定会使立陶宛民族主义者从对民族的政治性理解转向种族性理解。而且，就像罗默指出的那样，吞并维尔纽斯将一个新的立陶宛国家从波兰的立陶宛人和犹太人手中夺走，他们本可以使立陶宛社会更加繁荣，使它的政治制度更具操作性。罗默深知，犹太人已经渐渐开始同情立陶宛人的所有权声明，他们相信一个以维尔纳作为首都的、多民族的立陶宛，会更尊重他们的权利。他们得到的回报是1919年现代维尔纳历史上第一次犹太人大屠杀。[40]

无论边界如何划定，任何在大公国领土上建立的民族国家都会强制个人做出选择。1920年后，世俗犹太人得出结论：只有拥有了有别他人的犹太政治生活才能维护他们在波兰的维日诺的利益。在声明对民族国家的忠诚后，天主教精英通过确认他们在一个特定的民族社会中起到何种作用以及国家权力的可用性，而确认相应的民族认同。大多数波兰的立陶宛人在两条道路中选择其一。作为毕苏斯基曾经的同志、使节以及之后的批评者，罗默在1920年永远地选择了立陶宛，把他的名字立陶宛化为"罗梅里斯"。作为一名法官、法学教授和考纳斯大学校长，他很好地为立陶宛国家和社会服务；他终生反对激进民族主义，并致力于调和立陶宛和波兰之间的关系。其他人的选择也出乎意料。加布里埃尔·纳鲁托维奇——被刺杀身亡的波兰第一任总统——是斯坦尼斯洛瓦斯·纳卢塔维修斯（Stanislovas Narutavičius）的兄弟，后者是立陶宛民族委员会主席团和第一任立陶宛政府的成员。

"立陶宛！我的祖国！"

和其他波兰的立陶宛人不同，第一次世界大战后毕苏斯基从未在波兰和立陶宛之间真正做出选择；世界是由民族国家组成的，而民族国家是由相应种族的公民组成的，他从未接受过这一点。他夺取了维日诺，和至少一代立陶宛人的关系恶化，毕苏斯基说他还是"忍不住把他们视为兄弟"。在意识到联邦主义不切实际之后，他还是不能接受民族主义。他的共和理念并未被大多数波兰同伴认可，最终他依靠军事实力和克里斯马式的个人魅力遏制住大部分人的观点。1926年通过军队力量获得权力后，毕苏斯基既不信任波兰公民可以代替他，也无法想象自己专制统治的情景。九年来，毕苏斯基统治了一个让他既失望又陌生的波兰。当他在1935年逝世后，他被埋葬在克拉科夫的瓦维尔城堡（Wawel Castle），和历代波兰国王葬在一起，其中包括立陶宛大公约盖拉。他的心脏从胸腔中被取出，安置在维日诺的罗萨墓园（Rossa cemetery），按照家族传统紧挨着他母亲的坟墓。

"你如同健康一般，只有那些失去你的人才懂得你的珍贵。"

图6：波兰革命家、继承立陶宛传统的政治家约瑟夫·毕苏斯基（1867—1935）的心脏葬礼，1936年5月12日在维日诺（今天的维尔纽斯）。

毕苏斯基深知，从密茨凯维奇的诗歌传达的意境来看，他最终失去了立陶宛。毕苏斯基的心脏和他的身体分置两地，比这更能影射历史上的立陶宛和现代波兰的分裂的，也许是毕苏斯基的波兰没有为密茨凯维奇在维日诺竖立纪念碑。[41] 在诗人从未踏足的波兰城市中，都有不同形式的对密茨凯维奇的纪念，比如华沙和克拉科夫，但是在他上学和从这里被流放的城市，却没有任何永久性的纪念。在沙皇统治时，纪念密茨凯维奇是不被允许的，因为密茨凯维奇的重要性不言自明：东斯拉夫土地上持久的波兰文明，不断吸引皈依的罗马天主教文化，以及俄国武力和俄国教育无法根除的敌对民族理念。然而在独立的波兰，维日诺波兰人发现他们在密茨凯维奇的本意和如何阐明他的问题上无法达成一致。维日诺是被子弹和选票征服的：哪里又有诗歌和预言的空间呢？

"就像蝴蝶淹没在金色的琥珀中……"

在两次世界大战之间的维日诺,冷酷无情却令人向往的现代民族主义使浪漫主义的形象固定为化石,但不能赋予它们生命。最好的证明就是波兰人占领维日诺后试图为密茨凯维奇建立一座纪念碑。泽里格斯基将军召集了一个委员会以处理此事,但是他的任何计划都没有得到支持。驻守当地的波兰军队的军营穿过涅里斯河(River Wilia),不在当地市镇当局的管辖范围内,军队想在军营内树立一尊雕塑。他们接受了先锋派艺术家兹比格涅夫·普罗纳什科(Zbigniew Pronaszko)笨重的形式主义设计。雕塑的木质底座一经公布,就遭到当地居民的嘲弄。当地的主要报纸抱怨有史以来最伟大的波兰人被一个"灰色的幽灵"代表。[42] 这座四层楼高的模型始终未被用混凝土浇灌起来。1939 年夏天,这座雕塑被闪电击中,它的碎片沿着军事基地旁的山丘滚下来,掉进涅里斯河。普罗纳什科的设计灵感源于密茨凯维奇伟大的竞争者尤利乌什·斯沃瓦茨基(Juliusz Słowacki)❶的一句诗,他将密茨凯维奇比作立陶宛的神。而这座雕塑的命运如同异教神在立陶宛皈依天主教后的遭遇一般。

1939 年,另一座密茨凯维奇的纪念碑在维日诺动工。在军队公布了建造计划后,全城继续搜寻更得体的替代方案。市政纪念碑的设计者是波兰犹太雕塑家亨里克·库纳(Henryk Kuna),他在那年夏天完成了花岗岩浮雕部分。9 月,他未完成的作品被德军炮弹击中。如果有比 1939 年 7 月纪念碑被闪电击中损毁本身更具象征意涵的事情,那肯定

---

❶ 尤利乌什·斯沃瓦茨基(1809—1849),波兰浪漫主义诗人,被认为是波兰现代戏剧之父。其作品中融入了斯拉夫神话、波兰历史、神秘主义和东方元素。

就是1939年9月的闪电战损毁了纪念碑。是月，波兰被纳粹德国和苏联入侵并瓜分。1939年，斯大林把维日诺转让给立陶宛，然后在1940年将立陶宛并入苏联。纳粹德国于1941年入侵苏联，在1941—1944年全面清洗维日诺的犹太人。在纳粹占领下，库纳的纪念碑剩下的花岗岩板材被用来加宽一座墓园的主路。[43]1944年红军再度回到维日诺，在立陶宛再次确立了苏联的统治。在1944年到1946年期间，维日诺的波兰人遭到驱逐。

"亲爱的，让我们保持原样，恰似我们曾经那样。"

在苏维埃立陶宛，这些花岗岩板材被从墓园取出，放置到当地的艺术学院。这个国家肯定被俄罗斯化，艺术被分门别类，诗人也被遗忘了吗？这座城市非但没有成为俄罗斯的维那，还成了立陶宛的维尔纽斯。而密茨凯维奇非但没有被遗忘，还成了立陶宛民族诗人。1984年在苏维埃立陶宛，立陶宛人在波兰人失败的地方取得了成功：格季米纳斯·约库博尼斯（Gediminas Jokubonis）完成的密茨凯维奇（或者应该说是米茨凯维邱斯）雕像在维尔纽斯亮相。1996年在独立后的立陶宛，库纳的花岗岩板材作为背景材料用在了这座新的纪念碑上。从波兰纪念碑，变为碎石、墓园小路、艺术品残片，最后成为立陶宛纪念碑：这是浪漫主义式的乱中有序，浪漫主义民族理念令人难以置信地重新回归公共艺术和政治生活。"二战"期间，立陶宛获得了维尔纽斯，在苏联的统治下使当地的公共生活重新立陶宛化，从波兰人那里夺回了伟大诗人的所有权，并最终赢得民族独立。下面两章将揭示这一切是如何发生的。

第4章
第二次世界大战与维尔纽斯之问
（1939—1945）

比亚沃查维、希维特什、波纳瑞和库舍莱夫的葱茏森林啊，

你们是立陶宛大公们的朋友！

你们的绿荫曾抚平忧虑的维特勒斯和伟大的明道加斯王冠下的恐惧。❶

还有大公盖迪米纳斯，在波纳尔山顶躺在猎人的熊皮中取暖，

倾听着睿智的利兹德伊科的歌，在维雷卡河的流水声中入梦。❷

在梦里他看见一只铁狼。

醒来后他遵照天神的命令在森林中央建起维日诺城，

恰似在野牛、野猪和熊群中的一匹狼。

从维日诺城，一如从罗马的母狼，❸

---

❶ 维特勒斯（Vytenis）于1295—1316年出任立陶宛大公。明道加斯（Mindaugas）是目前已知的第一位立陶宛大公和唯一的立陶宛国王。
❷ 据史料记载，利兹德伊科（Lizdejko）是立陶宛最后一位多神教的大主教。
❸ 相传罗马城的缔造者罗慕路斯和雷穆斯是被母狼哺育长大的。

第4章 第二次世界大战与维尔纽斯之问（1939—1945）

出现了科斯图提斯、阿尔基达斯及其子孙，❶

他们既是出色的猎人，又是著名的骑士，

他们既能打击敌人，又能追捕野兽。

猎人的梦得以揭示未来的秘密：立陶宛永远需要她的铁和森林。

——亚当·密茨凯维奇《塔杜施先生》（巴黎，1834）

致我们的兄长以色列：

在他寻求尘世的永恒福祉和万事平等时，

我们施以尊敬与友爱。

——亚当·密茨凯维奇《一套原则》（1848）

1939年9月，当纳粹德国和苏联入侵波兰时，在深远的意义上维日诺更像是一座犹太城市维尔纳。维尔纳的犹太人身上的许多特点是当地天主教爱国者希望他们的群体能具备的。他们比白俄罗斯人、立陶宛人甚至波兰人更独特。尽管在维尔纳的波兰人人数更多，犹太人被认为是当时该城的第三大族群。此外,他们世世代代居住在这座城市，生活在这片区域的有记载的历史则可追溯好几个世纪。年长的犹太人说俄语而不是波兰语，这是俄罗斯帝国的遗产之一。但是总体而言，从文化和历史角度来看，犹太人历来都是各方民族主义激进分子的妒忌对

---

❶ 科斯图提斯（Kęstutis），特罗茨克大公，1345—1382年任立陶宛大公，是盖迪米纳斯之子。阿尔基达斯（Algirdas）是科斯图提斯的兄长，盖迪米纳斯之子，于1345—1377年间与其兄联合统治立陶宛。

象。大多数犹太孩子从小学习意第绪语或希伯来语。维尔纳是当时国际上的犹太文化中心。从基辅到敖德萨的波兰-苏联国界线两边的犹太人都在维尔纳学习,因此恢复了这座城市在波兰-立陶宛王国时期享有的一些地位。犹太研究学会意第绪科学院(YIVO)在1925年成立于维尔纳。优秀的意第绪语诗人,如亚伯拉罕·苏茨克弗(Abraham Sutzkever)❶,就属于年轻的维尔纳人(Yung Vilne)这个圈子。这表明,两次世界大战之间在维尔纳受教育的犹太人被卷入三场"民族复兴"的竞争:散布在波兰境内的犹太大众文化;在移居巴勒斯坦运动中扩散开来的希伯来语文化;掌握本国语言、被吸收进波兰生活中的尝试。

各个年龄段的犹太人,尤其是犹太青年人,比城里其他居民更加政治化。犹太人既没有上层阶级也没有农民阶级,如此就避免了阶级冲突和不同群体的复杂地位状态,而这些正是两次大战间波兰其他政治群体试图应用团结大众的意识形态时遭遇的困扰。另一方面,犹太人完全不同意把波兰或巴勒斯坦当作某种政治角力的舞台,也不同意宗教信仰者参与或在某种程度上参与政治。如果可能的话,城市中的犹太政治生活比波兰政治生活更碎片化。虽然这种能量和碎片化反映了一座波兰城市内的犹太人被社会孤立的状态以及不稳定的社会地位,但是犹太生活本身代表了一种巨大的成就。即使是最有创造力的民族历史学者也难以描绘出犹太文化如何留存至今,而20世纪一头栽进现代性的犹太政治使任何天主教国家的民族性都相形见绌。维尔纳是立陶宛的耶路撒冷,或者更确切地说是北方的耶路撒冷——这一点无须

---

❶ 亚伯拉罕·苏茨克弗(1913—2010),广受赞誉的意第绪语诗人,《纽约时报》曾称他是"最伟大的大屠杀诗人",1985年他因文学成就而成为第一位获得以色列奖的意第绪语作家。

图7：在维日诺（维尔纽斯）的罗图茨罗维广场（Plac Ratuszowy）。

特别证明。这里曾是第二欧洲的首府之一,是以意第绪语为依托的阿什肯纳兹犹太文明的中心,在 1941 年前这里是一个跟从自身的发展逻辑的特殊共同体。[1]

还存在着另一个波兰城市维日诺。和华沙、利沃夫和克拉科夫一道,维日诺是当时的四个波兰文明中心之一。1939 年在维日诺,波兰语是权力和文化的语言,是大多数邻近地带和维日诺家庭的通用语言,也是越来越多乡村地区的通用语言。约瑟夫·毕苏斯基在 1919 年重建了亚当·密兹凯维奇的维日诺大学,那时距离这位诗人毕业正好有一个世纪。如同 1803 年和 1830 年之间的情形,1919 年至 1939 年间维日诺

图 8:两次大战之间一位农妇在维日诺(维尔纽斯)的市场上。维日诺一直是那些声称继承了立陶宛遗产之人的主要关注点,他们猜想农民会最终选择一种语言和一个国家。

第4章 第二次世界大战与维尔纽斯之问（1939—1945）

图9：在历史上的立陶宛区域内的一座波兰宅邸（在今天白俄罗斯的伦纳［Lunna］）。16世纪至19世纪期间，历史上的立陶宛区域内的社会进步涵括了波兰文化的普及。

大学以波兰语向波兰人、俄国人、白俄罗斯人和立陶宛人提供高等教育。在这段时期，大学也接受犹太学生，有时犹太学生会因此而被波兰文化同化。移民和波兰国家力量确保了在维日诺22万人左右的居民中，大部分人的自我认同是波兰人。其中一些自称波兰人的是犹太人，他们把波兰人身份视作对共和国的忠诚、对波兰文化的依恋或者仅仅出于自身利益考虑；更多人成长于说白俄罗斯语的家庭，他们在学校和军队里学习波兰语，或者成年后学习波兰语（如果可以的话）。除了犹太人，在这座城市里波兰是没有民族对手的。维日诺的民族紧张状态主要来自波兰国家和当局，在毕苏斯基1935年逝世后，当局一直限制着犹太人的自由。波兰的统治也许没有受到犹太人和其他少数民族的欢迎，但它是一种公认的秩序，在1939年波兰被入侵前一直被视为常态。

与之相比，在两次大战之间立陶宛人和白俄罗斯人在维尔纽斯的存在显得微不足道。[2]《黎明》的创始人约纳斯·巴萨纳维丘斯在维尔纽斯领导着一个学术社团（Scholarly Society），直到他于1927年去世。1918年至1925年间，维尔纽斯的罗马天主教主教是一位名叫尤尔吉斯·马图拉提斯（Jurgis Matulaitis）的立陶宛人。即便这样，在该城诸多可见的文化领域中，起到维护作用的立陶宛人屈指可数。尽管维尔尼亚是白俄罗斯生活在波兰的中心，但是这只是相对而言。地方上的波兰当局侵蚀着白俄罗斯社团的建立基础，他们拒绝使用白俄罗斯语发电报，没收白俄罗斯语报纸，关闭白俄罗斯语学校。有那么一个时期，白俄罗斯文化是被允许的——如果不是被支持的话。维尔尼亚是波兰的白俄罗斯文学中心，出于实际考虑，东正教和天主教教士都开始使用白俄罗斯语。东仪天主教会在俄罗斯帝国时期被当局清除，此时又在波兰复兴，被视为一种可能的白俄罗斯民族机构。耶稣会在17世纪早期波兰语取代斯拉夫官方语言的过程中扮演了极为重要的角色，到了20世纪20年代，耶稣会教士发现使用白俄罗斯语很便利。正如我们已看到的那样，促使近代早期波兰民族性在天主教-东正教领土内兴起的一个因素是耶稣会和东仪天主教会教士们使用波兰语方言。现代教士认为白俄罗斯语方言十分有用，这也预示着现代白俄罗斯民族诞生的可能性。[3]

维尔纽斯的外交命运十分特殊。1920年到1938年间，立陶宛和波兰还处于对维尔纽斯／维日诺的争夺战中。在两次大战之间的立陶宛，立陶宛人被迫与他们名义上的首都隔离。立陶宛政府在迁移到考纳斯之前，切断了所有的电话线和铁路，影响颇广的战争状态阻止人与人之间产生更多联系（当然有些人持有两国护照）。[4]立陶宛国家的民族化进程将维尔纽斯变成迫切的政治考量目标,同时又将这座城市的历史和人口状态神秘化。军队在教育年轻人方面起到了重要的作用,在民族主义历史课程的熏陶下,男性文盲率从15%下降到1%。20年来立陶宛的学童们一直被灌输一个观念:维尔纽斯在种族上是立陶宛的。[5]他们在学校阅读的是密茨凯维奇《塔杜施先生》的删节译本,这个译本删去了所有指涉波兰和波兰人的地方。[6]密茨凯维奇保留下的古老传说,比如盖迪米纳斯梦到一头铁狼的故事,在独立的立陶宛的现代政治中找到了对应。"铁狼"(The Iron Wolf)是当时的一个法西斯主义阴谋组织,于1930年被取缔。维尔纽斯解放联盟(The Union for the Liberation of Vilnius)、维尔纽斯基金会(Vilnius Foundation)和报纸《我们的维尔纽斯》(Our Vilnius)是立陶宛公民社会的支柱。10月9日,即泽里格斯基在1920年攻占维尔纽斯的日子,成为全国哀悼日。在整个两次大战之间的时期,维尔纽斯之问在立陶宛的国内政治中占有极为重要的地位,政治对手们互相攻击对方对波兰人心慈手软或对国际联盟太过屈服。

在国际论坛上,立陶宛领导人宣称波兰是欧洲和平最大的威胁。时任总理的奥古斯丁纳斯·沃尔德马拉斯依据他自诩为原则的"敌人的敌人就是朋友",指望苏联与波兰的对抗能将维尔纽斯带回立陶宛。立陶宛对维尔纽斯主权诉求的法律基础是1920年与布尔什维克俄国签订的条约。1926年的不侵犯条约对立陶宛来说具有吸引力,部分是因为苏联承认了立陶宛对维尔纽斯的所有权声明。1927年,沃尔德马拉斯拒绝了来自英国、法国和意大利的特使们有关立陶宛与波兰建立外交关系的提议。同年,沃尔德马拉斯重申了他在拉脱维亚的观点,即波兰是比德国和苏联更大的威胁,他在1928年告诉英国外交大臣奥斯丁·张伯伦说苏联的威胁"纯粹是理论上的",而波兰的威胁才是"真真切切的"。[7] 立陶宛所持的立场却并非基于战略失策。立陶宛领导人相信他们的文化以及他们的国家地位都处于波兰的威胁之下。他们没有感到来自苏联的威胁。从表面来看,这是一种理性的观点。在与波兰文化的竞争中,立陶宛文化从未获胜,但立陶宛文化一直胜过俄国文化。

当沃尔德马拉斯之后向华沙倡议和平时,他发觉民意和立陶宛军队都迫切地希望让步不会发生。[8] 在整个20世纪30年代,安塔纳斯·斯梅托纳(Antanas Smetona)❶的独裁政权时期,这个问题也始终存在,那时人们已清楚地认识到,波兰的敌人——无论是苏联还是纳粹德国——都不是立陶宛的朋友。(顺便提一下,斯梅托纳的夫人是波兰人,他和同时代的立陶宛民族活动家一样,能说一口流利的波兰语。)斯梅托纳和众多立陶宛政治精英最后逐渐意识到,仇视波兰不能保护立陶宛国家,维尔纽斯不是外交事务中唯一的重要议题。但是立陶宛民族主义的成功却使调整立陶宛外交政策变得极为困难。对在"一战"后受教育或入伍的年轻人来说,夺回维尔纽斯是立陶宛民族主义最激动人心的部分。在下一代看来,斯梅托纳的统治是怯懦的,因为政府没有用武力夺回维尔纽斯。[9] 夺回维尔纽斯的需求成为立陶宛民族主义理念中如此不可缺少的一部分,以至于威胁到了自称是"民族之父"的那位领导人。1938年,在波兰的最后通牒压力下,立陶宛与波兰最终建立外交关系。即使是这样仅仅缔结官方外交关系的让步,也引致了当局的垮台,斯梅托纳本人便淹没在社会各界的反对浪潮中。

---

❶ 安塔纳斯·斯梅托纳(1874—1944),两次世界大战之间立陶宛最重要的政治人物之一,也是立陶宛最著名的民族主义理论家之一,他于1919—1920年出任立陶宛第一任总统。

1939年的转变

1939年，纳粹德国和苏联摧毁了波兰国家，这使得维日诺之问再次被抛到国际政治舞台上。1939年8月23日签署的《苏德互不侵犯条约》秘密附属条约规定，苏联和纳粹德国一致同意"立陶宛在维尔尼亚地区的利益"应被尊重。双方都希望以这座城市为条件操纵立陶宛政府。1939年9月1日德军在波兰境内的快速行进标示着维尔纽斯再次成为谈判桌上的筹码。立陶宛政府拒绝了德国关于让出这座城市和共同打击波兰的提议。英国和法国对此应当是反对的，而苏联的态度尚不明确。[10] 斯梅托纳政府还考虑了一点，即短期之内德国的统治会比苏联的统治更糟；中期来看，他们认为苏联将在苏德战争中取得胜利；长期来看，如果获得维尔纽斯要牺牲的是国家的独立，那么和苏联做这笔交易更好。[11] 从弱势一方的地位出发，这是最清醒的现实主义考量。1939年9月19日，红军占领了维那，立陶宛驻莫斯科代表向苏联请求要回这座城市。9月27日，斯大林和时任德国外长里宾特洛甫修改了之前的纳粹-苏联协议，这一次将立陶宛和维那置于苏联势力范围内。

和立陶宛的外交官一样，来自波兰和苏维埃白俄罗斯亚的白俄罗斯民族活动家也声明对这座城市的所有权。由于苏德两国瓜分波兰，两次大战间波兰境内居住着说白俄罗斯语者的领土都归斯大林所有。至少在最初，声称代表波兰境内300万强大的白俄罗斯人的民族活动家是欢迎这一划分的。除此之外，他们还相信苏联的扩张能将维尔尼亚带回扩大后的白俄罗斯亚苏维埃社会主义共和国。尽管白俄罗斯人相信自己是立陶宛大公国的继承者，他们将波兰文化视为白俄罗斯文化的对手，此外他们对维尔尼亚有着深深的眷恋，但这个想法并不完全是来自以上认知的空想。来自波兰的白俄罗斯领导人深受来自苏联的白俄罗斯亚共产主义者的鼓舞，后者预料白俄罗斯亚苏维埃社会主义共和国会将维尔尼亚收入囊中。毕竟，第三国际定义的"西部白俄罗斯亚"包括维尔尼亚和维尔尼亚地区。1919 年成立的"立-白"苏维埃社会主义共和国就定都于维尔尼亚，而这仅仅是 20 年前的事情。

1939 年 9 月，所有为苏联占领维那进行的准备工作都预示着将这座城市归入苏维埃白俄罗斯亚的计划。伊万·克利莫夫（Ivan Klimov）承担着负责在西部的白俄罗斯苏联政府的重任，他在当年 9 月初被授权宣布维尔尼亚将是西部的白俄罗斯亚苏维埃社会主义共和国的首都。白俄罗斯亚内务人民委员部❶（下文简称 NKVD）在 9 月 15 日的会议上，将维尔尼亚视为前波兰领土的一部分，现在这座城市将被并入白俄罗斯亚苏维埃社会主义共和国。在维日诺地区，白俄罗斯、波兰和犹太共产主义激进分子在 9 月 17 日苏联摧毁波兰政府机构的过程中提供了帮助。苏联军队 9 月 19 日抵达维那，针对这座城市而制定的计划马上开始实施。苏联占领当局用白俄罗斯语进行宣传。有苏联赞助的报纸证明了历史上白俄罗斯对维尔尼亚的所有权声明是正当的，并且解释了白俄罗斯如何具有立陶宛大公国的特质。9 月 24 日，克利莫夫在白俄罗斯领导人会议上正式宣布维尔尼亚将并入苏维埃白俄罗斯。[12]这个消息受到了致力于倡导白俄罗斯维尔尼亚理念的团体的热烈欢迎。而维尔尼亚和白俄罗斯都将属于苏联这个事实，也许在那个狂热的时

---

❶ 内务人民委员部（Narodnyy Komissariat Vnutrennikh Del）是苏联在斯大林时代的主要政治警察机构，也是 20 世纪 30 年代苏联大清洗的主要执行机关。内务人民委员部下属的国家安全总局是克格勃的前身。

刻被人们忘却了。

1918年成立的白俄罗斯共和国运气不佳，其组建者安东·卢茨克维奇也是两次大战间波兰境内的白俄罗斯民族活动家，和其他人一样，他也被说服了。卢茨克维奇重要的个人成就和重大的政治失败都与维尔尼亚有关。在维尔尼亚，他以民主爱国的社会主义者的身份开始了个人政治生涯；在维尔尼亚，他协助创办了"一战"前第一家合法的白俄罗斯语报纸，并参与编辑；在维尔尼亚，他领导的民族委员会于1918年宣布白俄罗斯独立；在维尔尼亚，他发表了自己对波兰在1921年后吞并白俄罗斯领土的抗议；在维尔尼亚，他在白俄罗斯语高中教书（直到他被波兰上级解雇）；在维尔尼亚，他领导着受过教育的白俄罗斯人的小圈子（直到他被波兰当局逮捕）；在维尔尼亚，他主管了白俄罗斯博物馆近20年；在维尔尼亚，他完成了白俄罗斯现代第一个《圣经·新约》译本。这位复兴立陶宛大公国的前倡议者、圣经的翻译者，打心眼里厌恶波兰20年的统治——他相信苏维埃白俄罗斯亚和苏维埃维尔尼亚是抚慰他那曾遭遇历史伤痛的民族的可行办法。[13]

在1939年9月末，斯大林很明显决定将维那授予立陶宛，并在立陶宛的土地上建立军事基地。卢茨克维奇和其他在维尔尼亚的白俄罗斯领导人，已渐渐相信他们能接收这座城市，却猛然发现自己锒铛入狱。卢茨克维奇死于被苏联监禁期间。白俄罗斯人是斯大林这个决定之下最早的却被人遗忘的受害者。除了白俄罗斯激进主义领导人的被捕和死亡，苏联拒绝承认白俄罗斯人对维尔尼亚的渴望还严重阻碍了白俄罗斯人民族事业的发展。首先，这意味着在维尔尼亚城市附近的说白俄罗斯语的人口暂时不再属于白俄罗斯民族理念的一部分。第二，立陶宛对维尔尼亚的兼并（维尔尼亚很快被并入苏维埃立陶宛）确认了这样一点：

立陶宛人，而不是白俄罗斯人，才是立陶宛大公国的继承者。一个原有的政治共同体（politonym）和一个新的种族共同体（ethnonym）的融合，使任何非白俄罗斯人都看不到现代白俄罗斯和近代早期的立陶宛大公国之间的关联。1939年9月进入维尔尼亚的白俄罗斯共产主义者怀有极高的期望，现在他们都失望了。和19世纪东仪天主教会的神父一样，白俄罗斯共产主义者在这座梦想中的城市里花了很多时间收集立陶宛大公国的档案文件。当斯大林把这座城市授予立陶宛时，白俄罗斯共产主义者不得不离开，他们带着从维尔尼亚偷来的档案前往明斯克。[14]

1939年10月1日，时任立陶宛外交部部长尤奥扎斯·乌布伊斯（Juozas Urbšys）意识到得到维尔纽斯的代价是苏联军队进驻立陶宛，而苏德在9月28日签订的条约已经将立陶宛置于苏联的势力范围内。10月2日，立陶宛政府解散了军队。1939年10月10日，就在泽里格斯基的军队为波兰夺下维日诺的19年零1天后，乌布伊斯与苏联签订下维尔纽斯归入立陶宛的协议。换来维尔纽斯和前波兰领土（2750平方英里，45700人）的代价是2万苏联士兵驻扎在立陶宛。[15]伴随着当时突然涌现的亲苏联思潮，立陶宛领导人和民众对协议的主要反应是欣喜于维尔纽斯并入立陶宛。对苏联军力的恐惧被以下信念软化了：无论战争最后的结果如何，莫斯科都会为立陶宛保护维尔纽斯。立陶宛人认为苏联的到来能斩断维尔纽斯和波兰之间的联系，如此该地区就有被立陶宛化的可能。[16]正如我们之后会看到的，这些显然古怪的预言是建立在对波兰文化而不是对俄国文化的恐惧之上，历史将证明它们确实是准确的。虽然在今天的我们看来有些奇怪，当时立陶宛知识分子中甚至有人赞成苏联的体制。立陶宛杰出的法学家米科拉斯·罗梅里斯即一例。他在日记中写道："我自己在遇到苏联人之前就非常赞

第4章 第二次世界大战与维尔纽斯之问（1939—1945）

同苏联，无论如何在苏联革命和希特勒的民族社会主义两者间选择，我都更偏向前者。"[17]

因此，苏联和立陶宛的利益存在交集，这暂时为独立的立陶宛带来了维尔纽斯。在仍然独立的立陶宛境内抗议的白俄罗斯人被苏联的内务人民委员部驱逐出境；立陶宛当局告诉流亡中的波兰政府，在整个两次大战之间立陶宛都合法拥有维尔纽斯。[18]实际的人口数据却很难被否认。当立陶宛军队在1939年10月28日进驻维尔纽斯，他们惊讶地发现"这里没有神话中的公主，在维日诺陌生的、未知的街道上，只有说着外语的人们"。[19]这样的经历却使得知识分子们更加确信，说波兰语的人是"被波兰化的立陶宛人"，他们必须重新被立陶宛化。这成了立陶宛政策的智识基础。正如维尔纽斯的管理者和时任总理安塔纳斯·梅尔基斯（Antanas Merkys）所说，政策的目标是"让每个人都像立陶宛人那样思考"以及"把维尔纽斯地区的外国元素剔除出去"。[20]波兰人和犹太人——甚至是那些生长在这里的人——经常被剥夺立陶宛公民权。罗梅里斯在他的日记中记录道，种族而非地理或政治上的分类使得对立陶宛国家的忠诚在维尔纽斯难以形成。当地的立陶宛语报纸"曝光了"1920年接受波兰统治的政治家，在1940年的新环境下这些精英被视为忠诚的立陶宛人的可能性消失了。[21]这个热诚的年轻民族的代表们，废除了成熟政体中有必要存在的一丝伪善，这些代表们在狂热之中丧失了对周遭世界的观察。当纳粹国防军占领了巴黎，波兰人和立陶宛人却还在为维日诺/维尔纽斯的波兰剧院争论不休。当大量苏联军队在1940年年初进驻立陶宛，考纳斯的民族辩论还围绕着来自被瓜分的战败国波兰的威胁。[22]

1940年6月，苏联终结了立陶宛的独立。当时的苏联外交人民委员维亚切斯拉夫·莫洛托夫（Vyacheslav Molotov）在6月14日发出最后通牒，要求组建新政府；第二天红军进入维尔纽斯。在全体惊恐的情形下，使新政体"合法化"的选举于7月举行。由共产主义者领导的立陶宛人民集团(Lithuanian People's Bloc)宣布赢得95%的选票。8月3日，立陶宛加入苏联的"申请"被批准。到1940年8月6日，红军在立陶宛苏维埃社会主义共和国接管了新的战略阵地，军队的人数更多了。在1940年6月到1941年6月间，苏联内务人民委员部将2万到3万名立陶宛人、波兰人和犹太人驱逐到西伯利亚和哈萨克斯坦。[23] 前总理梅尔基斯和前外交部部长乌布伊斯在1940年7月被驱逐出境，斯梅托纳早就逃走了。

斯梅托纳的立陶宛，和两次大战间的波兰一样，已经成了民族化的国家。立陶宛和波兰都力图以民族主义的精神教育国民，两国都试图使少数民族在民族政治和文化上的影响降到最小。两国对被视为本国威胁的少数民族活动家诉诸武力镇压，两国（波兰比立陶宛更甚）在20世纪30年代晚期都有官方倡导的反犹主义特质。然而，1939年、1940年纳粹德国和苏联造成的波兰与立陶宛的覆灭，使全然不同的民族和种族政策在两国领土上产生。纳粹和苏联做了波兰和立陶宛没做过的事情：他们基于民族或种族定义，以数以千计，甚至百万的规模展开驱逐、谋杀。纳粹和苏联政权的行为和波兰与立陶宛的性质完全不同。

很明显，这只是纳粹和苏联统治下关于波兰-立陶宛关系的一个例子。1940—1941年，苏联的政策目标是通过驱逐精英以消灭波兰和立陶宛社会。1941年后，德国针对立陶宛的波兰人的政策在残忍程度上与苏联不相上下，唯一不同的是形式。[24] 纳粹政权允许立陶宛人担任安全警察（Saugumas），如此立陶宛人在维日诺攻击波兰人就变成合法的了。[25]虽然1939—1940年在独立的立陶宛也有歧视维尔纽斯的波兰人的情况，苏联也在1940—1941年间驱逐维日诺的波兰人，立陶宛的安全警察和其德国上级在1941—1944年对维日诺的犹太人采取的措施则是直接的屠杀。立陶宛和波兰之间对维尔纽斯/维日诺的争夺，在1939—1941年只是零星的暴力冲突，但是在德国统治下却恶化为小规模的内战。从1943年秋天开始，波兰地下本土军队向维日诺城内及周遭地区的伪立陶宛警察部门发起攻击，解除他们的武装。立陶宛警察以处决波兰平民作为反击手段。之后，波兰人报复性地攻击了立陶宛村庄。[26]

犹太人的维尔纳的终结，1941—1944

1941年6月24日纳粹占领维尔纽斯以来，这里发生的最主要的事件就是对犹太人的大清洗。纳粹在立陶宛的政策是杀尽每一个犹太人，这一政策几乎成功了。[27]实际上，在德国占领的欧洲领土中，立陶宛是第一个发生对犹太人的大规模处决的地方。在立陶宛境内，维尔纽斯的特殊之处在于，德军进驻后，在这里的立陶宛人对波兰人的关注更甚于对犹太人的。立陶宛精英试图说服德国人：他们比波兰人更有资格运转这座城市。和在考纳斯或其他地方的立陶宛人不同，在维尔纽斯的立陶宛人认为大屠杀会动摇他们原本就不稳定的地方政权。对维尔纽斯的立陶宛人来说，波兰人的问题比犹太人的问题要重要得多。[28]

纳粹德国的"最终解决方案"开始在苏联占领了两年的土地上实

图10：纳粹用立陶宛语制作的宣传海报，时间可能是1941年，海报把斯大林主义和犹太人等同起来。当德国于1941年入侵苏联时，党卫队第一次遇到对苏联强权感到厌倦的人们。

施。和在东线的其他地方一样,纳粹把人们对苏联占领时期的怒气和屈辱转移到犹太人身上。[29] 1941 年 7 月,德国人开始直接以武力统治立陶宛全境。1941 年 7 月 2 日,德意志帝国的 9 号特殊武装指挥部队(Einsatzkommando 9)抵达维尔纽斯。9 号部队招募了几万名立陶宛志愿者加入,随后开始彻底消灭维尔纽斯的犹太人。1941 年 7 月和 8 月,特殊武装指挥部队的德国和立陶宛士兵绑架了几千名犹太人。在波纳瑞森林(Paneriai forest)的沙坑,这些犹太人惨遭德国人和立陶宛人屠杀。大部分屠杀由立陶宛志愿者完成,他们组成了后来的德国安全警察特别行动队(Ypatingas Burys)。1941 年 9 月,3700 名犹太人被集中到一起,射杀在沙坑里。9 月 6 日,3.8 万名犹太人被塞到两个很小的犹太人区;另有 6000 名左右的犹太人被带到沙坑射杀。1941 年 10 月和 11 月的 7 次行动中,超过 1.2 万名犹太人从犹太人区被带到沙坑射杀。到 1941 年底,仅仅在德军占领后的 6 个月内,德国人(在立陶宛人的帮助下)屠杀了大约 2.17 万名维尔纽斯犹太人。1941 年 11 月后屠杀的节奏变慢了,纳粹国防军给它所需的奴隶判了死缓。1943 年 9 月,犹太人区被拆除。其中大约 1 万名犹太人从犹太人区被带走,5000 人死于马伊达内克(Majdanek)❶ 的毒气室,好几百人在沙坑被射杀。[30] 剩下的人被送到爱沙尼亚的劳动营。1939 年有 7 万名左右的犹太人住在维尔纽斯,战争结束后幸存者仅有 7000 人。[31]

一些犹太机构也留存下来。意第绪科学院奇迹般地迁移到纽约。但是维尔纳的犹太文明被完全破坏了,犹太文明经年累月被破坏——而

---

❶ 马伊达内克集中营是纳粹德国在"二战"中建立的集中营之一,位于今天波兰卢布林附近的马伊达内克村。

民族的重建：波兰、乌克兰、立陶宛、白俄罗斯，1569—1999

图11：维日诺犹太人在波纳瑞森林遭到屠杀，时间可能是1941年7月。

非几个世纪以来的流传——成了犹太人纪念的中心主题。"年轻的维尔纳人"的几十位作家中只有三人幸存。幸存者中的一位就是诗人亚伯拉罕·苏茨克弗，他从立陶宛的耶路撒冷的废墟迁移到真正的耶路撒冷，这也象征着犹太传统逐渐转移到以色列。[32] 立陶宛的耶路撒冷的毁灭意味着历史上的立陶宛就此终结。波纳瑞森林——"最终解决方案"开始的地方——正是密茨凯维奇在《塔杜施先生》中赞扬的波纳瑞森林。在密茨凯维奇的诗歌中，失去犹太人的立陶宛是难以想象的。

波兰人的维日诺的终结，1944—1946

就在德国人拆除犹太人区的时候，德国国防军在整个前线被迫后撤。

图12：维尔纽斯的加翁庙堂（Gaon Temple）废墟，1944年。"最终解决方案"毁灭了犹太人自古就栖息其间的维尔纽斯，这里曾是"立陶宛的耶路撒冷"。

1944年红军重返维那,此时这座城市所有权的申请者有三类:尽管在人数上变少,但依然是城市多数民族的波兰人;立陶宛人,他们认为自己是波兰人、苏联人和纳粹占领维尔纽斯期间的受害者;再次获得权力的苏联人。不出意料,波兰人和立陶宛人难以联合起来对抗苏联人。[33]波兰本土军队不仅为波兰独立而战,还为维日诺重归波兰而战。大多数波兰士兵无法想象一个没有维日诺的波兰,反之亦然。因此,立陶宛人将波兰本土军视作波兰帝国主义的代理人。[34]当红军在1944年7月接近维那时,波兰本土军已经获得了城市周围的领土。波兰人对是否袭击德军在维日诺的阵地犹豫不决,然而,1944年7月13日,红军在波兰人的帮助下还是夺回了维那。苏联人随后拘禁了波兰士兵,斯大林重建苏维埃立陶宛,并再次定都于维尔纽斯。虽然波兰政治家到莫斯科乞求维日诺,但斯大林明白把这座城市给立陶宛人,他可以从中获得更多。[35]

斯大林清楚这座城市在文化上属于波兰。诚然,在"最终解决方案"之后,它在"种族上"比以往任何时候都更波兰。他也清楚,对当地的波兰人来说,任何选择都比接受立陶宛人的统治要好。内务人民委员部的首脑拉夫连季·贝利亚(Lavrentii Beria)❶向斯大林汇报了足够的信息。贝利亚的措辞足够清楚:"维那人民对能从德国统治下解放出来的反应是积极的。聚集在教堂的人民表达满意情绪的语言是波兰语,而不是立陶宛语。人民同时希望维那能并入西乌克兰或白俄罗斯,任何地方都行,除了立陶宛。"[36]虽然贝利亚从没有说过"波兰人"这个词,但很显然,在犹太人灭绝后,此时此刻城里的人民说的几乎都是波兰语。

---

❶ 拉夫连季·贝利亚(1899—1953),苏联共产党高级领导人,长期担任内务人民委员部首脑,是斯大林大清洗计划的主要执行者之一。

然而斯大林的政策和民族自决没有任何关系,维日诺居民的意见也无足轻重。一旦斯大林决定维尔纽斯是立陶宛的,他也就决心让波兰人和立陶宛人从此不再争夺这座城市。和其他苏联边境一样,在战前这里的领土属于波兰,斯大林通过种族清洗的方式彻底解决了民族问题。[37] 1944年7月,新的,也更靠西边的苏联-波兰边界非正式确立,苏联马上开始在苏维埃立陶宛和波兰之间实施"人口交换"政策。1939—1941年,苏联的政策将精英们驱逐到东面,到苏联更深的内部;1944—1946年,苏联将波兰民族从苏联西部驱逐到波兰。在1944年到1948年间,大约有10万人登记为波兰人,离开维尔纽斯去往共产主义波兰。1944年11月,罗梅里斯注意到在短短几个月内,维尔纽斯的波兰问题"不再存在了"。[38]

在苏联重新接收维尔纽斯后,斯大林没有选择建立一个波兰苏维埃社会主义共和国或波兰自治共和国。他选择在1945年把波兰的边界向西推进;他选择建立一个立陶宛苏维埃社会主义共和国,并以维尔纽斯为首都;他选择把波兰人送到共产主义波兰。维日诺波兰知识阶层的覆灭,大大损害了波兰爱国主义中留存的联邦传统。一直以来,联邦理念的预设使以维日诺为中心的精英波兰文化有同化的力量,这种文化的吸引力与波兰受教育阶层的离开一同消散了。波兰文化在维日诺的主导地位可以追溯至1569年波兰-立陶宛联合王国的建立,现在这一主导地位随着1944—1946年间的驱逐走到终点。立陶宛的波兰人发现他们的联邦理念在西面的共产主义波兰无法实现,波兰中部的许多人构想的是一个全然不同的国家。离开了他们土生土长的环境,这些波兰人发现他们无法清晰地表达一种地方爱国主义。由于共产主义波兰的审查制度,他们无法发表关于被苏联夺走的领土的动议,甚至出版回忆录也不行。他们陷入了一种新的社会现实,他们抚养的孩子和在自觉"同质化"的共产主义波兰成长的年轻波兰人,在民族认同上几乎没有区别。"立陶宛"的历史感消失不见了。在一首著名的战后诗歌中,维日诺成为一座"没有名字的城市"[39]。

我们接下来会看到,它的名字变成了"维尔纽斯"。

第5章
尾声：苏维埃立陶宛的维尔纽斯
（1945—1991）

> 当一把鲁特琴受到重击，
> 琴弦听起来像曾经断裂。
> 在混乱的声音中，一首歌的开头响起
> 尽管没人希望听到结尾。
>
> ——亚当·密茨凯维奇《康拉德·瓦伦罗德》
>
> （圣彼得堡，1828）

本书的第一部分以密茨凯维奇1834年的杰作《塔杜施先生》的第一句诗开场。在19世纪和20世纪，这句诗——"立陶宛！我的祖国！"——的含义经过三次转变，我们可以依据诗句里的三个词来阐明这三种变化。第一个转变与19世纪的民族活动家如何定义自己和他们的民族有关，即诗歌开篇的第一个词"立陶宛"的意义。我们可以看到从对立陶宛大公国怀旧式的敬意到对民族国家的期望的转变。19世纪后三分之一的时段经历了与密茨凯维奇式浪漫主义相矛盾的变化，揭示出近代早期波兰理念内在的经济、社会和语言冲突，以及排外的现代民族主义解决这些冲突的可能。浪漫主义的怀旧修辞在1863年后分裂为互相矛盾的民族主义版本，这种修辞同样为现代民族主义者所用，他们热切地投入民族国家"重生"的事业中。波兰联邦主义者和白俄罗斯爱国者紧紧跟随密茨凯维奇原意的同时，19世纪末，诗人又被现代波兰和立陶宛的民族主义者誉为民族诗人。在国际政治的残酷世界中，种族民族主义者选择了更为有效的翻译方式。粗心的读者是更好的预言家。

第二个转变冰冷地简化为人们可以将国家独立强加在民族性的理念上。这与当盼望变成了执念时所发生的一切有关，也与诗歌的第二个单词——"我"——有关。第一次世界大战结束后的帝国倾覆开启了持不同民族理念者之间在政治、军事和外交上的竞争，即现代民族主义、近代早期联邦主义和布尔什维克国际主义。在原立陶宛大公国的领土上，胜利者是波兰和立陶宛的民族主义者，某种程度上布尔什维克也是胜利者。在这些竞争中兴起了独立的波兰国和立陶宛国，这两个国家存在了20年，还有存在7年的白俄罗斯亚苏维埃社会主义共和国。正如我们所知，第二次世界大战、"最终解决方案"和苏联的驱逐在促进人口同质化方面的所为远远超出两次大战期间的波兰和立陶宛。而苏联的战后政策驱散了近代早期联邦主义者传统最后的余烬。斯大林最重要的决定是把历史上多民族共存的维尔纽斯授予立陶宛苏维埃社会主义共和国。

1939年在波兰治下的维日诺，立陶宛人只是城中的极少数民族，它如何在1991年成为立陶宛民族国家的首都维尔纽斯呢？破坏为重建奠定了基础。纳粹和苏联为将维尔纽斯重建为一座立陶宛城市留出了物质上和政治上的空间。随着苏联重新占领维尔纽斯，有关密茨凯维奇诗歌开篇的第三个转变也开始了，即重新定义他笔下的"祖国"。在第二次世界大战后，在现代民族的意义上，维尔纽斯成了一座立陶宛城市。在苏联的统治下，立陶宛文化同化了这座密茨凯维奇曾受教育的城市，实现了立陶宛民族主义者的古老梦想。正如我们所见,我们只能在犹太文化和波兰文化在维尔纳/维日诺遭到清算的背景下来理解这一点。大约90%的维尔纳犹太人在大屠杀中死去,而大约80%的维日诺波兰人在战后前往波兰。苏联的总政策"重新定居"(resettlement)由地方上的立陶宛共产主义者执行。1945年5月30日,在德国投降后的几周里,立陶宛政治局决定把资源投入将波兰人从维尔纽斯赶走的行动中。[1]

维尔纽斯:一座立陶宛城市

在整个苏维埃立陶宛,除了维尔纽斯城之外,大约只有三分之一登记为需"撤离"的波兰人真正重新定居了。立陶宛乡村地区的几万名波兰人没有被要求登记撤离,而登记前往波兰最后却被禁止离境的波兰人超过几万名。这显然是立陶宛遣送当局的一项政策,华沙的波兰共产主义者对此表示全面抗议。1945年春,波兰有大批耕地需要耕种,负责遣送事务的官员焦急地等待着从立陶宛过来的波兰农民。在一些案例中,立陶宛遣送当局要求登记撤离的个人提供显示波兰国籍的德国文件。至少,他们要求能证明波兰公民身份的证据,以匹配遣送协议的要求。然而维尔纽斯的情况完全不同。这里的立陶宛遣送当局利用苏联的总体性政策,为一个新的、属于立陶宛的维尔纽斯创造基础。在维尔纽斯,每个波兰人都被强制登记遣送,登记为波兰人的人中有80%的人确实重新定居了。[2]其结果是维日诺的去波兰化以及立陶宛民族性历史上的一个转折点。立陶宛民族运动一开始就把维尔纽斯视作渴求的目标。立陶宛民族活动家在1905年和1918年更倾向于在维尔纽斯行动。1920年波兰占领维尔纽斯这件事占据了两次大战间立陶宛人的全部注意力。但是，从现代民族主义的角度来看，从城内居民的民族认同来看，维尔纽斯从来不是一座立陶宛城市。

苏联的人口普查让我们对之后发生的事有了粗略的了解。1959 年，居住在维尔纽斯的 23.61 万名居民中，有 7.94 万人（34%）告诉苏联人口普查员自己是立陶宛人，6.94 万人（29%）说自己是俄国人，4.72 万人（20%）说自己是波兰人，1.64 万人（7%）说自己是犹太人，还有 1.47 万人（6%）自称为白俄罗斯人。在现代历史上，立陶宛人第一次成了维尔纽斯的多数民族，1959 年的 34% 这个数据相对 1939 年的 1% 到 2% 来说有了惊人的增长。与此同时，立陶宛人的数量仅仅刚刚超过俄国人的数量，斯拉夫人（俄国人、波兰人和白俄罗斯人）的总数则几乎是立陶宛人的两倍。到 1989 年苏联最后一次人口普查为止，维尔纽斯的人口增长了一倍多，为 57.67 万人；其中 29.15 万名立陶宛人占全部人口的大多数，占比为 50.5%。俄国人、波兰人和白俄罗斯人的比例分别下降到 20%、19% 和 5%。就算把所有斯拉夫人加在一起，现在立陶宛人还是比他们人多。[3] 考虑到苏联的统治就是俄罗斯化，而且同一时期的明斯克、里加和塔林（Tallinn）都处于俄罗斯化进程中，这些数据亟须解释。

民族共产主义

维尔纽斯的立陶宛化的部分原因是苏联当局和立陶宛共产主义者之间显而易见的妥协。在 20 世纪 40 年代的后五年里，立陶宛共产主义者采取了斯大林要求的镇压、驱逐和集体化政策。立陶宛人安塔纳斯·斯涅策库斯（Antanas Sniečkus，1903—1974）从 1936 年起至其 1974 年去世，

第5章 尾声：苏维埃立陶宛的维尔纽斯（1945—1991）

一直担任立陶宛共产党总书记。他经受住两次大战之间的阴谋、战争期间的武装斗争、战后肃清；他平安渡过斯大林和赫鲁晓夫统治时期，轻松过渡到勃列日涅夫时期。作为两次大战间的政治老手，他明白维尔纽斯在立陶宛民族主义中的中心地位。[4]在白俄罗斯共产主义者的反对声中，立陶宛获得了维尔纽斯，斯涅策库斯完全有理由充分利用这笔巨大的财富。在把波兰人驱逐出维尔纽斯后，我们可以推测，他和他的立陶宛同志们根本不希望自己被俄国人代替。当然，立陶宛以外的共产主义者肯定已经明白维尔纽斯对立陶宛的重要性。毕竟，在苏维埃立陶宛早期，立陶宛政党中大部分人都不是立陶宛人。[5]通过民族主义的方式巩固苏联在立陶宛的势力过程中，来自其他苏维埃共和国的干部支配了立陶宛政治，立陶宛人却被边缘化了。

和苏维埃拉脱维亚和苏维埃爱沙尼亚一样，苏维埃立陶宛国内允许存在说当地语言的大学。维尔纽斯的大学在16世纪是由耶稣会建立的学院，在19世纪前三分之一的时间里受到沙皇亚历山大的支持，在20世纪二三十年代受到波兰人的支持，第二次世界大战后这里又以立陶宛大学的名义重新开放。1945年秋天，记录显示86.4%的入校学生为立陶宛人，只有1.6%的学生是波兰人。在战前的1938—1938学年，72.6%的学生的第一语言是波兰语，只有2.7%的学生说立陶宛语。这种彻底的翻转简直不能想象。诚然，在苏维埃立陶宛时期，三方面决定了维尔纽斯大学的民族特征比在两次大战间的波兰时更为清晰。首先，如果86.4%的数据是准确的，这显示了当局将郊区的立陶宛人送到维尔纽斯的清晰意图。第二，两次大战期间的维日诺大学吸收同化了白俄罗斯人，战后的维尔纽斯大学却排斥他们。尽管维尔纽斯周围都是说白俄罗斯语的村庄，而且离苏维埃白俄罗斯亚的距离只有40公里，但是大学里的白俄罗斯人比例一直保持在 1% 左右。[6]第三也是最根本的一点，苏联及其运转机构将一切归因为民族性。上述 1937—1938 年波兰的统计数据是基于两次大战间入校学生自愿上报的母语信息。而在战后的维尔纽斯大学，所有学生的苏联内部护照上都写着某一"国籍"，大学也是以此作为记录依据的。

这些制度性的变化为苏联的城市化政策提供了一种特殊的地方背景。既然维尔纽斯在战后几乎成了空城，而立陶宛农民又在城市附近，那么他们在城市中的数量必然会增加。然而苏联的城市化政策不是为了支持共和国首都的主要民族——就像立陶宛南边和北边俄罗斯化的邻国一样。看起来立陶宛在 20 世纪 50 年代缓慢的工业化为地方移民到首都提供了支持，而非泛苏联主义涌入塔林、里加和明斯克那样的情形。[7]与此同时，部分因为天主教禁止家庭计划生育或堕胎，在 20 世纪五六十年代立陶宛儿童的数量非常多。但是身份不能降低为生育率和人口统计学。那些乡村移民和他们的孩子把自己视为立陶宛人，这一政治现实揭示了一种新的社会背景。大约 400 年以来，波兰文化在维日诺一直占得社会优势。在历史上立陶宛的波兰文化中心被破坏之后，这条路径现在被抹去了。维尔纽斯的立陶宛化不仅是将波兰人赶出城市，还将作为城市生活方式的波兰文化彻底根除了。

尽管几个世纪以来一直受到城市文明的同化，农村人口在城市中或多或少的文化优越性却开始突然显现。[8]这一情况的变化是由于当初制定规则的人名声败坏或被赶走了：在维日诺，这些人就是之前的波兰人。在 1944—1946 年重新定居以前，波兰人不仅在人数上占维日诺的大多数，还是诸如城市文化、高雅文化的代表。质量比数量更重要。在 19 世纪晚期，维那的俄国统治者惧怕波兰贵族的文化同化力量。早期的立陶宛民族活动家也惧怕波兰性的魅力,他们通过个人亲身经历获知这一经验,而不是从波兰人身上获知。在两次大战之间,声称立陶宛拥有维尔纽斯的立陶宛政治家们也惧怕波兰文明。1944—1946 年,立陶宛共产主义者所执行的苏联重新定居政策,打破了波兰文化对维日诺几个世纪以来的控制。把维尔纽斯的波兰人赶出去,留下乡村地区的波兰人——那些理解民族性历史的人做出了这个选择。结果,立陶宛的波兰人成了他们之前从未成为的:一个由农民组成的民族。他们不仅人数更少,而且地位更低。

通往新世界的大门打开了。20 世纪 50 年代,立陶宛人成了他们之前从未成为的:一个栖居城市的民族。在现代历史上,他们的语言第一次在维尔纽斯成为地位的象征。维尔纽斯的社会进步不再需要波兰语了。20 世纪 50 年代,来自农村或小镇的立陶宛农民的孩子只要出生在维尔纽斯,都可以在城市的立陶宛学校中接受教育。在苏联统治的第一个十年内,初级中学的数量是原先的四倍,和战前的立陶宛教育相比,苏维埃立陶宛学校事实上有更多以立陶宛语教授的课程。[9] 20 世纪 60 年代,在维尔纽斯,一位立陶宛人和一位非立陶宛人所生的孩子中,大部分年满 16 岁的孩子都认为自己是立陶宛人。[10] 虽然维尔纽斯出现了一所立陶宛大学在历史上是件新鲜事,但之后的许多代人将对之习以为常。1989 年的人口普查显示,大约 10% 的立陶宛人至少拥有一位非立陶宛人的父母,一些人双亲都不是立陶宛人。[11] 在苏联统治下,维尔纽斯的立陶宛人身份拥有同化的力量。

立陶宛共产主义者和知识阶层分别做了妥协。曾有 2 万名立陶宛人武装反抗苏联统治,其中大多数人在行动中被杀害或被流放至西伯利亚。1945 年到 1953 年间,在苏维埃立陶宛约有 12 万人——占共和国人口的 5%——被驱逐出境。其中有许多立陶宛优秀的作家和学者,以及当时 1300 名罗马天主教神父中的 1000 人。[12] 1953 年后,许多被驱逐者都回来了。他们发现这里成为以维尔纽斯为首都的苏维埃立陶宛,而维尔纽斯正在文化上逐渐转向立陶宛。斯大林去世后,立陶宛共产党内立陶宛人的比例立刻开始增加。立陶宛知识阶层接受的条件是入党以换取保留立陶宛文化的一点儿自由。他们取得的成就非常可观。立陶宛文学语言成为正确的、标准的,并被确认为一种学者语言。立陶宛诗歌和散文获得了空前的成功,维尔纽斯大学成为波罗的语研究的港湾。[13]

经久不衰的浪漫主义

这种妥协持续了数十年。到 1970 年为止,党内登记的立陶宛党员人数与共和国内立陶宛人的人数之间的比例差距已不再那么大了(分别为 66% 和 80%)。那一年,立陶宛的个人平均收入是苏联第三高的,仅次于爱沙尼亚和拉脱维亚。[14] 在苏联规定的范围内,立陶宛共产主义者可夸口的不仅是经济发展,还有立陶宛文化的发展。因此,总书记斯涅策库斯在 1970 年出版的一本书中,把这个民族对首都维尔纽斯的热爱与列宁 1895 年到访维尔纽斯联系起来。[15] 关键在于,立陶宛能拥有首都全赖仁慈的共产主义政策。列宁的继任者斯大林确实把维尔纽斯授予了立陶宛,斯大林和他的继任者能够理解什么对立陶宛来说是重要的,甚至俄语也做出了一些修改,以满足苏联对立陶宛民族性的妥协。列宁在 1895 年的访问中使用的俄语单词是"维那"。在俄语历史课本中,这个单词被立陶宛语单词"维尔纽斯"取代。我们已经看到了犹太语"维尔纳"和波兰语"维日诺"被突然而粗暴地中止,对白俄罗斯人的"维尔尼亚"飘忽不定的希望感到犹豫不决。在苏联统治下，俄语"维那"默默的屈服引人深思。

正如我们所见，两次大战间立陶宛政治家对俄国文化的恐惧少于对波兰文化的恐惧。1939年立陶宛领导人还期待着苏联统治的到来可以切断其与波兰的联系，使维尔纽斯成为立陶宛的。这个应验了的预言是立陶宛人在面临重重危机时所做出的，这应该使我们认识到立陶宛民族主义并非不理性的。在战后的立陶宛，浪漫主义主张不容置疑地验证了它们在政治上的力量。战后俄语向立陶宛语低头，尤其使得我们重新审视立陶宛民族性中对语言的强调。正如我们所见，波罗的语的独特性在19世纪晚期立陶宛民族运动的成功中扮演了重要角色。两次大战间，立陶宛提高了这种语言的书写能力。在苏维埃立陶宛，立陶宛语再次成为延续古老历史的标志。斯拉夫语和波罗的语之间的区别是一个无情的事实，而立陶宛语比斯拉夫语更纯正的观念是一种浪漫主义的主张。立陶宛语和梵语关联很深的观念通过语言学令人信服的形式被证明了，这一观念至今依然作为强大的民族主义理念颇为流行。这表明了浪漫主义传统的延续性，它们在不同政治体制下成功地传播开去，并在苏联统治下取得了最终胜利。[16]

苏联权力如何支持浪漫主义民族主义？正如第2章所论述的，在19世纪晚期形成的立陶宛民族主义融合了德国人自法国大革命以来的浪漫主义比喻，被密茨凯维奇在19世纪二三十年代加以改造，在19世纪80年代被立陶宛民族活动家推翻，最后在1905年革命中被表达为一种政治观念。第3章解释了两次大战间的立陶宛民族主义如何被独立的立陶宛国家所宣传，如何聚焦波兰1920年占领了表面上属于立陶宛的维尔纽斯。1920年后，关于立陶宛近代早期的、历史的观念已全部消失。

虽然还有例外，但是到 1939 年为止，现代、种族的国家理念在维日诺的波兰人和考纳斯的立陶宛人中间占压倒性地位。"二战"以后，立陶宛种族民族主义在苏维埃立陶宛的维尔纽斯取得胜利。

"维尔纽斯是立陶宛的，但立陶宛是俄国的"——事实上这个古老的玩笑是错误的。立陶宛是苏联的，但苏联和俄国有所不同，尤其在维尔纽斯的问题上。立陶宛浪漫主义者在 19 世纪的梦想被 20 世纪的立陶宛民族主义者重新诠释，这个梦想在苏联统治下实现了。中世纪和现代的混合体出现了，维尔纽斯的语言实践消弭了统治的梦想和中世纪的权力之间的裂痕。语言软化了近代早期"无国家"（statelessness）对维尔纽斯的打击，在两次大战之间，立陶宛其他地方也遭遇了这一打击。诚然，对在苏联统治下的立陶宛人来说，语言是一种显示与众不同的标志，对所有波罗的人来说亦然。同时，苏联强权允许立陶宛人在社会实践中确认一种浪漫主义的信念，即这个民族的历史和美都保存在语言中。第一部关于立陶宛语的英文历史著作向全世界的读者传达了现代立陶宛语与原始印欧语（proto-Indo-European）的关联，这部著作的作者是一位苏联时代的维尔纽斯大学毕业生。[17]

　　立陶宛和其他地方的种族民族主义轻视模棱两可的近代早期传统，赞扬有关中世纪的纯粹和权力的幻想。在维尔纽斯，苏联破坏了近代早期遗产，这是任何立陶宛制度都办不到的。1939 年的《苏德互不侵犯条约》使 1569 年的卢布林联合失效了。1841 年，浪漫主义历史学家纳尔布特象征性地折断了他的笔以表达对波兰-立陶宛王国的抗议；1939 年，莫洛托夫和里宾特洛甫在这份终结波兰与立陶宛关系的文件上签字。1569 年，近代早期欧洲最大的民族诞生了；1939 年，波兰和立陶宛最后一次分裂为现代的、以种族划分的小民族。同时，苏联的统治也为立陶宛人提供了将和波兰的历史关联降到最小的机会。立陶宛共产主义者在苏联强权和立陶宛社会中斡旋,在这一极大程度的折衷方案中波兰扮演了两者共同的敌人的重要角色。斯大林以牺牲波兰为代价把领土给了苏维埃立陶宛,他和继任者们得以以现状维护者的姿态示人。[18] 在整个苏联时期,立陶宛的知识阶层不断责难波兰人在1920年"占领"维尔纽斯这一事件,这一解释与苏联对波兰帝国主义的容忍底线高度一致。即使在20世纪80年代,立陶宛活动家大体上还是相信波兰人对维尔纽斯仍不死心,会不顾一切地把它夺回来。[19]

和苏联的其他地方一样,《苏德互不侵犯条约》在苏维埃立陶宛社会主义共和国也是禁忌。在戈尔巴乔夫时代,立陶宛人将其重新视为民族悲剧,举行了大规模公众示威,这是勇气之举。立陶宛人把自己描绘成这些条款的无辜受害者。他们忘了他们的国家是因此获得了维尔纽斯。就算说起立陶宛1939年占领维尔纽斯,他们也会将其视为"维尔纽斯的回归"。立陶宛人理所当然地认为《苏德互不侵犯条约》是非法的,但是随后立陶宛吞并维尔纽斯却是合法的。"废弃《苏德互不侵犯条约》"是20世纪80年代立陶宛民族主义运动的口号。[20] 如果按照字面意思恢复《苏德互不侵犯条约》的条款,维尔纽斯应该被还给波兰。20世纪90年代苏联解体后,莫斯科的苏联当局和立陶宛的波兰人很快就指出了这点。

名字和事态

一个世纪以来,立陶宛民族主义运动、独立的立陶宛国家和苏维埃立陶宛不断削弱立陶宛大公国传统中固有的与波兰的关联——同时他们一直征引密茨凯维奇。立陶宛被重新定义为以维尔纽斯为中心的现代民族单位：这是民族主义运动的观念形态，是两次大战间立陶宛的期望，而苏维埃立陶宛将其变为现实。正如我们所见，苏维埃立陶宛的维尔纽斯取得了两次大战间波兰的维日诺从未取得的成就：1984年民族诗人密茨凯维奇（立陶宛发音为"密茨凯维尔西斯"）的纪念碑揭幕。对于在苏联总书记米哈伊尔·戈尔巴乔夫于20世纪80年代后五年发起的改革影响下的立陶宛民族主义运动来说，密茨凯尔西斯的雕像是一次鼓励。

这次运动的领导人是维陶塔斯·兰茨贝吉斯（Vytautas Landsbergis）❶。他的家族历史提醒着我们近代早期和现代的立陶宛民族性之间存在怎样根本性的区别。在19世纪，兰茨贝格（Landsberg）家族和其他立陶宛上层阶层一样，投身近代早期的波兰文明中。19世纪早期，卡齐米日·兰茨贝格（Kazimierz Landsberg）在维日诺的俄罗斯帝国大学学习波兰语。和密茨凯维奇一样，他把波兰语的优越性和最终回归波兰-立陶宛王国视为理所当然的事。卡齐米日·兰茨贝格在华沙参与了1830—1831年起义，反抗俄罗斯帝国的统治，正是这次起义的失败启发了密茨凯维奇写作《塔杜施先生》。我们已经知道，维日诺大学和立陶宛的波兰学校在起义后被关停了。在1831年到1836年之间，在历史上的立陶宛范围内，波兰文化的优越性仍然无可匹敌。

然而，兰茨贝格家族下一代的历史告诉我们俄国民族性政策在1863—1864年第二次起义被镇压后开始浮现出来。加布里埃尔·兰茨贝格（Gabriel Landsberg）也成长于一个说波兰语的家庭，但是和他的

---

❶ 维陶塔斯·兰茨贝吉斯（1932— ），立陶宛保守派政治家和欧洲议会议员。

父亲不同，他在高中就开始学习立陶宛语。他获准到沙俄上大学；当他从莫斯科回来，他已经成为一名立陶宛民族主义运动的激进分子。他与一名波兰女子结婚，他们用波兰语交流。虽然他的立陶宛语从来说得不好，但他很骄傲自己的五个孩子说得很好。1905年革命后，他最小的孩子也成年了。我们从米科拉斯·罗梅里斯的例子就已看出，正是1905年后许多立陶宛的波兰上层家庭开始认真对待现代立陶宛民族性的理念。

兰茨贝吉斯谱系的下一代人使立陶宛民族活动家回想起维尔纽斯的中心位置，以及波兰在1920年夺取这座城市破坏了他们的立陶宛独立事业。加布里埃尔五个孩子里最小的孩子长大后成了建筑师维陶塔斯·兰茨贝吉斯-热姆卡尔尼斯（Vytautas Landsbergis-Žemkalnis，1893—1993）。他在两次大战间的不朽作品之一与维尔纽斯的盖迪米纳斯城堡（Gediminas Castle）有关。维尔纽斯曾是波兰的一部分，而这座城堡是立陶宛民族主义者心向往之的地方。某种程度上，第二次世界大战将艺术变成了生活。当苏联在1939年把维尔纽斯授予立陶宛时，兰茨贝吉斯-热姆卡尔尼斯是第一位进入盖迪米纳斯城堡的立陶宛士兵——无论如何，这大概是他告诉他儿子的故事。在1939—1940年立陶宛简短的过渡期，以及苏维埃立陶宛时期，兰茨贝吉斯-热姆卡尔尼斯致力于建设立陶宛的维尔纽斯。（顺便一提，"热姆卡尔尼斯"这个词就是"兰茨贝吉斯"的立陶宛语对应词。）今天，维尔纽斯有一条街道就是以他的名字来命名的。

他的儿子维陶塔斯·兰茨贝吉斯在苏维埃立陶宛的约束下孕育了更为私人的艺术品。小维陶塔斯·兰茨贝吉斯示范了立陶宛知识阶层在苏联体制内可以取得多大的成就。1955年他以钢琴家的身份从音乐学院毕业，在 1969 年拿到了音乐学博士学位。他执教 30 年，写下多部著作。他的研究领域是立陶宛艺术家的音乐和作曲家米卡尔洛尤斯·齐乌利尼斯（Mikalojus Čiurlionis）——官方在 1961 年洗清了后者在斯大林时代的污名，追认其为立陶宛民族伟人。兰茨贝吉斯关于齐乌利尼斯的八本书代表了对立陶宛民族文化延续的有力贡献，当然其中也蕴含了新的东西。毕竟，维陶塔斯·兰茨贝吉斯是兰茨贝吉斯家族中第一代母语为立陶宛语而非波兰语的后代。此外，米卡尔洛尤斯·齐乌利尼斯这位如今的所有立陶宛人心中的"民族艺术家"，小时候并不会说立陶宛语。齐乌利尼斯的母语是波兰语。他从妻子索菲娅·凯曼泰特（Sofija Kymantaitė，1886—1958）那里学会了立陶宛语。让我们抛开对回归大众的想象：凯曼泰特是一位作家和翻译家，她在克拉科夫名为"青年波兰"（Young Poland）的新派艺术圈中度过了青涩岁月。齐乌利尼斯在 1905 年革命后才将自己视为立陶宛人。在兰茨贝吉斯和他的学术英雄的例子中，我们必须看到民族性不是种族命运，而是在固定的历史环境中做出的政治选择。[21]

如今，这种塑造个人选择的环境与民族历史的共同迷思一道组成了一种奇怪的和谐。在立陶宛人的例子中，现代民族激进主义意味着拒绝近代早期波兰-立陶宛王国显而易见的历史延续，接受中世纪立陶宛大公国的历史迷思。这就意味着选择某个版本的密茨凯维奇，而排斥其他版本。他们不理会密茨凯维奇对近代早期波兰-立陶宛王国的政治敬意，而其关于中世纪立陶宛大公国的浪漫主义迷思却被政治化了。兰茨贝吉斯祖先的遗产（patrimony，或者说是 patrinomy——他的姓氏）让我们想到近代早期的波兰民族如何被现代立陶宛民族所替代，波兰

第5章 尾声：苏维埃立陶宛的维尔纽斯（1945—1991）

语中的政治精英理念如何被立陶宛语中的大众理念所代替。立陶宛的民族政治中包含了现代和中世纪的联盟以对抗近代早期的历史。近代早期的合法性原则、贵族家庭的权威或者波兰-立陶宛王国的政治制度，通通被排斥了。中世纪历史的历史感和美感，给以人民的名义夺取权力的现代成果赋予了合法性。

维陶塔斯·兰茨贝吉斯的名字让我们想到作为民族历史的中世纪立陶宛神话。维陶塔斯大帝（Vytautas the Great）❶是中世纪的立陶宛大公，他坚持与波兰结盟。在两次大战之间的立陶宛，维陶塔斯大帝被和1569年卢布林联合前的立陶宛黄金时代联系在一起，还与立陶宛收复维尔纽斯的计划联系在一起。在苏维埃立陶宛的维尔纽斯，维陶塔斯大帝依然象征着反对和波兰的联系。[22] 在立陶宛人从苏联统治下获得解放后，他们再次把维陶塔斯大帝提升到最高的民族英雄的地位。维陶塔斯大帝象征的民族复兴，以及恢复到一个与波兰没有关联的古老立陶宛的愿望，在政治上被维陶塔斯·兰茨贝吉斯实现了。1988年，兰茨贝吉斯被选为立陶宛民族主义运动（Sąjūdis）的领导人。1990年，他作为主席的那届议会宣布立陶宛独立。1991年，他被选为独立的立陶宛共和国议会主席，共和国首都设在维尔纽斯。同年9月，兰茨贝吉斯政府与波兰展开了外交争论，兰茨贝吉斯要求波兰接受维尔纽斯在1920—1939年属于立陶宛的事实。

这次不同寻常的外交争论源于一种特殊的历史观点，即无视立陶

---

❶ 维陶塔斯大帝，中世纪立陶宛最有名的统治者之一，享有与国王同等的权力，是他的疆土内的最高统治者，也是龙骑士团成员。在两次大战之间，独立的立陶宛树立了很多歌颂维陶塔斯大帝的纪念碑。

宛在近代早期与波兰的联系,而支持中世纪立陶宛的浪漫主义观点。这种无视代表了立陶宛民族主义,也是对波兰文化的有力回答,而每一代立陶宛民族活动家都很清楚波兰文化的影响力。甚至中世纪立陶宛的浪漫主义观点——立陶宛迷思的伊甸园——也大部分是由密茨凯维奇用波兰语优美地表达出来。本章开篇诗歌中密茨凯维奇式的英雄康拉德·瓦伦罗德,是一位来自中世纪立陶宛的骑士。他的英雄主义体现在他如何掩盖身份,在为敌人服务的岁月中等待合适的行动机会。密茨凯维奇为他最伟大的中世纪英雄人物创造的名字"格拉日娜"被立陶宛语吸收,比如兰茨贝吉斯的妻子就叫这个名字。对中世纪的强调以及对近代早期的否定与现代种族民族的扩张是一致的,事实上后者启发了前者。立陶宛语的历史感演变为立陶宛文化之美,而文化之美又演化为文化教育和普选制度的力量。当然,这些事物本身也有其力量。

如同第一次世界大战后,苏联解体后立陶宛当局开始向大众传播历史迷思。两次大战间的历史课本再版,这满足了大众对历史真相的渴望,尤其是阿道法斯·沙波卡(Adolfas Šapoka)这位主流民族历史学家和迷思制造者的历史文本。甚至纳尔布特的立陶宛史著作(用波兰语写作,篇幅极长)也在20世纪90年代出版了立陶宛语译本。如同第一次世界大战后,苏联解体后立陶宛的危险是历史迷思成为合法的政治话语,而这将阻止立陶宛政府推行理性的外交政策。对波兰文明的恐惧正好对应着民族复兴,而这将导致削弱立陶宛的国际关系的风险。最开始的信号并不鼓舞人心。兰茨贝吉斯最初对波兰的冷淡态度符合当时的民族共识,这一民族共识很快兴起,并引人瞩目地占据了不止一代人的意识。20世纪90年代早期,在立陶宛和波兰关系停滞不前的背景下，立陶宛学生被要求选出民族历史上最耻辱的事件。有一个事件比其他事件得票都高——他们选了1569年立陶宛与波兰的联合。[23]

| 第二部分 |

危机四伏的乌克兰边境

第6章

近代早期的乌克兰

（1569—1914）

你们夸耀说，曾经我们扳倒了波兰。

但当波兰陨落时，你们也被打败了。

父亲们的血亲分散到莫斯科和华沙，

给子孙遗留下他们的枷锁和名望！

——塔拉斯·舍甫琴科

《致死者、生者和未出生的人……》

（Viunyshcha，1845）

1569年的卢布林联合通过将东斯拉夫的土地从立陶宛转到波兰，定义了什么是近代早期的乌克兰。14世纪立陶宛取得了大部分基辅罗斯的土地，基辅城在1363年归入立陶宛的统治。波兰国王卡齐米日（大帝）于1349年占领加利西亚和利沃夫。大约200年来，包括现在我们称作乌克兰的土地在内的基辅罗斯的大部分遗产，都被立陶宛和波兰一分为二。[1]1569年之前，立陶宛拥有旧基辅公国最大的一部分，但是波兰的加利西亚（罗斯的领地）是这些领土中最发达和繁华的地区。因此，1569年卢布林联合是对旧罗斯的再次瓜分，波兰从中获益更多。立陶宛取得了更北面的斯拉夫领土，也就是今天的白俄罗斯。立陶宛向波兰割让了更南面的领土，即布拉茨拉夫（Bratslav）、基辅和沃伦

（Volyn）地区，其中大部分属于今天的乌克兰。经过两个世纪，罗斯信仰东正教的贵族认为他们是立陶宛人，现在却被划到了波兰王国境内。布拉茨拉夫、基辅和沃伦被并入波兰王国的加利西亚领土，这里的主要宗教是东正教，本地方言是鲁塞尼亚语，礼拜语言是教会斯拉夫语，书写字母是西里尔字母。古罗斯的首都基辅城突然成了波兰的一部分。

  立陶宛大公国和波兰王国的联合是渐进的、经过协商的，但乌克兰并入波兰却是由一纸公文突然决定的。立陶宛境内罗马天主教的传播起源于1386年当时的统治者接受洗礼，在1569年立陶宛与波兰联合前罗马天主教已经缓慢传播了近两个世纪。另一方面，乌克兰这片东正教土地在宗教改革矛盾最尖锐的时候突然陷入与西方基督教的全面接触中。宗教改革标志着西方基督教和东方基督教之间力量平衡的改变。在中世纪，罗斯的东正教教士向维尔纽斯和立陶宛输出东斯拉夫的语言与文化。当波兰高雅文化逐渐主导维尔纽斯，立陶宛将乌克兰授予波兰，同时西方基督教成为宗教改革的对象时，局面发生了翻转。作为中世纪立陶宛的高雅文化发源地，乌克兰成了近代早期波兰播撒文明引导开化的目标。乌克兰给中世纪的立陶宛带来了基督教和文字；乌克兰从近代早期波兰那里收获了改革后的基督教和印刷书本。通过这些方式，1569年的改变随着立陶宛的发展继续下去，标志着中世纪罗斯的终结以及近代早期乌克兰的开始——后者作为东斯拉夫领土的一部分被并入波兰。乌克兰民族诗人塔拉斯·舍甫琴科（Taras Shevchenko）称维尔纽斯是"最辉煌的城市"，其笔下的乌克兰开始受到华沙的影响。

  正如中世纪的罗斯历史起始于弗拉基米尔大公（Grand Duke Volodymyr）于 988 年接受东正教洗礼，近代早期乌克兰的历史起始于乌克兰贵族于 1569 年皈依西方基督教。在 16 世纪的波兰，先是清教徒，之后是天主教徒，逐渐接受了文艺复兴中涌现的印刷文字、方言和论辩术。1569 年后，这些知识的火花传入乌克兰，而主要的引导者就是耶稣会教士。在黑暗的天空下，这些火花尤其壮观。正当宗教改革将波兰的宗教论争推向高潮时，乌克兰的东正教经历了长期的知识衰退。它的局限在于语言本身，而这种语言是为在斯拉夫人中传播基督教东方教派而生的。传教士西里尔/罗马皇帝君士坦丁的卓越创造——古教会斯拉夫语，使得基督教福音得以在东部和南部的斯拉夫土地上流传。古教会斯拉夫语尽管很好地执行了中世纪的目的，即让异教徒皈依基督教，却无法应对近代早期的宗教改革挑战。它无法与古典模式建立关联。几个世纪过去了，它甚至无法为东正教教士之间的交流提供一种有效的方式——或者是教士与教众之间的交流，在这样的想法产生之后。形形色色的斯拉夫语言出现了（或者说产生不同分支），教会斯拉夫语既丧失了它与方言天然的相似性，又失去了一种普世吸引力。到近代早期为止，教会斯拉夫语衰退为一种地方宗教语言，然而它既不能被用作当地人的谈话语言，也不能成为东正教教士之间的交流语言。[2]

16 世纪，在清教徒和天主教徒的语言面前，东正教教会的粗陋语言相形见绌。[3]清教徒和天主教徒最初试图在乌克兰的学校和出版物中使用教会斯拉夫语，之后他们意识到自己只能用波兰语表达想说的话。和其他语言不同，波兰语曾是一门发展中的语言，也是一门文化语言，适合宣传与劝服他人改变信仰。教士们在乌克兰使用波兰语不是由于民族偏见，而是为了在争夺灵魂的战争中选择适合的"武器"。教会斯拉夫语的支持者对此表示责难。沃里尼亚最伟大的君主康斯坦丁·奥斯特罗日斯基赞助出版了第一部教会斯拉夫语版本的完整圣经。帕姆翁·别伦达（Pamvo Berynda）出版了一部教会斯拉夫语词典。❶ 彼得罗·莫希拉（Petro Mohyla）建立了一所东正教学院，这所学院是基辅学院（Kyiv Academy）的前身。这所学院的教学语言是教会斯拉夫语，尽管所有的课本都是拉丁语的，而学生在写作时用的是波兰语。由于乌克兰教士被强制学习其他语种以及古典修辞学和论辩术，他们成了出色的教会斯拉夫语文本的翻译者，这使得他们在莫斯科更有用武之地。尽管如此，他们也发现波兰语最适合他们传教的需求。1605年后，东正教教士写作的大部分论辩小册子都是波兰语的（虽然小册子的标题、笔名和辱骂的词语常常来自拜占庭）；1620年后，东正教教士经常用波兰语签名；到了1640年后，乌克兰的大多数官方文件都是用波兰语写的。莫希拉于1647年去世，他的遗嘱也是用波兰语写的。[4]

当地东正教统治集团的一个重要回应是计划与罗马教会联合起来。1054年后，对罗马教会来说，终结东方分裂教派是最重要的任务；天主教会没有完整的解决办法，因此他们与其他教派在当地结成联盟。1569年后，波兰－立陶宛王国的政治状况允许这类地方联盟的出现。莫斯科和基辅的基督教大主教教区在1458年分道扬镳，后者完全处于波兰－立陶宛王国境内。1569年新的领土边界确认后，大多数东正教的土地被归到波兰，而不是立陶宛。波兰耶稣会教士，比如彼得·斯卡加，他们支持与东正教的联盟；安东尼奥·波塞维诺（Antonio Possevino）等罗马教皇特使向罗马教廷解释区域性联盟的可能性；国王齐格蒙特三

---

❶ 帕姆翁·别伦达是一位出版商，受过很好的学术训练，花了30年时间编纂这部词典。这部词典是东斯拉夫语词典中最重要的之一，收录了约7000个词条。

第6章 近代早期的乌克兰（1569—1914）

图13：出版于1581年的奥斯特罗赫圣经。近代早期的奥斯特罗赫拥有一所东正教学院、一所犹太研究学院（yeshiva）、一座清真寺和一座东仪天主教堂。今天的奥斯特罗赫是乌克兰西部罗夫诺州的一座城市。

世基于安全和宗教理由对此大为倡导。但是，教派联盟不是罗马或华沙的本愿。1596年的布列斯特联盟（Brest Union）起自东正教中心区域，当地主教们希望能保留他们的教堂。君士坦丁堡的东正教普世牧首区（The Orthodox Patriarchy of Constantinople）❶因明显依赖奥斯曼帝国的力量而名声败坏，而新的莫斯科牧首是以可疑的形式任命的。当时的君士坦丁堡普世牧首和东正教会最高权威杰里迈亚二世（Jeremiah II）被奥斯曼人和莫斯科人监禁。由于被迫将莫斯科大主教升为牧首，

---

❶ 君士坦丁堡普世牧首是君士坦丁堡（今伊斯坦布尔）的总主教，是东正教名义上地位最高的神职人员，也是东正教的精神领袖和主要发言人，但并无凌驾于其他牧首或自主教会之上的权威。

杰里迈亚不得不在1588—1589年滞留在波兰的乌克兰土地上。杰里迈亚在布列斯特召集一年一度的宗教会议，这为1596年波兰-立陶宛王国境内东正教会和天主教会发布联合声明做了准备。[5]

反对者把布列斯特联盟看作消灭王国境内的东正教会的企图，事实上正是如此。毕竟，提出建立联盟的东正教主教相信他们能够加入天主教会，在保持东方教派的同时还能与更庞大的天主教派取得同等地位。梵蒂冈把联盟视作通过区域协调以终结分裂教派这一行动传统的一部分。因此，国王齐格蒙特三世声称他一定要保护的"希腊信仰"是东仪天主教会，这是有一定道理的，因为东仪天主教会是东正教会在王国境内完整合法的继承者。联盟的政治运作迫使新教徒（新教和人

图14：16世纪东方教派的教堂。尼然科维奇（Niżankowice）❶横跨西布格河（Buh river），西布格河是今天波兰和乌克兰的边界。

❶ 尼然科维奇是今天的乌克兰城镇，位于该国西部的利沃夫州。

数更多的天主教会相比是更小的教派）和东正教徒（他们的教堂不被允许在王国内继续存在）合作。在15世纪晚期和16世纪早期的危机中，新教徒出于教义和仪式的原因以及政治存亡的诉求，开始赞同东正教徒。布列斯特联盟最大的反对者是沃里尼亚君主康斯坦丁·奥斯特罗日斯基，他赞助出版了斯拉夫语的圣经。借鉴来自新教徒的理论依据（比如说教皇是反基督者），奥斯特罗日斯基利用波兰-立陶宛王国的制度反对联盟。[6]

奥斯特罗日斯基动员了一些来自基辅和沃伦的贵族在当地议会中反对布列斯特。宗教以这种特殊的方式将一部分乌克兰贵族带进了政治领域。对信仰东正教的市民来说，布列斯特联盟意味着波兰移民对他们社会地位的威胁。在这里宗教象征着保守主义。在教区内，东仪天主教会没能联合起东正教神职人员，也没能提升东方教派的地位，如此本可以使乌克兰大部分上层人士满足。[7]联盟引起的争议促使某种政治语汇诞生。几个世纪来，传统的宗教仪式中的命名"罗斯"一直存在政治含义；如今，原本不明确的军事用语"乌克兰"被赋予了一种政治意涵，意味着波兰境内东正教徒的家园。[8]1569年卢布林联合分隔了乌克兰的东斯拉夫人与他们在立陶宛大公国北部的同胞；1596年布列斯特联盟则为这一新的领土划分提供了重新思考其政治含义的语境。布列斯特联盟没有在王国境内创造出一个可以同化东方教派的单一教会，反而带来了一个令人疑惑的处境，即乌克兰的所有天主教会因此面临政治难题。最意味深长的是改革者和农民之间存在的鸿沟，对农民来说，宗教改革和联盟的动机是完全令人费解的。

乌克兰的近代早期定义，1569—1648

之前我们已经注意到，文艺复兴给波兰和立陶宛的语言问题带来了奇特又重要的解决方案。虽然 1569 年后波兰和立陶宛的贵族都将波兰语当作学习和政治的语言，但是长期来看，这在两国内部造成了截然不同的社会后果。在波兰，受教育的阶层放弃了拉丁语这种从外传入的政治与文学语言，转而使用波兰语这种经过编纂的方言。在立陶宛大公国，受教育的阶层从和本国方言十分相似的政府语言——斯拉夫官方语言，转换到从外传入的政治与文学语言——波兰语。白俄罗斯方言被排除在外，在与政治和文化不相关的领域，白俄罗斯和立陶宛方言还有使用。之后我们发现，当民族政治在现代渐渐转向大众政治时，波兰语的精英地位被削弱了。在乌克兰，1569 年后产生的语言问题也可以用同样的答案解释：波兰语取胜了，而不是乌克兰方言的地位提升或教会斯拉夫语的复兴。虽然在波兰语言问题的解答使书写字母更接近通用语言，但在立陶宛和乌克兰，语言问题的解答使精英语言、世俗语言和教会语言拉开了与平民使用的语言之间的距离（图表 1，第 65 页）。

宗教改革在乌克兰造成的后果还有一个更重要的特点。和波兰贵族一样，许多乌克兰贵族也在宗教改革中遭到清除。许多乌克兰上层人士在 16 世纪放弃东正教，皈依新教的不同教派。和波兰的情况一样，这些乌克兰贵族的儿孙支持反宗教改革运动，并皈依了罗马天主教。波兰和乌克兰的贵族最终信仰了共同的宗教——罗马天主教。然而，虽然反宗教改革运动消除了波兰地主和波兰农民之间新的宗教差异，但是在信仰罗马天主教的乌克兰地主和信仰东正教的乌克兰农民之间造成了新的宗教差异。进入现代后，当多数人信仰的宗教和共同的语言

第6章 近代早期的乌克兰（1569—1914）

成为推行民族政治的平台，波兰语和罗马天主教注定会在乌克兰成为异质的存在。但是，有一种宗教同时满足了两者的需求。东仪天主教会在乌克兰幸存下来了，成为上层阶层和农民共同的小众信仰。当东正教在17世纪30年代的波兰-立陶宛王国再次取得合法地位时，东仪天主教会❶不再是普世的期望，而成为东方教派中很小的一个分支。接下来我们会看到，在合适的政治环境下，东仪天主教会将成为现代乌克兰民族性的基础。[9]

在波兰-立陶宛王国新的宗教和政治生活中，近代早期的乌克兰和波兰的区别比和立陶宛的区别更大。罗马天主教很久以前就扎根在立陶宛了，是贵族和农民共同的信仰。但是，立陶宛是新王国中完全的政治参与者，而乌克兰不是。立陶宛的中层阶级可以选择是以立陶宛还是以王国的法律来保护自己的自由，但是乌克兰的中层阶级发现他们只能处于更富有、更有权力的同胞的支配下。在新王国的政治经济体系中，乌克兰土地有着特定的作用。当王国成为西欧的谷物主产地，而上层阶级成功将农民捆绑在他们的土地上时，在通向财富与权力的道路上，地产比任何时候都更重要。[10] 地产成为乌克兰被猎取的目标。

在立陶宛，上层阶级可以1569年后获得的行政权力来保护他们的土地所有权，而且在任何情况下立陶宛法令都是最高法律。1588年立陶宛大公国法律的颁布部分就是为了保护立陶宛地主的权利。但是乌克兰没有类似的保护机制存在。1569年后的数十年内，一些波兰家族在乌克兰取得了大量的土地，成千上万的波兰小贵族和犹太人接连为大地主工作。更少的地主拥有了更多的土地。到1658年为止，乌克兰

---

❶ 原文为"Union"，疑为作者笔误。

的人口大约2%是贵族,与之相对的是当时波兰人口大约10%是贵族。[11]当地出身的乌克兰贵族从新秩序中获利最多。最富有的贵族招募了大量的波兰和犹太士兵与助手。雇用波兰人带来了一系列新的经济业务,比如出租,这使得大量土地为大农场主所有;犹太行政人员热切渴望能通过专业技能获利,于是离开波兰领土来到这里。当上层阶级雇用波兰人,犹太人取得了土地租约,信仰东正教的农民从贫困陷入赤贫。奥斯特罗赫犹太研究学院毕业生汉诺威的内森(Nathan of Hanover)是著名的年代记录者,他记录了许多流血事件,他将农民遭受的苦难与犹太人被埃及统治者所奴役相提并论。他写道,乌克兰人"被视作低人一等的存在,成为波兰人和犹太人的奴隶或侍女……"[12]

严重的社会分层在社会高峰时期取得了令人瞩目的文化成果。波兰妇女将宫廷生活带到了乌克兰,创造了可观察和传播文化风气的社会环境。齐格蒙特一世的妻子、齐格蒙特二世的母亲、意大利公主博纳·斯福尔扎(Bona Sforza)本人及其随行人员使得意大利文艺复兴的成果在波兰大受欢迎,一代人之后,在波兰妇女创造的颇具吸引力的宫廷中,波兰文艺复兴的成果也传到了乌克兰。1569年后的一个世纪之内,乌克兰兴起了许许多多富有的庄园,他们的护卫和波兰人一样像波兰人,甚至比波兰人还要波兰人。[13]乌克兰成为波兰高雅文化新的巅峰,但在它的阴影下潜藏着反抗。

1648年及其全部

在1569年卢布林联合与博赫丹·赫梅尔尼茨基(Bohdan Khmel'nyts'kyi's)1648年起义之间的关键的三个世代,波兰贵族进入乌克兰，乌克兰权贵也变得更像波兰人。不断增加的社会分化与新的宗教、文化分化，催生出深深的政治区分。这些分化是波兰-立陶宛王国的宪法制度的一部分。这是由两个，而不是三个国家组成的共和国；而且它首先是一个贵族共和国。因此王国的设计从一开始就有问题，无法吸收哥萨克人的自由社群——这些武装者总体上是农民出身，而非贵族出身。1569年，波兰王国从立陶宛继承了乌克兰以及当地的哥萨克人。立陶宛此前依赖哥萨克人以抵御南部边疆的克里米亚汗国(Crimean Khanate)。波兰发现哥萨克人是极佳的军事资本，不仅在抵抗上，还包括攻击。当时波兰的骑兵队是全欧洲最好的，但骑兵队是在结束战斗时最有效率。骑兵队攻击前需要步兵队，而王国在步兵队维护费用上存在困难。[14]哥萨克人一度填补了这个缺陷。他们的价值在1601—1602年与瑞典的战争、1611—1612年与莫斯科公国的战争以及1621年与奥斯曼帝国的战争中显现出来。波兰-立陶宛王国最辉煌的时候就是波兰和立陶宛的骑士与乌克兰哥萨克人并肩作战的时刻。当局与在军事上有作用的平民达成妥协，后者被归为合法的"登记的"哥萨克人。登记过的哥萨克人享有个人自由，但如果他们不是贵族就会被剥夺公民权。既然议会里没有哥萨克人的代表团，当局对哥萨克人的登记人数限额非常吝啬。相对的，贵族是被赋予公民权的。既然让农民绑定在自己的土地上对大贵族来说是有利可图的，而且登记为哥萨克人的农民享有权利，那么对他们来说保证登记为哥萨克人的人数很低，他们就能得到更多经济利益。1632年后的政策把哥萨克人维持在一支小规模的边疆护卫队，只有在战时才增加他们的人数。1643年后，波兰-立陶宛王国忽视了给登记的哥萨克人支付报酬，这招致很多人的怨恨。[15]他们被动员去作战，却无人代表他们的利益。

哥萨克人无力地向议会请愿，希望恢复他们的传统地位。与1569年之前立陶宛的中层阶级一样，1569年后一些乌克兰的哥萨克人也希望能获得贵族在波兰王国内争取到的权利。但和立陶宛贵族不同，乌克兰的哥萨克人与波兰的合作不是从平等的角度达成的，也缺少相互协商的制度平台。几个世纪以来，立陶宛上层阶级一直在观察波兰人的规范，而关于卢布林联合的协商也进行了数十年。乌克兰的哥萨克人突然卷入与波兰习惯的直接接触，而且乌克兰的波兰和波兰性是由少数非常富有的权贵和他们的行政官员所代表的。1386年开始，天主教就慢慢进入立陶宛，对整个王国的贵族来说，他们在接受天主教之前就已经对此熟悉了。而东正教是大多数非贵族的哥萨克人唯一知道的信仰。1596年布列斯特联盟在乌克兰上层阶级中仅仅激起争论，但对大多数哥萨克人来说这似乎是完全令人震惊的。[16]尽管在17世纪20年代后，东正教再次被王国认可，哥萨克人普遍希望将东仪天主教徒（和罗马天主教徒、新教徒和犹太人）驱逐出乌克兰。但这并不意味着哥萨克人会与复原后的基辅东正教统治集团合作，赫梅尔尼茨基对东正教的进展毫不在意。

这意味着一个更深层的问题：近代早期的乌克兰缺乏互相合作的精英。世俗的士兵捍卫东正教；波兰统治的反抗者将波兰习俗视为理所当然。乌克兰有贵族阶层，也有哥萨克军官团，这些团体相互重叠。然而，社会出身的不同依然导致了痛苦的政治分化。最富有的波兰人和波兰化的贵族主导着地方政治，并试图否认少数贵族（比如博赫丹·赫梅尔尼茨基）的传统权利。博赫丹·赫梅尔尼茨基（约1595—1657）是一位登记在册的哥萨克人，一位波兰官员窃取了他的地产、霸占了他的爱人、谋杀了他的儿子，之后他逃往哥萨克大本营。赫梅尔尼茨基成了哥萨克人的酋长，开始谋划 1648 年哥萨克人的大规模起义。他是 17 世纪乌克兰最重要的人物，他的特例也说明了波兰体制的到来如何激怒和分化了当地贵族。使部分乌克兰贵族享受到王国内巨大权力的经济趋势，同时也增强了哥萨克人的战斗力量。当乌克兰权贵们驯化了大草原以开展谷物贸易，农民们不得不向更南面迁移，落入掠夺奴隶的克里米亚鞑靼人的领土，经常成为和哥萨克人同等的阶层。对农民们来说，比起成为权贵的农奴或成为鞑靼人的奴隶，哥萨克人的生活是更可行的选择。被波兰吞并、与天主教会联盟、登记在册的哥萨克人的挣扎以及农民变成奴隶的命运，这一切解释了为何赫梅尔尼茨基在 1648 年能发动一场威胁王国安危的攻击。

1654 年，赫梅尔尼茨基与莫斯科公国在佩列亚斯拉夫（Pereiaslav）结盟，他的哥萨克人帮助莫斯科公国赢得了与波兰-立陶宛王国的战争。这带来了一系列浩劫，当时王国 1000 万人口中约有三分之一死于这场战争，王国在欧洲的势力开始了不可逆转的衰退。波兰-乌克兰历史最终没能改变的转折点是 1658—1659 年的哈佳奇联盟（Union of Hadiach）。酋长伊万·沃霍夫茨基（Ivan Vyhovs'kyi，死于 1664 年）提议联盟，哈佳奇联盟本可以让精英的乌克兰哥萨克成为王国中的第三个民族（波兰、立陶宛和罗斯）。乌克兰本可以享受立陶宛已经获得的地位：拥有自己的行政机构、军队和司法制度。在这个三国组成的王国中，乌克兰东正教本可以取得与罗马天主教一致的地位。这份计划的起草者、博学的善辩者尤里·尼迈里奇（Iurii Nemyrych）已经从东仪天主教回归东正教信仰。一部分哥萨克人本可以获授爵位，享受政治权利以及统治乌克兰的特权。但是，哈佳奇联盟是共和国形式的而非民主形式的解决方案，而乌克兰人的起义是为了民主，并非为了共和国。沃霍夫茨基酋长和赫梅尔尼茨基酋长一样，在王国宫廷的共和国世界和哥萨克大草原的民主世界间左右为难。作为一个受过教育的人，他明白妥协能得到的好处，但是他无法说服大多数哥萨克人认同他的观点。一个重要的分歧点是东仪天主教会，哥萨克人希望将其清除，而天主教会坚持说这超出了世俗权力的管辖，沃霍夫茨基提出的妥协方案并不受欢迎。沃霍夫茨基缺少权威，无法让大批没有受封爵位的哥萨克自由人服从他的提议，也缺少及时说服他们的领袖魅力。莫斯科公国重新开始攻击波兰－立陶宛王国，并支持沃霍夫茨基的对手。沃霍夫茨基被剥夺酋长之位，逃往乌克兰。在他的命令下，哥萨克人处死了妥协案的起草者尼迈里奇。大部分哥萨克人主要关心的是他们的自由，他们与莫斯科公国、波兰和克里米亚汗国的短暂结盟只是为了实现这个目标。虽然波兰－立陶宛议会接受了哈佳奇联盟，但波兰上层阶级发现酋长无法真的控制哥萨克人，而哥萨克人也无法真的控制乌克兰后，他们就对联盟失去了兴趣。[17]

1659年哈佳奇联盟的失败标志着王国黄金时代的终结，1569年卢布林联合开创的辉煌、繁荣和包容的时代结束了。[18] 1569年建立的王国是威胁欧洲各强国的宗教和民族问题的独特解决方案。近代早期欧洲君主面临的问题是他们自己与民众的宗教冲突和政治忠诚。信仰路德宗或天主教的君主分裂了德国；法国发生胡格诺教徒屠杀事件；神圣罗马帝国的君主向奥斯曼帝国的苏丹进献礼物；甚至势力无可匹敌的西班牙也遭遇了荷兰的挑战，宗教法庭的审讯削弱了前者的实力。波兰－立陶宛却同时做到了宗教包容、制度改革和领土扩张。[19] 1569年波兰－立陶宛方案是一种为了保护人数众多的、形形色色的贵族而诞生的共和国制度。在经济方面，王国和贵族的繁荣依靠着与西欧国家的谷物贸易，这暗示着相比别国来说波兰-立陶宛的经济落后程度不断增加，而本国农民的地位也趋于衰落。从长期来看，中央权威的缺位、城市的边缘化和落后的农村加剧了王国的灭亡。但我们也不能这样斩钉截铁：如果17世纪的一系列历史事件有不一样的转机，如果乌克兰冲突在17世纪中叶得到了解决，也许王国有能力处理这些难题。我们所讨论的1569—1659年期间的这段历史，对王国来说是至关重要的时刻，检验它是否有能力创造、吸引和获得波兰、立陶宛和乌克兰的政治精英的忠诚。哈佳奇联盟的失败使这一解决方案无法被应用于乌克兰，也削弱了它在波兰和立陶宛的作用。

哥萨克人起义为波兰民族理念的未来、波兰和乌克兰民族理念扮演何种角色打上重要的烙印。在17世纪的乌克兰，人们很容易把波兰人和天主教徒等同于主人，在18世纪和19世纪这种联系变得越来越强。然而17世纪的关键不是波兰民族和乌克兰民族的冲突，而是王国的失败和寻求妥协方案的哥萨克人。1569年立陶宛找到了这种妥协方案，在1795年王国瓦解后，政治和宗教制度依然是联系地方精英和波兰文化的桥梁。而在乌克兰不存在这类政治制度，东仪天主教会的活动范围受到哥萨克人的限制。这导致一种误导性的印象，回顾往事，"波兰"和"乌克兰"在同属一个王国时是完全不同的，因此"波兰人"和"乌克兰人"注定是敌人。哥萨克酋长使用波兰货币，把波兰语当作行政语言，甚至打仗下令时也使用波兰语。17世纪中叶的协商使双方的期望都落空了，但是双方彼此理解。当王国与哥萨克人协商时，他们不需要翻译。哥萨克军官和波兰贵族（两个群体有共通之处）会说一种、两种甚至三种语言：拉丁语、波兰语和鲁塞尼亚方言（乌克兰语）。当哥萨克人和俄国人协商时，他们需要翻译。赫梅尔尼茨基先请人把用俄国方言写的信件翻译成拉丁语，这样他才能读懂。[20]

哥萨克起义的领导人博赫丹·赫梅尔尼茨基最终成为乌克兰英雄。但是他也是波兰贵族的一员，他在耶稣会教士那里学会了拉丁语。而赫梅尔尼茨基的伟大对手雅雷马·维西尼奥维茨基（Jarema Wiśniowiecki）最终被历史塑造为一位波兰权贵。他实际上是一位罗马天主教徒，拥有23万名农奴。但是雅雷马大公是东正教徒的后代，也是历史上最伟大的哥萨克人之一的后裔。我们必须把维西尼奥维茨基视作波兰境内乌克兰问题的一部分。毕竟，正是他向波兰的贵族平等传统发起挑战，并向议会要求大公的爵位。他将任何视为自己的土地授予莫斯科公国，而他拒绝承认这对华沙来说是难解的外交难题。[21]尽管1569—1659年这段历史为之后现代民族的诞生奠定了重要基础，但对乌克兰来说这是一段痛苦挣扎的历史，乌克兰人突然置身于新的王国法律、政治、宗教、文化和经济框架内。维西尼奥维茨基和赫梅尔尼茨基被现代人视为民族领袖，因为乌克兰和王国最终辜负了彼此的期望。但这实际上是一次政治失败：据传乌克兰诗人塔拉斯·舍甫琴科曾写道，"哥萨克人惩罚了贵族，因为贵族统治着穷苦百姓"。近代早期王国政治秩序的破碎孕育了现代波兰、乌克兰和俄国的起源。

立陶宛、波兰、乌克兰：俄国，1648—1772

哈佳奇联盟失败的八年后，波兰-立陶宛王国与莫斯科公国根据安得所沃条约将乌克兰沿着第聂伯河（Dnipro River）一分为二。今天，乌克兰人把1648年到1667年这段历史视为乌克兰对波兰压迫者的伟大反抗；俄罗斯人则认为这段历史是迷失的乌克兰溪流终于回归俄罗斯大河的时刻。[22] 如果从莫斯科公国与西方的政治和宗教联系来看待这段历史会更有收获。哥萨克人的起义是基于王国的现实背景：反对波兰制度在乌克兰制造的不平等，并预设王国应该保护他们的权利。在波兰的统治下，从1569年到1648年的三代人之间，民主的哥萨克人拥有自由的古老观念被王国贵族拥有权利这一共和国观念所取代。哥萨克人与莫斯科公国签订的1654年佩列亚斯拉夫协约中的第3条条款甚至特别指出哥萨克人将保留他们"在波兰国王统治下"享受的权利。尽管俄国人看起来和哥萨克人一样都是东正教信徒，但是他们的政治秩序是非常不同的。哥萨克人在争取的毕竟只是对东正教的包容，在一个理应保证基督教信仰拥有平等地位的制度下这种争取有合法性依据。但是，哥萨克人最终与一个教会完全臣服于国家的强权结盟。莫斯科公国监禁（有时候处决）东正教权威的传统做法，其残忍程度是波兰-立陶宛王国远远比不上的。

因此，一些乌克兰人在这种改变中受到莫斯科公国新理念的影响。莫斯科公国与基辅一同继承了在宗教改革、反宗教改革和布列斯特联盟争议中形成的东正教教士。莫希拉的基辅学院一度成为沙皇统治领土上最大的教育机构。如同切尔尼戈夫（Chernihiv）和哈尔科夫（Kharkiv）的学院，基辅学院以巴洛克形式向成千上万的东斯拉夫学生传授经典教育，主要教学语言是拉丁语和波兰语。波兰文艺复兴时期的著名诗人扬·科哈诺夫斯基（Jan Kochanowski）被当作学生写作的学习典范；波兰诗歌形式在东斯拉夫土地上盛行，莫斯科公国于18世纪完全吸收了这种形式。这些学院建立的目的是保护东正教抵御天主教的侵袭，它们与欧洲的新教联系紧密。之后的150年里，这些乌克兰学校为莫斯科和圣彼得堡输送了大量的医生、记者和公务员。在17世纪下半叶，莫斯科出现大量翻译图书，这在之前从未有过。这些外语包括希腊语、拉丁语和波兰语，译者是来自波兰-立陶宛王国的教士。[23] 俄国也面临着语言的难题，俄国方言有了东斯拉夫、西斯拉夫和欧洲的对手。[24] 通过这些途径，吞并基辅和乌克兰左岸领土后，莫斯科公国被迫开始了与欧洲的联系。

乌克兰的教士适应了宗教改革时代来自西方基督教的文化吸引力，之后他们又要面对莫斯科公国这样一个国家，以及一个与拜占庭的文化联系有限的教会，而他们却宣称要加强这种文化联系。虽然基辅的教士从没有把莫斯科看作东正教的中心，但他们很快在17世纪下半叶适应了新的政治状况。他们为尼孔牧首（Patriarch Nikon）的现代化东正教会输送人力，之后又为彼得大帝的改革提供支持。在安得所沃条约签订后，乌克兰教士开始寻求新君主的支持，通过将莫斯科公国历史重新解释为政教相连的方式，以彰显抬高自己的地位。他们在与莫斯科公国王朝的合作中就包含了编造俄国历史。一位乌克兰教士发明了基辅王位"转移"到莫斯科的理念，这个理念逐渐构成了俄国的民族主义迷思和史料编纂方法。17世纪70年代，基辅学院的教授们是新政权的意识形态狂热分子。通过这些方式，莫斯科公国在吸收乌克兰东部领土后，完成了从莫斯科公国有限的地理和政治上的俄国观念向包含大俄（莫斯科公国）、小俄（乌克兰）和白俄（白俄罗斯）的帝国理念的转换。[25] 这些从近代早期发展起来的政治概念在现代民族主义时代有了新的意涵。

俄国、波兰：乌克兰，1772—1918

俄罗斯帝国——1721年后我们如此称呼莫斯科公国——确实囊括

第6章 近代早期的乌克兰（1569—1914）

了两个不同的乌克兰。正如我们所知，乌克兰左岸（第聂伯河东部）在1667年安得所沃条约签署后归于俄国控制。哥萨克酋长伊万·马泽帕（Ivan Mazepa，1639—1709）及其遭到流放的继任者皮利普·奥利克（Pylyp Orlyk，1672—1742）试图依据与外国强权结盟的传统策略，保留左岸哥萨克辖区的自治权。两人都来自旧波兰-立陶宛王国，接受王国的文明与教育，他们代表了自觉以波兰-立陶宛贵族为典范的军官群体。沙皇彼得一世在与瑞典的战争中没有保护好乌克兰，马泽帕和一些哥萨克军官认为这违反了佩列亚斯拉夫协约的条款，他们开始考虑原来试图与王国建立的哈佳奇联盟。[26]但是和波兰-立陶宛结盟的时刻已经过去了。1709年，莫斯科公国在波尔塔瓦（Poltava）对阵马泽帕的瑞典赞助者并取得胜利，这标志着哥萨克自治的终结，也是哥萨克精英融入新俄国的开端。当俄罗斯帝国取得乌克兰右岸地区时，乌克兰左岸融合俄国的进程已经进行了三代人之久。

当波兰-立陶宛王国在1772年、1793年和1795年遭遇瓜分时，俄国取得了乌克兰右岸（第聂伯河西部）的领土。在乌克兰右岸，沙皇新设立的沃伦省、波多里亚（Podolia）省和基辅省中约有十分之一的人口是波兰贵族，十分之一人口是犹太人，剩下大多数人是说乌克兰语的农民。1830年起义后，沙皇俄国当局剥夺了大部分波兰贵族的特权，让他们从贫穷的贵族转变为贫穷的农民（即便不符合社会规则但也是合法的）。从两个方面来看，这种转变进一步使乌克兰的"波兰人"退化为"地主"。那些逃离的贵族都是大地主，在乌克兰他们就象征着波兰本身。同时，那些被剥夺地位的小贵族已经被乌克兰的语言和文化所同化。[27]伴随旧土地所有权而来的习俗因此终结，这使得那些权贵把他们贫穷的同胞（波兰人！）从土地上赶走；俄国权力延伸至此，使他们能凭借俄国军队来镇压乌克兰农民起义。1839年，东仪天主教会很大程度上被俄国东正教同化吸收了，如此乌克兰分化为大部分信仰东正教的信徒和小部分信仰罗马天主教的信徒。1875年之前，东仪天主教会在沃里尼亚的霍尔姆主教辖区得以幸存：在这里情况更复杂，但是信仰东仪天主教的地主更认同信仰罗马天主教的波兰贵族，而不是信仰东正教的农民或俄国人。

1863年起义对俄罗斯帝国内部的立陶宛和白俄罗斯来说是重要的民族转折点，但几乎没有给乌克兰留下任何影响。当成千上万的波兰贵族和立陶宛贵族在波兰和立陶宛中心区域参加战斗时，乌克兰的波兰地主却与俄国统治者保持合作。[28]在立陶宛，贵族们为复兴立陶宛大公国的制度和传统而战，这在乌克兰是不可能实现的事业，因为乌克兰没有类似的历史遗产。当立陶宛和白俄罗斯农民参与大公国的复兴，乌克兰农民更可能向沙皇警察出卖贵族密谋者，甚至与沙皇的军队一同作战。俄国将军们试图将反抗描绘成波兰人希望借此奴役乌克兰农民。尽管如此，这时在现代波兰民族和乌克兰民族之间做出清晰划分仍为时尚早。在1863年起义中，乌克兰最成功的波兰将军是埃德蒙·鲁日茨基（Edmund Różycki），他在沃里尼亚的军队称他为"父亲"（Bat'ko），军队前进作战时总是唱着乌克兰歌曲。[29]那时语言还不是区分两个民族的分界线，起义的目标是政治性的而非种族性的，一些沃里尼亚贵族甚至愿意为了重建波兰-立陶宛王国的理想而牺牲。

尽管如此，由于不可抗拒的社会和经济原因，贵族和农民参与1863年起义的界线是乌克兰北部边界，这条边界是1569年划定的。[30]在乌克兰右岸，曾经在17世纪激起大规模叛乱的政治和社会体系在18世纪俄罗斯帝国的统治下被进一步巩固，并继续由当地的波兰人管

第6章 近代早期的乌克兰（1569—1914）

理。[31]农民起义依然时有发生，乌克兰诗人塔拉斯·舍甫琴科清楚地记录下了这些起义，尽管我们并不知晓起义的规模有多大。19 世纪，俄国在继承自波兰-立陶宛王国的原始农耕经济的基础上进行统治，这造成了一小批波兰地主和大批乌克兰农民之间无法愈合的鸿沟。1861 年，农奴可以拥有个人自由，但他们不能轻易获得能生存下去的足够土地。因此，说服他们相信 1863 年叛乱是为了再次奴役他们并不困难。到 1900 年为止，沃伦省、波多利亚省和基辅省的人口中只有 3% 的人上报他们的第一语言是波兰语。在那时，大约 4000 户波兰家庭拥有的土地相当于 300 万刚解放的农奴拥有的土地面积。[32]

在 19 世纪大多数时候，这些乌克兰右岸的领土——其中大部分贵族是波兰人——不属于俄国概念里的"乌克兰"。对俄国人来说，乌克兰是左岸领土，并且已经在 1667 年被帝国兼并。关于乌克兰爱国主义最早的表达来自左岸的俄国臣民——来自 19 世纪二三十年代在哈尔科夫新建立的大学。之后，乌克兰人将哈尔科夫的复兴视为消亡的哥萨克辖区（1785 年为止哥萨克军官全部由俄罗斯帝国选派）与克里米亚战争（1853—1856）后现代化的俄罗斯帝国间的桥梁。这是政治无能的"黑暗时期"中的一束光亮。这一现代爱国主义的方案需要一个重要的匹配条件。复兴哈尔科夫的新颖之处不在于对乌克兰文化的关注，而是把乌克兰文化和乌克兰土地联系起来。广而言之，乌克兰文化是俄罗斯帝国的壁垒，提供了许多合法性迷思、民歌和民间故事，以及受过教育的公务员。1721 年俄罗斯帝国建立后的一个多世纪以来，乌克兰为俄国输送了许多优秀的建筑师、护教者和冒险家。直到 19 世纪 20 年代开始，乌克兰的帝国服务传统才开始出现裂痕，受乌克兰文化熏陶的人们面临两难困境。官方更加严格的民族性理念迫使乌克兰人在公共服务和个人意愿之间做出选择；同时在西部诞生的大众爱国主义新理念也为乌克兰人的自我认同提供了基础。粗略来看，乌克兰精英为沙皇服务了那么久以至于他们在帝国首都广受欢迎，在那里俄国的多样性是受到承认的；但是当狭隘的俄国理念被加诸乌克兰时，情况就有所改变了。[33]之后的克里米亚战争不仅标志着俄国对乌克兰态度的变化，也标志着乌克兰对俄国态度的变化。

在 19 世纪中叶，来自左岸的防御性爱国主义混合着右岸某些地主心存的浪漫主义悔恨，在基辅汇聚形成一种类似民族性格的民粹主义。许多基辅人——他们往往是波兰人的后代——试图让乌克兰农民参与到政治中来。基辅在文化上是属于波兰的，在俄国兼并基辅两个世纪后，这里对俄国人来说依然是个谜。[34]沙皇的官员在民粹主义有用（因为觉醒的乌克兰农民将认识到自己是俄国人）还是有害（因为乌克兰民族活动家有时是波兰人出身）的问题上意见不一。[35]1863 年起义后，乌克兰激进主义被当作波兰阴谋的一部分受到反对。1863 年 7 月颁布的瓦廖夫法令（Valuev Decree）因其支持乌克兰语"以前不存在，现在不存在，也不可能存在"的观点而出名，并认为乌克兰语的传播应怪罪波兰人。[36]俄国人很晚才意识到乌克兰有可能作为一个民族独立于波兰和俄国，这个想法出现后又被断然否认了。1876 年的埃姆斯法令（Ems Decree）禁止出版和进口乌克兰语著作，这反映了一种将语言和民族性相关联的现代现象，以及乌克兰人可能成为一个民族的新想法。在 19 世纪最后三分之一时间里，俄国是一个单一民族，所有东斯拉夫人都是俄国人，这个想法在当时占排他性地位。[37]

同一时期，俄国臣民发展出的乌克兰理念在另一个帝国找到了知音。奥地利加利西亚地区和俄国都有塔拉斯·舍甫琴科（1814—1861

诗歌的读者。舍甫琴科是一位出色的诗人,他是一位农民的儿子,了解维尔那和华沙;他也是一位画家,他的艺术让圣彼得堡的仰慕者帮助他赎回了自由身;他是一位自由的诗人,确立了现代乌克兰文学语言的语法和魅力。[38] 舍甫琴科死后一年,农奴制被废除了,他的成就为现代乌克兰政治铺平了道路,其中文化在理论和实践方面都与农民紧密关联。1876年后,俄国臣民向奥地利传播各类现代乌克兰政治。乌克兰最有影响力的政治活动家米哈伊洛·达拉霍曼诺夫(Mykhailo Drahomanov, 1841—1895)在1876年失去基辅的大学教席后,动身去往利沃夫。乌克兰最伟大的历史学家米哈伊洛·胡舍甫茨基(Mykhailo Hrushevs'kyi, 1866—1934)在1894年被利沃夫大学雇用,离开基辅。乌克兰最伟大的政治理论家维亚切斯拉夫·雷平茨基(Vyacheslav Lypyns'kyi, 1882—1931)在1908年移民奥地利加利西亚地区。这个名单上还有乌克兰最著名的民族主义者德米特罗·东佐夫(Dmytro Dontsov):他将现代民族视为理所当然的理念在20世纪的加利西亚颇有市场,加利西亚在19世纪最后三分之一的时间内逐渐形成。

奥地利、波兰:乌克兰,1772—1918

关于乌克兰的概念如何成为一种现代民族政治,这个过程又为何发生在奥地利?在一开始,波兰在奥地利加利西亚的统治似乎远比在俄国乌克兰的统治稳固得多。1772年和1795年奥地利夺去了部分波兰-立陶宛王国的领土——"加利西亚和洛多梅里亚"(Galicia and Lodomeria),这里是两百多万东斯拉夫农民的故乡。信仰天主教的波兰人是合适的统治阶级,加利西亚处在波兰地主的控制下。尽管波兰人是加利西亚省西部地区的多数人口——克拉科夫在 1846 年被吞并后成为西部最大的城市——乌克兰人是东部的多数人口,在那里利沃夫是最大的城市。在 19 世纪最后三分之一的时期,西部人口比例大约是 88% 的波兰人和 7.5% 的犹太人,还有少数德国人和东斯拉夫人。相反,加利西亚东部人口的比例大约是 65% 的乌克兰人,22% 的波兰人和 12% 的犹太人。在第一次世界大战以前,这些数据稳定保持在以上水平。[39] 我们要重新来谈加利西亚犹太人的地位。在这里我们的目的是推断乌克兰政治的起源。

最初奥地利的土地改革几乎没有改善众多乌克兰农民的境况,但是宗教改革却有着巨大的潜在重要性。1774 年玛利亚·特蕾西亚女皇❶再次命名东仪天主教会为"希腊天主"教会,与罗马和亚美尼亚天主教会地位相当。1775 年,她在维也纳的巴巴罗姆神学院(Barbareum Academy)为希腊天主教会设立了 14 个讲学场所。她的继任者约瑟夫二世于 1783 年在利沃夫为希腊天主教建立了一座大神学院(General Seminary),1784 年利沃夫大学开始对外开放。在 1787 年到 1809 年之间,大学下设鲁森纳姆学院(Studium Ruthenum),该学院是为那些拉丁语学得不够好以至于不能学习特定课程的希腊天主教徒开设的。[40]

被解放的、信仰希腊天主教的农民和受过教育的希腊天主教教士之间没有立刻建立关系。18 世纪上半叶,希腊天主教神父自视为波兰高雅文化的继承人,与刚刚灭亡的波兰-立陶宛王国属于不同的宗教分支。他们能做到俄罗斯帝国的同胞做不到的事情:在 1795 年王国灭亡后,

---

❶ 玛利亚·特蕾西亚(Maria Theresia),哈布斯堡君主国历史上唯一一位女性统治者,是哈布斯堡王朝的末代君主,统治范围覆盖奥地利、匈牙利王国、克罗地亚、米兰、加利西亚和洛多梅里亚等地。

继续保存1596年王国统治下建立的教会。当1808年他们庆祝利沃夫郊区荣升为主教区时，他们是以波兰语庆祝的。诚然，大神学院的一些学生早在19世纪30年代就已出版加利西亚乌克兰方言著作，但教会和国家对此都不支持。其中最值得注意的是马尔基安·沙什克维奇（Markiian Shashkevych），他是世代说波兰语的贵族的后代。其他教士用德语和波兰语出版乌克兰语语法著作。[41] 1848年革命第一次让那些忠于近代早期波兰传统的教士们失望了，那些和他们说着一样语言的人（波兰贵族）和忠于他们教区的人（乌克兰农民）之间产生了极大的利益分裂。一些曾是希腊天主教神职人员的乌克兰领导人受到奥地利官员的鼓励，提出了关于加利西亚未来的提议。

1848年革命在信仰希腊天主教的农民的帮助下被镇压后，农奴制被废除了，在奥地利议会农民的利益得以被代表，尽管十分有限。1850年颁布的帝国特许状承诺乌克兰人将得到平等对待。然而，在加利西亚乌克兰人没能取代波兰人成为统治阶层，波兰人很快就适应了后革命时代的环境。1849年到1895年间，加利西亚的反动政策由一位波兰伯爵阿哥诺尔·格洛霍茨基（Agenor Gołuchowski）施行，他将当地的波兰贵族安插在奥地利行政系统的关键位置上。[42] 由于革命造成波兰贵族与乌克兰农民彼此对立，事后奥地利的支持又很有限，1848年后占优势地位的希腊天主教吸引了俄国的注意。在1867年左右，俄国人的呼声到达顶峰，当时维也纳在有利于波兰贵族的条件下正式授予加利西亚自治权。当然，就像1848年前说波兰语的人的祖先不是纯粹的"波兰人"，1848年后信仰希腊天主教的亲俄者也没有更像纯粹的"俄国人"。加利西亚的亲俄者争辩说当代俄语是由17世纪和18世纪乌克兰的学者建立的，因此俄语可以成为所有东斯拉夫人的文学语言。[43] 他们把

图15：安德烈·舍普季茨基，希腊天主教大主教。为将希腊天主教信仰和加利西亚的乌克兰政治联系起来，舍普季茨基做了很多工作。但是"民族主义者"这个标签看起来不适合贴在这个拥有波兰兄弟并在"最终解决方案"时期庇护了大量犹太人的男人身上。

东部加利西亚视为东斯拉夫民族大家族中的一员。

因为俄罗斯帝国在 1875 年将东仪天主教会（希腊天主教）完全驱逐出境，与俄罗斯帝国走得很近的加利西亚神父自然会与东正教保持紧密的联系。维也纳支持希腊天主教会是为了让其发挥与俄国边界上的天主教堡垒作用。1882 年，一位重要的亲俄者说服一个信仰希腊天主教的村庄请求奥地利当局允许他们皈依东正教。"亲乌克兰者"，即那些提倡使用当地方言、提倡当地人要与俄国人区分开来的人，他们得到维也纳更多的支持。梵蒂冈也认为亲乌克兰比亲俄国的坏处更小，他们更偏爱亲乌克兰的神父，而非亲俄国的神父。19 世纪 80 年代，世俗政治也受到类似的倾向影响。1879年选举后,乌克兰人在奥地利议会(Reichsrat)的代表席从17个下降到3个,许多希腊天主教精英意识到与农民阶层建立联系的必要性。其中一些人得出进一步的结论认为,当地方言——乌克兰语——是达成这个目标的最佳手段。1889年,选举上的成功说明了乌克兰语在政治上的功用。[44]

在19世纪奥地利的庇护下,希腊天主教神父放弃使用波兰语这种加利西亚地区高雅文化的载体(时间大约是1795—1848年),转而加强与俄国的认同感以将自己与波兰人区分开(时间大约是1848—1890年),最终他们代表了被奥地利和俄国瓜分的现代"乌克兰"民族的诉求(时间是在1890年之后)。他们关注的中心从当地希腊天主教徒的宗教仪式转变为农民大众的社会处境及百万"乌克兰人"的民族公正。安德烈·舍普季茨基(Andrei Sheptyts'kyi)到1900年为止一直担任加利西亚的大主教,他关于希腊天主教作为民族教会的理念在当时很有说服力。在此之前,利奥·舍普季茨基(Leo Sheptyts'kyi)曾向玛利亚·特蕾西亚女皇建议希腊天主教应被授予和罗马天主教同等的地位;而他著名的后代安德烈则声称乌克兰的希腊天主教会将授予300万教徒和信仰罗马天主教的波兰人同等的民族地位。在19世纪最后三分之一的时间里,希腊天主教会开设了上百所学校,大多数学校的教学语言是当地方言(乌克兰语)。在建校初始的基础上,这些学校变得越来越民族主义化。[45]作为大主教,舍普季茨基使教会本身变得民主化。

加利西亚:乌克兰(1900年前后)

这样来看,即使加利西亚亲乌克兰者比起他们将取代的亲俄国者更

图16：圣乔治大教堂，利沃夫。利沃夫设有天主教三个宗派的主教座堂：希腊、罗马和亚美尼亚。这座大教堂是舍普季茨基在加利西亚的希腊天主教堂。

温和，但在本质上两者其实很相似。两者都沉湎于在语言上达成统一的梦想。亲俄国者使用的是一种混合着加利西亚方言、斯拉夫教会语言，夹杂着俄语书面语元素的奇怪语言；亲乌克兰者对更东面的方言几乎一无所知，他们希望加利西亚地区的方言能成为乌克兰人的语言。亲乌克兰者和亲俄国者在领土上都雄心勃勃，两者都以未知却庞大的东斯拉夫群体作为提升信心和固化所有权声明的依据。这些相似之处可以帮助我们理解，为何许多人在从亲俄国者转变为亲乌克兰者的过程中没有任何矛盾感。

对处于奥地利统治下的、有雄心和理想的其他斯拉夫民族性事业来说，亲乌克兰的取向在选举上很有吸引力。19 世纪出现在加利西亚的民族倾向转变，与比如说波西米亚的转变相比并非特例。[46] 如同捷克人梦想着加入俄罗斯帝国，梦想着巴尔干民族的崛起以抗衡德国力量，加利西亚的乌克兰人幻想着他们东面的邻居能帮助他们摆脱当地波兰人的统治。和捷克斯洛伐克人（以及南斯拉夫人）的理念一样，乌克兰人的理念也是一种温和的泛斯拉夫主义：这种泛斯拉夫主义和民族主义足够相似，足以赢得当地人的支持；和现实主义足够相似，足以培育对最终胜利的一些希望。

乌克兰人的理念和当时奥地利一些波兰人的企图有着家族性的相似点，这些波兰人希望加利西亚变成"波兰的皮埃蒙特"（Polish Piedmont），并最终将余下被瓜分的波兰民族统一起来。当然，意大利的撒丁-皮埃蒙特王国开启了意大利统一的进程（在 1870 年左右完成），早于德国的统一进程（于 1871 年完成）。而加利西亚地区波兰人和乌克兰人的区别在于，波兰被所有人视作一个历史悠久的民族，和德国人、意大利人一样有着传统的国家地位。[47] 波兰人渴望重建波兰-立陶宛王国,但是曾经存在的王国已经渐渐被现代民族主义者的想象扭曲了;乌克兰人试图打破这种偏见,愈合破裂的痕迹,创造新的理念。

安德烈·舍普季茨基的波兰人出身可视作新颖的乌克兰理念的象征;他在波兰人生活中持续的存在提醒着我们,在 19 世纪晚期乌克兰理念的沉淀过程中波兰人扮演的重要角色。波兰人是乌克兰民族活动家的楷模、统治者和对手。波兰人的模范之处在于波兰民族似乎在奥地利境内拥有极大的自治权。而波兰人作为统治者的原因在于,这种自治权授予波兰贵族们实权:加利西亚 90% 以上的上层行政官位都由波兰人担任。波兰人作为对手的原因在于,波兰政治力量是现代民族主义的关键,比如民族民主党人试图传播波兰文化,使之成为加利西亚地区的民族文化。乌克兰民族活动家要面对的不仅是波兰人组成的政府,还有一场决心创造一个波兰公民社会,并(最终)在加利西亚建立一个波兰民族国家的民族主义运动。事实上,忠诚的波兰贵族和波兰民族主义者分属不同阵营,他们在包括乌克兰问题的许多问题上立场不同。

19 世纪 90 年代早期,奥地利总体政策的执行者——加利西亚的波兰官员偏爱亲乌克兰者超过亲俄者。一个由波兰贵族组成的委员会决定根据乌克兰方言的正字法来规范乌克兰语,而不是亲俄者使用的各种不同的语言体系。波兰贵族控制的这个委员会任命利沃夫的新任东欧历史主席为米哈伊洛·胡舍甫茨基,后者是俄国臣民。奥地利忠诚的波兰人在利沃夫执行着奥地利帝国的政策,而这些政策与基辅也建立了联系。在基辅,乌克兰人最主要的麻烦是俄国人的审查,而且许多亲乌克兰者都是波兰人。胡舍甫茨基是弗拉基米尔·安东诺维奇(Volodymyr Antonovych)的学生,后者是一位波兰裔乌克兰历史学家,胡舍甫茨基惊讶地发现加利西亚的波兰人对乌克兰人的事业充满

第6章 近代早期的乌克兰（1569—1914）

图17：米哈伊洛·胡舍甫茨基（1866—1934），历史学家。他对东欧历史的阐述虽然在乌克兰引起强烈反响，但至今还未得到学界的普遍认可。

敌意。[48]加利西亚一次短暂的政治事态造成了他的失望，而这种失望情绪对整个乌克兰产生了长久的民族主义后果。1894年胡舍甫茨基从基辅来到利沃夫，他的到来为加利西亚的亲乌克兰倾向提供了智识上的支持。他用乌克兰语所做的讲座树立了这种语言作为学术和启蒙语言的可信度。

1898年，他的著作《乌克兰-罗斯史》（*History of Ukraine-Rus'*）的第一卷出版了，这是建构乌克兰历史叙述的最重要文本。这本书最重要的创新之处在于详细阐述了乌克兰自基辅罗斯起的连贯历史。而这一成就要归功于该书使用了基辅平民主义的方法论：人民及其政体作为历史动因。通过这种形式，帝国政治的危机为利沃夫带来了一种可以抵抗任何帝国所有权声明的历史视角。胡舍甫茨基驳斥了俄国的史学编纂观，即莫斯科继承了古老的基辅传统，他为从政治上挑战俄

171

国对整个乌克兰的所有权声明提供了基础。通过把普通民众视为历史的一部分，胡舍甫茨基削弱了传统的"历史的民族"和"非历史的民族"之间的区别，而这正是波兰声称拥有加利西亚的基础。在19世纪，如果某个民族的精英们拥有一种国家传统，那么这个民族就会被视作"历史的民族"，一旦历史被重新定义，人民被纳入其中，那么加利西亚曾属于波兰领土的事实，或是乌克兰精英曾接受了波兰文明的事实就不再具有决定性。[49] 胡舍甫茨基是加利西亚政治的新手，但是对当地亲波兰者的事业而言，他的著作中隐含的意义是显而易见的。加利西亚的乌克兰民族活动家已经意识到，如果人民决定了一个民族的构成，那么加利西亚东部就是乌克兰的土地。1897年发布的俄罗斯帝国人口普查使加利西亚人开始想象他们东面会出现一个面积更大的乌克兰。

虽然奥地利帝国在19世纪80年代的让步直接或间接地加强了亲乌克兰的倾向，但是乌克兰民族活动家认为这些还不够。尤其是在1895年和1897年发生了声名狼藉的选举操纵丑闻后，他们渐渐从民族主义的方面来考虑，要求和对手同等的民族地位。我们已经知道，乌克兰民族活动家渴望的是波兰官员已经拥有的（权力）和波兰民族主义者正在寻求的（一个大众民族）。换言之，乌克兰民族活动家的要求等同于他们看到波兰人在加利西亚取得的成功，他们的目标等同于波兰民族主义者的目标。乌克兰人对维也纳的直接要求是划分加利西亚地区，乌克兰在东部地区拥有自治权；在加利西亚和奥地利议会中拥有部分代表权；以及利沃夫大学的乌克兰化。而长远目标是建立一个乌克兰民族，并在"种族"边界内建立一个乌克兰国家。[50] 这些乌克兰理念中更难实现的目标源自新一代的世俗活动家，不再只是希腊天主教神父，而是他们的子孙后代,有时候甚至还有 1848 年后在奥地利受教育的乌克兰农民的孩子。

如果说舍普季茨基代表了旧精英(希腊天主教神职人员和波兰贵族)的转变,那么诗人伊万·弗兰科(Ivan Franko,1856—1916)就代表了乌克兰土生土长的新一代世俗知识分子。然而,他的家谱提醒我们种族民族主义的政治理念先是由精英建构出来,再被农民们所接受的,而精英们自己往往不能满足他们设想的民族的"种族"定义。弗兰科的父亲是村庄的铁匠,祖上是德国人;他的母亲是波兰小贵族出身。1864 年,他被送到一所圣巴西勒信徒(Basilians)的德语学校,圣巴西勒信徒是希腊天主教的一个教团,他们所关心的是保留教会和西部拉丁语区域(Latin West)❶的联系。比起他的童年和"种族"出身,波兰文化、俄国政治和 19 世纪最后三分之一时期的欧洲意识形态对他的影响更加重要。1876 年,他遇见了历史学家米哈伊洛·达拉霍曼诺夫,后者是来自俄国乌克兰的流放犯,刚刚失去了他在基辅的教授职位。达拉霍曼诺夫说服如弗兰科这样的年轻知识分子,他们的亲俄国倾向应该升华为对乌克兰人民的兄弟情谊。19 世纪 80 年代,由于被公开审讯和用波兰语写作,弗兰科成了利沃夫著名的社会主义者。在 90 年代,他参与创立了一个农民激进政党,旨在推动加利西亚的社会主义改革,以及该地区分化为东部(乌克兰的)地区和西部(波兰的)地区。1897 年,他高调地宣布与波兰政治和乌克兰政治决裂(宣布前者时用德语写作,后者用波兰语写作)。弗兰科之前已是胡舍甫茨基的朋友,现在成了后

---

❶ "Latin West"和"Greek East"是用来区分希腊-罗马世界的两个术语,所谓希腊-罗马世界是指在文化上直接地、长期地受到古希腊和古罗马影响的地区和国家。希腊-罗马世界的东部区域的通用语是希腊语,西部区域的通用语是拉丁语。

者的宠儿（protégé）。1899年圣诞夜，这两人与其他新民族民主党的领导人一同发布了一份呼吁，呼吁乌克兰社会的各阶级为取得民族主权而努力。尽管弗兰科一直相信精英必须参与组织政治，他对引导精英这一理念的观点经历了一次重要的转变。[51]

到1900年为止，弗兰科一直在宣扬乌克兰独立——在他和其他同代人所谓的"民族志的"边界内。和弗兰科一样，1900年加利西亚许多重要的乌克兰民族活动家早在10年前就是社会主义者了。这种现象在同一时期的欧洲极其普遍，不仅仅是波兰。（波兰民族民主党创始人罗曼·德莫夫斯基，民族民主党年轻的组织者齐格蒙特·巴利茨基［Zygmunt Balicki］，以及社会理论家斯坦尼斯拉夫·格拉布斯基，年轻时都是左翼青年。）看起来理念矛盾的社会主义和民族主义之间存在普遍的联系，即对未经尝试者的理想主义信念；而促使乌克兰活动家从社会主义转向民族主义的冲动正是和波兰人之间真实存在的竞争。受到达拉霍曼诺夫影响的乌克兰人相信乌克兰社会主义会在乌克兰人中涌现，波兰社会主义会在波兰人中涌现，以此类推。这种社会主义者对大众的信念不可避免地提出一个问题，即究竟谁是大众。如此，乌克兰和波兰"种族群体"的建构与乌克兰和波兰大众将引导革命的预言相比并没有奇怪多少，从后者中推导出前者是符合逻辑的。考虑到乌克兰人几乎全部由农民构成，因此将人民革命理念和"种族群体"的新科学理念合并在一起是很容易的。1897年俄罗斯帝国的人口普查调查了语言情况，绘制了一幅乌克兰人在加利西亚东部的辽阔地图。乌克兰"种族群体"这个概念天然地对抗着波兰社会主义者和民族主义者，前者认为社会主义意味着波兰-立陶宛王国的复兴，后者对加利西亚所有权的诉求建立在文化而非人口基础上。[52]

第6章 近代早期的乌克兰（1569—1914）

在加利西亚，到1900年世俗知识分子的这些结论成为普遍共识，此时舍普季茨基开始把希腊天主教会转变为乌克兰民族复兴的民主媒介。这些可以追溯到近代早期的社会、宗教和语言上的区别，如今被活动家和教士以现代民族主义的形式重新表述出来。农民不属于近代早期王国的民族；现代乌克兰农民组成的民族，其定义将波兰人标记为剥削者和外来者。希腊天主教会是近代早期王国的幸存者；它成了现代乌克兰民族的主要建构媒介。与此同时，罗马天主教逐渐成了波兰民族性及其宗教信仰和宗教仪式的象征。乌克兰文学语言中的很多词汇源于乌克兰在近代早期与波兰的接触，但是编纂后的方言被所有人视为乌克兰民族语言。结果波兰语不再是文化交流的语言，它被降级为众多民族语言中的一种。

为了了解现代解释在加利西亚地区取得的胜利与立陶宛持续的历史之争之间有何区别，我们暂时回到浪漫主义诗人密茨凯维奇的著作上。1900年，密茨凯维奇的诗歌被乌克兰人和波兰人广为引用，正如他在立陶宛人、白俄罗斯人和波兰人之争中的影响一般。比如说，一些乌克兰民族主义者对舍普季茨基是否值得信赖心存怀疑，他们称他是"瓦伦罗德"（Wallenrod）。"瓦伦罗德"是密茨凯维奇诗歌中的英雄，起先他声称自己属于一个民族，之后他以另一个民族的名义背叛了同胞。一些乌克兰人害怕身为当地希腊天主教领袖的舍普季茨基最终会成为波兰人。在立陶宛，"瓦伦罗德"是密谋者的积极形象。在乌克兰，"瓦伦罗德"是叛徒。此外，用密茨凯维奇的"瓦伦罗德"概念来形容1900年乌克兰-波兰关系最为贴切，而他的"祖国"概念是波兰-立陶宛-白俄罗斯竞争中的关键，这两个概念是十分不同的。"祖国"暗示了复杂的忠诚问题；"瓦伦罗德"（从这个角度解释）则暗示了一种民族的本质。[53]

弗兰科对密茨凯维奇的个人态度在这一点上更加明显。弗兰科离弃了波兰文化，他拒绝与波兰人合作，而这些也集中体现于他谴责密茨凯维奇为"叛国诗人"。弗兰科没有把密茨凯维奇当作有模范作用的普遍准则的一部分，他将诗人解释为波兰民族主义的资源。这实际上是通过抛弃偶像——被波兰民族民主党所民族主义化的密茨凯维奇——而接受完整的波兰民族主义的条件，即民族是从底层开始构建的。这也意味着拒绝接受当时仍在原立陶宛土地上进行的历史对话。在立陶宛，密茨凯维奇象征着古老制度的生命力，如同《康拉德·瓦伦罗德》或其他作品中所描绘的那样。正如我们所知，当时正在兴起的立陶宛迷思将1569年视为立陶宛文化的终结。然而，立陶宛国家地位一直保持到1795年为止，而立陶宛重要的制度延续到了19世纪。1569年卢布林联合没有创建一种能够确保乌克兰属于王国的政治体制。总体来说，1900年的立陶宛活动家承认，必须要证明他们是历史上曾存在的民族，而且要证明民族的现代构成中的农民群体自古就属于这个政体。通过知识分子的诠释，他们把密茨凯维奇"立陶宛！我的祖国！"这句话转变为文采斯·库迪尔卡的民谣《立陶宛！我们的祖国！》。而乌克兰活动家走得更远，他们把人民本身作为历史的目标。这解决了历史冲突，也展开了更宏伟的前景。如果乌克兰就等同于它的人民，那么乌克兰人存在于哪里，乌克兰国家的版图就应该拓展到哪里。[54]

第7章
加利西亚和沃里尼亚的边缘
（1914—1939）

在第一次世界大战前，似乎乌克兰人在奥地利加利西亚地区的事业比立陶宛人在俄罗斯帝国的事业更有可能取得成功。那时说立陶宛语的人口不到200万，而乌克兰"种族群体"的人口多达几百万。和俄罗斯帝国西北部的立陶宛人不同，奥地利加利西亚的乌克兰人可以在议会选举中投票，可以成立合法的政治社团，可以合法出版乌克兰语出版物。哈布斯堡统治区域内的民主政治使现代民族认同变得更具体，而成人男子选举权成了乌克兰农民民族的拥护者手中的有力工具。民主实践确认了"种族"是比"传统"更有力的论据这一理念，而这侵蚀了加利西亚的波兰贵族的传统地位。当教士们将希腊天主教会转变为民族制度时，世俗精英开始提出乌克兰民族要独立。"一战"期间，奥地利与俄国兵戎相见，维也纳迫害了那些被认为是亲俄国的加利西亚人，这间接推动了乌克兰人的民族事业。身处维也纳的加利西亚乌克兰政治家支持从俄罗斯帝国划出土地建立一个独立的乌克兰国家，这个独立国家与刚刚获得自治的加利西亚东部地区将保持密切关系。这离公开支持所有乌克兰人生活的土地应获得独立，仅仅一步之遥。在俄国发生"二月革命"，乌克兰民族共和党在1917年早些时候于基辅发表宣言后，似乎乌克兰独立的可能性很大。美国在1917年4月加入战争后，加利西亚的乌克兰人非常重视威尔逊关于民族自决的言论。无论哪方赢得战争，乐观主义是有据可循的，或者说看起来似乎如此。[1]

农民民族的阿喀琉斯之踵以及种族政治的弱点在于城市。任何形式的独立乌克兰国家都需要一座城市，乌克兰西部的首都本可以是利沃夫。然而，波兰人统治着利沃夫。最准确的数据是当时在利沃夫自称波兰人的人口比例超过52%，1900年奥地利的人口普查显示自称罗马天主教徒的人口比例为51.9%，此时信仰希腊天主教的波兰人很可能比信仰罗马天主教的乌克兰人要多。75.4%的利沃夫居民称他们的母语是波兰语，但这个数据有过高之嫌，因为在这次普查中，说意第绪语的犹太人不在选项之列。在"一战"之前，利沃夫的加利西亚议会是唯一个在原波兰-立陶宛王国土地上说波兰语的议会。这座城市本身也象征着波兰文化最近取得的胜利：在前两代人的时间里，学校、大学和公共生活中的语言已经从德语变为波兰语。"一战"结束后，奥地利帝国瓦解了，波兰人深知他们在加利西亚东部地区的人数少于乌克兰人；在加利西亚东部的44个行政区内，波兰人只在一个行政区是多数人口，即利沃夫。[2]波兰人对加利西亚东部地区所有权的声明是基于他们在利沃夫的控制权，以及他们相信自己带来的文明的基础上。[3]利沃夫既是古代波兰的遗迹，又是近代波兰政治凯旋的证明。

1918年，华沙的人们相信利沃夫是波兰城市的信念远胜于，比如说，相信维日诺是波兰城市的信念。维日诺已是所谓"立陶宛"的首都，而它与"波兰"的历史关系值得大为讨论一番。另一方面，"乌克兰"不是当初王国中的一个政治实体，而且利沃夫在历史上就被视作波兰城市。尽管这座城市在1264年是由东正教君主建立的，但是它在1349—1772年确实是波兰王国的一部分（在罗斯的领地范围内）。当然，1772年之后在奥地利的统治下已是沧海桑田：城市的规模增加了约6

倍（从大约2万人增加到14万人），波兰精英在新的政治统治下重新确立了领导权。波兰人认为，如果在奥地利的统治下这座城市在文化上属于波兰，那么在波兰的统治下内陆地区也会在文化上认同波兰。他们相信，波兰语和罗马天主教能为加利西亚东部带去文明。虽然诸如斯坦尼斯拉夫·格拉布斯基在内的民族民主党人设想过与俄国在东部领土上达成妥协，但是诸如约瑟夫·毕苏斯基在内的联邦主义领导人希望与乌克兰结盟一同对抗俄国，而没有任何波兰政治家能想象利沃夫不属于波兰是怎样一种情景。1919年4月，波兰选举议会一致通过：兼并整个加利西亚地区。

犹太人而非乌克兰人，是利沃夫最显著的少数族群。中世纪的加利西亚君主和波兰国王邀请犹太人进城。他们在16世纪的加利西亚城镇中繁荣发展，成为重要的城市力量。到18世纪为止，加利西亚的犹太人遵照波兰-立陶宛王国时期的特权一直保持着他们的公有生活；在奥地利统治时期，他们屈服于帝国的同化政策和德语化政策。犹太人是利沃夫中产阶级和学术精英的中坚力量，也是小手工业阶层的主要组成部分。加利西亚1867年获得有利于波兰人的自治权后，犹太人开始在奥地利的学校里学习波兰语。1873年金融危机后，奥地利自由主义衰退，这妨碍了世俗犹太人的政治选择。1879年议会选举后，文化融合与政治合作同步进行，加利西亚的犹太代表加入议会中的波兰社团，并成为它的候选人。然而，世纪之交开始情况变得非常不同了。现代波兰和乌克兰民族主义的出现迫使世俗犹太人转向更为排外的政治理念。成年男性普选制度引入后，犹太民族主义者（犹太复国主义者）在1907年与乌克兰人结为选举同盟，这说明他们已经紧紧抓牢了民族政治的新规则。[4]在这整个时期，我们必须在奥地利多民族政体的框架内来理解

图18：利沃夫一景，这是今天属于乌克兰的利沃夫。今天利沃夫的景色与当时基本无异。

第7章 加利西亚和沃里尼亚的边缘（1914—1939）

犹太人和波兰人的合作（之后是与乌克兰人的合作）。如果奥地利不再存在，一切会怎么样？对所有犹太人来说，这都是一个令人不安的问题。

大多数犹太人很难想象文学语言和母语方言之间的现代民族主义二重唱。对大多数犹太人来说，希伯来语一直是神圣的语言，而意第绪语是日常交流的语言，波兰语或德语只是商业语言。1867年宪法颁布后，加利西亚的犹太人开始享有同等权利，他们自认为是最优秀的奥地利人，无论他们是否掌握波兰语或德语。况且，年轻时学习的语言不需要与成年后的工作语言保持一致。19世纪20年代，支持融入德国文化的犹太人用意第绪语表达他们的观点；70年代，提倡融入波兰人生活的犹太人用德语发表议论；90年代的犹太复国主义者用波兰语写作和讲演。在20世纪早期，第二代犹太复国主义者咬紧牙关把意第绪语当作政治语言，他们自己能说流利的波兰语、德语和意第绪语。犹太复国主义者想象的未来是所有犹太人在日常生活中使用希伯来语。

甚至对犹太民族主义者来说，现代民族主义的语言-领土-国家三要素在欧洲是无法想象的。1900年，犹太人在加利西亚东部的占人口比例约为13%，犹太人在许多城镇都属于主要人口。但是，犹太人在这里以及东欧其他地方从来没有成为某一地区的多数族群，也无法考虑另建他国。甚至当奥地利的民主化进程鼓励犹太复国主义者专注于大流散（Diaspora）的政治工作，而非考虑迁移到巴勒斯坦时，领土问题仍比语言问题更难解决。就算对犹太民族主义者而言，"一战"呈现的也是风险多于机会。犹太复国主义者明白领土上的民族自决原则不适用于他们的需求：就算奥地利覆灭了，在欧洲也无法建立一个犹太人的国家。"一战"期间利沃夫大多数犹太人的目标非常保守：在和平到来前保持他们已经拥有的。

战败与乌克兰民族主义（1918—1920）

考虑到波兰人的声明和犹太人的存在，我们可以发现加利西亚的乌克兰活动家在 1918 年提出的目标的激进本质：在加利西亚地区建立一个以利沃夫为首都的乌克兰民族共和国。某种程度上，这与立陶宛活动家要建立一个定都维尔纽斯的独立立陶宛国有相似之处。但是在"一战"后的 1918—1920 年，弱小的立陶宛事实上受到停滞在东部的德军保护，其后波兰拯救其脱离苏联，并作为战败德国、战败苏联和武力夺走维日诺的波兰的邻居而幸存下来。相对来说，在这些斗争中几乎没有立陶宛人因此牺牲，而在 1918—1920 年，超过 100 万生活在波兰的人民丧生于国家间战争、内部分歧、党派争斗、盗贼入侵和大屠杀。

乌克兰人的期望很大，但是收获很少。地缘政治的运气比民族牺牲更重要，前者的组织动员能力超过了绝对数量。甚至当奥匈帝国和俄罗斯帝国灭亡后，乌克兰人每一平方米的领土都被波兰人、白俄罗斯人和/或布尔什维克视作他们天然应该继承的遗产的一部分。胜利的东欧强权在加利西亚和沃里尼亚的处置问题上产生分歧，但是没有人在任何时候认真考虑过乌克兰的所有权声明。在 1918—1920 年的重要关头，他们关心的是击败或至少遏制布尔什维克俄国。协约国对安东·邓尼金（Anton Denikin）将军的白俄军队的支持排除了对乌克兰的支持，因为邓尼金是一位俄国民族主义者，他认为乌克兰是俄国的一部分。在邓尼金败退之后，西欧各国支持波兰作为制衡布尔什维克俄国的力量，这意味着他们接受波兰对加利西亚东部地区和利沃夫的所有权声明。[5] 战后两个乌克兰国家建立起来，一个国家的首都是利沃夫，另一个的首都是基辅，两国要单独面对波兰和俄国的责难。在这种情况下，

第7章 加利西亚和沃里尼亚的边缘（1914—1939）

乌克兰精英在组织工作上需要投入极大的努力，但这正是他们缺乏的。定都基辅的国家因领导层意识形态的争端而分裂，因诸如军队等重要制度孱弱不堪而遭受重创，因此受到外部（和内部）军事力量的打击。[6]

加利西亚的乌克兰人在西部利沃夫建立的乌克兰共和国更成功。最戏剧性的时刻发生在1918年10月31日，当时乌克兰人占领了利沃夫的重要建筑物，11月1日波兰人发起反攻。对加利西亚乌克兰人来说，不幸的是波兰人能号召一支常规军队。1919年4月，约瑟夫·哈勒（Józef Haller）来自法国的军队尤其具有决定性作用。军队向东行进，穿过兹布鲁奇河（Zbruch river），1919年7月，西乌克兰共和国被击败，被迫在维也纳建立了一个流亡政府。这场战争牺牲了1.5万名加利西亚乌克兰人，产生了一代沮丧的退伍老兵，乌克兰人由此普遍认为波兰是乌克兰的主要敌人。这场战争结束后，利沃夫和加利西亚东部归属波兰，约300万说乌克兰语的人口和100万加利西亚犹太人口组成了波兰第二共和国。❶ 不幸的是，加利西亚犹太人——在奥地利废墟上兴起的少数族群——几乎没有任何自由空间。当地波兰人和波兰士兵将犹太人的中立态度和自我防御视为对乌克兰的支持。1918—1919年，波兰人对犹太人的袭击在利沃夫至少造成了70名犹太人丧生。[7]

第一次世界大战以及帝国的覆灭催生了华沙、基辅和利沃夫出现的国家建构计划。但是哈布斯堡王朝的瓦解刺激了其他说乌克兰语的人基于完全不同的理由建立国家。在加利西亚约300万说乌克兰语的人口中，大约有15万人是兰科人（Lemko）：他们是生活在山丘和山脉上的东斯

---

❶ 波兰第二共和国是指"一战"和"二战"期间存在的波兰国家，其正式名称为波兰共和国。1939年8月，波兰第二共和国受到纳粹德国、苏联和斯洛伐克的入侵，并被瓜分。

拉夫人,那里很快将出现新的波兰-捷克斯洛伐克边界线。1918年11月,当加利西亚乌克兰人在利沃夫宣布独立时,兰科人另外成立了一个行政机构。在喀尔巴阡山脉贝斯基德山附近,乌克兰人的理念是异质的。当地的兰科精英是亲俄者,但是他们主要关心的是土地的完整性,而不是民族忠诚。兰科行政当局起先请求俄国兼并兰科领土,之后他们又希望加入捷克斯洛伐克。兰科人觉得在所有可能的方案中被波兰兼并是最糟糕的,尤其是如果牵扯到(事实上确实如此)兰科土地会被新国界一分为二。波兰军队在1920年春天镇压兰科"国"时正好证实了这一点。[8]兰科人的案例提醒我们,哈布斯堡王朝统治终结后,并非所有地方都产生了民族主义,人们团结起来是为了政治目标而不是民族独立,而且乌克兰人的运动无法穿透整个加利西亚地区。

里加协议,1921年

只有波兰东南部边界的划定使波兰人满意,波兰人和乌克兰人才能并肩作战,基于波兰-乌克兰争端,波兰领导人约瑟夫·毕苏斯基推迟了波乌结盟对抗俄国的计划。事实上,在波兰打败了其中一个乌克兰国之后,波兰只能和另一个国家结盟。当时机成熟后,毕苏斯基的波兰和西蒙·彼得留拉(Symon Petliura)❶摇摇欲坠的基辅国家的结盟太微不足道、太迟了。1920年4月,彼得留拉将乌克兰西部让给波兰,与毕苏斯基结盟对抗苏维埃俄国。从加利西亚乌克兰人的角度来看,基

---

❶ 西蒙·彼得留拉(1879—1926),乌克兰政治、军事人物,乌克兰民族主义者。在"十月革命"之后,他组织乌克兰军队与苏联红军、白军作战,意图维持乌克兰的独立自主,失败后流亡欧洲,1926年在巴黎遭暗杀身亡。

辅的这一行为无疑是背叛。从彼得留拉的角度来看，这是保住乌克兰腹地的国家地位的最后机会了。从毕苏斯基的角度来看，这次结盟是一个打败红军，并巩固乌克兰作为缓冲国家的地位的机会。毕苏斯基这一招有些冒险，因为波兰民族民主党人反对乌克兰独立，他们目前掌握着国家议会，东部的任何失败都能使他们获利。民族民主党的斯坦尼斯拉夫·格拉布斯基辞去议会外交事务委员会主席一职，以示对与乌克兰结盟的抗议。基辅很快在1920年5月获胜，之后很快又失败了。布尔什维克军队发起反击，逼退了波兰和乌克兰军队，并在1920年8月挺进华沙和利沃夫的郊区。

最终波兰和乌克兰军队取得了胜利，但是波兰的资源被耗尽了，波兰公众的意见分为两派，波兰当局对从战败的布尔什维克俄国吞并多少领土意见不一。正如我们所知，波兰选举议会仅代表波兰中部，而且受民族民主党的影响很深。坦尼斯拉夫·格拉布斯基决定了波兰在与布尔什维克的非正式磋商中持何种立场，他支持仅仅吞并（他相信）可以被波兰民族国家同化的领土。这意味着实际上民族民主党考虑的领土是在"种族上属于波兰的"或者在"历史上属于波兰的"，后者由受波兰文化影响的众多城市构成。布尔什维克的谈判代表阿道夫·约费（Adolf Joffe）很乐意为莫斯科收回被波兰军队占领的领土。1921年3月，波兰和布尔什维克代表在里加瓜分了如今属于白俄罗斯和乌克兰的土地，波兰吞并了沃里尼亚和加利西亚的大部分地区，并同意承认苏维埃乌克兰和苏维埃白俄罗斯亚。[9]尽管没有在字面上违反与彼得留拉的乌克兰签订的结盟协约的第4条款，波兰扣留了乌克兰的盟友们，这事实上违反了第4条款的精神。

波兰赢得了两场东部战争的胜利，一场是对抗西乌克兰共和国的战争（1918—1919），第二场是对抗布尔什维克俄国的战争（1919—1920），结果波兰吞并了加利西亚，以及沃里尼亚大部分区域。这是欧洲在"一战"之后新的领土边界安排之一，东欧的特征是从大国家里划分小国家。这次的领土协议通常被认为符合《凡尔赛条约》的规定，但是武力划定东部边界这件事本身超出了协约国的控制。每当重新绘制地图后，人们必须停下来想一想新名字之前对应的名字是什么。"沃里尼亚"是中世纪公国的名字，是立陶宛大公国行政区的名字，是波兰-立陶宛王国时期波兰的领地名字，也是俄罗斯帝国辖区（gubernia）的名字。独立的波兰占据了1921年沙俄辖区的大部分而非所有土地。剩下的沃里尼亚地区又被划分，在苏维埃方面，成了乌克兰苏维埃社会主义共和国内基辅和文尼察（Vinnytsia）之间的几个州。1922年包括苏维埃乌克兰在内的苏联成立，这是1918—1920年建立独立乌克兰国家的企图所带来的最重要的后果。[10]波兰没有象征性地承认"乌克兰"的地位，但是波兰有一块"沃里尼亚"领地。当我们说"沃里尼亚"，我们指的是沃伦省（Województwo Wołyńskie 或 Wołyń）以及波兰波利西亚领地的南部地区。

本书所说的"加利西亚"等同于乌克兰语"Halychyna"的意思，这个词语指称奥地利王室领地的东半区域，在英语中表达为"Galicia"。奥地利加利西亚没有俄国沃里尼亚辖区那样的历史延续性：它仅仅包含了奥地利在18世纪最后三分之一时间内从波兰-立陶宛王国瓜分的领土。奥地利加利西亚包含了波兰西部的领土，那里的主要城市是克拉科夫；以及东部的领土，（通常来说）那里乡村地区的通用语是乌克兰语，城镇的通用语是意第绪语和波兰语，主要城市（利沃夫）的通用语是波兰语。在击败西乌克兰共和国之后，独立的波兰国收回了曾被奥

第7章 加利西亚和沃里尼亚的边缘（1914—1939）

地利夺取的加利西亚领土——东部和西部的领土，包括利沃夫和克拉科夫在内。"加利西亚"这个词在波兰文化语言中被保留下来，但没有出现在波兰地图上。波兰将奥地利加利西亚地区东部分成了三个领地：利沃夫、斯坦尼斯拉夫（Stanisławów）和塔尔诺波尔（Tarnopol），它们共同组成了有名的"东部小波兰"（Małopolska wschodnia）。有意思的是，在原波兰王国中这些省份在历史上都被称为"罗斯的领地"。在两次世界大战间，"东部小波兰"这三个领地（包括乌兰人继承的克拉科夫和卢布林的部分领地）就是我们所说的"加利西亚"。两次大战间生活在波兰的乌克兰人依然以"Halychyna"称呼"东部小波兰"，这两个名词我们都翻译为"加利西亚"。[11]

由于协约国的压力，波兰承诺授予之前属于奥地利的加利西亚地区以政治自治权，但之前属于俄国的沃里尼亚地区不享有这份特权。20世纪20年代早期，波兰的政策是优待乌克兰国民，这样协约国就会认可波兰对加利西亚东部的所有权声明，1923年波兰终于如愿以偿。一开始，由于里加协议而留在苏维埃乌克兰的乌克兰人，其处境在某种意义上要好得多，但之后一落千丈。如果说波兰的民主政治是异质的、不具代表性的并最终被削弱了，那么苏维埃就是野蛮的、极权的并最终导致了大屠杀。起先，在波兰断断续续地追求"民族同化"时，苏联的政策是帮助创造一种现代的乌克兰文化。20世纪20年代见证了苏维埃乌克兰人无与伦比的创造力，共产党吸纳乌克兰知识分子并鼓励他们用方言进行创作。杰出的乌克兰历史学家米哈伊洛·胡舍甫茨基被重新请回基辅，并在苏维埃乌克兰工作。大部分乌克兰语的书籍和报纸得以出版，大部分孩子受到乌克兰语的教育。苏维埃当局一度允许一种新的乌克兰独立东正教教会（Autocephalous Orthodox Church）存在。但是当斯大林终止了乌克兰化政策、禁止新教会出现、迫害乌克兰知识分子后，这段成果丰富的平静岁月戛然而止。苏维埃乌克兰比任何苏联的欧洲领土受斯大林统治的荼毒都要深。1932—1933 年，500 万苏维埃乌克兰人在大饥荒（Great Famine）中死去。[12] 数以万计受过教育的乌克兰人，包括 20 年代文化复兴运动中的领军人物，在 30 年代末期的大清洗中被杀害。[13]

乌克兰历史上最严重的灾难发生在乌克兰中东部（在苏联境内），但是在乌克兰西部（波兰境内），乌克兰精英移民——大多数都是加利西亚人——有时间和自由来思考他们的民族困境。只有到了 20 世纪 30 年代，加利西亚才变成乌克兰民族主义理念的绝对的中心，自那之后乌克兰文化才开始从西部传播到东部。尽管加利西亚人心中的乌克兰理念代表了乌克兰人的普遍渴望，但那是在二三十年代加利西亚乌克兰人在波兰拥有特殊地位的背景下产生的。20 年代苏维埃乌克兰发生的乌克兰文化复兴注定是发生在国外的事情；30 年代关于苏联暴行的新闻被严格压制了。乌克兰民族主义者回想起波兰精英在战前的统治地位，他们对结盟波兰的失败感到失望，又在里加遭到背叛，并且对波兰当局日复一日的统治感到沮丧，由此他们将波兰当作乌克兰人事业的最大敌人。波兰无声地支持乌克兰中部的流亡者，他们的前任盟友就在基辅的流放队伍中，但乌克兰西部的民族主义者对此并不买账。[14] 同时，对波兰的关注也让人们避开了关于苏联的广泛争议，许多乌克兰活动家将苏联视为乌克兰国家——乌克兰苏维埃社会主义共和国——的缔造者。

共产主义使用普世的语言，但共产主义者在行动上常常或多或少地围绕民族主义中心展开统治。另一方面，民族主义者使用的是排他性的语言，但是民族主义本身存在几个普世的特征：原则上它认可任何群体都有民族自决的权利；民族主义从一种社会生活中培育另一种；在国际关系方面，他们带有民族主义意识形态的政策是可以互相照搬的。我们必须对照两次大战间主要的民族主义思潮——例如意大利和德国，来理解次要的民族主义思潮——例如乌克兰。第一次世界大战后的欧洲被分为保持现状不变的国家和想要收复失地的国家，而旨在收复失地的民族主义运动自然会寻求后者的帮助。尤其是墨索里尼掌权意大利后，西方意识形态似乎为扭转乌克兰民族主义的失败提供了一条路径。1929年，参加过西乌克兰-波兰战争的加利西亚乌克兰老兵在维也纳创立了乌克兰民族主义组织（Orhanizatsiia Ukrains'kykh Natsionalistiv，下文简称OUN）。尽管组织吸收了来自乌克兰中东部的流亡者，但是组织的定位还是以加利西亚为主的。[15] 当时的政治环境激发了该组织对波兰的敌意：波兰吞并了加利西亚，加利西亚乌克兰人成了波兰公民。OUN成立的直接动因是加利西亚乌克兰政党在1928年波兰选举中的参与，这场选举让乌克兰民族主义者大为厌恶，因为它使现存国界合法化了。[16] 而OUN是一个非法的、密谋的、旨在破坏现状的恐怖组织。它的目标是建立一个独立的乌克兰国家，囊括所有乌克兰领土（广义的领土），仅接受乌克兰人民（狭义的人民）。1929年的第一次大会决定了"只有驱逐所有乌克兰土地上的侵占者，乌克兰民族才能在本国全面发展"[17]。OUN"十大指令"的最后一条十分清楚："为了拓展乌克兰国家的实力、财富和面积，奴役外国人也在所不惜。"在领导人德米特罗·东佐夫（Dmytro Dontsov）的领导下，20世纪30年代的青年一代倾心意识形态多于历史，渴望一场能建立乌克兰国家的暴力革命。事实证明，OUN对组织的关注和它的意识形态一样重要。

虽然在原则上 OUN 的敌人是所有拥有乌克兰人生活的土地的国家（苏联、波兰、罗马尼亚和捷克斯洛伐克），但它只在波兰境内发起针对波兰的行动。OUN 通过谋杀愿意与波兰当局合作的、德高望重的乌克兰人，以及想要帮助乌克兰人的波兰官员，使乌克兰人和波兰人之间产生分歧，激起波兰人的报复，使自己激进的立场看起来是正义的。乌克兰民族主义者暗杀或意图暗杀至少 36 名乌克兰人、25 名波兰人、1 名犹太人和 1 名俄国人。在被暗杀的波兰人中有充当协调者的布罗尼斯瓦夫·皮尔拉克齐（Bronisław Pieracki）❶和塔德乌什·霍瓦伊（Tadeusz Hołówko）❷。[18] OUN 认为他们正与波兰作战,其领导人相信要取得胜利需要盟友。OUN 指望德国人的帮助，因为如果要实现在波兰、苏联、捷克斯洛伐克和罗马尼亚的领土上建立乌克兰国家的雄心壮志，德国是唯一可能的盟友。和意大利以及欧洲其他的法西斯运动一样，20 世纪 30 年代 OUN 的领导人支持纳粹德国，并相信阿道夫·希特勒会出于意识形态的原因帮助他们。30 年代末期，OUN 和纳粹德国情报机构阿勃维尔（Abwehr）建立合作。

加利西亚人和沃里尼亚人，1921—1939

OUN 的意识形态是一方面，乌克兰人在两次大战间的波兰的地位又是另一个问题。在两次大战间的波兰，国民中有 500 万人所说的是今

---

❶ 布罗尼斯瓦夫·皮尔拉克齐（1895—1934），波兰军官、政治家。他曾参与了 1918—1919 年波兰与乌克兰的战争，从 1931 年起担任内政部部长一职。

❷ 塔德乌什·霍瓦伊（1889—1931），波兰政治家、外交家、作家。他以在乌克兰问题上的温和立场而著称，正因如此而在 1931 年被两名 OUN 成员暗杀。

天我们称之为乌克兰方言的语言,他们信仰希腊天主教或东正教。其中大约有 300 万人之前生活在奥地利的加利西亚,他们通常信仰希腊天主教;大约 200 万人之前生活在俄国的沃里尼亚,他们通常信仰东正教。波兰官员和乌克兰民族主义者都强调加利西亚人和沃里尼亚的区别:后者认为加利西亚人是可靠的,而沃里尼亚人是宣扬民族主义的合适人选;前者认为加利西亚人是不可靠的,沃里尼亚人是政治同化的合适人选。波兰的政策是防止"坏"加利西亚人影响到"好"沃里尼亚人。

波兰在加利西亚的政策足够严苛,防止新的敌人出现,但是这种政策远远不是那种会中断乌克兰公民社会或冲击乌克兰民族主义渴望的暴政。对加利西亚乌克兰人来说,最痛苦的打击是 1924 年"格拉布斯基法"的颁布,这部法律将所有乌克兰语学校替换为双语(主要是波兰语)学校。这是民族民主党人斯坦尼斯拉夫·格拉布斯基的"杰作"。针对这些自里加以来接收的、易为管理的乌克兰人口,格拉布斯基希望他们的下一代就能完成同化。他的法律无疑在私立学校扔下了一枚炸弹,令乌克兰年轻人与波兰当局疏远。[19] 1925 年,当他的兄弟瓦迪斯瓦夫·格拉布斯基(Władysław Grabski)担任波兰总理时,时任内政部部长的斯坦尼斯拉夫·格拉布斯基阻挠了使土地改革更加公平的努力。1926 年毕苏斯基的军团原本可以划下历史转折点。自那之后"国家同化"而非"民族同化"成了波兰政策:公民的判断标准是他们对国家的忠诚度,而非民族性。OUN 将这一系列事件视作威胁,他们发动了一次迫使毕苏斯基介入的破坏行动。作为回应,同时为了在议会选举中赢得对自己偏爱的政党的支持,毕苏斯基下令发起数百次镇压式的反制行动。其中经常包括当众行刑的惩罚。[20] 这种羞辱引起了持久的敌意。

沃里尼亚的挑战和加利西亚的截然不同。这里是波兰第二大地区,

图19：在圣巴西勒修女之家的乌克兰女学生，利沃夫，1930年6月22日。乌克兰文化在波兰的外围幸存下来。

这里的田野、森林和沼泽几乎没有被道路和铁路破坏，镇上也没有下水道。这里最大的镇是罗夫诺（Równe），镇上4.2万总人口中的多数是犹太人。沃里尼亚近90%的居民——换言之就是除了犹太人之外的所有人——从事田野劳作（或拥有土地）。和沃里尼亚相比，加利西亚最不为人知的落后地区看起来也很欧洲、很民族。加利西亚刚刚被乌克兰人和波兰人的战争动员起来时，20世纪20年代早期的沃里尼亚是不存在民族运动的。1863年的波兰人-立陶宛人起义在沃里尼亚几乎没有产生什么共鸣，在那里波兰人更少，波兰权贵与沙皇当局达成了可接受的妥协。在立陶宛的俄国统治者所担心的波兰问题，在乌克兰似乎已经被解决了。1921年，68%的波兰沃里尼亚人被归类为乌克兰人，但是他们和另外16%被归为波兰人的人都没有显示出多少民族主义行动的倾向。有许多——如果不是大多数的话——波兰人说乌克兰语，一些人之前信仰东仪天主教，现在信仰东正教。1914年以前，和奥地利加利西亚地区相比，在俄国沃里尼亚地区没有发生关于波兰-乌克兰的民族争论。[21]另一方面，农民（乌克兰人）起义反抗地主（波兰人）的传统已经有两个多世纪的历史了。单就1905—1907年来说，共有703起农民暴力维护土地所有权的案件被记录在案。[22]尽管第一次世界大战和波兰-西乌克兰战争让沃里尼亚年轻男性接触到了更广阔的民族主义世界，农民依然没有接受1921年的土地分配方案作为普遍的民族解放运动的一部分。地主没有被视为外来民族，故土依然是从父辈那里继承的田产，土地改革还没有和故乡联系起来。

这一切都将改变。在1922年的选举中，沃里尼亚的乌克兰人投票给了乌克兰人。但是在议会中，乌克兰代表无力完成他们被选民赋予的任务：阻止波兰移居者的殖民化进程。三个世纪以来，对土地的渴求是沃里尼亚最有意义的社会问题。波兰确实出台了土地改革，这多少终结了封建土地所有的做法。[23]1923年，波兰土地改革领导人文岑蒂·维托斯（Wincenty Witos）与民族民主党人结盟。这确保了波兰的土改政治对波兰人有利，而非对农民有利，土地改革的计划将以波兰人支持的方式来设计。如此，关于土地所有的旧问题开始与新出现的民族政治互相重叠。波兰殖民者拥有的优惠待遇和特殊信用在国家权力、语言和土地清理之间建立了联系。波兰行政管理者紧随殖民者一道出现在沃里尼亚。由于当局认为当地波兰人受教育程度不够，不足以治理沃里尼亚，当局派来了波兰中部和加利西亚的波兰人。波兰特权阶层的涌入产生了一种新的刻板印象，这种印象似乎慢慢地附加在所有波兰人身上。[24]

沃里尼亚的阶级和民族冲突正和苏联的宣传相匹配。20世纪20年

图20：一名罗夫诺居民。这个小镇就是今天乌克兰境内的罗夫诺（Rivne）。在两次大战间的沃里尼亚，居民中大部分人是犹太人，波兰人数不断增加，而乡村地区几乎全是乌克兰人。现在沃里尼亚位于乌克兰境内，城镇和乡村很相似。

代,苏联向东欧输出了一种共产主义的版本:支持农民的雄心,反对现存的民族国家。列宁的两大战术——与农民结盟、巧妙利用民族自决——在沃里尼亚非常适合。事实上,共产国际就这些问题进行的开拓,在东欧比在其他任何地方都更有成效。波兰共产党受乌克兰人和白俄罗斯人的控制,以至于莫斯科不得不着手调整。然而,正如任何一名真正的马克思主义者所知,激进和未经深思的土地再分配计划是阶级构造的最好理由。沃里尼亚的经济和社会环境与列宁的故乡最为匹配:土地的低生产力、自然人口的高增长率、高比例的农业人口以及对土地的广泛耕作。苏联关注波兰的土地渴望问题,这使人们不再关注苏联的实际情况,并使沃里尼亚的土地问题增添了民族色彩。宣传活动背后有武力示威作为支持:20年代初,苏联在波兰的沃里尼亚地区组织并执行了数百次针对波兰移民的武装袭击。[25]

波兰所取得的积极成就,比如说教育,在更大的政治斗争中的价值被证明是不稳定的。波兰政策孕育了第一代受教育的沃里尼亚乌克兰人。但是落后的沃里尼亚很少有工作岗位,波兰人运行着那里的行政系统,乌克兰精英几乎找不到体面的工作。当经济大萧条摧毁了波兰的农业,从沃里尼亚的土地上诞生出中产阶级的机会非常渺茫。因此,刚刚产生的无产阶级知识分子是基辅的共产主义者和利沃夫的民族主义者的合适选择。沃里尼亚的乌克兰人在波兰语学校里学会了阅读;他们从乌克兰中部的共产主义者和加利西亚的乌克兰民族主义者那里学会了选择性阅读。尽管所谓的"索卡尔斯基线"划分了加利西亚和沃里尼亚,但加利西亚的乌克兰民族主义者很容易就穿越了沃里尼亚;苏联煽动者在沃里尼亚东部的苏联-波兰前线来去自由,免受责罚。在这种情况下,民主给华沙带来了持续的紧张后果。在1927年的省际选举中，沃里尼亚的乌克兰人投票给左翼秘密共产党员。左翼组织了沃里尼亚大部分的公共政治示威。[26]考虑到沃里尼亚敏感的地缘政治位置，正好位于苏维埃乌克兰的西面，波兰当局需要改变政策。1928年，约瑟夫·毕苏斯基将他的老战友恩里克·约瑟夫斯基（Henryk Józewski）派去统治沃里尼亚。

顺便说一句，沃里尼亚亟待解决的谜题是作为多数人口的乌克兰人，而非少数犹太人口的忠诚问题。乌克兰共产主义和民族主义都主张收复失地：前者支持苏维埃乌克兰的扩张，后者支持建立独立的乌克兰国家。沃里尼亚还是犹太复国主义的温床，但是犹太复国主义并不是为了摧毁波兰，而是离开波兰。尽管99%的沃里尼亚犹太成年人将意第绪语或希伯来语当作他们的母语，三分之二的犹太儿童在犹太复国主义的私立学校受教育，但我们还是能从中性或乐观的角度来看待这一点。[27]

恩里克·约瑟夫斯基（1892—1981）是基辅一名热忱的联邦主义者的儿子，他在1919—1920年波兰-乌克兰结盟时期就在乌克兰政府中担任毕苏斯基的代理人。约瑟夫斯基支持毕苏斯基"国家同化"的政策，认为波兰-立陶宛王国的遗产能为波兰-乌克兰合作打下基础。约瑟夫斯基有着地缘政治的视野；对波兰来说，沃里尼亚将成为一个有吸引力的乌克兰形式，可以遏制布尔什维克主义和民族主义的入侵。他的失败揭示了在里加协议的框架内，波兰在沃里尼亚矛盾的国家地位。约瑟夫斯基缺少来自波兰社会和乌克兰活动家的支持。前者不理解为什么波兰会支持乌克兰社会，后者希望在没有波兰干预的情况下支援乌克兰社会。尽管约瑟夫斯基希望建立一个乌克兰公民社会,但他没有别的选择，只能彻底消除已存在的例证。他正确地预料到乌克兰合作社和教育协会是为共产主义者和民族主义者打掩护，因此他彻底根除了这类组织，以国家支持的代理组织取代前者。但这样做几乎没有作用，因为即便是官方组织，也还是常常由同样的人来运转。在经济大萧条时期，波兰有限的资源只能支撑地方组织的运转，而地方组织只能由当地人运作。约瑟夫斯基更长远的希望是教育，正是他在沃里尼亚的国立学校引入了乌克兰语课程。在这一行政制度下，从波兰中部引进的教师比例不断增加，这些人对他的计划毫无耐心，对乌克兰语一无所知。约瑟夫斯基致力于使东正教乌克兰化，这是乌克兰民族主义者的主要目标之一，但是他从未因此受到他们的赞颂。最终，约瑟夫斯基在大多数波兰人希望他失败的事情上成功了，在大多数波兰人希望他成功的事情上却失败了。他成功地在沃里尼亚培育了乌克兰爱国主义，但是没有将这股新思潮与波兰的国家地位联系起来。[28]

斯大林认为约瑟夫斯基的工作颇有成果，很明显他害怕约瑟夫斯基会建立一个乌克兰的撒丁-皮埃蒙特王国，如此将使苏维埃乌克兰脱离苏联。这种多疑的恐惧——和约瑟夫斯基和毕苏斯基的初衷差不多，但完全不符合沃里尼亚的现实——可能是斯大林在1932—1933年试图以大饥荒来摧毁苏维埃乌克兰的原因之一。波兰联邦主义者一如既往地被莫斯科的共产主义者和华沙的民族民主党人视为敌人。民族民主党人鄙视约瑟夫斯基。他的保护者毕苏斯基在1935年去世后，约瑟夫斯基很快失去了沃里尼亚政策的控制权。军队接管了一切，他们摧毁东正教教堂、充公财产以彰显波兰的存在感。我们之后会发现，这可能在最糟糕的时刻激起了沃里尼亚乌克兰社会的反抗。[29]

波兰国家和乌克兰政治，1921—1939

对比两次大战间乌克兰和立陶宛的公民社会是很有启发性的。我们已经知道1918年乌克兰人在奥地利的运动比立陶宛人在俄国的运动更令人印象深刻。1918年后，成立后的立陶宛国家通过创造立陶宛人的民族社会改变了这一平衡。20世纪30年代，新一代受教育的立陶宛人被立陶宛国家组织化和教育化的系统所吸收；与此同时，加利西亚的乌克兰人只有19世纪以来的社会组织、非法而无能的政党、比他们祖辈在奥地利统治下享有的更少的教育机会。加利西亚人和沃里尼亚人很相似，他们在合法政治（legal politics）领域的事业吸引力有限，在经济落后地区的事业几乎没有任何前景，到30年代为止，甚至他们的教会事业也是不稳定的。虽然在波兰国家存在期间，OUN不属于大众运动，但是波兰当局造成了一种情况，即OUN作为失意的、受过教育的乌克兰年轻人的宣泄口，其吸引力越来越大。对乌克兰年轻人来说，参与OUN的恐怖主义是一种令人满意的参与方式——参与到表面上看起来像是民族主义的革命政治中。

乌克兰人在合法政治中被边缘化的情况很明显。虽然三分之一的波兰公民被划分为少数民族，但是没有任何少数民族代表在波兰政府中担任过部长（连地区和地方长官都没有）。几乎没有重要政治家把乌克兰人和其他少数民族的民族渴望当回事儿，更鲜有人试图通过向乌克兰精英提供比民族主义和共产主义更有吸引力的选择，来邀请他们成为同道者。西乌克兰的共产党在1923年成立之初就是非法的，而秘密共产党组织乌克兰农工联合会（Sel-Rob）在20世纪30年代初就被禁了。这些政党由于反对波兰的国家地位而被贴上非法标签，但是它们的非法性并未失去追随者的忠诚。当时乌克兰人政治生活中的主要思潮是乌克兰民族民主联盟（Ukrains'ke Natsional'ne Demokratychne Ob'iednannia，下文简称 UNDO）。虽然 UNDO 活动家普遍将苏维埃乌克兰视作乌克兰建国过程中的一个阶段，但他们对苏联的着迷由于苏维埃乌克兰发生大清洗和大饥荒的新闻而减弱。从大约 1935 年起，UNDO 开始支持波兰的国家地位。UNDO 针对合法政权的新政策常常面临被波兰当局镇压的风险，而 OUN 则通过刺杀波兰官员蓄意挑起这类镇压。19 世纪 30 年代晚期，在毕苏斯基去世后，波兰当局重新采用"民族同化"的政策，而且更加激进。军队的突袭、公开毒打以及焚毁教堂帮助 OUN 传播了这则消息：一场民族对民族的战争即将到来。

即使是在 1939 年，这也是一则政治讯息，而不是对社会现实的描述。乌克兰人的恐怖主义和波兰人的报复行为仅仅和一部分人有关，还有许多区域没有受到影响。OUN 激进分子认为，在波兰共和国生活的说乌克兰语的人们已经有或即将产生一种排外的民族认同。之后发生的事件让乌克兰民族主义的朋友和敌人都产生了一种幻想倾向，认为加利西亚和沃里尼亚在 20 世纪二三十年代已是纯粹的乌克兰民族主义者的家园。正如我们所知，被社会主义、平均地权主义和民族共产主义吸引的乌克兰人比被 OUN 完整的民族主义思潮所吸引的乌克兰人要多得多。移居国外的退伍老兵、失意的知识分子和 95% 在波兰田野劳作的说乌克兰语的人之间，并没有天然的意识形态的契合之处；亲俄的传统并未终结，甚至当苏维埃乌克兰发生大饥荒时，许多当地乌克兰活动家的希望仍未曾湮灭，他们希望俄国有一天能带来社会解放。利沃夫仍是乌克兰民族主义的中心，但是波兰语和意第绪语是这座城市的主要语言。在两次大战间的波兰其他城镇中，许多乌克兰人既对民族政治不感兴趣，

图21：犹太人和天主教教徒在利沃夫市场上做买卖。

图22：在利沃夫市场上做买卖的天主教教徒和犹太人。

也没有清楚的民族认同。而许多清楚地认为自己是乌克兰人的人，也没有得出结论说认同乌克兰社群一定意味着对乌克兰国家的忠诚。在二三十年代产生了一系列负面联系：人们开始把对土地的饥渴和宗教迫害与波兰统治联系起来。但是 OUN 的民族主义对策——一个仅囊括种族上的乌克兰人的乌克兰国家，远没有深入人心。接受这种观念需要一场破坏波兰的全面战争、歪曲法律的理念、摧毁当地的社群，以及做出最糟糕的示范。这将是下面几章的主题。

在这里，允许我们强调一个简单的事实：两次大战间的波兰囊括了数以百计的社群，这些社群几乎不与国家产生联系，居民们知道谁是波兰人，谁是乌克兰人，但是他们把自己的村庄和郡县看得比范围更大的民族更重要。我们来回顾一个有趣的例子，关于加利西亚的村庄多布拉茨拉切斯卡（Dobra Shl'iakhets'ka）。在这里说乌克兰语的上层贵族拥有土地和决定权。15 世纪早期，当时波兰国王册封三名信仰东正教的兄弟为贵族，自此建立了一种传统，即对波兰当局的忠诚包含着抗争任何限制地方自治权的意图。在之后的每次人口普查中，他们的后代都属于波兰贵族，在 19 世纪的奥地利加利西亚一直保持着他们的地位。在两次大战间的波兰，多布拉的亲乌克兰贵族依然享有财富和地位，保护着他们共同拥有的森林，把他们楚楚动人的女儿作为奖励送给村外的波兰人。村里的波兰人参加希腊天主教的礼拜仪式，在公共场合说乌克兰语。犹太家庭经营着多布拉的旅店和贸易。1939年，多布拉既不是乌克兰人的，也不是波兰人的，更不是乌克兰人和波兰人的。它有着当地的现实状况，你可以这样理解加利西亚，这里也许正处于下几章将描述的民族主义现代性的边缘，但是还残留着早期民族性的痕迹和那时还未被抹去的古老的政治秩序概念。

第8章
乌克兰西部的种族清洗
（1939—1945）

当纳粹德国和苏联在1939年摧毁波兰时，一切都被改变了。两年来，希特勒和斯大林瓜分了波兰的领土和公民。1939年到1941年间，在《苏德互不侵犯条约》的有效期内，大部分波兰的乌克兰人生活在苏联的统治下，而大部分波兰人处于纳粹的统治下。1941年6月，纳粹德国入侵苏联，一路占领了加利西亚、沃里尼亚和苏维埃乌克兰。在接下来的三年内，波兰全境的所有公民任由希特勒摆布。纳粹德国建立了乌克兰总督辖区（［Reichskommissariat Ukraine］，包括沃里尼亚地区），但是把加利西亚归入波兰总督府（［Generalgouvernement］，我们知道其管辖的波兰领土没有被第三帝国吞并）。1943年2月，在历史上规模最大的一场战争后，保卢斯（Paulus）❶违背了希特勒的命令，在斯大林格勒投降。1943年春天，苏联红军继续防守。1944年夏天，苏联迫使德国人撤出乌克兰，并重新规划波兰–乌克兰的边界。到1945年春天，波兰全部领土和公民都处于斯大林的支配下。加利西亚和沃里尼亚遭受了三重占领：1939年被苏联占领，1941年被纳粹占领，1944年再次被苏联占领。

---

❶ 弗里德里希·保卢斯，"二战"期间纳粹德国的陆军将领，其后晋升为元帅。在斯大林格勒战役期间，希特勒的军事指令致使保卢斯本人率领的第6军团伤亡惨重。1943年，保卢斯向苏联投降，其后德军开始节节败退。

在第二次世界大战的每个阶段，发生在乌克兰和波兰的战争远比发生在西线的战争残酷得多。1939年到1941年间，苏联和纳粹占领者们摧毁了当地社会，流放或谋杀当地精英。1941年后，在东线的德国士兵接到指令以这片土地为生，他们被灌输斯拉夫人是低等人类（Untermenschen）的观念。和1940年的西线战役不同，1941年的东线战役表现为与低级种族的战斗。[1]1941年到1944年间，德国政权机关实施了对犹太人的大屠杀，这些屠杀经常在当地人的眼皮底下进行（有时会得到当地人的协助）。1944年苏联卷土归来后，苏联这次的新任务是制造一个同质化的民族空间。波兰人和乌克兰人周围充斥着战争、占领、饥饿、报复、驱逐和种族灭绝，而他们在这样的环境下生存和死亡长达六年之久。

在战争期间，乌克兰和波兰经受了巨大的苦难，苏联和纳粹德国是他们共同的敌人。然而，战争没有使乌克兰人和波兰人联合起来，反而让他们全面分裂了。战前关于谁有权统治加利西亚和沃里尼亚的分歧在1939年成了最尖锐的矛盾，人们因此意见不合，彼此的关系以最大的速度恶化，他们之间障碍重重，关系坏到顶点，从未如此疏离。之前的一章让我们回到初始点，这一章的目的则是说明战争如何使民族分歧成为新的民族战争。1939年前，这种关于合法统治领土的分歧只有有限的实际重要性。在战争期间，分歧导致的争端不仅在原则上是难解的，还激起了双方对彼此的怒意。到1943年，乌克兰民族主义者的同路人认为，对波兰人实行种族清洗才能完全保证乌克兰的未来。这项计划的实施导致数十万人死亡，在更大范围的世界战争中制造了乌克兰-波兰内战，并重新改变了乌克兰人和波兰人的关系。

1939年关于领土合法统治权的政治争端何以导致了1943年针对生

活在这片领土的人们的种族清洗?这是本章要探讨的主要问题。渴望纯粹的种族是一回事,但着手创造它又是另一回事。尽管在20世纪30年代的波兰(和欧洲),关于清除民族的言论屡见不鲜,是战争使得这一计划变得合情合理,而战争的摩擦把种族清洗者带到台前。战争的三种后果可以解释这种从言论到行动的变化:(1)关于加利西亚和沃里尼亚合法统治权的问题再次被提上台面;(2)斯大林和希特勒设计的大规模种族清洗和种族灭绝的实施;以及(3)对波兰和乌克兰的地方社群的清理。在我们开始叙述、解释针对来自乌克兰西部的波兰人的种族清洗之前,让我们先考虑这三个因素。

领土的合法统治权

一旦纳粹德国和苏联摧毁了波兰国家,天然有利于它的预设就不存在了,关于波兰合法性的不同意见变得重要起来。当时是1939年9月,仅仅在协约国认可波兰东部边界的16年后。参加过1918—1919年西乌克兰-波兰战争的步兵依然处于壮年。对乌克兰民族活动家来说,乌克兰对加利西亚和沃里尼亚的所有权声明仍有说服力。将波兰统治视为占领的人现在开始致力于在乌克兰土地上建立一个乌克兰国家。认同乌克兰文化的人的观点不那么激进,但1939年后他们仍然不明白为什么波兰要重新建立对他们的统治。虽然OUN一直在等待这样一个时刻,但是他们仍要面对艰巨的任务。建立国家比恢复国家要困难得多:前者的国际盟友更少,融入合法的国际政权更难,而且似乎要诉诸革命手段。正因这项任务如此艰难,它的诱惑力就更大了。由于乌克兰人(不同于波兰人)将德国视为独立道路上的盟友,乌克兰民族主义者有和纳粹合作的政治动机。

在政治上积极的乌克兰人希望建立一个囊括前波兰领土——加利西亚和沃里尼亚——的新国家，而在政治上积极的波兰人希望将波兰国界恢复到1939年的情形。为了各自的目标，波兰人发现很难原谅乌克兰村民在1939年9月用面包和盐迎接德意志国防军（Wehrmacht）的行为。[2]在波兰总督府的辖区内，过剩的受过教育的乌克兰人发现记者、教师、教授和官僚等职业的收益是可见的。[3]在那些希望建立一个乌克兰国家和乌克兰民族的人眼中，乌克兰精英和德国当局的合作无疑是合理的，但在波兰抵抗者眼中这是通敌叛国。对波兰抵抗者来说，处决与德国合作的乌克兰人比处决德国人更简单，因为这更不易导致德国人针对波兰平民的报复行动。不言而喻，对波兰抵抗运动来说把目标瞄准乌克兰通敌者比瞄准波兰同胞更简单。

通敌行为留下了长时间的污点。1939年欢迎苏联统治的乌克兰人常常改变他们的想法，但是波兰人不会忘记在波兰国家灭亡时他们最初的喜悦。1941年加入纳粹入侵苏联的乌克兰民族主义者很快失望了，但是他们曾穿着德国军服的事实不会被轻易原谅。但是，我们不能认为只有乌克兰人和纳粹合作，尤其是在曾经的波兰东部，这里在1939年被割让给苏联、在1941年被德国人单独占领。在苏联统治的两年后，很多人都有理由把德国入侵苏联视为解放。（虽然现在看来这是不可能的，但是1941年夏天一些犹太人幻想着被德国统治没有苏联统治那么糟。相应地，苏联的流放政策对犹太人的影响可能比对任何人都深；当时"最终解决方案"还未开始。在苏联占领时期，数万名犹太人为逃避苏联统治而逃往德国。）对加利西亚和沃里尼亚的波兰人来说，与波兰中西部的情况一样，1939—1941年屈服于苏联统治与和德国人合作

第8章 乌克兰西部的种族清洗（1939—1945）

图23：一次企图横渡西布格河（Buh River）以逃离苏联占领区去往纳粹占领区的失败之举，时间很可能是1940年。两次大战间的波兰公民从这条河的两边横渡到对岸，人数有数万人之多，他们相信对岸的占领政权可能没有那么糟。

从来不是同种程度的耻辱。乌克兰人被授予加利西亚当局几乎所有的职位，与之相对的是波兰人在沃里尼亚的德国行政机关中扮演着重要的角色。[4]

部分紧张局势是随着占领而来的，另一些是由占领者激起的。两岸的占领者为了统治需要而搞分裂。[5]苏联占领当局在1939年挑起了波兰人和乌克兰人的冲突，为了制造一种"革命"局面，这场"革命"表面上使苏维埃乌克兰兼并前波兰领土变得有合法性。[6]纳粹允许乌克兰中央委员会（Ukrainian Central Committee）在克拉科夫行动，这个名义上的救济组织实际上是乌克兰政治生活的准官方中心。中央委员会的乌克兰成员希望借助德国人的力量将在乌克兰"民族志意义上的领土"上的波兰人和犹太人彻底消除。[7]1941年后在沃里尼亚的德国占领者给了乌克兰人一个迫害波兰人的机会（1941—1942），之后又给了波兰人一个迫害对方的机会（1943—1944）。纳粹这些行为通常都是为了维持秩序——分裂是统治的方式，而不是目的——即便这些行为促使民族主义武装支持团体的规模扩大。实行纳粹意识形态的企图也有相似的民族主义后果。为德国人创造生存空间（Lebensraum）❶的计划野心勃勃，令人难以置信，这造成了波兰人和乌克兰人的对立。德国人企图于1942—1943年间在扎莫希奇（Zamość）附近的乌克兰-波兰边界建立殖民地，乌克兰中央委员会在其中扮演了组织者的角色，德国人的殖民计划旨在恶化乌克兰人和波兰人的冲突。[8]

群体分类和清除

正如上文所说，我们不能将乌克兰人和波兰人对彼此的所作所为降格为仅与这两个群体相关的、不断增加的事件来看，也不能在民族主义历史叙述的范围里来理解。从根本上来看，波兰人和乌克兰人如何对待对方是由他们与占领者行为的关系来决定的，他们双方都是被分类的群体，并因为分类而被流放或杀害。1939年，苏联和纳粹开始给每个人分发身份证，这一看似无关紧要的政策却产生了深远的后果。1939年利沃夫流传着一个笑话："一个人由身体、灵魂和护照组成"。我们将看到1939年颁发的身份文件经常决定着一个人的身体和灵魂能否不分家。[9]在1942年"最终解决方案"实施前，纳粹根据那些怪异的、从未完成的计划使数万人从波兰

---

❶ "生存空间"是1897年由德国地理学家拉采尔（Friedrich Ratzel）提出的，他利用生物学概念和当时流行的社会达尔文主义，将国家比拟为有生命的有机体，如同生物一样，国家需要一定的生存空间，因此他认为一个健全的国家通过扩张领土来增加生存空间是必然现象。

占领区迁出或迁入。这些计划提供了一种模式。1941年12月，一些在波兰总督府的乌克兰活动家认为互相的种族清洗能够解决乌克兰-波兰的争端。事实上，乌克兰中央委员会的领袖基于"德国人的模型"向波兰人提出了未来人口交换计划。[10]苏联在1939年到1941年间流放了至少40万名波兰公民，其中犹太人和波兰人居多数，[11]大约占这些地区人口的3%。在1941年6月德国入侵苏联后，流放才停止。当德国军队进入乌克兰领土，苏联NKVD匆忙地处决了数千名政治犯，其中大多数人是乌克兰人。乌克兰民族主义者将此举归咎为犹太人造成的伤害。就在这一脆弱时期，纳粹来到了，他们将NKVD的谋杀行为视作乌克兰人对犹太人复仇的理由。非常典型地，这种宣传攻势错误却有效。[12]

1939—1941年可被视作人们普遍接受如下原则的第一阶段：个人可以被分类到不同的群体并得到相应的处置。从1941年开始，"最终解决方案"开始给大众灌输一个群体可以从生理上被清除的观念。[13]在1941年末期和整个1942年间，几千名乌克兰人作为警察参与到加利西亚和沃里尼亚的"最终解决方案"中。[14]"最终解决方案"就在波兰人的眼皮底下实行。[15]在加利西亚和沃里尼亚发生的大屠杀，其主要事实就是对当地犹太人的冷血屠杀。在某种编年史传统中，大屠杀（希伯来语或称"Shoah"）使在欧洲延续下来的犹太历史就此终结，并为在其他地方建立犹太国家创造了条件。我们很容易理解这种观点。其他的编年史传统从一个更宏大的进步叙事中使大屠杀边缘化了，比如共产主义革命的历史叙事或民族发展的历史叙事。这些编年史传统很难识别出来，但更容易批判。为了给战时和战后东欧批判性历史做准备，我们必须和以上两种编年史传统拉开距离，在一系列事件范围内想象"最终解决方案"及其对见证或参与其中的团体的影响。

值得重申的是，1941年夏天纳粹占领沃里尼亚是三年内极权主义第二次强加于民。对许多乌克兰年轻男性来说这是具有重大影响的，但这不是他们进入政治权力的洗礼。许多在1941年加入纳粹辅警（Hilfspolizei）的乌克兰年轻人从1939年起就在苏联统治时期成为国民警卫队的成员了。他们接受了训练，将乌克兰人和波兰人的区别视作需要民族主义来解决的阶级斗争，解决方案即流放专家阶级，其中大部分人是波兰人。这意味着从1941年起参与"最终解决方案"本身改变了合作者，将沃里尼亚的乌克兰男孩们变成了他们原本不可能成为的那种人。1941年加入德国行政当局和德国警察的乌克兰人基于以下动机行动：为了继续他们熟悉的这种职业生涯，为了对他们自己的事务施加影响力，为了盗取财产，为了杀害犹太人，为了获得个人地位，为了为之后的政治行动做准备。由于乌克兰国家是要创造出来的，而波兰国家只需复国即可，因此乌克兰民族主义者基于政治动机与德国人合作并鼓励乌克兰年轻人加入纳粹权力机构。然而，与纳粹合作的日常实践几乎和这个政治目标没有一点儿关系，纳粹反对这个政治目标，乌克兰人的日常工作大多与屠杀犹太人有关，而这才是纳粹的主要政策。要再次强调的是，沃里尼亚社会最大的变化是98.5%的沃里尼亚犹太人死于非命。[16]但是，我们的目标也要求我们密切关注大屠杀对合作者的影响。纳粹不仅训练乌克兰警察如何使用武器，也教会他们仇恨犹太人。纳粹党卫队用乌克兰人的语言向年轻的乌克兰新兵灌输反犹太主义。[17]了解所有这些后，大主教舍普季茨基给海因里希·希姆莱（Heinrich Himmler）❶写信，要

---

❶ 海因里希·希姆莱（1900—1945），纳粹德国的重要政治头目，曾担任内政部长、党卫队首领，被认为对犹太人大屠杀和党卫队战争罪行负有主要责任。

图24：两次大战间生活在奥斯特罗赫的居民。今天这个小镇属于乌克兰。虽然在近代早期这里曾是基督教研究和争论的中心，但1941年前这里受犹太文化的影响很深。

求纳粹不要用乌克兰警察来杀害犹太人。1942 年 11 月，舍普季茨基发出了一封主教信函《汝不可杀戮》。[18] 舍普季茨基在每个希腊天主教教堂的布道坛上传达的信息是没有一种俗世的目的能够使杀戮变得正义。

此时，几千名乌克兰人为了甚至不是他们的事业——阿道夫·希特勒的第三帝国——已经犯下了政治谋杀罪。"最终解决方案"已经教会了他们通过精确的组织化和一些人枪杀男人、女人和孩子的意愿来完成大规模对平民的屠杀。虽然索比堡（Sobibor）灭绝营离得很近，但是在 1941 年末期和整个 1942 年，沃里尼亚的犹太人不是被火车运往灭绝营，而是徒步到空旷的场地，他们不是被毒气杀死的，而是被子弹打死的。一个村庄接着一个村庄，一个小镇接着一个小镇，一种古老的文明从此在地球表面消失。我们再回到沃里尼亚小镇奥斯特罗赫，之前我们在讨论近代早期基督教争议时曾谈到这个小镇。这里也是历史上犹太教育的中心：1648 年赫梅尔尼茨基起义使波兰-立陶宛王国的东斯拉夫复兴就此终结，这场起义被奥斯特罗赫犹太研究学院的毕业生记录下来了。内森·汉诺威的《绝望的深渊》（*Yeven metsulah*）极有预言性。奥斯特罗赫是第一批受到"最终解决方案"波及的沃里尼亚小镇。在犹太人区建立前，镇上三分之二的犹太人在 1941 年末都遭到了屠杀。[19]

幸存的犹太人被限制在犹太人区里之后，德国党卫队就在乌克兰和德国警察的协助下于 1942 年下半年开始实施主要行动。城市犹太人从犹太人区被驱赶到几公里外的陷阱，党卫队剥夺了他们的衣物和随身物品，强迫他们躺下，并用机关枪扫射他们。乌克兰警察的职责包括杀害在犹太人区拆除时试图逃跑的犹太人、试图沿路逃跑的犹太人以及在机关枪扫射下幸存的犹太人。关于在更小的镇子和村庄实施的"最

第8章 乌克兰西部的种族清洗（1939—1945）

终解决方案"的文件相对较少，但在这些地方乌克兰警察的角色更重要。总之，大约有1.2万名乌克兰警察协助约1.4万德国警察屠杀了约20万沃里尼亚犹太人。虽然他们的行为在实际杀戮中所占的比例很小，但是这些乌克兰警察的劳力使沃里尼亚的大屠杀成为可能。[20]在1942年12月这一整个月，他们一直在工作。

次年春天，也就是1943年3月到4月间，这些乌克兰警察几乎全数离开了德国当局，加入支持乌克兰的团体乌克兰起义军（Ukrains'ka Povstans'ka Armiia，下文简称UPA）。[21] UPA分子的一项主要任务是清除波兰人在沃里尼亚的存在。波兰人倾向将UPA在这场行动中的成功归咎为乌克兰人天生的残暴，但这更可能是之前累积的经验的结果。人们学会了他们被训练去做的事，而且擅长做已经做过很多次的事情。1943年大规模屠杀波兰人的乌克兰支持者遵从他们在1942年大屠杀中作为合作者时学到的策略：详细的推进计划和地点选择，行动前给当地人有说服力的保证，突然包围定居点之后从生理上消灭人类。乌克兰人从德国人那里学会了大规模屠杀的技术。这就是为什么UPA种族清洗的效率令人印象深刻，以及为什么1943年的沃里尼亚波兰人和1942年的沃里尼亚犹太人一样无助。乌克兰警察在沃里尼亚的"最终解决方案"中扮演着更重要的角色，这是反对波兰人的运动是从沃里尼亚而不是加利西亚开始的原因之一。这些将犹太人大屠杀和对波兰人的屠戮联系起来，因为它解释了沃里尼亚数万名有着种族灭绝经验的乌克兰人的存在。但是为什么乌克兰民族主义者决定消灭沃里尼亚的波兰人？怀揣这些计划的人是如何在1943年波兰人种族清洗中得到指挥权的？1942年，乌克兰警察按照德国人的命令屠杀犹太人；UPA的支持者几乎和前者是同一批人，他们又是受了谁的指令在1943年屠杀波兰人？

消灭公民社会

乌克兰和波兰精英的颓丧、被大批杀害,可能是造成乌克兰人-波兰人冲突的最重要原因。苏联的第一次占领(1939—1941)通过流放和谋杀精英的方式消灭了波兰人和乌克兰人的社会。波兰人和犹太人比乌克兰人更容易遭到流放和谋杀,但那时受过教育的乌克兰人还不多。至少有40万波兰公民被逮捕并从前波兰东部领土被流放到哈萨克斯坦和西伯利亚。最先被流放的是国家官员和专业人士,这使剩下的许多居民失去了权威人物和道德标杆。斯大林命令 NKVD 杀害超过20万受过教育的波兰公民,他们在1939年成为苏联红军的囚犯,其中包括大约半数的波兰军官,这其中有700~900人是犹太人,除此之外这证明了犹太波兰军官的存在。这些罪行可以和卡廷森林(Katyń Forest)惨案联系在一起,只不过前者发生在其他地方。在德国1941年入侵后,苏联从加利西亚和沃里尼亚撤出,撤出前,NKVD 枪杀了数万名当地的波兰人、乌克兰人和犹太人。[22] 1939年后,在德国方面,纳粹在波兰总督府辖区谋杀波兰知识分子,并将有嫌疑的乌克兰人投入监狱。德国人的镇压也为无法忘记的伤害创造了条件:奥斯维辛集中营中的波兰囚监❶杀害了乌克兰民族主义领袖斯捷潘·班德拉(Stepan Bandera)的两名兄弟。[23] 海乌姆(Chełm)地区的波兰人通过和德国人合作清算了乌克兰社会中的394名领袖。据乌克兰民族主义者报告,这使该地区说

---

❶ 囚监(Kapo),指被纳粹党卫队委任监督集中营的劳工工作、承担管理任务的犯人。囚监的设立降低了党卫队监工的人力需求,建立了一种受害者相互对抗的自我管理机制。

第8章 乌克兰西部的种族清洗（1939—1945）

乌克兰语的人口完成了民族化。[24]在德国于1941年入侵苏联后，德国人逮捕了加利西亚和沃里尼亚的乌克兰精英，包括乌克兰民族主义者。OUN于1941年6月宣告乌克兰独立，这直接导致了数十起逮捕。在至少一个案例中，苏联支持者挑唆德国人杀害了几百名受过教育的沃里尼亚乌克兰人。[25]

尤其在1941年德国入侵苏联后，对精英阶层的毁灭同时伴随着乌克兰和波兰公民社会的武装化。在战争期间，双方的权威机构不再是诸如政党或政府等政治组织，而是诸如武装游击队或自卫国民军等军事组织。[26]虽然波兰救国军（Polish Home Army）在各个方面都是令人印象深刻的组织，但是它的命令结构是很脆弱的。1943年6月，盖世太保逮捕了波兰救国军指挥官斯特凡·罗维茨基（Stefan Rowecki）将军。一些波兰武装游击队松散地服从救国军，但代表着不同的政治思潮（比如农民部队）；另一些游击队拒绝服从救国军的命令（比如极右派的民族武装部队）。虽然波兰政府是合法的且为西方盟友承认，但是它在沃里尼亚几乎没有权威。波兰政府代表惊讶地发现沃里尼亚的波兰人参与到德国行政机构中，他们无力阻止沃里尼亚波兰人加入德国警察。

乌克兰人的例子更加突出。没有国家来组织起一支官方军队，在这个领域中只有极右翼势力。乌克兰公民社会的政治陈述发生了快速和戏剧性的变化，这给1943年后一系列事件的方向带来重要影响。正如我们所见，在两次大战间的波兰，恐怖组织OUN比起民主组织UNDO来说规模更小。而当UNDO及其他乌克兰政党在战争期间自我消解后，OUN成了乌克兰西部唯一的乌克兰政治组织。1941年春天，OUN分裂为两派：班德拉派和梅尔尼科派。梅尔尼科派由更年长、受过更好教育的成员组成，斯捷潘·班德拉带领的年轻一代更渴望发动一次决定性的打击。1940—1941 年两派的斗争使班德拉派成为民族主义领导组织。在一次同胞相残的战争中，班德拉派打败了梅尔尼科派，随后纳粹消灭了班德拉派。班德拉领导的 OUN 在 1941 年 6 月于基辅宣布乌克兰独立后，他被德国人逮捕了；班德拉派领导层中约有五分之四的成员在 1941—1942 年被德国人杀害。到了 1943 年，乌克兰政治愿望最强大的代表是一个恐怖组织中的极端派别，他们作为武装阴谋者被组织起来，主要由没有经验的年轻人领导。[27]

伤残的班德拉派起先由尼古拉·列别德（Mykola Lebed'）领导，之后由罗曼·舒赫维奇（Roman Shukhevych），正是他们在 1943 年清洗了沃里尼亚的波兰人。然而，甚至到了 1943 年，即使仅在沃里尼亚地区，班德拉派刚开始也不是乌克兰政治的唯一表达途径。还有两支乌克兰游击队：塔拉斯·布尔巴-博罗维茨（Taras Bul'ba-Borovets）领导的最初的 UPA 和 OUN 梅尔尼科派的士兵。布尔巴-博罗维茨是经验最丰富的游击队指挥官，他拒绝将大规模种族清洗当作波兰问题的解决方案。[28]正如我们所知，梅尔尼科派当时正处于和班德拉派的战争中。1943 年初，班德拉派摧毁了这两个对手。自始至终忠诚于班德拉派的游击队员杀害了数万名可能和博罗维茨或梅尔尼科有关系的乌克兰同胞。虽然至今没人研究这个主题，但 UPA 在 1943 年杀害的乌克兰人可能和他们杀害的波兰人一样多。[29]班德拉派决心背叛和伏击乌克兰对手，该组织成功招募到前乌克兰警察，其激进目标对当地的年轻人有着极大的吸引力，这使班德拉派在 1943 年成为沃里尼亚的统治力量。

只有一支乌克兰游击队意图清洗沃里尼亚的波兰人。这支军队在世界大战期间崛起，他们的成功要归功于当时波兰军事力量的失败、种族灭绝和受创的公民社会。1943 年 4 月，OUN 班德拉派领导人尼古拉·列

第8章 乌克兰西部的种族清洗（1939—1945）

别德提出"要清除整片革命领土上的波兰人口"，这完全改变了乌克兰人-波兰人的关系，当时列别德只有33岁。[30]列别德不成熟的民族主义策略由仅有种族灭绝经验的年轻人执行，这决定了沃里尼亚一系列事件的走向，为乌克兰人-波兰人战争奠定基础。尽管特定的群体凭借特定的策略更可能赢得战争，但是我们必须说，是班德拉派的领导人而不是别人做出了1943年宿命性的决定。这些决定来自某些个人在特定时刻设计出的特定战略。

乌克兰民族主义策略：OUN 梅尔尼科派

在描述了当时的环境和人物后，让我们来审视这一时刻。德军败于斯大林格勒后，OUN 班德拉派的种族清洗策略是旨在促进民族解放目标战略的一部分。把种族清洗看作一种策略能帮助我们将种族清洗和OUN 梅尔尼科派当时的策略做对比，他们的策略是保留和德国人的合作关系。撤退的德国人现在更愿意大规模武装乌克兰人，梅尔尼科派接受了这个提议。由于受到梅尔尼科派的鼓励，并且希望避免在第三帝国工作，约有8万名乌克兰人志愿为新的加利西亚武装党卫队（Waffen SS Division Galizien）服务。其中只有约1.16万人受过训练，德国人的问题是很难为他们找到军官。甚至连为犹太人提供庇护的大主教舍普季茨基也认为加利西亚武装党卫队作为未来乌克兰军队的核心是令人满意的。虽然舍普季茨基在整个成年生涯中都担任神父，但他明白建立国家的军事需求。他的兄弟帮助建立了波兰军队，并在1920年打败了西乌克兰共和国，舍普季茨基从痛苦的经验中学到：没有军队，乌克兰国家根本不可能存在。舍普季茨基对党卫队的支持迫使我们面对乌克兰战略地位的基本难题,以及那些不顾一切的手段,甚至包容一切的人也要就此说服自己。[31]

1943年冬天和1944年春天,加利西亚党卫队摧毁了几个波兰社群,就此开始它的工作。其中最有名的事件是1944年2月烧毁波兰人村庄胡塔皮恩亚卡(Huta Pieniacka)并杀害了约500名村民。[32]加利西亚党卫队没有发起针对犹太人的重大行动,因为"最终解决方案"已经做过了。1942年间,加利西亚和沃里尼亚数量庞大的大部分犹太人已被谋杀,大部分沃里尼亚犹太人和一些加利西亚犹太人在家附近被个别杀害,或是在附近的森林和田野中被大规模杀害;一些加利西亚犹太人在博罗维茨(Borovetsec)、奥斯维辛、特雷布林卡(Treblinka)、索比堡和马伊达内克的集中营中死去。这终结了加利西亚地区的犹太历史。不仅是像利沃夫这样的大城市,还有像布罗德(Brody)这样的小镇——这里曾是犹太人在加利西亚最大的定居点,现在却没有一个犹太人。1944年6月,红军正是在布罗德击溃了加利西亚党卫队。之后更多志愿者加入这支党卫队,重新组织起来的党卫队去镇压斯洛伐克和南斯拉夫的反德起义,希望建立乌克兰国家的乌克兰民族主义者在外国人的命令下离开祖国,去镇压其他民族相似的反抗。很多士兵逃跑了,他们通常会加入OUN班德拉派及其创立的UPA。当德国人撤退时,OUN梅尔尼科派的合作策略也就失去了说服力,对它的支持很快就消散不见了。安德里·梅尔尼科(Andrii Mel'nyk)自己找到了一个新的庇护者,但随后就被盖世太保逮捕了。

加利西亚党卫队得到了空前的关注,因为党卫队是希特勒政权中最恐怖的分支,也是"最终解决方案"的主要执行者。从某种乌克兰民族主义者的角度来看,加利西亚党卫队可被视作乌克兰人目标的组织化具象。在今天独立的乌克兰，你可以在利沃夫关于民族建构的博物馆展览中看到加利西亚党卫队的制服。数万名加利西亚党卫队老兵自愿向德国的美国人或英国人投降。由于波兰将军瓦迪斯瓦夫·安德尔斯（Władysław Anders）和教宗庇护十二世（Pope Pius XII）的呼吁，在意大利的老兵免于被遣送回苏联。这些呼吁之所以可能，是因为这些处于争论中的人是波兰公民。[33] 由于西方盟国在战后赋予的参战者地位，加利西亚党卫队的老兵得以前往英国和加拿大，数十年来以此为他们的行为做辩护。撇开通敌和民族建构的争议不谈，加利西亚党卫队在针对波兰人的种族清洗的爆发中处于边缘地位。

乌克兰民族主义策略：OUN 班德拉派

针对波兰人的清洗是 OUN 班德拉派的行为，在德国战败于斯大林格勒后，他们得出了和 OUN 梅尔尼科派完全不同的结论。梅尔尼科派看到了和德国人更富有成效的合作机会，而班德拉派觉察到独立行动的迫切需要。对班德拉派来说，重要时刻也许是 1943 年 2 月苏联游击队在沃里尼亚的活动不断增加。[34] 班德拉派希望宣称他们所有人都愿意反抗德国统治，同时希望吸收那些在斯大林格勒之后可能离岗的乌克兰警察，他们决定在 1943 年 2 月展开自己的游击行动。在 1943 年 3 月，OUN 班德拉派创立了 UPA，旨在反抗德国人，保护乌克兰人免受苏联入侵，以及清除乌克兰境内的所有波兰人。[35] 那年春天，当沃里尼亚的警察离开了他们的岗位，班德拉派从加利西亚向北方传达命令。加利西亚人成功地组建了一支由沃里尼亚人组成的军队，这是一个提前的信号，预示着乌克兰民族主义完全控制了我们今天称为西乌克兰的地方。四年来，沃里尼亚一直是政治缓冲区。1939年苏联占领后，波兰针对当地东正教教会的行动才停止。苏联人动员乌克兰人参与当地政治，但强迫他们建立集体农庄。1941年德国人取代了苏联人，但是他们借乌克兰人之手继续在当地推行高压统治。正如我们所见，苏联人和纳粹培养了那些年轻的警察，他们在1943年春天成为沃里尼亚UPA的核心。沃里尼亚乌克兰人在来自波兰、来自苏联和来自纳粹的三波急速浪潮中完成了政治化。

因此，至此时为止在加利西亚比在沃里尼亚更重要的OUN班德拉派在沃里尼亚开始了主要的武装行动。尽管突然创建的UPA是立足当地的、策略性的，但它的目标是全球性和战略性的。班德拉派反对纳粹和苏联占领乌克兰，并且得出波兰人不可能成为乌克兰国家的少数民族的重要结论。很明显，班德拉派领导人相信第二次世界大战和第一次世界大战一样，结果将是德国和俄国双方都筋疲力尽，而乌克兰的最终敌人是复兴的波兰。[36] OUN由参加西乌克兰-波兰战争的老兵创建，而其中的班德拉派集中了曾在20世纪30年代被囚禁在波兰的别廖扎-卡图斯卡集中营的年轻人。两代人深知，一旦有机会，波兰会向加利西亚和沃里尼亚派出军队。在他们看来，乌克兰必须创建军队，在战争期间出击，以防复兴的波兰像1918年之后那样再次从波兰中部派出部队和殖民者。[37] 沃里尼亚乌克兰人被说服接受了相似的逻辑。一名沃里尼亚农民很容易把波兰人视作既定的殖民者，把波兰人的财产视作最大的奖励。

流亡的波兰政府和它的地下救国军很可能在考虑相似的结局，他们正好计划了类似的攻击。[38] 他们发起战争是为了让波兰共和国的边界恢复到1939年，这个目标被波兰士兵视作理所当然，也得到了西方

第8章 乌克兰西部的种族清洗（1939—1945）

盟国的承诺。波兰政府不相信纳粹或苏联的进攻会让东部边界的更改合法化，他们认为任何妥协都会被解读为对莫斯科的让步。[39]一个独立的乌克兰是可以接受的，但只能在苏联的领土内。从波兰人的角度来看，德国和苏联的精力被耗尽可以在东部打开一个缺口，波兰部队得以恢复战前状态——正当的状态。早在1941年，波兰指挥官就向伦敦方面解释说未来针对德国的起义可能包括一场与乌克兰人争夺加利西亚——可能还有沃里尼亚——的战争，如果可能的话，这场战争应该是一次快速的"武装占领"。[40]波兰救国军关于起义反抗德国的计划，就像1942年所规划的那样，预料到了这样一场战争。[41]到了1943年，乌克兰人和纳粹德国的合作使乌克兰游击队失去了作为波兰人潜在盟友的信誉；作为战前波兰边界的捍卫者，救国军领导人几乎不能向乌克兰人提供任何好处。[42]1943年，救国军开始在加利西亚筹建（尽管不是在沃里尼亚，因为那里几乎没有波兰人）。

波兰救国军和乌克兰起义军都计划着争夺加利西亚和沃里尼亚领土的快速出击。如果当时发生了和1918—1919年相同的波兰-乌克兰常规战争，那么谁先挑起了争端就会成为一个悬而未决的问题。但是OUN班德拉派在1943年初设想的针对先发制人的出击不是军事行动，而是种族清洗。正如我们所知，早在战争之前OUN就接受了一套完整的民族主义思想，根据这套思想，乌克兰国家需要种族上的同质化，而只有通过消除乌克兰土地上的波兰人才能赶走波兰"占领者"。班德拉派和梅尔尼科派在原则上坚信相同的理念，但是不同之处在于，班德拉派的领导层相信，在1943年这样一场行动是可行的且可取的。从班德拉派的角度来看，德国人已经毁灭了犹太人；德国人和俄国人来去无痕，但是必须通过武力把波兰人从"乌克兰的土地上"清除掉。波兰支持者们希望重建旧秩序,而乌克兰支持者们向前一步,他们为迎接新秩序做好了准备。

屠 杀

1943年春天,UPA从德国人手里夺得对沃里尼亚乡村地区的控制[43],开始谋杀和驱逐波兰人。在沃里尼亚,波兰人太弱了,以至于连考虑先发制人也做不到。1939年,波兰人在沃里尼亚人口中比例最高时有16%(约有40万人),而到了1943年这一比例下降到8%(约为20万人)。[44]他们分散在乡村各处,波兰精英已经被流放了,除了德国没有其他国家权威能保护他们,他们也没有组织起当地的游击队。OUN班德拉派UPA对付这些波兰人的决定,只能被视作对平民的种族清洗。[45]在1943年全年,UPA分队和特殊安全部队杀害了落单的波兰人,在波兰人聚居地、村庄和乌克兰人村庄集中杀害波兰人。[46]为了对规模更大的波兰定居地发起攻击,UPA游击队员动员起了当地人口。

根据众多互相印证的报告,乌克兰游击队员和他们的盟友烧毁房屋,射杀或强迫那些试图逃跑者回到火海,用镰刀和干草叉杀死在外面抓到的波兰人。挤满礼拜者的教堂被全部焚毁。游击队员展示了被斩首的、被钉死在十字架上的、被肢解的、被掏出内脏的尸体,迫使剩下的波兰人逃离。[47]在混居区,UPA安全部队警告乌克兰人先逃走,然后在第二天杀死所有剩下的人。[48]UPA偶尔会自称是苏联游击队,和/或向波兰游击队提议一起攻击德国人。他们会以此为借口召集小镇会议,之后UPA会杀死所有聚集的人群。[49]UPA内部很欢迎种族清洗的政策,沃里尼亚的农民也支持这一政策。[50]UPA给住在混居村庄或

第8章 乌克兰西部的种族清洗（1939—1945）

图25：乌克兰起义军（UPA），时间很可能是1943年。

小镇的乌克兰人提供物质诱惑，诱使他们参与屠杀他们的邻居的行动。很多乌克兰人却冒着生命危险（或失去生命）警告或庇护波兰人。[51]

UPA 游击队、UPA 安全部队和乌克兰农民针对沃里尼亚波兰人的攻击大多发生在 1943 年 3 月到 4 月间、7 月到 8 月间和 12 月末。到 1943 年 7 月为止，UPA 收编了其他在沃里尼亚的乌克兰游击队，总计有约 2 万部队，能够横跨广阔的领土发起攻击行动。[52] UPA 最早的一期报纸就在 1943 年 7 月出版，报纸上刊载说要让滞留在乌克兰的所有波兰人"可耻地死去"。[53] UPA 成功地兑现了它的威胁。从 1943 年 7 月 11 日晚上到 7 月 12 日早晨，在 12 个小时内，UPA 在 167 个地点发起攻击。这次攻击正好在东正教圣彼得和圣保罗的庆祝日当天，而之前一次攻击被称为"波兰佬的血腥耶稣受难日"，还有一次攻击发生在圣诞节。由于罗马天主教比东方教派早一些庆祝圣诞节，因此圣诞节有

223

效区分开了波兰人和乌克兰人,那一天波兰人都在易燃的木质教堂里。这些教堂被夷为平地,任何想要逃出来的波兰人会遭到射杀。1943 年,UPA 总计屠杀了 4 万到 6 万名沃里尼亚的波兰公民。[54] 1943 年发生的几次攻击是沃里尼亚犹太人大屠杀的第二阶段。在 1942 年冬天幸存下来的极少数沃里尼亚犹太人,其中一些人和波兰农民一起躲在沃里尼亚乡村。当 UPA 在 1943 年屠戮波兰人定居点时,犹太幸存者也因此丧生。[55]

1943 年 8 月 29 日,一个波兰村庄的死亡

在上千个被破坏的沃里尼亚定居点中,有一处最有代表性。尽管在一个村庄发生的事件不能代表整个屠杀的规模,但是它能提供一种比概括综述更完整的规律感和时序感。1943 年,沃里尼亚沃齐米日(Włodzimierz)区的格文钦斯基(Głęboczyca)村有大约 70 户波兰人家。村庄在 19 世纪末期建立,在波兰独立建国之前,这里被俄国统治时就已是波兰村庄。和周围邻近的乌克兰村庄很像,这里既不是特别繁荣,也不是特别贫穷。这里的村民依靠和邻村的贸易为生,参加了乌克兰合作社。在 1939 年到 1941 年间,格文钦斯基抵制集体化,并因此受到当地苏联当局的惩罚。从 1941 年夏天开始,这个村庄被置于德国人的统治下。和在苏联占领期一样,乌克兰人继续执掌权力,他们现在是德国警察和行政官了。乌克兰人拟定了一份强制成为德国劳力的名单,并尽可能选择波兰人。因此格文钦斯基大约半数的波兰家庭失去了他们最能干的男性。在为德国当局效力的小分队中,波兰人占了大多数。1942 年夏天,德国和乌克兰警察搜查并谋杀了当地大部分犹太人。犹

太人被单独或分成一小群带走,然后遭到射杀,当地的天主教信徒听见了(如果不是亲睹)屠杀过程。1943年春天,当地的乌克兰警察不再为德国人服务,转而加入了森林中的UPA。这些新加入的乌克兰游击队员攻击了一处德军驻队,抢走了他们的武器。

现在UPA控制了这片区域。波兰人几乎分不清UPA和德国的统治之间有何区别,因为还是同一批人带着同样的武器在控制当地。起先,UPA在格文钦斯基的权力行使并没有多大不同,只是这种权力行使更彻底了。UPA确保波兰人没有武器,记录下每户人家的家庭成员名单,搜寻房屋以确保没有波兰人逃走。供给任务被分配给波兰家庭;给UPA基地运送物资的波兰男性常常遭到谋杀。年轻的波兰男性——尤其是那些受过教育、有天分的——被单独谋杀,而且他们很明显是遭折磨致死。格文钦斯基的波兰人开始听到其他定居点遭屠戮的传言,到了晚上他们能看到远处村庄的熊熊大火。他们的总体感觉是这些传言太恐怖以至于不可能是真的,而且就算是真的,也不可能发生在这里。[56]1943年8月,人们希望在需要逃跑前把庄家收割完。除了人们天然地拒绝相信不可思议的事情,以及农民完成秋收的意愿,这种满怀希望的打算还有三个来源。第一,人与人之间的距离很遥远,交流方式也很原始,因此人们会根据个人经验来做判断。第二,在其他受到攻击的地方几乎没有幸存者,幸存下来的人也会逃到比格文钦斯基更大的定居点。第三,当地的乌克兰人向他们保证像他们一样的"好波兰人"不会(在不同的时间和地点使用不同的说法)遭到"残杀"。

就在1943年8月29日黎明前,UPA游击队员和邻村的乌克兰人包围了格文钦斯基,开始屠杀所有村民。在田里干活的农民被团团围住,死在无数的镰刀下。因此而警惕起来的妻子们死在子弹或农具下。

屠杀造成的骚动足以让人们警惕，一些人逃走了。但至少有 185 名波兰人被谋杀。其中一些人被斩首，一些人被绞死，另一些人惨遭剥皮，一些人的心脏被挖出来，另一些人被活活烧死。很多人被农具劈成碎片。还有一些人遭到了以上提到的几种、大多数甚至是所有折磨。这座村庄被完全毁灭了，今天我们找不到一点儿它存在的痕迹。[57]

报复性合作

大多数在沃里尼亚恐怖中幸存下来的波兰人逃离了他们的家园。他们所爱之人经受的暴行还历历在目，这使得数万波兰人抓住了第一次为死者复仇的机会。波兰人有时在波兰救国军的帮助下，有时在德国人的帮助下，建立了大约 100 个自卫前哨站。[58] 波兰自卫队击退了乌克兰人的几次袭击，而在一些更大的定居点——比如胡塔·斯塔潘斯卡（Huta Stepańska）——击退比例很可观。在一些记录下来的案例中，自卫队成了波兰人和乌克兰村庄讲和的基地。一些在 1942 年寻求波兰人庇护的犹太人，在 1943 年和他们一起逃了出来，也参加了自卫队。对波兰人甚至犹太人来说，德国人控制的小镇就像是沃里尼亚夏天的沙漠中相对平静的绿洲。[59] 德国当局将波兰人当作劳力驱逐到第三帝国，在当时的环境下这完全不是一件坏事。苏联游击队在这些小镇中招募队员——那些年轻的波兰人（很可能还有一些犹太人）想要和 UPA 作战，但他们需要武器。可能有 5000~7000 名当地波兰人在苏联游击小分队中作战。[60]

1943 年初，UPA 同时向纳粹和波兰人发起袭击，促使后者加入了彼此的武装力量。波兰人成为德国警察以发起对乌克兰人的报复行动。

第8章 乌克兰西部的种族清洗（1939—1945）

当沃里尼亚乌克兰人离开德国警队加入 UPA 后，德国人找到波兰人替代前者。在针对波兰人的大屠杀期间，要完成这项招募任务是很容易的。比方说，德国人向逃离 UPA 的格文钦斯基难民提供警察的工作岗位。一名来自佐夫约卡（Zofijówka）聚居地的波兰人在沃里尼亚的相同地区加入了德国警察，和他一起加入的还有在 1943 年 7 月 11—12 日大屠杀中幸存下来的 110 人。他回忆道:"这都是为了得到武器。"[61] 约有 1200 名波兰人在同一时期加入德国警察，但德国人误解了这个情况，以为是从波兰总督府召集了一个波兰警察营。波兰警察——无论是当地的外地的——对乌克兰人犯下了一系列暴行。[62] 在远在伦敦的波兰政府看来，这些波兰警察是叛徒，但是身着德国制服的波兰人向乌克兰人复仇——这是沃里尼亚乌克兰人会相信 UPA 关于波兰敌人的宣传的可靠原因。

当然，UPA 在屠杀波兰平民之前甚至没有机会寻求德国人的帮助。我们来看看自 1943 年 4 月起的 UPA 报告:"在舒姆斯基（Szumski）地区的库季（Kuty）村，一个完全由波兰人组成的聚居地（有 86 个农场）被烧毁，居民由于和盖世太保及德国当局合作而被清除。""韦伯斯基（Werbski）地区的波兰人聚居地诺瓦诺维卡（Nowa Nowica）有 40 个农场，由于该地区与德国当局合作而被烧毁。所有人口被清除。"[63] 那些以波兰人通敌为理由，在 4 月杀害生活在波兰定居点的每个男人、女人和儿童的乌克兰人，他们自己才离开德国警察的岗位不久。如此，他们释放了一种此前从未预料到的魔鬼的逻辑。德国人的政策是杀掉任何擅离职守的乌克兰警官的家人，并摧毁任何带着武器离岗的乌克兰警官所在的村庄。通过发动新招募的波兰警察，德国人在所有可能的地方迅速展开这种报复行动。很多脱离德国警察而加入 UPA 的乌克兰人失去了家园和家人，他们找到了新的理由憎恨波兰人。到1943年夏天，通过波兰合作者来展开自那年春天开始的清洗行动已成为基本政策。正如OUN班德拉派一位领导人总结1943年8月的情况时所说，德国安全部队"用波兰佬来执行他们的破坏行动，为了报复，我们要无情地摧毁他们"[64]。

对在伦敦的波兰政府而言，沃里尼亚发生的悲剧对他们的战争计划是一次令人费解的扰乱。屠杀是无法预料的，而沃里尼亚波兰人的反应也是他们不希望的，他们需要专注于将波兰的利益当作整体的最高准则。即便在乌克兰没有战争前线，波兰指挥部依然面临着一个艰难的困境。当红军在1943年春天转而进攻，并在夏天打破了德军在库尔斯克（Kursk）的坦克防线，苏联获胜的前景要成真了。作为盟军的一员，波兰政府理应部署救国军以协助苏联的推进。作为波兰利益的代表，波兰政府希望被人认为他们在解放波兰时起了作用。然而，波兰政府被迫重新配置他们有限的资源以应对和UPA的战争。1943年7月20日，波兰救国军召集波兰自卫队，将他们置于自己的领导下。1943年7月30日，救国军号召结束对平民的屠杀，并表达他们支持乌克兰在没有波兰人口的领土上独立。但这不仅没有使杀戮停止，反而使乌克兰民族主义者确信种族清洗是从波兰手上夺回领土的唯一途径。1944年1月，救国军建立了第27步兵师（沃里尼亚师），由6558名强壮的士兵组成，他们的任务是先和UPA作战，再和纳粹国防军作战。[65]沃里尼亚师——波兰救国军规模最大的部队——从保护平民不受UPA屠戮的波兰自卫队吸收力量，其中也有离开德国警察岗位的前波兰警察。如果没有UPA发动的种族清洗，沃里尼亚师原本不可能组建起来。[66]虽然波兰政府下令保护平民不受伤害，但是在战场上，波兰游击队烧毁乌克兰村庄，杀害他们在沃里尼亚道路上找到的乌克兰人。[67]

虽然在 UPA 暴行后，沃里尼亚的波兰人加入了德国警察、苏联游击队和波兰救国军，但是波兰人依然是 UPA 有效的宣传资源。沃里尼亚波兰人和波兰政府被错误但有效地和苏联与纳粹的占领联系起来。让我们看看 1943 年 8 月 OUN 会议上的判断："波兰帝国主义领导层是外国帝国主义的走狗，是民族自由的敌人。它试图在乌克兰的土地上强行安置波兰少数民族，造成波兰大众与乌克兰民族的斗争，并且帮助德国和苏联帝国主义根除乌克兰民族。"[68] 1943 年间，波兰自卫队确实和苏联游击队和德国军队合作，向 UPA 发起过攻击。[69] 但在这个地方事实是有地方原因的。总体来说，我们不能认为波兰当局和波兰军队与纳粹或苏联"帝国主义"有合作。波兰救国军自建立起就一直与德国人作战。虽然盟军的政策令波兰军队和苏联军队合作，但是在 1943 年前一切合作都未达成。1943 年 4 月，斯大林非但没有和伦敦的波兰政府展开合作，反而抓住此前苏联在卡廷对波兰军官的大规模屠杀这个借口，断绝了合作关系。如果我们考虑到乌克兰民族主义政策，UPA 的控诉也没好到哪里去。至于所谓"根除"，1943 年，UPA 借数万名在 1942 年帮助纳粹根除犹太人的游击队员之手，根除了波兰人在沃里尼亚的存在。而关于通敌的问题，更好的例子肯定是加利西亚武装党卫队。不用说在加利西亚地区波兰总督府中，乌克兰人在当地行政职位上完全的统治性优势：在 1944 年初，他们和波兰人的比例是 346∶3。[70] 然而，此类声明的目的是政治鼓动，我们必须把历史判断和在特定时间和地点的人们的经验区分开来。此类宣传在这一范围内塑造了当时乌克兰人的经验。

宣传利用了语言的力量，把特殊情况概括为一般情况；也利用了人们倾向于相信和他们个人经历一致的断言这一点。种族清洗部分糟糕的后果在于，它给某种恶行贴上了民族主义的标签。以民族的名义谋杀个人，种族清洗者不仅羞辱、激怒了幸存者，使他们民族化，也使自己族群的成员成为民族主义报复的目标。一旦复仇实施，双方的幸存者都会把对方看作侵略者，宣传者会将双方呈现为不同民族。刚开始只是一小部分人针对局部地区的攻击，由于可预知的报复、民族主义词汇和语言的力量，这场攻击会演变为一场民族对民族的战争。这不是只有学者才知道的后现代诡计，它是一个简单的政治真相，即种族清洗在整个 20 世纪被滥用了。UPA 也理解他们所激起的个人苦难的强度与他们的宣传所创造的社会交流密度之间的关系。[71] 在苏联和纳粹占领后，宣传的需求几乎无法被忽视。一旦这些需求被满足，它们就会让种族清洗变成内战。

内 战

沃里尼亚是乌克兰-波兰内战开始的地方。发生在沃里尼亚的事件揭示了波兰人报复的凶残性，这给 UPA 提供了向南面——加利西亚——拓展种族清洗范围的宣传素材。在西面，跨过布格河的地区，乌克兰和波兰游击队的武装冲突异常残忍，又势均力敌。1943 年末，双方把战前卢布林地区东半边的村庄一个接一个地摧毁了。农民部队中的波兰游击队员以暴行回应 UPA 的暴行。一名波兰游击队员的证词值得在此长篇引用："我们对他们的攻击做出无情的回击，到了一种无法形容的野蛮地步。当我们占领了一个乌克兰定居点，我们有计划地把所有战斗年纪的男人找出来，把他们处死，处死的方式是让他们跑在我们前面四十步的地方，然后从背后射杀他们。这被认为是最人道的方法了。

我要描述的其他小分队的行为,和我们完全不同,他们用的是很残忍的报复方式。但没有人尝试阻止他们。我从没看到过我们的人用刺刀刺起一个婴儿或小孩子把他们扔向火海,但是我看到过烧焦的波兰婴儿的尸体,他们就是这样死去的。如果我们没有做过这件事,那这就是我们唯一没有犯下的罪行了。"[72]农民部队不是唯一一支在战场上屠杀乌克兰人、和UPA作战的波兰游击队。1944年春天,波兰救国军分队出发,以保障海乌姆地区的安全,并在行进过程中烧毁了20座乌克兰村庄。[73]在卢布林和热舒夫(Rzeszów)地区,1943—1944年间,波兰人和乌克兰人总计杀害了对方平民约5000人。[74]

1944年1月,UPA正式在加利西亚发起了清除"西乌克兰"的波兰人的行动。1943年在沃里尼亚,UPA的行为模式似乎是毫无预警地屠村和谋杀平民,而1944年在加利西亚,UPA的行为模式有时似乎是给波兰家庭提供逃离或死亡的选择。我们来看看UPA最高指挥官向它的士兵发出的一份指令,这份指令发布于沃里尼亚大屠杀后、加利西亚种族清洗时:"我再次提醒你们,首先呼吁波兰人放弃他们的土地,只有在此之后才能清除他们,这个顺序不能反过来。"[75]情况明显改变了,人口统计学平衡更有利于波兰人,波兰人的自卫能力更强了,再加上救国军分队的动员和转移,加利西亚的波兰平民死亡人数限制在2.5万人。UPA针对加利西亚平民的攻击依然是有组织的,也依然是野蛮的。和在沃里尼亚一样,UPA小分队通常会杀死村里的每一个村民,连女人和孩子也不放过。UPA安全部队会在乡村地区走动,杀害遇到的波兰家庭和个人。[76]由于双方都遭到了无法控制的种族清洗,UPA宣布是波兰人开始了双方的互相屠杀。因为沃里尼亚地区的波兰人与德国人合作的事实,因为波兰政府命令救国军与红军合作的事实,UPA把所有波兰人当作"斯大林–希特勒的密探"。UPA 宣称,乌克兰民族被波兰政府和斯大林与希特勒的密探"在背后捅了一刀"。[77]

1944 年 3 月,乌克兰警察在利沃夫检查那些敢在街上走动的年轻男性的身份证(由德国人签发),一旦发现是波兰人就把他们处死。如今人们相信他们是为了盗取这些身份证,希望在红军进驻利沃夫后不会因为自己是纳粹合作者而被惩罚。[78]换言之,和纳粹合作的乌克兰人希望用德国人的身份文件冒充波兰人,以躲避苏联人的报复。无论动机是什么,这些凶手被公认为城墙内新的恐怖来源,而那里曾是波兰人最安全之处。波兰游击队员在利沃夫郊区杀死了 130 名乌克兰平民。在邻近的乡村,UPA 继续它的战略性清洗,希望围绕在利沃夫周围的领土在种族上是乌克兰的。UPA 同时致力于控制利沃夫的道路,以阻挡西面的波兰援军。到 1944 年 6 月,UPA 在加利西亚的每个区屠杀波兰平民并和波兰游击队作战。当红军接近时,波兰人从村庄和小镇撤离。庞大的苏德作战前线向西面推进并穿过乌克兰,救国军和 UPA 的作战前线也延展了几千英里。[79] 1944 年夏天,当红军向加利西亚推进,全面而无情的乌克兰–波兰内战正在激烈进行中。

世界大战

对大部分人来说,军事历史是局部的,我们只能理解那些专注在局部前线作战的波兰人和乌克兰人,而不是那些专注于前进中的红军的波兰人和乌克兰人。但是,即使要理解乌克兰–波兰内战对当地造成的后果,我们也必须将这场局部战争放在世界大战的语境中。当更大规模的战争接近时,局部冲突削弱了双方的力量,使波兰人和乌克兰人在红军到来时已四分五裂。UPA对波兰平民的攻击激起2万多波兰人拿起武器反抗乌克兰人。波兰人作为德国警察、苏联游击队员、自卫队民兵和救国军分支成员，与乌克兰人作战。在伦敦的波兰政府则将救国军的力量从和德国的战争中转移过来。

1944年夏天，波兰"暴风雨行动"的目的是以波兰武装力量打败德国人，然后以独立波兰代表的身份等待苏联到来。从军事意义上来说，这是一次反抗德国统治的起义；从政治意义上来说，它旨在让苏联人看到一个复兴的波兰国家。在东面，"暴风雨行动"意味着确认波兰在沃里尼亚和加利西亚的合法地位。正是在这里，波兰的反德国起义第一次遇到了苏联方法。在和UPA以及撤退的纳粹国防军交战，又和红军合作后，救国军的沃里尼亚第27师在1944年3月到7月间，被苏联NKVD逐渐瓦解了。在1944年整个春天，救国军第5步兵师和第14骑士团与UPA作战争夺加利西亚，以及加利西亚"王冠上的珠宝"——利沃夫。在1944年7月23日到27日间，红军在几千名救国军士兵的协助下，把纳粹国防军赶出了城市。7月29日后，迫于苏联的压力，救国军分队解散了。[80]

波兰人和乌克兰人没有得到完成他们计划中的战斗的机会。在第一次世界大战结束时，波兰-乌克兰争夺利沃夫的战争并没有一个结果。东面的波兰救国军被消灭了，而乌克兰游击队逃走了，留待改日再战。波兰-乌克兰争端并未因此熄灭：救国军老兵在流放时逃走了，加入齐格蒙特·贝林（Zygmunt Berling）❶领导的由苏联控制的波兰军队；之

---

❶ 齐格蒙特·贝林（1896—1980），波兰将军和政治家。在"二战"期间，他因擅离职守而被叛死刑。当时流亡中的波兰政府推翻了这个裁决。之后他担任波兰第一人民军指挥官，并在战后的波兰政府中扮演着重要角色。

后这支军队中加利西亚和沃里尼亚的波兰人继续和乌克兰游击队作战，并将乌克兰平民从共产主义波兰流放出去。一些加利西亚和沃里尼亚波兰人加入苏联 NKVD 特别营，迅速展开对乌克兰人的报复。而躲藏中的 UPA 重新出现，开始在曾经没有被波及的前线地区对波兰人进行种族清洗。[81] 苏联 NKVD 现在是一支应被考量在内的力量了，它把波兰和乌克兰游击队当作需要被消灭的"土匪"。[82] 苏联警察如何使波兰－乌克兰的内战以机制化的波兰－乌克兰种族清洗结束，这是下一章的主题。

大主教安德烈·舍普季茨基在第一次世界大战后一直在国外游说人们承认西乌克兰的地位，而在第二次世界大战后，他对乌克兰国家几乎不抱希望。他相信苏联下一次占领西乌克兰的时间将长达几十年，这是有充分根据的。当他在 1944 年 11 月 1 日于利沃夫逝世时，波兰－立陶宛王国仅存的政治传统也一同消失了。无论是共产主义的波兰还是苏维埃乌克兰，都对他所代表的政治传统毫无意义。希腊天主教在苏联被禁止了。斯大林允许俄国东正教宣称西乌克兰人是其虔诚的信徒，并召开了一次傀儡宗教会议，宣布 1569 年布列斯特联盟是无效的。在共产主义波兰，希腊天主教是和现代乌克兰民族主义的政权联系在一起的，而不是和创造它的波兰－立陶宛王国联系在一起。由于这个原因，直到今天，在利沃夫和华沙都没有一条以舍普季茨基命名的街道。

第9章
波兰东南部的种族清洗
（1945—1947）

在两次大战间的波兰，大多数民族主义者把波兰的斯拉夫少数民族当作可同化的素材。1935年约瑟夫·毕苏斯基去世后，罗曼·德莫夫斯基的完全民族主义在政治和社会讨论中取得胜利，毕苏斯基独裁的副官们都奉行这种观念。德国和苏联的占领使解决民族问题的极端方法进入人们的视野。甚至在1943年乌克兰人开始大规模屠杀波兰人之前，一些秉持德莫夫斯基的民族民主党传统的民族主义者渴望赶走波兰土地上的每一个乌克兰人。1943年后，拥有其他政治目标的政治家也得出结论，认为驱逐是把加利西亚和沃里尼亚让渡给乌克兰人的唯一交换条件。如此，战时计划的设想是在战前波兰的边界内，把东部地区的500万乌克兰人驱逐出境，把在苏联和独立乌克兰国家的波兰人带回来。[1]类似种族纯洁性的设想迷住了被占领的东欧，那些比波兰人遭受的痛苦要少得多的民族，他们的领导人计划着完全驱逐敌对人口。比方说，民主捷克政治家们当时正向盟国征求对完全驱逐德国人和匈牙利人的支持。波兰和捷克斯洛伐克的情况相似，这股趋势吸引了整个政治光谱上的政治家，从极右翼到极左翼。波兰共产主义者曾是极端国际主义者，他们在第二次世界大战中期默默放弃了原计划中的对少数民族的支持。[2]在波兰遭到摧毁的极端环境中，左翼和右翼碰面了。在波兰被红军占领的极端环境中，他们在莫斯科会面。

旧民族民主党人斯坦尼斯拉夫·格拉布斯基与当时的波兰总理斯坦尼斯拉夫·米科瓦伊奇克（Stanisław Mikołajczyk, 1901—1966）、波兰代表团（代表伦敦的流亡政府）一起，在1944年8月和10月同斯大林在莫斯科会面。格拉布斯基在1921年的里加会议中帮助波兰确认了边界，在1924年帮助制定了民族同化的政策，他希望在1944年能对重塑波兰施加影响。[3] 不言而喻，斯大林当时利用了格拉布斯基，他在波兰右翼中极富权威。格拉布斯基也在利用斯大林。想一想在1921年的里加，当时格拉布斯基的个人成功建立在让渡给苏联比他们要求的更多，而不是更少的领土之上。格拉布斯基以民族民主党的传统行事，他习惯于在一个相对狭小的边界中创建一个民族，并且习惯于把德国而不是俄国看作更大的敌人。他认为自己的"民族国家"计划是很现实的，并称斯大林是"最伟大的现实主义者"。斯大林称格拉布斯基是一位"了不起的煽动者"。[4] 1944年夏天，红军已经抵达利沃夫，格拉布斯基估计可以说服斯大林在战后欧洲的地图上划定一个紧凑而同质化的波兰。事实上斯大林就是这么做的。关于斯大林和格拉布斯基的交锋中谁更胜一筹这个问题，很大程度上取决于我们评价的是20世纪40年代末的波兰还是80年代末的波兰：在40年代末共产主义已经掌权，并且设立了相称的民族主义目标；而在80年代末的波兰，整个民族社会中几乎没有少数民族获得主权。

1944年夏天揭示了波兰左翼某种包容传统的失败，以及波兰共产主义者愿意接受波兰民族主义者长期推动的民族性观点。最重要的例子是旺达·瓦斯柳斯卡（Wanda Wasilewska, 1905—1964），她是当时深受斯大林关注的波兰共产主义者。恰巧，瓦斯柳斯卡是列昂·瓦斯柳斯卡（Leon Wasilewska）的女儿，后者正是那位波兰联邦主义者，也是毕苏斯基的盟友,在1921年的里加,格拉布斯基以策略胜过他。列昂·瓦斯柳斯卡是独立的波兰的第一位外交部部长,他对民族宽容的支持为其赢得了很高的历史声望;而他的女儿——一位红军上校和苏联外交部副部长的妻子——在苏联制定的试图重新开始波兰和乌克兰历史的流放计划中扮演了关键角色。斯大林把这称为"辩证法",尽管实际上他简单地将这位父亲视作"反对我们"的人,而将他的女儿视作"支持我们"的人。[5]而1921年到1944年间传统爱国主义的崩溃和现代民族主义的兴起引起我们更大的兴趣。在1921年,民族主义者格拉布斯基以策略胜过那位父亲——联邦主义者瓦斯柳斯卡;在1944年民族主义者格拉布斯基的观点和共产主义者瓦斯柳斯卡的观点在功能上是一致的。如果瓦斯柳斯卡在1944年开拓的战后波兰共产主义中确实存在一种综合,那就是综合了民族民主党人传统的民族性观念和共产主义者服从苏联的传统观念。

到1944年,波兰共产主义者和民族主义者同意民族性存在于人民本身,而不是在精英保留的传统中。波兰政治中所有联邦、自治和包容的提议都源于一种预设,即民族群体中的精英会在理智的支配下形成一个共和的政治共同体。这种(时不时地)由约瑟夫·毕苏斯基、列昂·瓦斯柳斯卡和恩里克·约瑟夫斯基所代表的波兰-立陶宛王国的遗迹,甚至在两次大战间波兰温和的大众政治中也被证明是无法维持的。当第二次世界大战接近尾声,民族民主党人认为存在于人民中的民族性是同质化的。当然,在1944年的情况下这种传统的民族主义绝不是一种民主概念。民族性既能让人民成为国家的主体,也能让他们成为客体。如果民族性存在于人民本身,而民族问题是由于人民和领土的不匹配所造成的,那么解决这个问题最简单的办法是移开人民。无论是计划统治波兰的共产主义者还是关心如何创造民族社会的民族主义者，他们都认同这种论证。虽然瓦斯柳斯卡说格拉布斯基"老糊涂了"，但是他们在1944年和1945年的行动非常协调一致。格拉布斯基向斯大林提议让波兰的乌克兰人全部定居到别处；瓦斯柳斯卡签署了关于重新定居的条约；格拉布斯基为波兰政府设计了一套实施计划。瓦斯柳斯卡在莫斯科帮助"遣返"波兰人回到波兰；格拉布斯基去利沃夫敦促加利西亚的波兰人接受现实，趁早离开。[6]

诚然，格拉布斯基和瓦斯柳斯卡对波兰有不同的计划。格拉布斯基希望波兰保留一定程度的主权，他在1949年意识到自己的失败后死于波兰。瓦斯柳斯卡接受波兰成为苏联附属国的事实，从此再没有回到故乡。战后波兰政治史将在这些重要的分歧上展开。[7]在我们关于波兰民族性的历史中，关键是失去权力的右翼民族主义和获得权力的左翼共产主义者不再为一个波兰人的波兰而争论。在两次大战间的波兰，少数民族对左翼和右翼的意义是不同的，但它们引导着同一个政体，在其中，少数民族的存在是理所应当的。如今，它们的消失不见是理所应当的。1944年，在重要协议的所有问题隐形不见之前，在已实施的政策获得合法性之前，我们会发现一种有关民族同质性的共识的诞生。

苏联政策的民族边界

那么斯大林对波兰和乌克兰的战后政策是什么呢？斯大林在两次大战间、战时和战后的决议与文件揭示了他意识到民族主义者和人口附加在特定领土上的重要性。苏联正在进行一场"伟大的祖国之战"。斯大林告诉格拉布斯基，第一次世界大战把波兰推到"斯拉夫民族"的前头，而第二次世界大战会让乌克兰遇到类似的情况。苏联在20世纪二三十年代向波兰施加的民族统一主义是在种族意义上的"西白俄罗斯亚"和"西乌克兰"的框架内制定的。1939年，当苏联占领了之后成为西乌克兰的领土时，当时宣传机构无耻地声称同一血脉的兄弟团聚了，古老的乌克兰土地统一了，利沃夫是乌克兰古老的城市，等等。在1941年德国人入侵后，赫鲁晓夫告诉"伟大的乌克兰人民"，他们的选择是"一个自由的乌克兰"或"希特勒的压迫"。[8]当红军在1944年把纳粹国防军赶出乌克兰时，当乌克兰应征士兵取代了数百万伤亡士兵时，这种民族主义修辞以更强烈的形式再次出现。[9]和致力于获得种族胜利的纳粹政权进行了三年极度血腥的战争，又获知了关于加利西亚和沃里尼亚地区乌克兰-波兰冲突的接连数月的报道，在这些情形的影响之下，苏联改变了对乌克兰的民族性政策。[10]到1944年为止，斯大林似乎已经得出结论，种族同质性和1939年《苏德互不侵犯条约》约定的国家边界能使统治波兰和乌克兰变得更容易。赫鲁晓夫告知斯大林OUN和UPA的抵抗规模后，后者可能得出推论：把加利西亚和沃里尼亚还给苏维埃乌克兰或许有助于团结乌克兰民族主义阵营。[11]斯大林也许看到了一种方法，给乌克兰人和波兰人他们各自想要的东西，同时把这些东西捆绑在苏联周围。波兰人能够得到他们的"民族国家"，乌克兰人能够得到他们的"西乌克兰"，而这一切都将被记为斯大林的功绩。为了自己的利益，斯大林希望在他有机会的情况下解决掉任何波兰、乌克兰和白俄罗斯亚未解决的民族主义问题。[12]

虽然在伦敦的波兰政府（和一些波兰共产主义者）恳求得到利沃夫，但他们没有任何得到利沃夫的可能。斯大林似乎明白把这座城市给乌克兰，而不是波兰，能获得更多的好处。[13]此外，沃里尼亚和加利西亚曾在 1939 年和 1941 年间归入苏维埃乌克兰，而重新恢复 1939—1941 年边界是斯大林最明显的战争目标。波兰将成为一个非常紧凑的国家，而利沃夫和维尔纽斯将重归苏联。[14]在 1943 年的德黑兰，斯大林得到盟国同意，恢复《苏德互不侵犯条约》约定的国界。在红军穿过原波兰-苏联边界后不久，1944 年 2 月，英国首相温斯顿·丘吉尔公开认可苏联在西部的领土野心。1944 年 10 月，斯大林在丘吉尔在场时告知米科瓦伊奇克和格拉布斯基关于恢复 1941 年边界的《德黑兰协议》。[15]米科瓦伊奇克拒绝接受这一事态，但是斯大林已经用他自己的方式使新边界合法化了。1944 年 7 月，斯大林和他的傀儡波兰民族解放委员会签订了秘密协约，协约将苏联-波兰边界向西面推进，和 1939 年边界十分相似。[16]1944 年 11 月，米科瓦伊奇克政府在利沃夫问题上做出让步。

在苏联方面来说，1944 年的新奇之处并非把波兰领土归入苏联共和国——这是 1939 年的政策——而是由民族性定义的人口的交换。1944 年 9 月，苏维埃乌克兰-波兰"撤离"协议规定波兰人和犹太人从之后变成西乌克兰的地方撤出，定居别处，而共产主义波兰的乌克兰人也要到别处定居。[17]类似的协议规定了波兰、苏维埃立陶宛和苏维埃白俄罗斯亚之间的人口交换。诚然，这些"遣返协议"（正如它们广为人知的那样）必须在当时普遍惯例的背景下来看待。西方盟国假设战争的结束会伴随着边界变动和大规模人口迁移。斯大林想当然地认为战争的结束会使大量德国人被驱逐，并假定他们逃离波兰和捷克斯洛伐克时不会得到苏联的协助。就像他对捷克斯洛伐克总理所说的："我们不会挡你的道，把他们都赶出去吧。"[18]

但是，我们一定不能夸大这个案例。斯大林在种族同质性上的利益是有限的。驱逐苏联境内的波兰人仅仅关乎属于 1939 年前的部分波兰领土上的波兰人。而向苏联的驱逐对波兰本身来说是很有限的。假如斯大林对他的新卫星国的种族纯洁性有着狂热的兴趣，那么人们也许更能理解他在战后的流放政策。毕竟，1944—1946年的罗马尼亚（有匈牙利少数民族）、捷克斯洛伐克（有匈牙利少数民族）和匈牙利（1938年后，匈牙利作为德国盟友获得了罗马尼亚和捷克斯洛伐克的领土，匈牙利试图保有这些领土以保证那些国家的匈牙利人不会成为少数民族）的民族问题还没有解决。这些国家的民主和共产主义政治家也请求斯大林帮助解决这些问题。照目前的情况来看，斯大林似乎选择"解决"由于种族清洗而恶化的民族问题，即波兰和乌克兰的问题，而非在所有可能的地方制造民族同质性。莫洛托夫敦促捷克斯洛伐克人和匈牙利人跟随苏维埃乌克兰-波兰、苏维埃白俄罗斯亚-波兰和苏维埃立陶宛-波兰的重新定居的模式，但是苏联无论如何也不会强制推行这个模式。匈牙利反对迁移匈牙利少数民族，这个问题就到此为止了。越往南面的民族问题，斯大林想最终解决的兴趣似乎就越少。看起来斯大林总体上支持他的新卫星国是种族同质性的，但是他只在那些战时发生过种族清洗的地方动用苏联的资源。此外，斯大林似乎认为在他活着的时候很可能再发生一次德国进攻，因此他希望彻底解决所有可能阻挡俄国、波兰和乌克兰之间的和谐共存的问题。[19]

如此我们可以将斯大林在1944—1946年可能解决的民族问题分成四类。（1）斯大林希望解决德国问题，并且预想到这个问题是因为他而解决的。在这点上他是对的。（2）斯大林用苏联资源解决立陶宛、白俄罗斯亚和乌克兰的波兰问题；以及捷克斯洛伐克的乌克兰问题。[20]（3）斯大林希望罗马尼亚和斯洛伐克的匈牙利问题可以通过驱逐来解决，但是拒绝动用苏联部队，最终没有逼迫匈牙利合作。他同样支持波兰人和捷克人的人口交换，但是没有执行。（4）至于保加利亚和南斯拉夫，斯大林没有谈种族同质性，谈的是各民族间的手足情谊，甚至谈到了联邦欧洲的未来。总之，越是和1941年德国军队侵略路线相关的民族问题，斯大林就越有兴趣解决它。在考虑和俄国更相关的民族问题时，斯大林会更多引用历史资料、民族类型和民族主义推论。

在波兰共产主义者看来这已足够明显，他们在向斯大林呼吁时使用了民族主义者的论证。雅各布·伯曼（Jakub Berman，1901—1984）——一位在莫斯科战争中幸存下来的波兰政治局成员——指出新的边界和人口交换已经解决了波兰-乌克兰的民族问题，他向斯大林呼吁从立陶宛和白俄罗斯亚遣送更多波兰人回来，以建立一个更强大的波兰国家。[21] 正如这所暗示的，在波兰和乌克兰的案例中，为了证明驱逐不是惩罚民族而是建立民族，斯大林的民族主义者的论证走得太远了。这是一个重要的改变。1944年之前苏联的驱逐不能被解释为旨在巩固民族。[22] 在20世纪30年代，斯大林在民族主义的基础上驱逐了大量苏联公民，但这只是为了强制迁移，而不是在故土建立民族。[23] 1939—1941年，在加利西亚和沃里尼亚之前属于波兰的领土上，斯大林驱逐了当地的精英。然而这只是针对独立的政治和公民社会的政策，或是针对上层阶级的政策，苏联并没有驱逐每个波兰人的打算。1944年红军重返加利西亚和沃里尼亚后，斯大林"撤退"或"遣返"所有民族人口到"他们"自己的民族故乡。他把被分类为"波兰人"的个人送到西面，送到共产主义波兰。从20世纪20年代开始，苏联就持有这种每个人身上铭刻不同民族性的观点。在20世纪30年代的苏联政策中，民族性可以超越阶级这一点是明显的。把个人和他们的民族领土匹配起来可以为苏联带来利益，这种观念是在1944年后新出现的。

第9章 波兰东南部的种族清洗（1945—1947）

要描述苏联民族性政策的演变可能需要写另一本书了。关于在现代化的叙述中，苏联在20世纪二三十年代能否和其他欧洲国家归为一类存在很大争议，而在这个争议中民族性政策常常被当作现代化的手段。[24]从我们已有的证据来看，这是真的，但恰好是一种辩证的方式。布尔什维克革命前，列宁和斯大林发展出来的对待民族性的理论方法只有一半是现代的。它源于对奥地利-马克思主义者（Austro-Marxists）所支持的秘密党员怀旧式方法的拒绝，这种方法认定多民族的奥地利是有价值的，并将民族性视作个人偏好和地方文化的问题来对待。同时，列宁和斯大林反对现代民族性的观点，这种观点是政治主权合法性的源泉。早期布尔什维克处理民族性的方法同意民族性本质上是政治的，并且是和领土和语言有关的，但是反对其对政治垄断的宣称。在这个意义上，根据列宁的民族自决的观点，民族主义是可以被用来建立一个多民族国家的。[25]因此，一个多民族国家是可能通过区别地方民族性和终极政治忠诚来被治理的，就像20世纪20年代的苏联。20世纪20年代本土化（korenizatsiia）政策假定，在地方民族性精神中孕育出的精英能为苏联国家提供服务。

"相对而言"（Toutes proportions gardées）——这是处理民族性的现代方法，某种意义上我们已经在前面几章讨论过这个问题了。这种方法认为来自不同民族的政党和国家官员是理所应当的，但同时可以组成一个政党或一个政治单元，比如苏联（成立于1922年）。即便地方语言受到支持也经过编纂，俄语仍是苏联高级政治中的主要语言。然而，这种针对政治（political）民族性的近代早期方法，是和一种针对社会（social）民族性的现代方法结合在一起的。诸如波兰-立陶宛王国和哈布斯堡的奥地利这样的近代早期国家，它们对文化多样性做出解释，并向精英提出一种更高的政治忠诚。而苏联并非如此，它积极地为全体人民定义和创造民族性。苏联的领土被分为几个民族领土单元，境内的每位公民最终都被贴上了某一民族性的标签。现代民族主义将大众当作他们民族领土上的最高主权者，而将政治当作把这一简单观念上升到高级政治领域的事务，迫使精英对手做出更扭曲的防御，把他们压向天花板。共产主义就是这样一个精英对手。这里出现了一个矛盾。

无论苏联政策是否实际上传播了现代民族主义，斯大林在20世纪30年代颁布了驱逐政策，并且因为相信某些群体为了他们自己的民族背叛了苏联政权，而在乌克兰制造大饥荒。[26]然而只要驱逐的目的地是苏联境内的遥远地区，那么至少驱逐本身和原初的民族性方法是一致的。至少在原则上，惩罚是一种纠正机制。有时候，西伯利亚和哈萨克斯坦确实在被驱逐者中创造或至少保持了苏联认同。从苏联境内驱逐人口，就像1944年之后的政策，实际上是承认失败。剥夺苏联公民权（如1944年后的政策），而不是强迫人们接受它（如1939年的政策），这意味着放弃国际主义。[27]到1944年为止，苏联政策的预设不仅是个人的政治忠诚根植于他们的民族性，还包括苏联政策无法改变这种状态。这意味着不仅要接受一个关于政治不稳定的非常现代的诊断（外来国民的存在），而且要接受一个非常现代的处方（将民族人口和民族领土匹配起来）。

1944年，苏联政策的这一重要改变使那一年波兰宣告成为一个与其同质性的共产主义国家成为可能。无论我们如何看待斯大林的政策起源，边界改变和人口迁移重新改变了波兰共产主义的方向。波兰共产主义者没有设定1944年边界改变和驱逐的政策，但是他们参与了这些政策的规范化和执行。驱逐是他们介入政治权力的开端，也是他们第一次和波兰社会接触。共产主义者同意成立名为"波兰爱国者联盟"（1943）和"波兰民族解放委员会"（1944）的先锋组织。在后者签署"撤离"协议并被派去统治波兰后，前者留在莫斯科帮助"撤离"波兰人。[28] 留在苏联的波兰共产主义者——如瓦斯柳斯卡——致力于把人口和边界匹配起来。在波兰的波兰共产主义者很快就意识到，他们被赋予了一种从未享有的支持来源。他们第一次争辩说两次大战间的波兰是因为民族性结构而覆灭的，并提出了民族民主党人在两次大战期间提出的概念：一个"民族国家"。当战争结束了，红军把他们送上掌权之位，以建立某种和种族共产主义非常相似的体制。

从人口学的角度来看，乌克兰问题在波兰的种族同质化过程中更次要一些；在政治方面，它是波兰共产主义民族化过程中的主要问题。超过90%曾生活在波兰新领土上的犹太人死于大屠杀。至于波兰在战争结束时从德国接收的德国居民——他们生活在波兰新的西部领土上，时任总书记瓦迪斯瓦夫·哥穆尔卡（Władysław Gomułka）❶在1945年5月把这个问题说得很清楚："我们不得不把他们赶出去，因为所有国家都是建立在民族原则（national principle）上的，而不是建立在民族性原则（principle of nationalities）上。"[29] 驱逐哥穆尔卡所提到的德国人，是比驱逐乌克兰人规模更大的行动，但这次行动在一年后才开始，而且是作为盟国所认可的欧洲总计划的一部分。因此，我们可以把波兰方面在波兰-乌克兰边界问题上的民族化标记在1944年9月。当时波兰方面支持种族共产主义，在迁移人口中起到了直接作用，而且把自己

---

❶ 瓦迪斯瓦夫·哥穆尔卡（1905—1982），曾任波兰共产主义工人党总书记，后因被指责有反苏倾向而被撤职。在1956年波兹南事件后他出任波兰统一工人党第一书记，1970年因经济政策失误而下台。

标榜为波兰民族利益的代表。在波兰共产主义者于 1945 年 6 月和米科瓦伊奇克以及其他一些非共产主义者一起成立了"民族统一临时政府"之前,波兰共产主义者已经承担起创造一个同质化国家的责任。这给他们带来了从未有过的支持。

1944—1946 年的"遣返"

1944 年到 1946 年期间,约有 78 万人作为波兰人或犹太人,从苏维埃乌克兰到波兰去重新定居。在 1939—1941 年苏联占领和 1943—1944 年乌克兰发起大清洗之后,对其中多数人来说,"苏联"和"乌克兰"都没有特别正面的含义。[30] 1944 年夏天,许多在乌克兰的波兰人仍然相信波兰最终将重新取得或拓展其乌克兰领土,而且有关英国和美国会向苏联提条件的信念广为流传。但是苏联几个月的统治改变了许多人的想法。[31] NKVD 的压迫让人联想起 1939—1941 年的回忆,而 UPA 在 1943—1944 年继续发动针对波兰平民的攻击。在战争结束前很久,在苏维埃乌克兰的 UPA 针对没有登记"遣返"的波兰人便已展开种族清洗。更可能的情况是 NKVD 冒充 UPA 小分队破坏波兰人定居点,而且 NKVD 小分队很可能"非公开地"攻击波兰人。[32] 无论实际情况如何,对苏维埃乌克兰的波兰人的"遣返"最可能是 NKVD 和 UPA 非公开合作的成果。大量逮捕神父和主教意味着波兰社群在苏维埃乌克兰几乎没有生存的可能性。"无论是谁,不去波兰就去西伯利亚"的观点四处流传。[33] 波兰政府的代表执行着他们认为是为了本国民族利益的政策,并鼓励在乌克兰的波兰人离开。[34] 最终,希望留下来的波兰人被强制遣返了。甚至最顽固、最不开化的波兰农民——他们不知何故在西沃里

第9章 波兰东南部的种族清洗（1945—1947）

尼亚生存下来了——也发现自己被强行遣送到波罗的海。有趣的是，苏联驱逐政策的结论是将西沃里尼亚重新定义为一个没有波兰人的地方，而这个计划是由 UPA 首先发起的。苏联政策是将所有波兰人从战前的波兰领土上驱逐出去，但是略过了那些居住在战前边界的苏联一端的波兰人。曾经属于波兰的沃里尼亚地区（后来成了苏维埃乌克兰的沃伦州和罗夫诺州）已经没有波兰人了；波兰人最大的聚居点在已属于苏联的沃里尼亚地区东部（这里后来成为乌克兰的日托米尔[Zhytomyr]州）。

到波兰的交通运输工具是极度原始的。出发的经历令人感到羞辱，尤其对女性来说，而在火车上度过的几周充满了疾病和死亡的风险。[35] 1944 年 9 月，波兰民族解放委员会被迫成立一个传染病防治特别委员会。定居者一到达波兰就会被 DDT 浸透。[36] 讽刺的是，这场悲剧的另一部分是由于移居波兰的计划仅限于苏维埃乌克兰在战后从波兰领土上吞并的区域，不是所有想去波兰的人都能去。即使是在这些领土上，战前的波兰公民也没有足够的理由移居波兰。如果当时的规定针对的是人民而非波兰人和犹太人，那么数百万拥有两次大战间波兰公民权的东斯拉夫人原本可以移居波兰。这原本可以削弱这项政策的种族目的。具有决定性的是苏联在 1939—1941 年发布的护照，因为所有苏联护照上都有一个民族性类别。当然，一些在 1944 年希望被视作波兰人的人，在 1939 年曾希望被视作乌克兰人，因此他们护照上记录的民族性是"错误的"。[37] 其他波兰人选择留下，不知为何他们逃脱了被驱逐的命运，一些人开始自称是乌克兰人。（今天我们还能找到这些人：他们在伊万诺-弗兰科夫斯克出发的长途巴士上通过母亲的波兰名字认出彼此，在利沃夫的有轨电车后座用波兰语低声交谈；在基辅的咖啡馆，当有人好奇地发现他们说出了一个波兰语鼻元音时,他们马上转换到乌克兰语。)

另一个方向的"遣返"——从波兰到苏维埃乌克兰——面临着更大的问题。诚然,更向西的新边界意味着两次大战间在波兰的大部分乌克兰公民发现他们现在在苏维埃乌克兰境内,根本无须迁移。[38]波兰给了苏联47%的战前领土,包括整个沃里尼亚的领土和几乎整个加利西亚的领土。但是即便处于更西面的位置,波兰仍然囊括了大量东南和南部尽头的领土,在那里生活的人们说着乌克兰方言,信仰希腊天主教和东正教。虽然波兰人谋杀了几千名生活在卢布林和热舒夫地区的乌克兰人,但是生活在这片地带南部和山区的更多乌克兰人并未被内战波及。[39]在那些国家权力需要花更久才能到达的地方,兰科人和乌克兰人很难相信共产主义指令将对他们的利益造成损害。在两次大战间的波兰,这些人口通常给左翼投票,并且到了1945年年初这个时候,他们还把共产主义和国际主义联系在一起,有时候甚至把苏联和一个伟大俄国的积极形象联系在一起。贝斯基德山的兰科人住在这片土地上最西面的地区。相对而言他们没有受到战争的伤害,这些兰科人普遍认为没有理由投身于任何现代民族性。在边界变动后,兰科人大约是波兰境内说乌克兰语人口的三分之一。

似乎,一些在1944年年末接受从波兰"遣返"回苏维埃乌克兰的兰科人这样做的原因是他们把苏联当成了俄罗斯民族的故乡。[40]在包容性和多元性的意义上,他们自视为俄罗斯民族家庭的一员。其中一些人也可能是以乌克兰人的身份过去的。他们很多人对看到的苏维埃乌克兰的情况感到恐怖,立刻回到了波兰。在贝斯基德山牧羊和在比如说第聂伯罗州(Dnipropetrovsk)的苏联集体农庄里工作的区别十分显著,

第9章 波兰东南部的种族清洗（1945—1947）

很多在两地都有体验的人发现他们强烈地偏爱前者。这些"再次遣返者"或是拿出两次大战间波兰的文件证明，或是自称波兰人并在苏联拿到了新的文件证明。由于他们能比被从苏联驱逐出境的波兰人波兰语说得更好，这些招数常常管用。两次大战间波兰的文件证明缺少民族性类别，这个含糊的漏洞给了这些人一些选择命运的自由，也给了他们回到波兰的机会，传播苏联官员所谓针对苏联生活的"诽谤性谣言"。[41]

第一次世界大战后，兰科人的主要愿望是和其他喀尔巴阡山脉的斯拉夫民族留在同一个国家。在第二次世界大战后，兰科人最希望的仅仅是留在他们的民族生活了几个世纪的土地上。由于1944年对苏维埃乌克兰的不信任，这个愿望在1945年初成了兰科人的普遍愿望。在这之后，波兰政权开始对整个乌克兰人和兰科人定居地带施加压力。没有登记"遣返"的年轻男性被逮捕。波兰安全部队和波兰军队开始攻击乌克兰人和兰科人的村庄。虽然兰科人和乌克兰人没法总是弄清攻击者是谁，但是他们知道攻击者是波兰人。由于兰科人被迫以乌克兰人的身份移居别处，波兰政策事实上成为乌克兰化进程的一部分。当地能区分出兰科人和乌克兰人区别的波兰官员意识到情况确实如此。他们坚持汇报兰科人对波兰国家的忠诚。[42]领地级别的官员却更加置身事外地看待这个问题。比如，克拉科夫区的领地官员认为，"从民族主义的观点来看"，为了塑造"一个同质化的国家"的利益，如果兰科人被当作乌克兰人被驱逐离境，事情会变得最简单。[43]波兰共产党的第一书记、重新定居事务部长瓦尔迪斯瓦夫·哥穆尔卡事实上曾下令中止强制兰科人移居。[44]和能区分两者的地方官员一样，哥穆尔卡也来自兰科人生活的领土。来自波兰第一书记的命令被忽视了，这说明驱使兰科人和乌克兰人强制移居的决定来自莫斯科，或者至少莫斯科的指令是可以这样被理解的。

"二战"欧洲战场以德国投降为止,在此后的行动中波兰共产主义部队杀害了大约 4000 名兰科和乌克兰平民。救国军和其他波兰游击队杀害的人数至少有数千人甚至可能达数万人之多。[45] 波兰官方军队和波兰游击队本身就是彼此致命的敌人,在 1945 年这一整年以及 1946 年,他们参与了波兰国内的所有重大战争。然而,从兰科人和乌克兰人的角度来看,和官方军队及与之作战的游击队的接触显示了共产主义波兰即将发生的事件。当一个乌克兰人或兰科人的村庄被烧毁了,在村民看来,袭击者代表的波兰理想几乎毫不重要。苏联毫无吸引力,而波兰民族主义者帮助波兰共产主义者使波兰变得让人无法容忍。正如 UPA 帮助苏维埃乌克兰的官员驱逐波兰人,波兰游击队员帮助波兰共产主义者驱逐乌克兰人和兰科人。和在苏维埃乌克兰的波兰人一样,在共产主义波兰的乌克兰人和兰科人面临着民族主义者的愤怒和共产主义者的同质化政策。20.8 万名登记为乌克兰人的个人在 1945 年 1 月至 8 月间离开了波兰。[46] 想要留下来的人们还在寻找能维护他们的人。

1945 年在波兰的 UPA

UPA 在 1943 年于沃里尼亚开始的种族清洗政策,在 1945 年成了惯例。UPA 是如何渡过这种由他们协助制造的情况的?在 1944 年非正式的边界变更后,UPA 的主要部队在苏维埃乌克兰西部与苏联部队作战,其指挥官把波兰视作外围行动区域。1945 年初,雅罗斯拉夫·斯塔鲁欣(Iaroslav Starukh)在波兰新的西部边界针对其组织了一个新的 UPA 指挥部。1945 年 8 月重组过程完成了,而新的苏联-波兰边界

第9章 波兰东南部的种族清洗（1945—1947）

也公布了。1945年在波兰，UPA小分队的人数可能从来没有超过2400人。[47]除了一些例外，这支部队不是在1943—1944年参与沃里尼亚和加利西亚大清洗的那些士兵。在战后波兰领土上的UPA士兵大多是在1944年、1945年或1946年加入进来的，并且在他们居住的地区作战。[48]他们在波兰更南面和更西面的地方，乌克兰民族主义者要花更长时间来激活UPA部队。1943年，UPA在卢布林地区作战。1944年UPA出现在毕斯兹扎迪山脉（Bieszczady mountains）。在1945年秋天，德国人投降及第二次世界大战结束后，下贝斯基德山（Beskid Niski）才没有UPA的踪迹，居住在那里的兰科人对此表示不屑。

赫鲁晓夫写信告知斯大林，波兰游击队对乌克兰平民的攻击帮助UPA招募到新兵，他是正确的。[49]然而，主要的原因是人们希望避免被驱逐到苏联。[50]在此之前，在这些领土上的很多地方，故乡和乌克兰民族主义之间是没有关联的，当乌克兰民族主义者承诺能阻止驱逐，这种关联才变得显著起来。这是一条通向新的意识形态世界的通道。OUN班德拉派仍然是乌克兰民族主义中的优势力量，但在德国投降后，OUN梅尔尼科派和OUN班德拉派之间的区别变得不那么重要了。加利西亚武装党卫队的老兵——受到前者的支持，但受到后者的抵制——如今在当地UPA中扮演着重要角色。[51]这个结论能被UPA记录所证明。尼古拉·寇普多（Mykola Kopdo）在1944年从加利西亚武装党卫队逃走加入了UPA，他在指挥一支在波兰作战的UPA旅时阵亡。德米特罗·卡万茨基（Dmytro Karvans'kyi）是OUN梅尔尼科派中的要员，他在1944年2月逃离加利西亚武装党卫队加入UPA。他在指挥一支在波兰作战的UPA连队时阵亡。米哈伊洛·哈洛（Mykhailo Hal'o）是波兰东南部四个UPA营之一的指挥官，他在1944年也离开了加利西亚武装党卫队。马里安·卢克舍维奇（Marian Lukashevich）是 UPA 在波兰的三个战略区域中的一个的指挥官，他也是一名加利西亚武装党卫队老兵。[52] 无论当地乌克兰人加入 UPA 的动机是什么，他们都是从这些军官那里得到训练。[53] 换言之，共产主义波兰的种族清洗政策促使乌克兰公民加入前党卫队军官的部队。

这意味着我们可以确认和描述 UPA 在 1945 年的波兰所追求的利益。其大多数行动都是为了制止驱逐，而且在其招募宣传中，他们把自己描绘成一个能够保护乌克兰人家园的组织。[54] 宣传归宣传，但是这确实说明了人们为何会加入。波兰东南部平民死亡数量的对比有助于确认 UPA 在此时此地的目标是抵抗和防卫，而不是种族清洗。1944 年 9 月，就在冲破战争前线后，UPA 下达命令中止"大规模反波兰人的行动"——至少在之后变成共产主义波兰的边界内。[55] 尽管 OUN 班德拉派继续把波兰东南部视作种族上属于乌克兰的领土，但是他们没有任何战略理由把即将保留在波兰境内领土上的波兰人清除掉。对平民的杀戮和对定居点的清算还在持续中，但是此后的攻击都是对波兰人攻击的报复。UPA 指挥官反对把乌克兰人从波兰东南部驱逐到苏维埃乌克兰，并认为"遣返"是消灭在苏联劳动营的乌克兰人和毁灭乌克兰民族的手段。[56]

在这个计划中，UPA 面对的主要问题是关于民族性的"信息"到处存在。在决定重新定居的过程中，波兰的共产主义者官员利用了德国人的文件，文件上模糊不清的"P"和"U"帮了大忙。由于每个人都认可德国人的效率，因此人们把在文件上没有显示波兰民族性的任何人都认作事实上的乌克兰人。在有疑问的情况下，波兰官员就会利用教会记录，他们遵循的逻辑是任何不信仰罗马天主教的人必定是乌克兰人。

UPA游击队员烧毁了这类土地清册以消除关于特定区域内谁是乌克兰人的"信息"。UPA士兵同时着手炸毁铁轨和火车头，推倒了数百英里的电话线杆（甚至可能在剩下的电话线上装了窃听器），毁坏桥梁以及暗杀负责"遣返"工作的官员。UPA烧毁了人口减少的乌克兰人村庄，防止波兰人在此定居。当波兰军队在1945年9月被派来协助重新定居工作时，UPA直接向他们发起攻击。[57]

UPA比当时任何抵抗共产主义的波兰力量都要大胆。救国军在1945年8月正式解散了，其指挥官决定未来的斗争对象是一个叫作"波兰"的共产主义国家，西方盟国认可这个国家的边界，这个国家不会对波兰人的事业有任何帮助。救国军下属的一些部队不听从解散的命令，在之后有名的反共产主义组织"救国军—自由与独立"（Armia Krajowa—Wolnośći Niezawisłość，简称AK-WiN）中继续战斗。正如我们所知，这些相同的地缘政治事实导致UPA重新组织、改变其战略。乌克兰和波兰游击队现在绝望到认为任何对平民的继续攻击是在浪费时间和精力。UPA和AK-WiN在1945年春天休战。[58]到此时，乌克兰和波兰游击队只有一个共同的希望：第三次世界大战将开始，美国人和英国人会把共产主义赶走。

共产主义、波兰国家及其乌克兰公民，1945—1946

重新定居的政策使乌克兰人和一些兰科人加入UPA部队，也使一些当地领袖向新的中央权威提起申诉。1945年7月，一支乌克兰人代表团在华沙的公共行政部会议上捍卫他们的权利。他们得到的回应预示着接下来将发生的事。"虽然公民一致同意留在这里，但我认为这将是不可能的，"部长委员会的一位代表说，"在与苏联就建立一个基于民族志的边界达成一致后，我们倾向于成为一个民族国家，而不是存在各种民族性的国家。"[59] "民族国家"或者说在种族上同质的国家，是两次大战间民族民主党人的代码。这是格拉布斯基一本书的标题。[60] 另一方面，"存在各种民族性的国家"一直和毕苏斯基的联邦主义和犹太人自治联系在一起。我们在共产主义者控制的波兰政府代表漫不经心地使用"民族国家"这个词中，可以发现一点转变。这个国家对民族性的态度并未被所有公民认可。还没有接受这一原则的说乌克兰语的人，包括亲俄的兰科人，对苏联政策和波兰民族主义和谐一致的局面感到惊讶和失望。1945年9月，来自波兰几个地区的兰科人代表写信给苏联当局，请求不被强制疏散。这些兰科人就他们的土地没有被苏联兼并而表达惋惜。他们在请愿书的最后写道："如果苏联不想要我们的土地，那么苏联也不想要我们，所以把我们留在原来的地方吧，只要我们对你们来说不是必需的。"[61]

苏联的政策已经朝相反的方向改变了。在苏联遣返事务全权代表尼古拉·波德戈尔内（Nikolai Podgornyi）❶的要求下，1945年9月波兰当局命令三个步兵师把剩下的乌克兰人驱逐到苏联。[62] 其中两个步兵师的士兵中有来自沃里尼亚的波兰人，他们中的一些人参与了针对1943年大屠杀的复仇行动。在1945年末，当波兰士兵强迫约2.3万乌克兰平民撤离这个国家时，他们杀害了几千名乌克兰平民。波兰的军队通常由红军军官率领，他们应为其中几次最恐怖的乌克兰平民大屠杀负

---

❶ 尼古拉·波德戈尔内（1903—1983）是冷战时期的苏联政治家，曾于1957—1963年任乌克兰共产党中央委员会第一书记，1965—1977年任苏联最高苏维埃主席团主席。

责。这些军官在波兰军队里的军衔很高,当然他们也穿着波兰制服。(其中一些人——比如臭名昭著的斯坦尼斯拉夫·普卢托[Stanislav Pluto]上校——出身波兰人家族。更常见的情况是,苏联军官和负责将乌克兰人遣离波兰的官员有着乌克兰姓氏。)1945年年末到1946年年初,波兰军队的惯常做法是先半心半意地袭击一个UPA小分队,摧毁一个村庄,在UPA成员逃走后杀死一些乌克兰平民,然后等待UPA作为报复破坏一个波兰村庄,以此类推,循环往复。其中有一个例子最为突出。在普卢托的命令下,波兰士兵在1946年1月25日谋杀了扎瓦卡·莫洛霍夫斯卡(Zawadka Morochowska)的平民。士兵们一共杀死了56人,其中大多数是女人、儿童和老人。他们把人活活烧死,把活人开膛破肚,用刺刀割断他们的手脚。[63]

在1946年4月,波兰当局组织了一次热舒夫团体行动,行动目标是把波兰的乌克兰人驱逐干净。有25万人被认定是乌克兰人,他们在1946年4月到6月间被迫移居到苏维埃乌克兰。在整个"遣返"阶段,即1944年10月到1946年6月,共有482661人被认定是乌克兰人,被送往苏联。大致来说,其中30万人是被迫迁徙的,10万人或是受到周围的暴力威胁,或因无家可归而迁徙,剩下的人是主动离开的。热舒夫行动造成910名乌克兰人死亡,但是几乎没有损伤UPA的组织结构。[64]行动最终的结论是,波兰的乌克兰"问题"已经解决了。

维斯瓦河行动的原则,1947

1947年年初,波兰当局意识到情况并非如此,要"最终解决"乌克兰"问题"需要一项新的政策。组织1944—1946年"遣返"行动的苏联军队不太能用得上了。苏联 NKVD 正在撤出波兰,苏联用于遣返的基础建设也都拆除了。1946 年,波兰还在抗拒遣返终结的事实,希望能从苏联那里获得最多数量的被遣返者。对此,斯大林已耗尽所有耐心。[65] 这意味着今后重新定居是国内事务,正如一位在"遣返"行动中职位显要的波兰将军迅速建议的那样。"既然苏联不再带走这些人,"副参谋长斯特凡·莫索(Stefan Mossor)在 1947 年 2 月建议,"让整个收复领土上的每户人家都移居苏联是有必要的。"所谓收复领土是指波兰从德国收回的北部和西部地区。[66] 1946 年,针对波兰反对者的波兰共产主义军事部队,比针对乌克兰反对者的要多得多。1946—1947 年的冬天,军队还被用来伪造 1947 年 1 月的议会选举结果。这些选举结果以及当月颁布的大赦,终结了波兰人武装反对波兰政权的情形。1947 年波兰集结了更多波兰军队,UPA 开始继续作战。

在时任国防部副部长卡罗尔·希维尔切夫斯基(Karol Świerczewski)于 3 月 28 日被 UPA 暗杀后,波兰政治局立刻决定"让重新取得的领土(尤其是普鲁士北部)上的乌克兰人和民族混合家庭移居海外,防止他们组成任何紧密的团体,防止他们离国界的距离小于 100 公里"。[67] 希维尔切夫斯基将军之死很可能为波兰当局提供了完美的行动时机,他们希望行动是建立在政治基础上的。当然,优先性很重要,而且我们不能确定如果 3 月不发生谋杀,4 月将发生什么,我们也无法完全肯定苏联对这次行动的态度。波兰的计划必须获得苏联的同意,而这个计划和苏联的惯例恰好一致。在国界线另一边的苏联当局正与 UPA 进行一场极度残酷的战争,并且驱逐他们的家庭成员。此外,苏联特工深度参与筹划了所谓的"维斯瓦河行动"。[68] 而苏联在这次行动开端的角色依然不清晰。一位受到莫斯科信任的高阶波兰官员试图警告斯大林,让波兰境内的乌克兰人重新定居的政策是不负责任的，而且很可能失败。惊恐于波兰政治局的突然决定，波兰遣返事务副部长在深夜直接与他的苏联联络人联系，亲自告诉对方波兰政治局在没有咨询莫斯科的情况下匆忙做出重要决定。[69]

可能——可能性甚至很大——这位苏联联络人被误导了。我们不得而知。认为波兰政策会在未经莫斯科允许的情况下颁布是很天真的；认为苏联制定了每一项政策也同样天真。我们可以从1947年三四月的政策规定中窥见端倪，政策规定苏联成员与波兰当地人在维斯瓦河行动中合作。例如，瓦茨拉夫斯基·科索夫斯基（Wacław Kossowski）中校——苏联安插在波兰总参谋部的红军军官——在3月29日建议"完全消灭在波兰东南部边界区域的残余的乌克兰人"。4月21日，国家安全委员会——负责消灭反对共产主义政权的有组织抵抗的中心部门——接受了他的建议。[70]委员会通过了一份公共安全部长斯坦尼斯拉夫·拉德凯维奇（Stanisław Radkiewicz）所做的简短报告。拉德凯维奇是两次大战间的一位波兰共产主义者，他在苏联熬过了战争，并在红军服役。当红军进入波兰时，他负责国内安全事务，在整个1945年领导着秘密警察。出席会议的还有国防部长和米哈乌·罗拉-任米尔斯基（Michał Rola-Żymierski）元帅，后者是斯大林的又一位代理人。任米尔斯基曾在毕苏斯基的军团服役，在两次大战间获得将军之位，但因受到贪污指控而被开除出军队。在战争时期，他加入了由苏联赞助的波兰军队，由于斯大林的提拔，很快晋升到最高军衔。

1947年初，即使波兰军事规划者把预估数字上调了一些，他们认为"残余的乌克兰人口"最多不超过7.4万人。事实上，当时在波兰有大约20万说乌克兰语的人口（约占波兰总人口的0.8%）。[71]这个绝对数字高到能显示强制迁徙将造成多大的苦难，而相对比例却足够低，以至于令人认为乌克兰人（其中三分之一是兰科人）会威胁到波兰国家这个论断是值得商榷的。诚然一些乌克兰人在1947年是支持UPA的，但当乌克兰人被不断驱逐到苏联时，他们的支持者越来越多。而UPA的主要目标也确实是建立一个独立的乌克兰国家，即使概率很小，一些士兵依然愿意为之战斗。虽然现在OUN和UPA的领导人隐藏起他们的最终目标——在所有"民族志意义上的"乌克兰领土上建立一个乌克兰国家，也减少了对波兰军队的攻击，但是UPA和波兰国家之间基本的利益冲突是确切无疑的。[72]

然而，这并不意味着迫使所有乌克兰人口移居海外只是因为与UPA的战争。1947年初，波兰政治局和总参谋部认为，除去UPA意料之中的破坏外，乌克兰人重新定居是和他们的权利相符的。军队有两项任务。一项任务是"破坏UPA的联合"；第二项任务是实行"把所有乌克兰人疏散到东北部领土上，使他们最大程度地分散开来"。[73]波兰指挥官（包括那些向莫斯科汇报的人）明白维斯瓦河行动中包含了战斗和重新定居的任务。重新定居是针对剩下的乌克兰人，即便UPA很快保持中立了。在莫索将军看来，维斯瓦河行动的目的是"永久性解决波兰的乌克兰人问题"。[74]重新定居是为了使波兰境内不再出现乌克兰人社群，用战后共产主义者从两次大战间的民族主义者那里继承的语汇来说，战后波兰将成为一个"民族国家"。[75]

这次行动的名字暗示了重新定居任务的中心所在。维斯瓦河从克拉科夫经过华沙，抵达靠近波罗的海的格但斯克（Gdańsk），把当代波兰大致分为两半。这不是偶然的。在"二战"前和"二战"期间，河流破坏了民族主义者们想象中的同质民族领土边界，波兰民族主义者

第9章 波兰东南部的种族清洗（1945—1947）

要求把乌克兰人向东驱逐到兹布鲁奇河外的地方，乌克兰民族主义者警告波兰人向西逃离到桑河（San）之外的地方。事实上，苏联的政策是在河流问题上折中，朝两个方向进行驱逐：布格河成为波兰-苏维埃乌克兰的边界，而超过100万波兰人和乌克兰人分别朝两个方向"撤离"。颇为讽刺的是，维斯瓦河行动正好符合这一传统。维斯瓦河规定了卢布林、热舒夫和克拉科夫领地在战后波兰的边界，这里居住着乌克兰人，他们也是从这里移居他方的。民族主义者的传统是把种族仇敌赶到河对岸，让他们"回到"敌人的民族领土，而苏联和波兰共产主义者在1944—1946年的做法后确实实施了此类方案，但是波兰政权于1947年却将境内的乌克兰公民向"错误"的方向驱逐，把他们驱逐到北部和西部，驱逐到乌克兰人从未存在的维斯瓦河岸，可以想见他们在那里将完成同化。

维斯瓦河行动的初衷是使新的波兰国家在种族地理学和政治地理学上匹配起来。1947年，随着犹太幸存者移居海外，剩下的德国人匆忙改变他们的民族性，波兰当局决定让"每个乌克兰人"重新定居。甚至是民族混合家庭、不支持UPA的社群、不认同乌克兰民族的兰科人、被授予勋章的红军老兵、在苏联受训练的党员、在1944—1946年帮助"遣返"乌克兰同胞的共产主义者，全都被强制移居。在"撤离"期间，民族性是由血统、宗教和纳粹身份文件上的"U"字母决定的。[76]这项（推行到"每个人"的）政策的目的是确保波兰"民族国家"是波兰"人民民主"的起点。

波兰共产主义政权通过"解决"波兰土地上最后一个民族问题，和乌克兰民族性做斗争而持续获得声望。自1943年波兰爱国主义者联盟建立起来，共产主义宣传的主要目标是取得民族理念的霸权；1947年

1月将UPA排除民族赦免之列，以不同于起诉波兰游击队员的法律起诉乌克兰游击队员以及1947年夏天的维斯瓦河行动，这些行为的天才之处在于行为本身以种族词汇清晰地定义了这个民族社群。

维斯瓦河行动的实施，1947

莫索将军获得维斯瓦河行动的指挥权，而他在1945年才加入共产党。莫索在第一次世界大战期间是毕苏斯基军团的一名士兵，在两次大战间的波兰，他是一名军事策略者。他在战前就参与了反乌克兰行动，并在1946年参加了热舒夫行动。显然，两名苏维埃波兰人筹划了针对UPA的军事行动以及军队在重新定居行动中扮演的角色：米哈乌·奇林斯基（Michał Chiliński）上校担任行动的参谋长，瓦茨瓦夫·科索夫斯基（Wacław Kossowski）中校负责领导行动每个阶段的工作。[77]步兵和国内安全部队的19335人参加了维斯瓦河行动。其中大多数人是参加过对抗波兰流亡政府的战争的老兵。在一年的时间里他们射杀其他波兰同胞，其中许多人还是他们之前的战友，人们通常会认为这些士兵必定士气低落。在维斯瓦河行动开始时，参加行动的士兵人数远远超出UPA成员人数，比例大约是20比1。[78]

莫索、科索夫斯基和奇林斯基一开始很担忧UPA造成的破坏。当1947年4月末行动在热舒夫地区开始时，莫索认为他的士兵们在战斗中的表现平平无奇。[79]波兰指挥官意识到在面对更加投入和更有经验的敌军时，包围战术不起作用，因此他们决定追捕每一支UPA分队，直到他们被逼到绝境然后被摧毁。这是苏联的一个反游击旧策略。这个策略从来没有打败过在波兰的UPA分队，因为UPA士兵只要分成更小的小队，之后再重组就可以了，但这项策略确使乌克兰人感到绝望和筋疲力尽。当战争成为一场追捕，波兰方面的情报和苏联的反游击制度全然相似。波兰指挥官仔细地解释了如何利用警犬追踪撤退到树林中的游击队员，如何摧毁 UPA 士兵的加固战壕，以及诸如此类的事情。[80]当他们在战壕中被捉到时，UPA 士兵常常选择自杀而不是投降。他们这样做是遵照指令。如果他们被生擒，等待他们的必定是酷刑，这样做还能避免折磨。[81]

同时，分散任务也在进行中，先是在热舒夫领地，之后是卢布林和克拉科夫的领地。1947 年 4 月 28 日之后的四个月里，参加行动的士兵将 140660 名被认定是乌克兰人的人从东南部驱赶到波兰北部和西部。1944—1946 年的第一轮撤退和驱逐行动已经把 75% 留在波兰的乌克兰人赶到其他地方，1947 年的维斯瓦河行动迫使剩下的四分之一乌克兰人定居别处。[82]维斯瓦河行动中的完善策略在热舒夫行动中也被使用。士兵们先把村庄包围起来，封锁住这片区域以防 UPA 介入，之后一位军事或安全部门的军官会朗读一份移居者名单。那些被认定是乌克兰人的人有几小时的打包时间，然后他们会被带到中介点。如果在军队包围村庄时有人想逃走，他们会被射杀。总的来说，在行动期间自主行动者很可能会被射杀。在一些案例中，波兰士兵射杀逃走的人，但在死者的口袋里却发现了写着"P"（代表波兰人）的德国身份文件。遇到那些没有男性的家庭，军队为了确定 UPA 士兵的下落而折磨剩下的家庭成员。几个村庄被烧毁时，村民就在一旁看着。[83]维斯瓦河行动和热舒夫行动的区别在于，安全部队在其中扮演的角色更为复杂，因为波兰当局现在不仅负责驱逐，还有波兰境内更复杂的重新定居任务。重新定居的终点以及各个群体之间的分散程度是依靠情报官的判断来决定的，在行动的最后，他们的同事会等待来自情报官的信封，里面有相关指令。

军事和安全部队的军官信赖当地告密者，后者揭发邻居是 UPA 游击队员，告密者中有波兰人也有乌克兰人。被认定是乌克兰游击队员的个人会被依法就地处决或遭送到集中营。军事法庭被赋予审判平民的权力，至少判处了 175 名与 UPA 串通的乌克兰人死刑。[84]其中大部分判决在当天就执行。约有 3936 名乌克兰人——包括 823 名妇女和儿童——被送到亚沃日诺（Jaworzno）的集中营，在战时这里附属于奥斯维辛-比克瑙集中营。在那里，除了惯常的酷刑折磨，还有斑疹伤寒传染病、食物和衣物短缺。[85]数十位乌克兰人死在亚沃日诺，包括两名自杀的妇女。超过 27 名乌克兰人——其中大多是幼儿和老人——死于移居别处的火车上。从受压迫、被监禁、被判死刑和被杀害的人数方面来看，维斯瓦河行动是波兰共产主义政权存续期间最大规模的恐怖运动。

1947 年的重新定居行动打败了波兰境内的 UPA。一旦大多数乌克兰人重新定居后，反抗不仅几乎不可能，而且从本质来说也毫无意义。大多数士兵为了保护他们的家园而战，现在他们都失去了家园。数千名希望继续反抗共产主义的人几乎没有理由在波兰继续下去。受到波兰军队无止境的追捕，UPA 营队彻底溃散。[86]一些游击队员重新定居到波兰西北部；另一些在前往捷克斯洛伐克被封锁的边境途中一路作战，最终只有几百人达到西部。不可思议的是，有数千人穿越被封锁的苏联边境与 UPA 大部队会合，继续战斗。UPA 的溃逃标志着苏联-波兰新边界线的巩固、波兰人口的同质化和对反波兰政权武装的清算的最后一步。

第 6 章和第 7 章旨在唤起加利西亚和沃里尼亚的历史延续性和现

第9章 波兰东南部的种族清洗（1945—1947）

代论证；第8章和第9章描述了多民族帝国时期（1795—1918）和波兰统治的短暂时期（1918—1939）中波兰－立陶宛王国的多项遗产的快速改造。从1939年9月到1947年9月，八年中，德国强权进驻又撤退，苏联强权两次进驻，东欧犹太文明被破坏，波兰人和乌克兰人互相进行种族清洗，一条长久存在的新国界分隔了波兰人和乌克兰人。维斯瓦河行动终结了加利西亚和沃里尼亚的历史，开创了乌克兰西部和波兰东南部的历史。

维斯瓦河行动的结果与共产主义政权在波兰的巩固是一致的；波兰的同质化与共产主义政权在东欧的建立是一致的。1947年东欧国家拒绝了马歇尔计划，拉开了丘吉尔的隐喻"铁幕"。当世界大战被"冷战"所取代，民族问题或尘埃落定，或被遗忘，或改头换面。被赶出波兰后，UPA在苏联境内继续战斗了几乎十年；乌克兰民族主义者尼古拉·列别德也许最应对触发波兰－乌克兰内战的沃里尼亚恐怖事件负责，他受雇于美国情报部门。[87] UPA指挥官罗门·舒克海维（Romen Shukhevyeh）死于苏维埃乌克兰的一场战斗中。新的欧洲秩序建立在以下推测之上：波兰是一个为共产主义者所统治的民族国家，将与苏联结盟。在接下来的两章中我们将看到，东部问题在巩固波兰共产主义和苏联的同盟的过程中——以及它们的瓦解中——扮演着特殊角色。

第10章
尾声：共产主义和被清除的记忆
（1947—1981）

1945年出现的波兰和1939年被摧毁的波兰是欧洲两个截然不同的部分。战前波兰的一半领土在1939年被苏联吞并了，而德国割让的领土构成了战后波兰三分之一的领土。波兰失去了维日诺和利沃夫，得到了格但斯克和弗罗茨瓦夫（Wrocław）。在战后波兰，波兰人的数量占有压倒性优势：约有97%的波兰公民的自我认同是波兰人。但是如果我们把战后波兰的国界放在战前的欧洲地图上，我们会发现1939年生活在波兰战后领土上的有四个族群：波兰人、德国人、犹太人和东斯拉夫人（乌克兰人和兰科人）。1939年，在1945年归入波兰的领土上仅有五分之三人口是波兰人。[1]我们已经看到了这五分之三如何变成全部人口的大致概况：犹太人被谋杀，德国人被放逐，乌克兰人被驱逐出境，而苏联西部的波兰人被"遣送"回来。本章将重点关注波兰人和乌克兰人重新定居所造成的后果，努力揭示重建波兰背后被破坏的东西。

种族清洗和社会记忆

在后来属于乌克兰西部的领土上发生的波兰人大清洗和后来的波兰东南部领土上发生的乌克兰人大清洗，终结了数千年来边陲混居的局面。自近代早期开始,加利西亚和沃里尼亚的三种主要语言是乌克兰语、

第10章 尾声：共产主义和被清除的记忆（1947—1981）

波兰语和意第绪语，四种主要宗教是东正教、希腊天主教、罗马天主教和犹太教。[2]加利西亚和沃里尼亚犹太人在大屠杀中几乎被全部消灭，许多幸存者在战后移居别处。波兰人和乌克兰人继续在这些领土上栖居，但1947年开始他们第一次被"波兰人"和"乌克兰人"这两个政治单元之间持续存在的边界分隔开。加利西亚人只能把俄国人视作主要的少数民族，把俄语视为权力和文化的语言。[3]在经过六个世纪来自克拉科夫、华沙和维也纳的统治，莫斯科的统治是一种新的形式。

在原本属于波兰的沃里尼亚地区，1939年时那里的波兰人约有35万人，到1947年减少到约7000人，减少了98%。在之后属于苏维埃乌克兰的加利西亚地区，那里有约15万人自认是波兰人，而战前这个群体有180万人，减少了92%。边界变动后留在波兰的加利西亚领土要小得多，1939年那里原有约60万说乌克兰语的人，到1947年时只剩下约3万人，减少了95%。沃里尼亚和加利西亚地区全部犹太人口中的97%在战争中死去。在沃里尼亚，这一数字高达98.5%。[4]即使考虑到每个可以想象到的限制条件，这些变化也说明了在欧洲大片区域内剧烈的人口定居调整。1941—1944年的"最终解决方案"是纳粹的政策，1944—1946年少数民族"撤离"是斯大林主义者的政策，前者推动了1943年开始的乌克兰-波兰种族战争，而后者使战争持续下去。

乌克兰人记得"波兰"政权发动的种族清洗，认为UPA是帮助他们的组织。对UPA的记忆成为战后波兰的乌克兰人重要的身份认同元素。1944—1946年从波兰被驱逐出境的大多数乌克兰人，之后在乌克兰西部定居。对他们来说，UPA也成为民族认同的公认宝库。[5]移居苏维埃乌克兰的乌克兰人有时会抱怨他们的命运被生活在波兰的乌克兰人给忘记了，后者只记得1947年和维斯瓦河行动。[6]他们的想法在某种意义上不无道理。乌克兰问题不是仅仅在波兰，或者说在波兰和乌克兰西部被"解决"了。1944年到1946年间，159241名被认定是乌克兰人的人被送往乌克兰中部或东部。323858人重新定居到乌克兰西部。[7]维斯瓦河行动迫使波兰境内140660人重新定居。在数量方面，维斯瓦河行动涉及了不到四分之一的波兰公民，他们如同乌克兰人一样重新定居。更多人被送往乌克兰中部和东部，而不是波兰西部，他们也面临着适应新环境的问题，而且新环境几乎在每个方面都更糟糕。

留在波兰的乌克兰人铭记1947年，而从沃里尼亚和加利西亚移居别处的波兰人铭记的是1943年和1944年乌克兰游击队发动的大屠杀。诚然，UPA在1943年的沃里尼亚和1944年的加利西亚针对波兰平民的残忍大屠杀是战时最可怕的插曲之一。波兰幸存者和他们的家人几乎一直将UPA视为一群凶手。幸存者发现他们四散在战后波兰，共产主义政权不承认他们的记忆，因为失去战前领土的讨论成了一个禁忌。波兰幸存者同时承受着巨大的民族屈辱，使东部文明开化的任务完全溃败，这个理念对波兰民族认同十分重要，就像国界线之于美国或帝国之于英国那样重要。

这些乌克兰人和波兰人的记忆完全不同：他们对事件的解释相互矛盾，对英雄和恶棍的概念完全不同。但是他们的表现形式是类似的：两者都在谈论生活方式遭破坏，被迫开始新生活。想一想，乌克兰人和波兰人的回忆接连出现是何种情景。"没有人能料到这么好的一个乌克兰村庄——和乌克兰人的生活一样欣欣向荣——会在这么短的时间里，被以如此残忍、野蛮的方式从地球表面抹去。""沃里尼亚燃烧着，熊熊火焰燃烧着，我现在还能看到它，无法从脑海中擦去，我忘不了。发生在沃里尼亚的事情会一直留在我的记忆里，直到我死去。"[8]关于

1943—1947年，存在着历史分歧，关于谁挑起了争端，关于谁受苦最深，关于群体、边界和时段的定义存在不同的说法。乌克兰人理所当然地认为波兰人在战后归属波兰的大部分区域内先挑起争端。波兰人理所当然地认为 OUN 班德拉派的决定——在之后成为乌克兰西部的区域内抹去任何波兰因素——开始了整个恶性循环。乌克兰人相信在今天的波兰领土内死去的乌克兰人比波兰人多：大约是 1.1 万乌克兰人和 7000 波兰人。波兰人则相信在所有有争议的领土上，遭杀害的波兰人人数更多：约 7 万波兰人和 2 万乌克兰人。[9]

社会记忆和现代民族性

今天，把波兰人和乌克兰人矛盾的记忆和当事人回忆、伤亡人数统计联系起来看，并没有使事实走样，他们矛盾的记忆符合在波兰和乌克兰西部盛行的两种现代民族主义。同时，很重要的一点是如今回忆起来的可怕历史事件常常澄清了重述历史的波兰人和乌克兰人的民族身份。关于 1947 年的观点和关于 1939 年的观点是截然不同的。在 20 世纪 40 年代相互清洗的青少年和成人常常在 30 年代孩提时代一同玩耍（有时这毫不夸张）。沃里尼亚波兰人"瓦尔德马·洛特尼科"（Waldemar Lotnik）在 1943 年末残忍的互相清洗中参与了波兰一方，他的回忆十分典型："但是对方是与我一起度过大部分童年时代的乌克兰人，我们一起学习读写，在冬天结冰的湖面滑冰，一起发现俄国人和德国人在'一战'时留在森林和田野里的炮弹碎片……"[10] 他没有逃避，他和这些孩子在一起时肯定是说乌克兰语的。

"洛特尼科"以及其他和他一样讲述故事的人，他们的讲述方式推翻了所谓天生具备的民族特征的推测,证明对民族认同的文化定义所言不实,并警醒我们注意战前和战后对民族性解释的区别。洛特尼科——请记得,他是讲述一个十分波兰化故事的波兰人——如果不是以乌克兰语和俄语为母语的人,可能早在许多重要关头被杀死。他的回忆录标题《九条命》的意思是除了波兰语,他还说其他语言。在某个时刻,他几乎因为说波兰语时的东部口音而死,因为一个机警的红军军官听出了这点,而他正在寻找逃兵。一些在1943年九死一生的沃里尼亚波兰孩子之所以能幸存,因为他们和一起玩耍的乌克兰孩子说乌克兰语,而且在路边被陌生人拦截时能用乌克兰语说祷告词。那些希望救下波兰孩子的沃里尼亚乌克兰家庭教会他们乌克兰语的《天主经》。虽然我们已经知道宗教是认定某个民族的记号,教会有时为民族活动家提供庇护,但这是宗教第一次成为普遍社群的主要民族性标志。如果有人把现代性定义为民族性比宗教更有价值的阶段,那么沃里尼亚和加利西亚大部分地区的现代性始于20世纪40年代。

我们从幸存者的回忆录中得知这些幸存案例。由于显而易见的理由,死亡事件比幸存的情况更难描述。然而,发生在1943—1944年关于弄错身份而导致死亡的案例已经足够多,我们能够确定民族性并非一目了然——即使对民族主义者而言也是如此。在基于民族基础的大规模互相屠杀的氛围里,人们因为误判而导致极度荒谬的死亡事件。1944年夏天,生活在祖布拉(Zubrza)的加利西亚村庄周围的波兰人试图通过屠杀乌克兰人向乌克兰民族复仇。村庄里的五名波兰人不相信这些无名的袭击者真的是波兰人,当地波兰人明显认为外来武装者是UPA游击队员,他们假扮波兰人以引出村里的波兰人。按照这种解读,这五名波兰人假装自己是乌克兰人。但他们失算了:袭击者其实是波兰同胞。他们的策略很成功,波兰同胞误以为他们是乌克兰人然后杀了他们。在生死之际,刽子手和受害人都没有认出同一民族的成员。[11]

1947年,波兰东南部存在类似的身份模糊问题。维斯瓦河行动遭到控诉和抵制的原因正显示了区分战争中的"波兰人"和"乌克兰人"的简单解释是谬误的。比如说,1947年5月波兰政权制造了一支假的UPA游击队——游击队由说乌克兰语的人组成——为了把OUN领导人从他的战壕中引出来。他们安排了一次会面。但是伪装工作做得太好了,在前往会面地点的途中,这支波兰"UPA"分队被波兰安全部队误伤。顺便一提,甚至正好目睹现场的真UPA士兵也无法分辨出这支假UPA分队不是他们的人。一个月后在另一次事件中,一支真的UPA分队因为齐声唱起一首当时流行的波兰革命歌曲("当民族开战,武器在手……")并且唱完了波兰歌词而得以逃离波兰军队的包围。此种讽刺事件是种族清洗的产物,也证明了种族清洗是不彻底的;而种族清洗的成功将意味着这种意外不再发生。[12]

1947年维斯瓦河行动中被清洗的乌克兰人,有时波兰语说得比那些1943年在沃里尼亚被UPA清洗的波兰人还要好,但是当这些群体在波兰北部和西部的收复领土相遇时,人们通常"知道"谁是波兰人,谁是乌克兰人。[13]政治和记忆强于语言等可观察的文化特征。这并不是说兰科人和乌克兰人无法像波兰人一样逃过一劫,其中有数万人办到了。关键问题是到1947年为止,人人都接受他们的民族性是单一的、排外的,不同的人实际上属于一个民族。重新定居到波兰西部的东部波兰人和乌克兰人常常在很多方面拥有共同点——至少和他们周围的本地人相比,但是很明显,新的"东部文化"没有出现。[14]只有在最极端的情况下这种相似性才会显出。一个沃里尼亚波兰人回忆道,他关于乌克兰邻居唯一的好印象是对方回请圣诞节晚餐以及 UPA 老兵在西伯利亚的古拉格不知如何弄到的新鲜鱼。在战前，圣诞节晚餐对波兰人和乌克兰人来说都是重要的场合，而在 20 世纪 30 年代回请邀请很常见。直到 40 年代，这样诚挚的邀请才在西伯利亚重新出现。[15]

巩固后的波兰国家感到了分裂趋势，因此支持一种现代的波兰民族性概念。战后出现的混乱和流动性促使这个概念形成。当五分之一战前人口被杀害，四分之一村庄被破坏，三分之一人口重新定居或移居海外，一半的文化中心（利沃夫和维日诺）归于别国统治时，地方忠诚的价值低于预期，而近期记忆的价值则高于预期。对 1945 年后的详细研究说明在波兰制造一个工人阶级的过程包含了波兰工人阶级民族主义的制造。[16]而战时的个人经历为国家制造提供了丰富的材料，对个人来说，这些经历也常常是充足的。[17]清洗者与被清洗者都在转变，也许对两者来说没有比这更民族主义化的经历了。这些人记住了一些事，忘记了一些事，有一些伤心事，也有一些他们为之辩护的事。

简化和民族主义化

我们通过区域群体的例子可以发现现代民族性在共产主义波兰取得的胜利。"沃里尼亚人"现在被视为最直率的波兰民族主义者，但 1939 年前的情形完全不是如此。[18]兰科人（或是他们的子孙们）现在成了波兰的乌克兰公民社群的一部分，这种情况在战前也是无法想象的。民族主义现在是波兰的乌克兰政治生活中的主流思潮，这在之前从未发生过。想一想从沃里尼亚的波兰人大屠杀中获益的数万名乌克兰农民，或是在维斯瓦河行动后重新定居到波兰东南部的波兰人。如

第10章 尾声：共产主义和被清除的记忆（1947—1981）

今沃里尼亚的乌克兰人拒绝谈到被消灭的波兰村庄，就像如今在波兰东南部破坏乌克兰人公墓的波兰神父，他们已经抚平了历史的褶皱。

而那些满是褶皱的村庄——比如多布拉茨拉切斯卡——又遭遇了什么？在地方历史中真实存在了六个世纪后，在数十年来对现代民族性理念保持相对冷漠后，多布拉在1939年到1947年间被改变得几乎面目全非。1939—1941年，苏联驱逐了那些被指控与两次大战间波兰"合作"的乌克兰人。1942—1943年，德国人谋杀了大部分犹太人。德国人同时把乌克兰民族活动家和共产主义者送到奥斯维辛。1944—1945年，UPA杀害了不合作的乌克兰人，以及被怀疑与新政权"合作"的波兰人。1945年1月6日，一支波兰营在多布拉发现一支UPA分队，UPA成员逃走了，军队杀害了村里26名村民。1946年，苏联人迫使半数幸存者重新定居，波兰政权在1947年维斯瓦河行动中迫使另一半定居别处。80名村民被扣留在亚沃日诺的集中营；一位多布拉妇女在那里生下孩子。

多布拉和其他地方一样，人们对谁是暴力施加者的定义各执一词。我们可以假定，发现因通敌而遭UPA谋杀的14岁男孩尸体的人不是同一批人。类似的例子还有那位看到波兰士兵在圣诞节那天杀害了她父亲的12岁女孩。多布拉的情况太严重了，以至于我们不能说是战争使这里变得民族化。多布拉在战前并非免于民族激进主义波及，而幸存下来的村民也并非全是乌克兰人或波兰人。我们只能谨慎地认为战争消除了近代早期那种自我认同的可能性，并激发出更现代的可能性。由于现代民族性伴随着特定的词汇，被抹去的可能性之一即我们的战后习语如何轻松地描述出那种失落的现实。今天，"波兰的"和"乌克兰的"这两个词语被强加在幸存者的故事之中，即便他们很快补充说这些词语在战前有不同的意义。[19]

和 1943 年在沃里尼亚被消灭的波兰定居点相比，多布拉茨拉切斯卡的可怕命运似乎又充满诗意。想一想我们在第 8 章曾讨论的格文钦斯基的命运。UPA 做出的杀光每个人的决定让幸存者的脑海中留下了更清晰的画面。一个来自格文钦斯基的男孩在家中的马厩里待了一夜，他在 1943 年 8 月 29 日黎明醒来时看到他的父亲在田里被乌克兰人包围。其中一个乌克兰人用镰刀朝他父亲（56 岁）的后脑勺砍去；他父亲跪在地上，身体抽搐着向前倒，面朝土地死去了。男孩看到他的母亲（43 岁）一边尖叫，一边跑向她垂死的丈夫。乌克兰人命令她停下，然后一个乌克兰人用枪瞄准后射杀了她，另一个乌克兰人用镰刀朝倒在地上的她挥去。一个格文钦斯基女孩那天早上回到家后看见邻居的脑袋滚在地上，一个孩子被柱子重击头部而死，其他村民被人用干草叉和镰刀杀死了。她哭着跑回家，发现她 11 岁的妹妹被殴打致死。其余家人也都死去了。[20] 逃离加利西亚的波兰人都有着类似的回忆。利沃夫南面的波兰村庄胡塞科（Hucisko）在 1944 年 4 月 12 日被 UPA 摧毁。当地的一名妇女回家后发现男人们被吊死在树上，他们被人剥了皮，心脏也被掏出来。地上到处是其他男人、女人和孩子的尸体，尸体被烧毁和破坏得难以辨认。她只能通过那天早些时候自己放在小儿子口袋里的面包，认出他残缺不全的尸体。[21]

就此而论，沃里尼亚和加利西亚恐怖的波兰幸存者能在他们的回忆录中做出如上区分是十分惊人的，当这些回忆录被人遗忘，他们的名字变成了数字，他们的故事也变成了历史。[22] 难以磨灭的个人回忆，随着时间的流逝，成了民族健忘症的一部分。[23] 个人记忆其实是民族记忆的错误因素，但它同时也是一种共同苦难——贯穿其中的迷思因此不可避免。换言之，当种族清洗的受害者保留着一种模棱两可的认同（有时会发生这样的事）或讲述故事时细节略有差异（常常会有这样的例子），当他们的叙述在整个民族社群中流传时，这些叙述就降格为最有共同点、最恐怖的元素。重新讲述或重新书写故事，或造成破坏，或再次提炼。诸如多布拉（如今仍然存在于波兰）等地的变化，甚至诸如格文钦斯基和胡塞科（如果存在，它们应在今天的乌克兰境内）等被彻底抹掉的波兰定居点——它们消除了简化民族历史的障碍。

驱逐通过将民族置于地方性之上，而为迷思的产生奠定基础。人们因为纳粹和苏联在1939年后发放的身份文件上的民族性类别而遭到驱逐，尽管这些文件可能没有反映出一种现代的民族身份。尽管如此，驱逐的经验不仅能通过落实种族化，还通过社会地理（sociogeographical）后果巩固民族身份。1944—1946年间，波兰人和乌克兰人都被迫重新定居到从地方层面上来看是异质的区域，但这些区域在民族性层面却为他们所熟悉。一个拉脱维亚莱姆基尼人（Lemkini）在"二战"后发现自己来到了利沃夫，而她对城市生活所知甚少，但她之后就知道要在地方教堂祈祷，以及如何说乌克兰语（经过一段时间后）。一位从卢茨克（L'utsk）重新定居到格但斯克的沃里尼亚波兰人可能之前从未见过大海，但是他会成为一名罗马天主教徒，周围大部分人也能理解他所说的波兰语。在新的环境里，诸如宗教和语言等"民族"特质逐渐显现。驱逐造就了民族主义的最小公分母。

共产主义者和民族主义者的历史

维斯瓦河行动迫使波兰境内的乌克兰人重新定居后的几年里，波兰考古学家发现了加利西亚和沃里尼亚13世纪的统治者达尼洛大公（Prince Danylo）的石棺。[24]由于挖掘工作在边界线一端的波兰国土上进行，靠近争议城市海乌姆，因此挖掘并未公开。波兰共产主义当局需要遏制过去七个世纪中"乌克兰人"定居"波兰"的观念。波兰的担忧也符合苏联的实践。毕竟，在学校的历史课本中苏联是中世纪基辅罗斯的"后裔"，而共产主义波兰是中世纪皮亚斯特王朝（Piast dynasty）❶的"后裔"。波兰人和俄国人从小受到教育：他们的"种族群体"已经存在900年了，等待着适合的政治和领土来实现他们的"国家地位"。

现代共产主义的中世纪公国和王国"血统"使得共产主义者得以回避500年来波兰文化向东拓展（从14世纪初到19世纪末）的事实以及波兰-立陶宛王国（1569—1795）的政治成功。对苏维埃共产主义来说，波兰-立陶宛王国是一个棘手的例子，有很多亟须废除的东西：宪法传统、代表机构、波兰人和东斯拉夫人的合作、知识分子的灵活性以及对民族性的政治包容。那些拒绝苏联对乌克兰历史的内容解读的乌克兰人常常能接受解读的形式。如果相信是乌克兰而非俄国"继承"了基辅罗斯，可能会有忽视波兰-立陶宛王国遗产的风险。当然，波兰人——认为波兰-立陶宛王国属于现代意义上的"波兰"的——也是错误的。这是近代早期欧洲最大的王国，由近代早期欧洲最庞大的公民群体所统治，是一个贵族国家。当近代早期民族性在19世纪被重建，一群现代民族主义者意图从更久远的历史中寻找不同的民族起源。这一民族主义趋势培养了20世纪的共产主义者及其对手。[25]

---

❶ 皮亚斯特王朝是波兰历史上第一个王朝。王朝的名字来源于传说中的波兰部族领袖车轮匠皮亚斯特。从公元962年起，王朝的统治者以大公或国王的名义统治着波兰，直到1370年王朝绝嗣。

第10章 尾声：共产主义和被清除的记忆（1947—1981）

共产主义者的观念是种族民族（ethnic nation）是稳定的共同体，具备持久的边界线以隔离现代历史中引人关注的问题。比方说，两次大战间加利西亚和沃里尼亚说波兰语的农民被乌克兰文化同化（反之亦然），其中复杂的同化模式如今只是学者专家的兴趣所在。大多数人认为这些人总会（或至少命中注定）成为他们最终成为的人。既然沃里尼亚和加利西亚东部已经成为乌克兰西部领土，乌克兰人和波兰人都已忘记这些区域曾经有多么不同。1918年前这里被俄国－奥地利边界分隔了一个多世纪，1918年到1939年波兰人在这里实行区别政策，1939年到1941年这里因苏联和纳粹的占领政权而分裂，1941年到1944年纳粹设立乌克兰总督辖区和波兰总督府，如今这里又成为"乌克兰西部"毫无疑问的核心地带。如今，加利西亚乌克兰人在哈布斯堡时代在利沃夫的煤气灯下唱着《我的沃里尼亚》这首歌，仿佛这是世界上最自然的事情。[26]

从近代早期民族性到现代民族性，其中最重要的是宗教被赋予了新的意义。从1596年的布列斯特联盟到第一次世界大战结束，希腊天主教和东正教一直是对手。由于俄国和奥地利的帝国政策，希腊天主教在加利西亚东部一直占据优势，而20世纪初东正教则在沃里尼亚占统治地位。在两次大战间的波兰，加利西亚和沃里尼亚的联合给加利西亚的乌克兰人创造了机会，他们在沃里尼亚的东正教领土上传播现代民族主义。他们在20世纪二三十年代取得了一些成功，在"二战"期间取得巨大的成功。在1943年沃里尼亚发生种族清洗期间，我们必须注意到不仅有波兰人被清除，还存在希腊天主教和东正教结盟对抗罗马天主教的情况。这是发生在乌克兰西部的新情况，在那里比起乌克兰民族的认同，希腊天主教和东正教的宗教分歧没那么重要。通过巩固民族间的现代分裂,近代早期的宗教分歧被弥合了。

相似的情况也发生在波兰东南部。在近代早期王国的框架内,或是近代早期的波兰文明内,希腊天主教是罗马天主教的盟友。而当近代早期民族性屈从于现代民族性,这种结盟也随之灰飞烟灭。发生在波兰东南部的种族清洗不仅是波兰人针对乌克兰人的行动,也是罗马天主教针对希腊天主教和东正教的行动。战后波兰人接受了这种观念,即希腊天主教教徒和东正教教徒都是乌克兰人。例如,波兰城市普热梅希尔(Przemyśl)的大部分市民曾是希腊天主教教徒,在20世纪90年代该市市长宣称乌克兰文化对他而言比爱斯基摩文化更像外来文化。对任何知道普热梅希尔的人或波兰人和乌克兰人来说,没有比这更荒谬的了——也许除了一些市民的行为之外。这些市民占领了当地的一座教堂,当时教宗若望·保禄二世(Pope John Paul II)希望把这座教堂还给乌克兰希腊天主教。占领行为的受益者——罗马天主教迦尔默罗会修道士(Carmelite monks)——之后毁坏了教堂的圆顶,声称其"东方教派"的形状破坏了普热梅希尔的"波兰"天际线。在这里,宗教又一次臣服于现代民族主义,近代早期共享的文明变得晦暗不清。哈布斯堡王朝时代留下的圆顶实际上不是参照了东方教派宗座圣殿(basilica)或爱斯基摩冰屋的样式,而是参照了罗马的圣伯多禄大教堂。[27]

作为共产主义合法性的民族历史

我们可以从个人、城市、区域和宗教的例子中看到现代民族性的发展。例如,沃伊切赫·雅鲁泽尔斯基(Wojciech Jaruzelski)的家庭忠诚于毕苏斯基联邦主义者的近代早期民族性。1947年,年轻的雅鲁

第10章 尾声：共产主义和被清除的记忆（1947—1981）

泽尔斯基上尉受命在维斯瓦河行动中重新安置乌克兰人。雅鲁泽尔斯基上尉相信维斯瓦河行动是一次波兰军队保护波兰国家的行动。雅鲁泽尔斯基被灌输将 UPA 视作纳粹。在整个战后期间，波兰政权通过这种关联使其针对乌克兰人的政策正当化。当然，这里面确实有些道理。沃里尼亚的 UPA 命令前德国警察、"最终解决方案"中的合作者去杀害波兰人。波兰的 UPA 吸收了加利西亚武装党卫队的逃兵和德国警察，他们从德国占领中学习经验。UPA 附属于 OUN 班德拉派，后者在意识形态上信奉种族纯洁性。波兰人有理由记得这些，但是他们忘了 UPA 在很多方面取得成功是因为其源头仅是乌克兰，就算没有比波兰领土上的波兰机构更优越，UPA 的组织和前者至少是相同的。波兰政权把乌克兰和德国联系起来，这让波兰在 1947 年有更好的借口再次投入"二战"。这同时掩盖了一个事实：波兰政权的修辞和政策某种程度上令人想起德国占领时期。维斯瓦河行动的指挥官莫索将军曾提到用"最终解决方案"来解决乌克兰人的问题。此外，维斯瓦河行动利用了德国人的身份文件和一个德国集中营。[28]

维斯瓦河行动意味着共产主义政权可以也确实论及一个波兰"民族国家"。虽然这样说有些不妥，但创造一个波兰人的波兰是波兰共产主义者巨大的合法性成果。[29]有四个重大改变使得波兰成为一个"民族国家"是可能的，其中大屠杀几乎不被提及，驱逐德国人被视作忠诚于苏联的理由，"遣返"是苏联的行动，而只有最后对乌克兰人的清洗是当地波兰人的成就。[30]甚至在哥穆尔卡改革期间（1956—1970），波兰政权关注的还是战时的两大敌人——德国人和乌克兰人——以及成功牵制住他们。1968 年，那些哥穆尔卡的反对者和拥戴者实施了官方反犹政策。1968 年 11 月和 12 月，当时主要的政治周刊为纪念波兰独立五十周年,要求全国重要的知识分子评论"模范波兰人"有何改变。没有一个评论者提问"模范波兰人"和种族波兰人之间有何本质的身份关系。只有一个人暗示,在创造种族同质化的政体过程中,有一些东西丧失了。[31]

在一代人经历了共产主义之后——大约在1970年左右——只有现代民族性的概念在波兰社会中起作用。一名波兰人是波兰公民,也是种族上的波兰人,(很可能)也是罗马天主教教徒。共产主义波兰比两次大战间的波兰做得好多了,前者通过普及教育和提高社会动员能力来传播民族理念。在一代人之后,随着政治和解的到来,德国人的威胁感在1970年左右逐渐减弱了。同时,波兰国内对乌克兰人的恐惧依然根深蒂固。诚然,官方反乌克兰意识形态的巅峰是在盖莱克(Edward Gierek)❶时代,即20世纪70年代,此时的波兰是一个官方宣传种族同质化的国家。[32]

1980年到1981年间,盖莱克及其继任者被迫与波兰团结工会竞争,后者起先是一个独立的工会,之后成为拥有1000万成员的大规模社会运动。毫无疑问,团结工会是一次爱国主义运动,其领导人却对乌克兰表达了不同的态度。在言论相对自由的几个月中,知识分子提到,如果乌克兰没有独立,波兰独立也不可能。团结工会向苏联各民族致意,乌克兰国内对此姿态表示赞许。当波兰共产主义者试图败坏团结工会的名誉,他们强调团结工会支持波兰国内的乌克兰人获得平等权利。最终,在1981年12月,戒严令击垮了团结工会。沃伊切赫·雅鲁泽尔斯基

---

❶ 爱德华·盖莱克(1913—2001),波兰共产主义政治家,于1970年取代哥穆尔卡成为波兰统一工人党第一书记。

第10章 尾声:共产主义和被清除的记忆(1947—1981)

将军如今成了波兰统一工人党总书记、波兰国家的首脑、波兰军队的指挥官,他下达了这个命令。在他参与维斯瓦河行动的 34 年后,他再次相信只有通过自我侵犯才能拯救波兰。[33] 这是终结还是开始?现代波兰民族性中主要包含对乌克兰的仇视吗?我们可以想象一个存在团结工会的自由波兰与东部邻居保持一致吗?

| 第三部分 |

重建波兰祖国

第11章
爱国的反对派和国家利益
（1945—1989）

在1989年协商革命后，团结工会建立了一个非共产主义政府，该政府很快制定了东部政策。在1991年苏联解体后，波兰和独立的立陶宛、乌克兰的关系迅速改善。立陶宛政治家渐渐把他们的西部邻居看作融入欧洲的关键，与此同时乌克兰总统前往华沙寻求历史和解。与立陶宛人关于维尔纽斯的争端、与乌克兰人关于加利西亚和沃里尼亚的争端得到了很好的处理，以至于这些争端几乎不存在了。正如我们所见，第二次世界大战及其后果打破了波兰和东部的联系，促进了现代民族主义的传播。也许20世纪40年代的战争为90年代的和平奠定了基础？也许种族清洗为民族和解提供了条件？

如果欧洲东北部不存在后共产主义纷争，在这种有利的情况下，此种假设在回顾历史时才可能成立。这片区域的和平图景并非来自波兰政策所继承的秩序，而是来自波兰政策所创造的秩序。[1] 波兰政策的创新之处在于理解民族主义，并且将其向区域稳定的方向引导。1989年到1991年期间，当苏联依然完整时，波兰的政策行为就好像立陶宛、白俄罗斯和乌克兰即将成为民族国家一般。波兰外交官补充了一个附加条件：独立意味着接受苏联时代的边界。这立刻成了对苏联消失后的未来的预言，也是为即将出现的稳定区域秩序所做的准备。这也反映了波兰在移民问题上新的重大战略，这项战略在1989年之前已经争论了 15 年之久。战略的起草者是耶日·吉德罗耶茨（Jerzy Giedroyc）和尤利乌什·米罗茨维奇（Juliusz Mieroszewski），他们在对波兰民族性的理解的基础上制定了战略框架。考虑到这项战略诞生于第一部分和第二部分讨论的争论背景下，而战略带来的和平是第三部分的主题，因此他们对现代民族性的不同理解值得我们持续的关注。

波兰国家的东部利益

耶日·吉德罗耶茨（1906—2000）——无论是因为命中注定还是个人选择——参与了两次大战间波兰遗留下来的所有东部问题。他出生于明斯克的一个旧波兰-立陶宛王国贵族家庭，那时明斯克还是沙皇俄国某个省的首府。吉德罗耶茨在莫斯科的学业因为布尔什维克革命而中断，之后他回到了家乡。当波兰军队和布尔什维克军队在 1919 年争夺沙皇俄国的西北部领土，即旧立陶宛大公国的土地时，吉德罗耶茨和他的家人离开明斯克来到华沙。正如我们所知，联邦主义者毕苏斯基领导的军队赢得了这场战争，但是民族主义者格拉布斯基确立了和平。波兰的谈判者把吉德罗耶茨的家乡明斯克让给了布尔什维克俄国。和许多之前来到这里的立陶宛波兰人一样，吉德罗耶茨发现华沙贫穷而沉闷。吉德罗耶茨在大学里学习乌克兰历史和文学，他结识了当时的乌克兰民族激进主义领导人。[2]他和乌克兰政治生活中各个领域的人物取得联系，从信奉完整的乌克兰民族主义的思想家德米特罗·东佐夫到左翼民主机构 UNDO 的领导人瓦西里·穆德伊（Vasyl' Mudryi）。吉德罗耶茨着迷于大主教舍普季茨基，后者当时是希腊天主教教会的领袖。作为一名记者和公务员，吉德罗耶茨敦促罗马天主教会改善与

图26：耶日·吉德罗耶茨（1906—2000），波兰知识分子和大战略家，为波兰政治思想重新确立方向。摄于20世纪40年代末期的巴黎。

舍普季茨基的希腊天主教教会之间的关系。在国内事务方面，他主动拜访胡楚尔人（Hutsuls），后者生活在波兰东南部，是一个说乌克兰语的贫穷民族。

吉德罗耶茨受到信奉完整民族主义的民族民主党人的排斥，被毕苏斯基及其怀旧式的波兰民族性所吸引。作为毕苏斯基的下一代人，吉德罗耶茨也是一个对乌克兰感兴趣的立陶宛波兰人。和毕苏斯基一样，他也是一个实用主义者，其最高目标是波兰的国家地位，从不将波兰社会的民族主义和波兰国家的利益混为一谈。对吉德罗耶茨来说，波兰人的历史附属物和其他民族性，只有在与波兰国家建立联系时才是重要的。因为吉德罗耶茨相信少数民族会毁灭波兰,他务实地得出结论:波兰国家必须尽可能满足他们的民族期望。其中尤其涉及恪守之前的承诺,即使加利西亚的乌克兰人获得政治自治权。总体而言,为了确认波兰国家将如何对待少数民族,以及地方民族主义者不会提出反对波兰国家的论据,这需要与所有少数民族做出约定。两次大战间的波兰缺少一项针对东部少数民族的总体政策,但还是有波兰人致力于解决这个问题,比如吉德罗耶茨和沃里尼亚长官恩里克·约瑟夫斯基。

正如我们所知道的,第二次世界大战激化了在两次大战间波兰领土上的民族矛盾,导致乌克兰人和波兰人之间发生大规模的血腥种族清洗。而战后又发生了大规模驱逐,波兰失去了两座最重要的城市:利沃夫和维日诺。吉德罗耶茨在战时依然保持了对东部问题的兴趣,和包括乌克兰民族主义者在内的其他民族代表保持着友好的联系。在瓦迪斯瓦夫·安德尔斯将军的波兰军队中完成服役后,他前往巴黎,在那里建立了一所文学机构并创办了其评论刊物《文化》(Kultura)。1947年到1989年间,《文化》是当时最具影响力的波兰移民出版物。吉德罗耶茨很有可能是40年来波兰唯一一位真正具有影响力的知识分子。由于他对待移民的特殊方式,他在波兰国内影响力巨大。远在巴黎的吉德罗耶茨意图影响共产主义波兰的国内政治,而不是在国外创造一个波兰的代替物。如此,他与当时的大多数波兰海外移民不同,后者寻求维持两次大战间波兰的政治机构(当时流亡伦敦)。出于思乡的原因,许多在伦敦的波兰人不明白为何要批评旧秩序或放弃割让给苏联的领土。[3]吉德罗耶茨相信一个新的独立波兰国家与复兴两次大战间的波兰是不同的,为此应该立刻着手准备。他理解"二战"在未解决波兰东部问题的情况下终结了,并致力于建立一个能让未来的波兰统治者找到新的解决方案的平台。尽管吉德罗耶茨很少写作，他在编辑《文化》时的抉择勾画出他的东部政策。[4]

《文化》将战后波兰的东部边界视作未来波兰国家主权的东部前线。这个结论似乎合乎常识，但在波兰人中产生了争议，东欧移民也认为此举不同寻常。1939年的《苏德互不侵犯条约》划定了这条边界线，1945年的《雅尔塔协定》再次确认了这条边界线，波兰人将此视为20世纪最严重的一次外交背叛。吉德罗耶茨的创新在于他没有把这些领土视为割让给苏联的波兰领土，而认为这些有争议的领土能满足波兰民族之外民族的需求。虽然由于红军的胜利和斯大林的选择，利沃夫和维日诺现在成了别国的领土，《文化》分别将其视为苏维埃乌克兰和苏维埃立陶宛的一部分，并最终分析认为它们属于乌克兰和立陶宛。[5]

现实主义和浪漫主义

1973年到1974年，吉德罗耶茨最亲密的合作者尤利乌什·米罗茨维奇（1906—1986）为未来的波兰主权提供了东部大战略的理论证明。最重要的事务依然是未来波兰国家的利益，而引导性的设想是战时做出的某种改变不应被修改。长久以来，吉德罗耶茨坚决主张挑战目前的领土边界对波兰没有任何好处；米罗茨维奇试图证明波兰人能从维持目前边界中获利。他提议，立陶宛民族、白俄罗斯民族和乌克兰民族应在各自的苏维埃社会主义共和国中变得强大，其共和国包括1945年从波兰获得的领土。他主张未来的波兰主权应该支持立陶宛、白俄罗斯和乌克兰民族国家的独立。这一对波兰外交政策的建议包含了一种预言：波兰主权国家很快会兴起，它必须面对独立的东部邻居。米罗茨维奇是为数不多的做出正确预言的政治学生之一，他写道："东欧和苏联在20世纪都将迎来民族的春天。"[6]

在20世纪70年代早期，这种观点看起来很浪漫主义。当时苏联是超级核大国，很可能在"冷战"中获胜。波兰是苏联的卫星国，1968年和1970年发生的最近的两次动乱都被共产主义政权轻松地镇压了。立陶宛、白俄罗斯和乌克兰是苏联的加盟共和国，其境内的少数异见者不断遭到骚扰。苏联传统的强大军事力量正集中在争议区域。然而，苏联最终的命运已经清晰可见，国际关系中的现实（the real）不仅包括某一时刻的状态，还包括该状态接下来会向何处发展，理解多种发展方向是可能的，以及认识到个人会基于不同理念迫使状态朝着某一方向而非其他方向发展。现实主义（Realism）作为一种分析模型必须是务实的，但同时它必须包含（除非为了避免自相矛盾）符合实用主义的目标意识以及可通过务实手段达到的目的。这些目的自身并非现实的，它们无法从目前的世界中产生，而必须从个人关于世界应该如何的意识中产生。失去理念支撑的利益是前后矛盾的。

因而，表面上看起来是理想主义的其内核可能是现实主义的。米罗茨维奇关于苏联命运的判断是正确的，关于波兰提前需要东部政策的判断也是正确的。他对波兰未来利益的考量——正因其目标和手段如此清晰——跳出了旧波兰现实主义和理想主义的两难境地。他并未依据立陶宛、白俄罗斯和乌克兰各自与波兰民族的传统关系来看待这三个国家，而是在未来波兰国家安全的语境下来看待它们。米罗茨维奇想象了这个波兰国家的地缘政治处境，他预期可能的威胁会来自（1）一个独立的俄国;（2）波兰帝国主义民族主义。米罗茨维奇害怕波兰与俄国的矛盾——而非与乌克兰、白俄罗斯和立陶宛的矛盾——会催生俄国民族主义和波兰民族主义的有害面。米罗茨维奇的计划不是向立陶宛、白俄罗斯和乌克兰民族表达同情,而是一项防止领土争端、使俄国和波兰民族主义转变方向的计划。他注意到在苏联内部建立立陶宛、白俄罗斯和乌克兰社会主义共和国,已经为这一战略创造了智识开端。因为这三者可以被视为政治单位,他认为可能说服波兰人相信这些苏维埃共和国离民族国家只有一步之遥。卫星国波兰和苏维埃共和国的类比并不贴切,但是在苏联的结构内,这种类比是可能的。因为这三个苏维埃共和国之间的国界、俄罗斯苏维埃联邦社会主义共和国以及波兰在地图上是可见的,因此在未来的民族国家秩序中主张保留现存边界线是可能的。[7]

从他对俄国中心地位的承认以及他对苏联组织结构的理解,可以推出的结论是:被米罗茨维奇称为"ULB"(乌克兰、立陶宛和白俄罗斯)的国家是保障未来波兰主权的关键。如果独立的乌克兰、白俄罗斯和立陶宛国家有能力保全自身,它们就能使古老的波兰-俄国之争变得毫无意义。因此波兰的利益正在于提高这些国家幸存的可能性。同时米罗茨维奇认为调整东部领土不符合波兰的利益,这种调整领土的倡议将使下一代乌克兰、立陶宛和白俄罗斯民族精英变得疏离。他在20世纪70年代初主张,波兰人不仅应该立刻放弃收复东部失地的计划,还要支持立陶宛、白俄罗斯和乌克兰民族的独立国家梦想。尽管这个结论出自现实考虑,米罗茨维奇认为它也能为波兰外交政策增加道德维度。作为一位现实主义者,他认为这种道德维度可能鼓舞波兰人去行动。

波兰传统与《文化》计划

联邦主义。吉德罗耶茨出生于明斯克,米罗茨维奇在加利西亚度过了青年岁月，因此我们很容易将《文化》计划视作毕苏斯基以及更早的密茨凯维奇所主张的近代早期精英爱国主义的延续。吉德罗耶茨确实从小敬佩毕苏斯基，而米罗茨维奇相信密茨凯维奇比同时代的波兰人更能理解自由的含义。但是吉德罗耶茨和米罗茨维奇的国际关系理论中分析单位是民族国家——与近代早期传统不同的现代形式。密茨凯维奇怀念波兰-立陶宛王国，而王国时期的民族性和今天的含义完全不同；毕苏斯基希望建立一个由波兰高雅文化粘合起来的联邦。吉德罗耶茨和米罗茨维奇帮助波兰人为迎接一个全新的现代民族国家世界做好准备。米罗茨维奇设想独立的波兰将是一个民族国家，而乌克兰、立陶宛和白俄罗斯也会成为民族国家。他蔑视对波兰-立陶宛王国的思旧，不是因为他认为这种怀念难以引起共鸣，而是他出于务实的立场，认为这种怀念只会被乌克兰、立陶宛和白俄罗斯爱国者视为帝国主义。当他意识到，一旦人们决心把立陶宛、白俄罗斯和乌克兰当作平等的民族，而不是波兰国家传统的斑斓附属物，那么波兰-立陶宛王国的遗产就会不攻自破。

我们已经知道，立陶宛民族主义是建立在认为波兰-立陶宛王国毒害了立陶宛文化这一观点上，而乌克兰民族主义理想化了针对王国的叛乱。波兰人自己则倾向用现代民族主义的眼光来看待近代早期的波兰-立陶宛王国，因此会认为东部领土是历史上就属于他们的领土。[8]所有的这些解读错得如此离谱以至于没有任何学术妥协能调和它们之间的矛盾。但是，一旦人们接受了多民族的政治原则，这些民族主义观点就能被放在一系列平行的民族历史解读中。这就是米罗茨维奇的提议。在他的观念中，对立陶宛、乌克兰和白俄罗斯国民的同情在密茨凯维奇的诗歌和毕苏斯基的联邦主义中表现得十分含蓄，而这种同情已成为对立陶宛、乌克兰和白俄罗斯民族的基本尊重。波兰联邦主义者的预设是波兰文化在东部具有优越性，而米罗茨维奇对不同的立陶宛、白俄罗斯和乌克兰民族精英表示欢迎。波兰是一个古老的民族，而立陶宛、白俄罗斯和乌克兰是年轻的民族——无论其历史价值如何——这种观点在政治中是不被接纳的。取代它的是用一般现在时态表达的提议，即这四类国民是值得拥有国家的民族。《文化》计划可视作升级后的联邦主义：假设一个人承认和东部邻居合作的关键资格其实是建立国家间友好关系的问题，而获得这些国家认可的前提是波兰放弃原有联邦视角中的领土雄心和文明所有权声称。联邦主义采纳的是近代早期的民族性。《文化》计划则是对现代性的一种适应。

民族主义。把波兰视作众多现代民族中的一个，其实并无任何新意：这是民族民主党人的前提。类似的，放弃东部领土的建议也无创新之处。1921年民族民主党人格拉布斯基在里加与布尔什维克的谈判中放弃了明斯克、卡缅涅茨波多利斯基和别尔基切夫，并在1944年和斯大林讨论后，敦促波兰人从利沃夫撤离，这就是格拉布斯基当时努力的方向。民族民主党人认为东部领土可以给俄国，以换取俄国精英的青睐。民族民主党把现代民族的分类引入波兰政治生活，但是将俄国人和波兰人视作华沙和莫斯科之间仅存的民族。乌克兰人、立陶宛人和白俄罗斯人被当作人口原材料或干脆被彻底无视。在民族民主党人看来，波兰精英应该越过人群的重重阻碍，和俄国对手达成妥协。虽然这种观点总是被塑造为现实主义，但实际上是由民族偏见和民族战略所决定的。由于预设乌克兰人、白俄罗斯人和立陶宛人不可能创造独立的国家，民族民主党人被其现实主义的框架牢牢束缚。"现代波兰人"通过把现代性和波兰性联系起来，揭示了这种政治视角的传统局限。

波兰共产主义政权吸收了波兰民族主义的这一面，在1945年后主张和苏联达成的现状是符合波兰民族利益的。米罗茨维奇20世纪70年代提出的大战略指出，应该永久承认目前的边界并废弃波兰的东部任务。但是和两次大战间波兰的民族民主党人及其战后共产主义继承者相比，米罗茨维奇的创新有三点。最明显的一点是，他推断波兰会重获主权，苏联将最终崩溃。第二，他建议为了乌克兰人、立陶宛人和白俄罗斯人的利益，而不是俄国人的利益（这是民族民主党人的传统）或苏联人的历史（这是共产主义者的传统）放弃部分领土。第三，他认为莫斯科精英的态度是阴晴不定的，但可以被波兰政策所影响。影响他们态度的最好方式不是授予俄国人他们渴求的东西。独立波兰的领导人保护波兰安全的上策是放弃领土所有权声明——无论俄国是否

图27：最后一期《文化》出版于2000年10月。就像耶日·吉德罗耶茨许诺的那样，只有当他去世了，这份月刊才会停刊。

做了相同的事情——并支持波兰和俄国之间的民族国家。这表现为对俄罗斯民族的尊重。

《文化》综合了毕苏斯基的联邦主义传统和德莫夫斯基的民族主义传统，呈现了一个面向未来的现实主义计划，未来的状态是共产主义东欧的民族将作为独立国家迈入当代国际体系。《文化》从毕苏斯基那里得到的启示是将立陶宛、白俄罗斯和乌克兰归入浪漫主义的类别——尽管《文化》将此用于实际用途。《文化》从德莫夫斯基那里得出了现实主义原则，但反对德莫夫斯基不切实际的倾向，即以立陶宛人、白俄罗斯人和乌克兰人为代价与莫斯科达成妥协。《文化》从斯大林和盟国在雅尔塔和波茨坦建立战后秩序的实践中得到启示：在民族标准上划定的国家边界具有持久性和吸引力。吉德罗耶茨和米罗茨维奇的智慧成就在于将对国界线的承认和共产主义崩溃的预言结合起来，并构想出在这种情况下波兰需要新的大战略。他们的理论成就在于清晰地证明了这种战略的必要性，并勾勒出它的轮廓。他们的政治成就在于这一计划如此深入人心，以至于在1989年革命前，那些之后将举足轻重的波兰人对此计划已习以为常。

波兰政治与《文化》计划

战后的波兰移民认为《文化》计划是异端。在西欧的绝大部分波兰移民相信利沃夫和维日诺必须重返波兰。在1989年流亡伦敦的波兰政府解散之前，它的官方立场都是波兰应该重新商榷东部边界。这种立场根植于理想主义的信念，即波兰受到了《苏德互不侵犯条约》的不公正对待，在"二战"中被灭国，在雅尔塔被盟军出卖，多年来受到共产主义的压迫，因此波兰理应在未来的欧洲规划中讨回公道。《文化》计划也面临知识分子的反对，这些反对者自称是现实主义者，把俄国视为东部唯一的强权。他们对因感情因素而重获领土并不（必然地）感兴趣，这些现实主义者争辩称独立的波兰国家能够通过和俄国达成协议——越过乌克兰、白俄罗斯和立陶宛——使本国利益得到最好的保护。持这种观点的代表人物是斯特凡·基谢列夫斯基（Stefan Kisielewski，1911—1991），他是战后波兰最受尊敬的散文作家之一。和主张在战后秩序中恢复失地的理想主义者不同，这些现实主义者所持有的和解主义（accomodationism）解释了战后秩序的一些基本变化，并且寻求与那些逐渐适应这些变化的波兰国内的波兰人建立沟通。和现实主义者的和解主义类似，《文化》计划也从利益出发，因此可以在争论的平台出现时理性辩论。[9]

即便在共产主义波兰，他们也确实是这样做的。波兰共产主义经验中一个重要的特质是有组织的政治反对团体可以对社会施加广泛的影响，尤其在20世纪七八十年代。波兰反对派在东欧是独一无二的，他们为共产主义改革、经济低迷和历史不公正以及其他问题提供了讨论的平台。波兰反对派横贯四个方面：从时间上来看，这种讨论和辩论事实上能够推动进步；从广度上来看，这些讨论涉及了数万人（在团结工会时期）或者说数百万人；从长度上来看，许多相互竞争的组织也参与其中；从深度上来看，许多个人都过着反对派的生活，有空间来思考未来波兰主权的各个方面。[10]例如波格丹·博鲁塞维奇（Bogdan Borusewicz，1949— ）、亚采可·库容（Jacek Kuroń，1934—2004）和亚当·米奇尼克（Adam Michnik，1947— ），他们在20世纪70年代都关注东部政策，1980—1981年在团结工会内部名声大噪，在1989年后的民主波兰中占有主导地位。他们不是异见者——如同在苏联与他们地位相当的人——而是反对者、大潮流的代表。

20世纪70年代，米罗茨维奇在波兰反对派中的影响力清晰可见。1976年，波兰独立协约（Polskie Porozumienie Niepodległościowe）发布了一份计划，其东部政策紧跟《文化》。1977年起，工人防卫委员会（Komitet Obrony Robotników，简称KOR）的报刊对东面的邻国予以密切关注，而其下属的一份信息公报刊登了一份呼吁与乌克兰和解的公开信。到1980年为止，波兰反对派知识分子明显达成了支持《文化》计划的共识，而这些知识分子在团结工会中扮演着重要角色。[11]《文化》计划出现在巴黎，但它与波兰的政治、宗教和学术的重要趋势保持一致。《文化》计划始于某种假定——这种假定由波兰政权亲自推广，即波兰的边界就在现存之处。某些罗马天主教的主教和神父和世俗知识分子关系密切，比如卡罗尔·沃伊蒂瓦主教（Karol Wojtyła），他于1978年成为大教宗若望·保禄二世，他一直传播波兰在过去的东部争端中也负有责任的观念，并强调和东部邻国和解的必要性。1972年，扬·杰贾（Jan Zieja）神父向立陶宛人、白俄罗斯人和乌克兰人传达了"我们原谅并希望被原谅"的讯息。[12]与此同时，经过审查的（合法的）波兰编年史打破了共产主义强加在乌克兰研究上的一些限制，而未经审查的（非法的）历史著作不仅向共产主义政策的公正性提出质疑，更向整个波兰东部扩张的传统提出质疑。[13]

1980年和1981年，作为拥有千万成员的群众运动（其中三分之一是共产党党员），团结工会为支持《文化》计划的精英们提供了达成共识的平台，而《文化》计划在整个波兰社会被视为民族解放计划的一部分。关于波兰反对派以及波兰社会和东部邻国的反对运动有诸多共同点的观念广为流传。相当数量的波兰人认为他们目前的东部邻居和他们是平等的，这在现代波兰历史上还是第一次。团结工会的媒体发布的重要文章和诸如库容等团结工会领袖的讲话，都表达了这种新的观念，最终在1981年的团结工会议会决议中也有类似的表达。团结工会发布的《给东欧劳动人民的一封信》面向的不是苏联的无产阶级，而是苏联内部各民族。在当时这一举动异常地、过分地、愚蠢地大胆。当然，团结工会时期形成的讨论自由在各东部邻国的状况是不同的。几乎没人提到白俄罗斯。波兰人发现同情立陶宛人比同情乌克兰人更让人感到称意，尽管乌克兰反对派比立陶宛人更受团结工会模式的吸引。[14]对很多重要的乌克兰思想家和活动家来说，《文化》在20世纪70年代引入了一种新的波兰模式，这种模式在1980年的团结工会中得到了印证。[15]

在沃伊切赫·雅鲁泽尔斯基将军于1981年12月强制推行军事法以镇压团结工会后，更多反对派出版物指出了波兰与立陶宛、白俄罗斯和乌克兰的关系问题。在一些文章中，团结工会的落败被视为波兰人需要与东部（和南部）邻国结盟的证明。最彻底的爱国者——独立波兰联盟（Konfederacja Polski Niepodległej，简称KPN）——将东部邻国视为和波兰享有同等地位。1987年，"自由与和平"（Wolność i Pokój）的年轻激进主义者们签署了对维斯瓦河行动表示强烈谴责的宣言，并要求波兰社会包容乌克兰人。其他地下组织在互相认同既定边界的基础上，开创了和立陶宛、乌克兰反对组织以及移民团体的对话机制。在整个20世纪80年代，米罗茨维奇提出的论据被更细致和深入地思考。及至1989年，和东部邻国建立良好关系的渴望反映出许多反对派的观点，也成为被那些没有深入思考这个问题的人视为政治正确的观点。多亏了《文化》计划、历史修正主义、地下出版物和团结工会，波兰共识不仅反对恢复失地，而且支持东部邻国的独立。20世纪70年代出现的新政治理念，在80年代成了一种新的政治传统。[16]

民族主义者、社会主义者和《文化》计划

吉德罗耶茨和米罗茨维奇是左翼人士，他们相信在波兰重获完整的主权后，国内的共产主义将有所改善。他们的东部计划对后马克思主义知识分子——如亚当·米奇尼克，吉德罗耶茨对他极为崇敬——很有吸引力。米奇尼克当时是团结工会的领军人物，1989年后他编辑了波兰最重要的报纸。然而《文化》理念的主导权不仅被诸如米奇尼克等后马克思主义者所接受，还被那些认为自己是最初的、最重要的爱国者和民族主义者的波兰反对派所接受。许多波兰右翼人士在70年代经历了《文化》、在80年代经历了团结工会，他们理所应当地认为东部邻国的独立对波兰是有利的。比如说格热戈日·科斯切娃–佐尔巴斯（Grzegorz Kostrzewa-Zorbas, 1958— ）当时是波兰右翼反对派，但是他为《文化》相关理念的传播做了很多贡献。1985—1989年，他编辑了一份非法出版物《新联盟》，致力于传播以下观念，即未来的东欧将出现一系列民族国家的自由合作。科斯切娃–佐尔巴斯为团结工会的少数民族事务委员会工作，他在1989年写了一份粗略勾勒波兰第一阶段东部政策的备忘录。20世纪90年代初，科斯切娃–佐尔巴斯和米奇尼克——两人在其他事情上几乎没有达成共识——在实施和普及针对立陶宛、白俄罗斯和乌克兰的友好外交政策等方面，有着举足轻重的作用。

20世纪八九十年代最激进的世俗波兰爱国者都加入了独立波兰联盟。他们在70年代把波兰独立直接提上反对派的议事日程，当时大多

数反对派认为这种直接的做法是没有帮助的。他们的领袖莱谢克·莫丘尔斯基（Leszek Moczulski，1938—）认为波兰东部邻国的爱国主义和他本人的爱国主义一样值得赞扬，并设想独立的立陶宛、白俄罗斯和乌克兰在未来会和波兰一起加入波罗的海到黑海联邦（Baltic-to-Black Sea federation）。由于对波兰现在的东部邻国的尊重，这个预言值得注意。尽管莫丘尔斯基将他自己定义为遵循毕苏斯基传统的联邦主义者，但是他和毕苏斯基不同，他在论及立陶宛、乌克兰和白俄罗斯时，把它们视作和波兰有着相同意义的民族。莫丘尔斯基并没有将近代早期的波兰-立陶宛王国当作波兰帝国主义的基础，他对波兰东部邻国的民族精英的恐惧非常敏感。虽然1989年后作为国会议员的莫丘尔斯基因反复无常而臭名昭著，但是他支持对乌克兰、白俄罗斯和立陶宛的友好政策这一点是毫不含糊的。[17]

20世纪80年代大多数罗马天主教媒体为与波兰东部邻国——尤其是乌克兰——达成和解的事业做出了实际的贡献。[18]正如我们将看到的，一些罗马天主教活动家在1989年后重提乌克兰人种族清洗波兰人的事件，并将波兰的少数民族政策和邻国的少数民族政策相提并论（所谓"互惠"）。但即便在波兰右翼阵营中，他们也是少数，而且他们的主张得不到罗马天主教统治阶层的支持。总体而言，波兰教宗若望·保禄二世非常关心波兰的东部邻国。虽然波兰人对他们的教宗的关注是不牢靠的，这仍然给波兰境内对罗马天主教的接纳态度设立了限制。再没有主张波兰权利的政治力量全面仇视波兰的东部邻国。和两次大战间的波兰相比——当时罗马天主教和民族民主党人有很强的联系，这已经是一个巨大的改变了。

在1989年革命后的东欧，不稳定的民族主义往往不是世俗爱国者或基督教民族主义者的成果，而是试图维持地位的前共产主义者的成果。[19]就算不是全部，大多数20世纪90年代发生在东欧的暴力冲突都是由那些曾在共产主义机构中担任重要职务的政治领导人发起的。这一点不仅在克罗地亚、波斯尼亚、科索沃、格鲁吉亚、摩尔多瓦和车臣的战争中得到验证，还适用于在这片区域的选举中，为了得到选票而操纵民族问题的行为。[20]在这里，波兰也是特殊的例子。波兰共产党人在1947年对乌克兰人的种族清洗中已经解决了最后的重大民族问题。这使得任何后共产主义民族主义的伪装者都无法把一个实际存在的少数民族当作一种威胁或替罪羔羊。此外，波兰反对派在20世纪七八十年代的规模也创造了某种特殊的共产主义政党。该政党允许一些附属机构举行民主选举，并且培养了一批年轻的精英，改革的时机成熟后，人们期望他们能代替雅鲁泽尔斯基和他那代人。同时，其中许多年轻的共产主义者作为反对派也在阅读相同的非法出版物，尤其是《文化》。关于乌克兰的文章给了年轻而富有野心的共产主义者亚历山大·克瓦斯涅斯基（Aleksander Kwaśniewski, 1954— ）许多值得深省的启发。[21]

1989年6月的选举让由团结工会领导的政府在同年8月上台掌权，波兰共产党继续面对改革自身的挑战。共产主义青年组织的前领导人克瓦斯涅斯基在转型关头接管了共产党。1990年1月，波兰共产党不仅更换了领导人，还换了名字和纲领。[22]在克瓦斯涅斯基的带领下，1993年的议会选举后社会主义者再次掌权。克瓦斯涅斯基在1995年被选为波兰总统，并在2000年再次当选。波兰的后共产主义者并不是就依靠他们的竞选活动和纲领中的民族主义。在这点上他们不仅和整个东欧的后共产主义政党（尤其是南斯拉夫和俄罗斯）有所区别，而且和1989年之前的波兰共产党也有所区别。波兰共产主义传统上是反乌克兰的，波兰后共产主义（克瓦斯涅斯基作为其化身）务实地走了亲乌克兰路线。诚然，在1995年当选总统后，克瓦斯涅斯基主导了和乌克兰的历史和解。对所有参与者来说，《文化》在这一连串事件中的地位不言而喻。克瓦斯涅斯基和吉德罗耶茨来往通信，并前往巴黎对他表示敬意。

这意味着《文化》和团结工会之间存在重要联系。正如波兰共产党的转型来自它在20世纪80年代和团结工会的竞争，波兰社会主义者也继续推行团结工会政府在90年代的外交政策。当社会主义者重新掌权后，他们也享受着和统一的德国之间友好的关系。在1989年，团结工会政府面临的是一幅不甚激动人心的图景：统一的德国所推行的东部政策远远没有波兰的政策令人宽慰。

第12章
标准的民族国家
（1989—1991）

五分之一的波兰公民死于第二次世界大战。在《波茨坦协定》的规定下，波兰接收了广袤的德国领土，驱逐数百万德国人。20世纪50年代，对德国收复失地的恐惧激发了对波兰共产主义政权以及对与苏联结盟的支持。20世纪60年代，由于波兰主教向德国主教传达和解的讯息等原因，波兰政权被谴责为社会主义阵营的叛徒。尽管1970年西德–波兰协约签署后，波兰公众对德国的态度有所好转，波兰人仍然相信德国人一有机会就会重申领土所有权。由于西德政府的合法地位——波兰人怕他们无法代表未来的统一德国——以及西德被驱逐者的游说，这种恐惧持续存在。那些被驱逐者是西德基督教社会联盟（Christlich-Soziale Union，下文简称CSU）的主要力量，CSU是时任总理赫尔穆特·科尔（Helmut Kohl）所属的基督教民主联盟（Christlich Demokratische Union，简称CDU）的姐妹党。在波兰于1989年8月重新取得国家主权后，一年多来波兰领导人和波兰公众对德国统一的担忧多于对苏联反应的担忧。[1]

1989年，波兰内部的政治变革逐步推进，很多进步措施得到了波兰共产主义者的认可，一些措施也得到苏联共产党中央委员会总书记米哈伊尔·戈尔巴乔夫（1931—　）的谅解。在1988年12月的联合国讲话上，戈尔巴乔夫发出信号：苏联的东欧卫星国可以自行选择国内政治路线。

由于1988年8月大罢工的影响,波兰的共产主义者已经开始讨论和团结工会领导人莱赫·瓦文萨(Lech Wałęsa,1943—)举行圆桌会谈的可能性。1989年2月,他们对戈尔巴乔夫的话信以为真,同意与当时的非法工会——团结工会——的代表开始磋商。1989年4月双方达成一项协议,团结工会合法化,并在同年6月举行议会选举。选举被操纵了,以确保共产党及其传统盟友在下议院(the Sejm)取得多数。但是团结工会在大众投票中取得了压倒性优势,他们赢得了下议院每一个有竞争可能的席位(包括在上议院取得了100个席位中的99个),并达成共识:共产主义者缺乏统治的授权。团结工会的决定性胜利出乎双方的意料。

1989年8月,在共产主义者建立政府失败后,下议院通过了由长期的罗马天主教反对者塔德乌什·马佐维耶茨基(Tadeusz Mazowiecki,1927—2013)领导的联盟。自共产主义统治建立后,这是东欧地区第一个非共产主义政府,东德、匈牙利、捷克斯洛伐克和保加利亚很快会追随这个先例。每一步都或多或少造成了意想不到的后果:从戈尔巴乔夫的联合国讲话到波兰人的圆桌会议,从圆桌会议到被操纵的选举,从被操纵的选举到团结工会的胜利,从共产主义在波兰的终结到共产主义在整个东欧的终结。1989年,人们普遍没有料到东欧卫星国的革命会引起苏维埃立陶宛和苏维埃乌克兰的民族运动,并因此加速了苏联的灭亡。事实上,共产主义在东欧的终结使苏维埃共和国的独立变成唾手可得的目标。1989年到1991年是一段奇特的薄暮时期,我们很难在回顾往事时将其准确定位。基于我们的目标,我们要记住东欧各国获得主权比苏联瓦解要早两年多,因此在很长一段时间内,新的波兰主权国家和苏联是对方的政策目标。1989年,戈尔巴乔夫原本可以公开提出他反对波兰获得主权。但是当1989年11月柏林墙倒塌后,戈尔巴乔夫对马佐维耶茨基说：“这听起来可能有点奇怪，但我希望你能成功。”[2]

德国进入欧洲

和戈尔巴乔夫的声明不同，西德的反应是威胁性的。在团结工会于1989年6月的选举中取得胜利后，西德财政部部长特奥·魏格尔（Theo Waigel）质疑波兰西部边界的合法性。在马佐维耶茨基的非共产主义政府于1989年8月建立后，科尔总理宣布德国问题重新回归国际社会的议程中。1989年11月，科尔前往华沙以缓和恐惧，但是他选错了时机。尽管科尔私下保证他会在合适的时机确认德国－波兰边界，但出于选举需要，他不敢公开重申此类言论。在拉齐维乌宫（Radziwiłł Palace）的一次晚餐中，科尔获悉柏林墙已经倒塌。那天他和莱赫·瓦文萨、塔德乌什·马佐维耶茨基以及布洛尼斯拉夫·盖雷梅克（Bronislaw Geremek）的会谈突然中断，当时盖雷梅克正打算向他解释为什么波兰人害怕德国统一，随后科尔马上飞回柏林，立刻着手统一政策。

科尔关于统一的"十点计划"里没有提到边界问题。这带来了两个隐忧：首先统一的德国可能向波兰要回"二战"后失去的领土；其次新欧洲将和两次大战间的欧洲一样，东部和西部的外交规则截然不同。波兰人还记得"一战"后的大量移民保障了德国与法国的西部边界，但其与波兰的东部边界尚未确定。在"二战"后，这类和平的移居并未出现，而且西德保留了在移民情况出现时最后决定东部边界的权利。在柏林墙倒塌后，波兰人不仅要关心现存的边界会不会得到确认，还要关心德国会不会同他们来确认。波兰人害怕德国与苏联关于边界的协议会将东欧划分为不同势力范围,并重新确定苏联在波兰的统治地位。[3]

第二年——从 1989 年 11 月到 1990 年 11 月——东德和西德的政治中心围绕着统一进程,而波兰的外交政策着重于把德国问题抑制在德国国内。虽然波兰官员(不同于法国总统弗朗索瓦·密特朗和英国首相玛格丽特·撒切尔)没有试图减缓德国统一进程,但他们试图把统一和最终确定边界问题联系起来。他们手上几乎没有好牌。尽管波兰军队在"二战"时与盟军并肩作战,但 1944 年后苏联就已占领波兰,波兰在诸如雅尔塔和波茨坦等决定欧洲未来的战后会议上没有起到任何作用。由于德国统一被视为未完成的战后解决方案中的最后一章,德国统一由两个德国来协商安排,并经过四个战时盟国(英国、法国、苏联和美国)的同意。尽管波兰表示抗议,但在 1990 年 2 月举行的"2+4"协商中,波兰并未受邀。

波兰的立场是波兰-德国边界要在德国统一前就重新确认;德国的立场是边界条约的磋商要等到统一完成后再进行。事实上,1990 年 3 月科尔总理表示,如果波兰同意保护德国少数民族并放弃未来向德国索赔,那么德国会承认现存边界。由于波兰在战时损失巨大,而且西德将波兰排除在和平解决方案之外,这一点似乎非常过分。西德的盟友也反对西德的立场。1990 年春天,马佐维耶茨基总理重申在波兰和德国边界板上钉钉之前,他不希望苏联军队离开波兰。波兰甚至提议苏联军队留在未来的统一德国的东部地区。这一度是苏联的立场,但是戈尔巴乔夫很快被说服了。在任何情况下,波兰和苏联的利益协调都是有限的。甚至在 1990 年 2 月,波兰外交部部长克日什托夫·斯库比斯茨维奇(Krzysztof Skubiszewski,1926—2010)向德国人清楚表明,波兰不希望统一德国保持中立,这意味着波兰不接受统一德国成为北约的一员。在科尔于1990年6月在高加索与戈尔巴乔夫会面之前，苏联一直反对统一德国加入北约。

1990年6月，事情变得很明朗了，德国马克和美国的参与不仅能促成德国统一，还能保证统一德国成为北约的一员，波兰的立场就不言而喻了。向苏联献殷勤已无必要——西德外交部部长汉斯-迪特里希·根舍（Hans-Dietrich Genscher）只是利用苏联将波兰人排除在外——重要的是确保美国人理解边界问题。美国人提出的"九点保障"和科尔的"十点计划"不同，其中提到维护现存边界。在美国人看来，现存的东德-波兰边界将成为未来的德国-波兰边界。波兰外交部部长斯库比斯茨维奇在1990年6月12日参加了第三阶段的"2+4"会谈。虽然斯库比斯茨维奇处于弱势，美国国务卿詹姆斯·贝克处于强势，但他们的立场总体上是相同的：德国重新统一是大势所趋，但实现统一必须先解决"二战"后未完成的问题，并且使新德国和欧洲及大西洋组织团结起来。"2+4"条约的第一项条款于1990年9月在莫斯科签署，条款确认西德与东德的外部边界将成为统一德国的边界。1990年10月3日，德国正式统一。斯库比斯茨维奇和根舍于1990年11月14日签署波兰-德国边界条约。[4]波兰虽然在统一之前签订边界条约的战斗中落败，但在无条件承认现存边界的战斗中取得了胜利。

东部和西部

第二天，即1990年11月15日，苏联和波兰代表第一次会面讨论苏联军队撤出波兰的事宜。1990年年末，天平两边的重量开始起变化，刻度值完全相反。波兰和统一德国的关系迅速升温，和苏联的关系迅速恶化。一旦波兰达成了西部边界合法化的目的,德国就成了"欧洲";而波兰和苏联的利益产生分歧,戈尔巴乔夫的地位完全倒塌,苏联成了"俄罗斯"。[5]在波恩成为一个更大的国家的首都后,波兰对它的恐惧有所减少,而当莫斯科成为一个更小的国家的首都后,波兰对它的恐惧增加了。这种转变在波兰人中非常明显,波兰的东部邻国成为外交政策的主要议题。

1991年1月,飞往莫斯科协商军队撤离的波兰官员受到了苏联驻波兰军队指挥官维克托·杜比宁将军的欢迎———一场冗长的发言。"曾击败过德国人,从未战败过的自豪的苏联军队,"他告诉他们,"将在我们认为合适的时机,迎着展开的横幅,以我们自己的方式离开波兰,如果任何人对此存疑,军队无法向波兰人民负责。"那位将军有多浮夸,这个波兰人就有多墨守成规:让苏联代表惊讶的是,波兰外交官指出1955年签订的《华沙条约》——该条约建立了华沙条约组织——事实上并未给苏联军队驻扎在波兰领土提供任何支持。在双方交换意见或者说是世界观后,疲倦的波兰谈判者回到华沙,他们的飞机在维尔纽斯加燃料。就在他们靠近立陶宛首都时,他们被告知要一路飞回华沙。他们透过机窗看到了理由:维尔纽斯燃起熊熊大火,苏联特别部队正向这里发起攻击。[6]

就在华沙和莫斯科开始撤军谈判时,华沙计划改善与苏联各独立共和国及其国内反共产主义的民族运动的关系。自始至终,波恩都将莫斯科作为其东方政策(Ostpolitik)的伙伴,而华沙一开始就和它直接的东部邻国交战。这第一次标志着除了传统的势力均衡的考量外,还有其他东西引导着波兰的东部外交政策,波兰外交正在实施前一章所说的大战略。和戈尔巴乔夫保持良好关系的同时,波兰官员对他关于苏联各组成国之间关系民主化的言论信以为真,他们继以推论这种民主化可能走向何方。甚至当波兰寻求让苏联军队离开波兰领土时,波兰还推行了一项基于苏联可能很快不存在的政策,这一政策的预设是波兰可以优先重构与俄罗斯人、立陶宛人、白俄罗斯人和乌克兰人的历史分歧。

德国问题一直作为背景存在。当波兰把注意力转向东部邻国时,调整和德国关系的经验也影响着波兰针对东部邻国的政策。波兰关于立陶宛、白俄罗斯和乌克兰的立场与德国关于波兰的立场在某种程度上很相似:和德国一样,"二战"后波兰的领土也纳入东部邻国,那里是数百万东部被驱逐者及其后代的家园,因此波兰认为有义务保护东部少数民族。当然,"二战"时,波兰不是侵略者而是受害者,但是生活在波兰原东部边界地区的立陶宛人和乌克兰人把波兰视为维尔纽斯和利沃夫的侵略者。由于20世纪90年代初很多波兰人依然害怕德国人有收复失地的意愿,这种与德国的类比可以作为针对波兰东部邻国的温和政策的支持依据。波兰外交官告诉国内评论员,波兰向东部邻国要求的东西应该和波兰准备给德国的东西一样少。主张收复失地的德国人促使斯库比斯茨维奇做出如上论证,前者对波兰的东部政策表现出公开的兴趣。那些德国外交官也是如此,他们参照了波兰关于在立陶宛的波兰少数民族的立场,将其当作德国关于在波兰的德国少数民族的立场。至少在一个例子里,德国人利用了波兰的立场文件以为扩大在波兰的德国人的权利辩护。[7]

克日什托夫·斯库比斯茨维奇首先和德国人谈判,然后和东部邻国谈判,但历史经常无声地略过这类人物。他在他从事的任何工作上都取得成功,他的成功带来了和平。原本根本指望不了这类声明可以建立在德国统一的和平进程的基础上。考虑到西欧人的关注和美国人的参与,无论波兰的政策如何，德国统一都将以一种负责的形式推进，这几乎是肯定的。其中最值得一提的是斯库比斯茨维奇，他是国际法教授，写过一本关于波兰西部边界的书，他耐心而坚定地追寻着一个精准的目标，最终目标实现了。和西德的接触说明斯库比斯茨维奇也将某些特质带到了波兰与东部邻国的关系中，此外还有团结工会和波兰新民主政府内部的传统智慧。斯库比斯茨维奇在沃伊切赫·雅鲁泽尔斯基和莱赫·瓦文萨担任总统时期负责外交政策，所有他供职过的总理都全力支持他，他的观点是重要的观点。和"一战"后的情况不同，当时波兰的早期东部政策由议会代表和布尔什维克外交官在里加做决定，1989年后波兰的东部政策则被牢牢把握在专业人士手中。

第一次世界大战后，波兰精英在东部政策上产生分歧：一些人希望创建一个联邦，其他人希望以民族国家的形式只吸收那些可以被同化的领土。斯库比斯茨维奇面前没有这些分歧。反对派团结工会现在上台掌权，他们吸收了《文化》的东部计划，即波兰不应改变它的东部边界，波兰能从支持立陶宛、白俄罗斯和乌克兰独立中获利，以及波兰爱国者应该把立陶宛爱国者、白俄罗斯爱国者和乌克兰爱国者视为与自己相平等。虽然斯库比斯茨维奇也从其他传统中得到启发，他认同关于大战略的共识，作为一位政治思想家，他也认可吉德罗耶茨和米罗茨维奇的一些基本假设，即最高的价值是波兰国家，而不是波兰民族，可供参考的框架不是来自过去的，而是来自未来的。[8]他更喜欢用"国家利益"这个词而不是"民族利益"，他引用历史是为了澄清国家利益，绝非民族渴望。他的口头禅是："民族利益与我们的国家利益是一致的"。另一句口头禅是："历史不是也不能成为我们今天的现实观中的决定性因素，历史也不能决定它的形成。欧洲在不断变化。"[9]

第12章 标准的民族国家（1989—1991）

提到欧洲，这说明了斯库比斯茨维奇在《文化》的东部计划中增加的两个主要的知识因素之一。斯库比斯茨维奇欣赏欧洲理念的力量，以及欧洲机构的吸引力，这一点（必须支持）完全被吉德罗耶茨和米罗茨维奇忽略了，尽管大部分时间内他们其中一人住在巴黎，另一人住在伦敦。当与统一德国的关系迅速改善时，斯库比斯茨维奇对东部解决方案的务实表述从表达对德国收复失地的担忧转向有实际意义的主张，即波兰如果要加入西欧机构，必须解决好它的东部问题。斯库比斯茨维奇牢牢把握住国际法的实际重要性，将其作为有效地采取目前模糊行动的一种方式，以及彻底解决历史遗留下来的民族问题的第一步。这是斯库比斯茨维奇的第二个知识贡献，也是《文化》计划中所缺少的。

另外三个贡献更为实用。首先是有原则的耐心，这种风格在1989年前已经开始培养，这使得斯库比斯茨维奇在担任外交部部长时，即便胜利在望，也能时刻谨记他的最终目标。这当然是一位优秀外交官的基本品质，但是在共产主义东欧，能培养出这种素质的环境不是特别好。[10] 第二个实用的品质是他独立完成艰难任务的能力。运行从共产主义者手中继承下来的外交部，在后勤方面是一个挑战，斯库比斯茨维奇任期中的一幅日常画面是他在商业航班上写自己的演讲稿。第三个品质是明智地选择同僚。耶日·马卡奇克（Jerzy Makarczyk）负责欧洲和区域政策，在重要时期，他短时间内取得了众多成果。团结工会积极分子格热戈日·科斯切娃-佐尔巴斯设想了一种针对波兰东部邻国的"双轨"政策，他很快就进入了状态。在他的任期内，斯库比斯茨维奇的外交部雇用了300名新职员。[11] 这看上去像行政琐事，但是在后共产主义的东欧政治中，受训练的职员的效用、招募以及安置常常有着决定性的作用。当正在考虑的政策如同波兰的东部"双轨"政策一样精细时，以上事务就显得更加重要了。

双轨制

波兰东部政策的双轨指的是：(1)在莫斯科的苏联中央政府；(2)欧洲的苏维埃共和国政府，尤其是俄罗斯联邦、立陶宛、白俄罗斯和乌克兰。斯库比斯茨维奇相信苏联很快会瓦解，他解释说波兰政策仅仅反映了苏联内部的变化。与莫斯科的苏联政权的关系包括了戈尔巴乔夫的支持以及苏联撤军问题。波兰政策放在共和国(包括俄罗斯联邦)上的注意力比放在中央政府上的注意力要多。波兰针对国家与国家间关系的准备工作包括确认准官方边界、外交联系常规化以及在一系列声明中建立友邻关系的准则。波兰把苏维埃共和国当作国际法上的完整主体，值得报以同等的伦理和法律关注。甚至在斯库比斯茨维奇前往苏联之前，他断言称，"在很多区域，我们和不同共和国之间的关系类似和其他国家的关系，这种关系是完全独立和至高无上的"。当时，他的政策是世界上唯一一种和苏维埃共和国系统接触的政策。[12]

立陶宛是一个特例。苏联没有依据法律兼并立陶宛，在苏联解体前(1990年3月)立陶宛已经正式宣布独立，而且它的独立要求触发了散居在立陶宛的大量波兰人关于收复失地的声明。1991年8月，波兰正式承认立陶宛独立，它是第二个(在冰岛之后)承认的国家。在此前两年，斯库比斯茨维奇就说过立陶宛的渴望应该按照国际法予以实现。[13]1989年到1991年间，在立陶宛的波兰少数民族代表要求领域自治，对波兰国家的努力做出了极大的让步。波兰国家和此类声明保持距离。科斯切娃-佐尔巴斯在1989年10月的备忘录中声称波兰国家的唯一伙伴是立陶宛的反对团体——民主改革运动(Sajūdis)，所以波兰不应该证明立陶宛人对波兰收复失地的恐惧是正确的。科斯切娃-佐尔巴斯相信立陶宛人对波兰的恐惧比波兰人对德国的恐惧更有正当性——他在波兰和德国签署边界条约前一年就把这个论断落于书面。[14]斯库比斯茨维奇坚持宣称波兰没有任何针对立陶宛或任何东部邻国的领土所有权要求,并且告诉主张修改边界的倡议者们他们选择的道路只会导致血腥的战争,并激起德国人对西部领土的要求。[15]

尽管立陶宛与众不同,但是立陶宛的案例强调了重要的一点:双轨政策把波兰国家真正的对话者视作邻近的民族国家。当时任匈牙利总理约瑟夫·安托尔(József Antall)自称散居在外的匈牙利人的总理时,当塞尔维亚总统斯洛博丹·米洛舍维奇(Slobodan Milošević)利用塞族人在科索沃的困境以攫取权力时,波兰当局把波兰少数民族的问题当作依据国际法和伦理标准来解决的民族国家之间的问题。把波兰与匈牙利和塞尔维亚做对比并不牵强。诚然,匈牙利在1920年的特里亚农(Trianon)失去了三分之二的领土,1989年有200万匈牙利人住在邻国。虽然波兰得到了西部领土的补偿,但在1945年它几乎失去了一半的领土,包括四座重要城市中的两座。1989年,超过100万波兰人留在波兰的东部邻国,其中大多数人生活在立陶宛和白俄罗斯靠近波兰东北部边界的条状区域内。[16]苏联境内一半波兰人居住在距离立陶宛首都维尔纽斯200英里处。我们可以在立陶宛首都周围(包括首都在内)勾勒出一片很大的地区,其中多数人口自认为是波兰人。波兰,与匈牙利和南斯拉夫不同,它将邻国置于散居波兰人之前。1990年和1991年,相比做出明确要求的波兰少数民族,波兰倾向和民族国家立陶宛打交道,而此时立陶宛的地位还未合法化。其中显示出大战略的迹象,大战略把世界理解为由民族国家组成的。

第三条轨道

与苏维埃共和国建立"第二条轨道"的联系是存在无可争辩的法律依据的。这些共和国是苏联宪法创造出的合法实体,戈尔巴乔夫鼓励它们获得自治。当时甚至有一种感觉是斯库比斯茨维奇把苏维埃共和国的居民当作"民族",这与苏联的总体做法是一致的。毕竟,苏联是一个有许多民族性共存的国家,根据不同的民族分为每个领土单位,每位公民的护照上都要写明属于哪个民族。然而,从列宁到戈尔巴乔夫,苏联的民族政策从未设想过各共和国脱离的可能性。因此波兰东部政策"第三条轨道"的合法性就更微弱了,"第三条轨道"指引导波兰前反对派(如今在华沙的掌权者)与乌克兰人和立陶宛民族活动家(寻求获得民族独立,摧毁苏联)建立联系。1989年和1991年间,波兰东部政策的非正式的第三条轨道以公报的形式提供了关于如何支持民族主义反对派的信息,并为斯库比斯茨维奇在1990年10月出访"苏联、俄罗斯、乌克兰和白俄罗斯"做准备。事实上,在斯库比斯茨维奇先前为德国问题费神时(1989年秋天到1990年秋天),第三条轨道(反对派)取代了第二条轨道(共和国),并为第二条轨道的成功——这是三条轨道中最成功的——奠定了基础。

这一情况发生在乌克兰,而非俄罗斯、白俄罗斯或立陶宛。波兰反对派和俄罗斯异见者之间的关系是疏远而断断续续的,无论如何此前没有人像俄罗斯民族反对组织那样怀有"脱离"苏联的期望。类似的,出于不同的原因,波兰也没有白俄罗斯对话者。白俄罗斯民族运动规模很小,他们关心的问题是历史的、象征性的,波兰人对此说不了也做不了什么。团结工会的前辈对立陶宛的民主改革运动最有热情，但是立陶宛反对派认为波兰人想要占领他们的国家和首都维尔纽斯。[17] 立陶宛活动家的判断是正确的，波兰人对立陶宛的友爱实际上是因为他们把立陶宛看作"年轻的兄弟"，但立陶宛活动家错误地把波兰的文化自信和收复失地的计划联系起来。立陶宛活动家把波兰文化视为对本民族的更大威胁，1991年后持有这种传统的主导性立场的人才逐渐承认政治合作的价值。

在乌克兰的民族运动中，团结工会的运动家们发现了一个成熟的、有意愿的对话者——乌克兰人民运动（Rukh）。[18] 在乌克兰，民族运动强大到可以考虑独立的问题，但又弱小到亟需盟友。乌克兰苏维埃社会主义共和国的俄罗斯化政策很成功，那些组织起乌克兰人民运动的西乌克兰爱国者的新观念由此加深：俄罗斯——而非波兰——才是乌克兰民族的巨大威胁。[19] 苏联的统治巩固了波兰在立陶宛爱国者心中的民族敌人的形象，却迫使那些看着乌克兰民族文化在20世纪70年代逐渐枯萎的乌克兰人重新思考。乌克兰的波兰少数民族虽然大致上和立陶宛的波兰人一样人数众多，但相对而言占比要小得多。当有敌意的波兰组织正式宣布在立陶宛首都维尔纽斯附近开始自治，远离民族首都基辅的西乌克兰的波兰人转而支持乌克兰民族运动。在立陶宛的波兰人很少受到立陶宛文化的同化，而在乌克兰的波兰人却说乌克兰语。基于以上原因，乌克兰反对派比立陶宛人更易接受《文化》和团结工会，也更愿意把波兰视为正面的模范。[20]

波兰外交的第三条轨道提供了一种适时的确认。当波兰在1989年8月获得完整国家主权时，乌克兰人对这个西部邻国的尊敬达到了顶峰。1989年9月，团结工会的一名代表参加了乌克兰人民运动的成立大会,亚当·米奇尼克在凌晨两点从一处讲台向挤满了人的大礼堂发来贺电:"在这个你们民族重生的时刻,我们非常高兴,为此你们已经经受了太多的审判、集中营和苦难,以这片土地上最伟大的子孙的生命为代价,团结工会和你们站在一起,波兰和你们站在一起。愿命运向你们微笑,愿上帝赐予你们力量。自由、民主和公正的乌克兰万岁!"他的讲话、团结工会的横幅以及波兰国旗受到了热烈欢迎。[21] 事实上,正是这些开创了波兰东部政策的第三条轨道,乌克兰活动家看到了拥有一个西部盟友的可能性,而乌克兰民族主义的反波兰思潮在政治上开始出现时就被边缘化。在 1989 年和 1990 年,主要的乌克兰反对派和团结工会成员多次见面,后者现在决定着波兰政策,对独立的波兰和苏维埃乌克兰采取的官方行动表示普遍认同。作为双轨政策的重头戏,这就是为何斯库比斯茨维奇在 1990 年出访苏联时,会在乌克兰取得最大的成功。[22]

1990 年 10 月的基辅

1990 年 10 月,斯库比斯茨维奇在基辅与乌克兰外交部部长安纳托利·兹连科(Anatolii Zlenko)签订了"国家与国家"的声明,声明包括承诺互不侵犯、接受既有边界以及双方少数民族的文化权利。斯库比斯茨维奇和兹连科强调波兰和乌克兰将像"主权国家那样"行事。波兰代表带来了乌克兰语翻译,而非俄语翻译,这一举动受到了广泛赞赏。此后,波兰和乌克兰为以作为国际认可的主权国家的形式建立正式的外交关系而做准备,这意味着他们在为乌克兰独立和苏联终结做准备。[23] 在 1991 年 8 月的莫斯科政变失败后,波兰和乌克兰交换了永久代表,

第12章 标准的民族国家(1989—1991)

波兰签署了一份宣言,表示愿与乌克兰签订国家条约。(1991年8月1日,美国总统乔治·布什敦促乌克兰继续留在苏联。)当1991年12月全民公投确认乌克兰独立后,波兰是第一个正式承认乌克兰共和国的国家。通过第三条轨道的联系,斯库比斯茨维奇和波兰政府明白这种姿态是需要的。波兰很快承认乌克兰,这一点超出乌克兰爱国者的预期,为此驻莫斯科的波兰大使受到苏联外交部部长爱德华·谢瓦尔德纳泽(Eduard Shevardnadze)的召见,美国也对此表示不赞同。这为波兰与乌克兰两国未来出乎意料的良好关系创造了条件。[24]

波兰政策间接支持了乌克兰的公民理念——这是支持乌克兰和平独立、苏联和平解体的因素。考虑到乌克兰的多民族历史、规模庞大的俄罗斯少数民族以及不断回响的苏联历史,某些西乌克兰活动家推进了这种关于乌克兰民族的公民的和领土的理念。这种方法使得民族独立在1990年和1991年作为一种政治理念传遍整个乌克兰,这种政治理念受到文化诉求、经济诉求和地方精英利益诉求的支持,环境也赋予其正当性。乌克兰运动在1989年和1990年逐渐明朗化,但支持这种公民方式的共识尚未达成。这很大程度上取决于波兰对乌克兰民族活动家的支持,以及波兰对现存边界的认同。当西德领导人没有公开表示保留与波兰主权国的现存边界时,波兰的第一届民主政府向还未取得主权的乌克兰表达了无条件的保证。波兰政策在处理苏维埃共和国方面比美国和西方列强更果决,而且在边界的基本问题上比西部邻国更慷慨。如果团结工会在1989年8月没有掌权,如果米奇尼克和其他人没有在1989年9月前往乌克兰,反波兰的情绪会得到更多共鸣。如果波兰采取对乌克兰的仇视政策,一些西乌克兰活动家就会从民族构建的公民性计划上分心,而且他们推行的民族主义对基辅精英和大部分说俄语的乌克兰人的吸引力会更小。如果波兰倡导关于边界问题的和平变革，就像匈牙利和罗马尼亚当时所做的，那么西乌克兰活动家的能量会被转移到别处。结果，波兰的安抚政策使乌克兰人民运动成了中立性的运动，受到广泛支持，赢得了全国性辩论，因此也成为苏联解体的原因之一。乌克兰人民运动在解决民族问题时采取的公民性路径导致大量乌克兰人在1991年12月投票支持独立。

乌克兰人民运动的成功主要归功于西乌克兰人的政治技巧——包括某些乌克兰共产主义者。1990年到1991年，乌克兰民族活动家预感到变革的风向，但是乌克兰共产主义者追踪到了航行的轨道。没有乌克兰人民运动和苏维埃最高主席列昂尼德·克拉夫丘克（Leonid Kravchuk，1934— ）的合作，这艘船不可能靠岸。克拉夫丘克圆滑的"主权"支持确保西乌克兰人的观点可以在整个乌克兰变成现实，而他的政治天赋让其他乌克兰人把独立视作自然和有益的事情。他认识到乌克兰民族主义——作为意识形态上的前任书记，他在20世纪80年代奉命解决乌克兰民族主义，他也是一个土生土长的沃里尼亚人——这使他在不会引发民族冲突的情况下利用了爱国主义。[25] 如果波兰政策没有那么高调地向乌克兰示好，保守的共产主义者原本会将波兰作为反对独立的有力论据：乌克兰需要莫斯科的支持以对抗波兰。在这种情况下，克拉夫丘克联合支持独立的精英、东部和中部乌克兰选民的努力，以及他竞选总统的努力（全民公投和总统选举都在1991年12月举行）很可能都会失败。[26]

从外交政策到国内政治的争论都将以更开阔的形式重塑。多亏了波兰政策，在现代历史上乌克兰第一次只有一个民族敌人：苏联。在这个问题上，如同波兰人和德国人，乌克兰人一直以来害怕被包围。从1667年在安得所沃被瓜分，到1921年在里加被瓜分，似乎波兰和俄国一直在以牺牲乌克兰为代价来谋求合作。1990年秋天的外交奇迹是德国统一的形式降低了波兰人的恐惧，而波兰独立的形式降低了乌克兰人的恐惧。波兰政策的勇气之处以及它预先谋划的迹象在于，波兰与德国完成和解之前已经向乌克兰敞开大门。斯库比斯茨维奇到访基辅，在德国-波兰边界条约签订之前他再次就边界问题安抚乌克兰。波兰政策解除了乌克兰传统的包围困境，因此削弱了乌克兰极左人士的防备，为乌克兰民族右翼人士输送能量。这一切促成了乌克兰独立的政治协商以及苏联和平解体。也许和同时代更为人所知的事件——米哈伊尔·戈尔巴乔夫和鲍里斯·叶利钦在莫斯科的权力斗争——相比，乌克兰-波兰的约定对事件进程的推动同样重要。

1990年10月的莫斯科

斯库比斯茨维奇1990年10月到访莫斯科是一次暂时的成功。斯库比斯茨维奇煞费苦心地把"苏联日"和"俄罗斯联邦日"分开，同样关注俄罗斯当局和苏联当局。斯库比斯茨维奇和俄罗斯当局签署了一份宣言，这是俄罗斯联邦第一次和外部国家签署的官方文件。[27]波兰-苏联正在进行的协商是关于一份新的国家条约和苏联从波兰撤军的协议。1990年12月，波兰把苏联撤军和德国权利转移给苏联这两件事联系起来。争议的主要问题是所谓的"安全条款"，该条款禁止波兰加入任何联盟（除了苏联），禁止波兰和外国情报机构合作（除了苏联情报机构），或允许外国军队（除了红军）驻扎在波兰领土上。关于权利转让的争议解决了，关于安全条款的争议被撤销了。在1991年12月10日，波兰和苏联起草了一份条约，双方就苏联撤军的具体日期达成一致。[28]但这些协议是不可能被实施的，因为苏联在当月末就解体了。

俄罗斯联邦成了苏联的继承国。友好的波兰严肃对待俄罗斯联邦这件事几乎毫无用处，在苏联解体后，每个人都必须把俄罗斯联邦当回事了。由于俄罗斯联邦没有一个单独的共和国共产党，因此俄罗斯没有"民族共产主义者"作为积极的协商伙伴（如同乌克兰那样）或领导民族运动（如同立陶宛那样），或者把波兰视为反对派-政权关系和民主转型的楷模。几乎没有俄罗斯民族活动家认为苏联解体对他们的民族有积极影响，他们的定位和东欧其他国家的民族活动家的偏好格格不入。[29] 俄罗斯异见者们认为他们从波兰那里学不到什么，反对派之间几乎没有友好往来的传统。因此波兰东部政策的第二条、第三条轨道对与新的俄罗斯国家的关系几乎没有帮助。

另一方面，第一条轨道（和莫斯科中心的关系）却成功了，因为国家间条约和撤军协议都是与苏联中央政权谈判的。1992 年 5 月，波兰很快和俄罗斯联邦签署了这两项新条约。这些谈判以一种更快的节奏再次重复，所有步骤都在前一轮谈判中出现过：俄罗斯军事力量的夸耀，俄罗斯外交部提出的"安全条款"，最后以接近波兰谈判立场的结果结束。1992 年 10 月，最后一批俄罗斯野外作战部队离开波兰。[30] 尽管俄罗斯-波兰关系的未来几乎没有任何有前景的迹象，但是 1990 年到 1991 年间的双轨政策已经实现了合法基础、政治动力和 1992 年未解决问题的快速谈判先例。考虑到俄罗斯-波兰关系此后只会不断恶化，这种解决问题的迅速显得尤为重要。

1990 年 10 月的明斯克

1990 年 10 月到访明斯克是一次惨败，斯库比斯茨维奇发现自己身处多边历史问题的包围中，而这正是他设计的原初民族国家间达成不拖泥带水的双边约定所要避免的。当时，苏联总书记米哈伊尔·戈尔巴乔夫正向立陶宛施压，要求其撤回独立宣言，苏维埃白俄罗斯亚是其帮凶。我们已经知道维尔尼亚/维尔那/维尔纽斯是白俄罗斯人、波兰人和立陶宛人历来争夺的目标，因此我们能理解这种战略的基础。由于斯大林在"二战"时的政策，苏维埃立陶宛获得了首都维尔纽斯。当立陶宛在1990年3月宣布独立时，戈尔巴乔夫威胁要把维尔纽斯给其他国家，立陶宛人把这话当真了。白俄罗斯共产党支持苏联当局的这种操纵手段。1990年3月29日和戈尔巴乔夫会面后，白俄罗斯政治局宣布倘若立陶宛坚持独立，苏维埃白俄罗斯亚会争夺维尔尼亚的所有权。[31]

白俄罗斯官方的收复失地思潮支持苏联政策，而这正符合一种在民族主义知识分子中流行的历史解读观点：白俄罗斯从未参与到将波兰领土转移给立陶宛的协议中，因此在新思维改革（perestroika）的情况下，白俄罗斯无须被此束缚。白俄罗斯的收复失地思潮与白俄罗斯的自我认知产生共鸣，即定都于维尔尼亚的、重生的立陶宛大公国。当时主要的白俄罗斯活动家回想起19世纪的维尔尼亚，那里是白俄罗斯民族运动的发祥地，而两次大战间的维尔尼亚是白俄罗斯政治先辈的家园。他们设想，白俄罗斯独立象征着立陶宛大公国复国，因此维尔尼亚会"回归"白俄罗斯。1989年，白俄罗斯人民阵线（Belarusian Popular Front）应立陶宛民主改革运动的邀请在维尔尼亚召开成立大会，但他们让立陶宛东道主大失所望，称这里是白俄罗斯的首都。1990年夏天，白俄罗斯反对派中的重要人物向立陶宛民族活动家提议建立联邦，而后者对此不感兴趣。[32]

波兰外交部部长1990年10月到访明斯克引起了一场历史争论的浪

潮。白俄罗斯共产主义当局告诉斯库比斯茨维奇，由于白俄罗斯没有参与战后的条约，因此无权签署确认1945年边界的条约。尽管波兰是唯一一个有兴趣支持白俄罗斯独立的主权国家，白俄罗斯反对派当时依然被困在历史论证中无法自拔。白俄罗斯爱国者抱怨波兰国内（不存在的）针对白俄罗斯人的"恐怖活动"，谈到波兰国内在"种族上"属于白俄罗斯的领土，并提议和平领土调整以应对这一"种族"现实。同时，他们害怕波兰会对斯大林从波兰剥削的土地提出所有权声明，那些土地在"二战"末期被授予苏维埃白俄罗斯。虽然苏维埃立陶宛接收了维尔纽斯，但是苏维埃白俄罗斯在1945年接收了更多曾属于波兰的领土。大多数白俄罗斯民族活动家相信在立陶宛的波兰人实际上是白俄罗斯人，他们必须恢复真实的民族身份，而最佳选择是在一个复兴的立陶宛大公国内——这个国家将包含白俄罗斯的全部领土、立陶宛的全部领土和波兰的部分领土。[33]

　　立陶宛大公国的理念当然是一个迷思，但是这是一个长久存在的迷思，和白俄罗斯邻国的现代民族主义相比，这种迷思包含的矛盾更少。白俄罗斯民族活动家继承了这种始于立陶宛大公国覆灭后的传统，密茨凯维奇的浪漫主义诗歌将该传统延续下去，而当联邦主义试图收编这种近代早期的民族性理念失败后，这种传统在不同时间和不同地点逐渐覆灭。1921年，这种传统在波兰失败了，当时毕苏斯基无法获得联邦所需要的领土，而民主制度支持一种更简单的波兰民族主义。在两次大战间，这种传统让在波兰的白俄罗斯人失望了，维尔尼亚的白俄罗斯民族活动家受到波兰政策的阻碍和歧视。当白俄罗斯共产主义者无法让维尔尼亚加入苏维埃白俄罗斯亚时，这种传统于1939年到1945年间再次失败。1990年后，它在明斯克也注定失败，因为白俄罗斯的邻国拒绝了联邦的提议，而白俄罗斯选民对精英联邦主义者的理念无动于衷。

苏联力量的削弱以及对苏联背信弃义的发现没有立刻创造出一个现代白俄罗斯民族。白俄罗斯民族阵线的领导人泽农·帕兹亚克（Zenon Pazniak, 1944— ）在库罗帕提（Kuropaty）发现大量公墓，在那里，苏联 NKVD 在 1937 年到 1941 年间杀死了至少 10 万名平民。1988 年，库罗帕提尸体挖掘工作启动，这是白俄罗斯民族主义奠基的时刻。白俄罗斯民族活动家要花很长时间才能翻过这一页难解和痛苦的历史，并从复兴大公国的失败尝试中得出教训，在不完善的边界线内以民族国家机能的现代理念为基础重新自我定位。波兰政策提供了时间，以及一个范本。斯库比斯茨维奇紧守底线，即边界问题不在讨论范围内，在讨论历史问题之前必须先规范现存的领土状态。波兰政策支持一个现代的白俄罗斯民族国家，而这种理念的白俄罗斯支持者人数寥寥。苏维埃白俄罗斯亚是保守政党当局和怀旧的爱国反对派的家园，是原初民族国家的拙劣模仿者，而后者才是波兰双轨政策要建立联系的对象。虽然白俄罗斯共产主义当局的政策符合精英民族反对派的观点，但这一政策是在戈尔巴乔夫的敦促下执行的，和大众压力毫无关系。1990 年，白俄罗斯民族运动在影响白俄罗斯或苏联政策方面毫无作用。1990 年 10 月，波兰外交官离开时带着如此印象：白俄罗斯政党仅仅遵从莫斯科的指示，国内的民族活动家只是它的木偶剧场中的道具。之后发生的事件证实了这种观点。在 1991 年 8 月莫斯科政变失败后，在 1991 年 9 月立陶宛独立获得普遍承认后，苏维埃白俄罗斯亚摆脱了原先在领土和历史问题上的要求，接受波兰提出的发布共同宣言的提议。该宣言于 1991 年 10 月签署，这是白俄罗斯的第一个国际政治行动。[34]

波兰立陶宛人？

和白俄罗斯不同，立陶宛在 1990 年是有组织的、受欢迎的民族反对派的家园。立陶宛民主改革运动受到了广泛支持，能够支配立陶宛的政治议程，控制住民族议会，并宣布民族独立。新的立陶宛领导人对苏维埃立陶宛的领土问题的态度是毫不含糊的：这些领土现在是独立的立陶宛国家的主权领土。正如我们已知，维尔纽斯及其周边领土在两次大战间还不属于立陶宛。斯大林把两次大战间波兰的东北部分别划给苏维埃立陶宛和苏维埃白俄罗斯亚，立陶宛得到了维尔纽斯的奖励。1944 年到 1946 年，大部分波兰人离开了维日诺，但是波兰人在之后苏维埃立陶宛的维尔纽斯和沙尔奇宁凯（Šalčininkai）地区牢牢成为大多数（根据 1989 年的苏联人口普查，波兰人在这两个区域的比例是 63.8% 和 79.8%）。在立陶宛-白俄罗斯亚边界的另一边，波兰人也是多数民族。诚然，苏联（总面积达 2227.2 万平方公里）至少有 50% 的波兰人生活在两个小共和国交界处 3 万平方公里的区域内。苏联有一半的波兰人生活在苏联千分之一的领土上，这些领土在"二战"前属于波兰，而且这些领土都处于敏感的边界区域——双重敏感之处在于立陶宛首都边界线距离白俄罗斯仅有 40 公里。

苏联的政策使得苏维埃立陶宛和苏维埃白俄罗斯亚境内各有明显的波兰少数民族。在苏维埃白俄罗斯亚，波兰人忙于应对当地白俄罗斯人和俄罗斯移民，而且不被允许在波兰语学校学习。[35]因此，在白俄罗斯的波兰人学习俄语——一门能提高社会地位的语言——而不是掌握波兰书面语言或白俄罗斯书面语言。在 20 世纪 90 年代，大概有十分之一的白俄罗斯波兰人在家说波兰语。在苏维埃立陶宛，情况大为不同。苏维埃白俄罗斯亚禁止波兰语教学，而在苏维埃立陶宛的波兰人可以选择以波兰语、俄语或立陶宛语进行学习。由于对波兰人来说，立陶宛语比俄语难得多，而且在苏联境内俄语是权力的语言，因此波兰人避免选择立陶宛语学校。立陶宛语学校和大学复制并批准了波罗的海/斯拉夫语言的学科分支，在两种群体之间设置了清晰的社会屏障，给两类可能与众不同的政治精英贴上不同的标签。[36] 尽管立陶宛语是苏维埃立陶宛的政治语言，但1989年在苏维埃立陶宛的波兰人中少于六分之一的人会说立陶宛语。[37]

在苏维埃白俄罗斯亚，当地的民族主义很弱小，战后的俄罗斯化政策很成功。在苏维埃白俄罗斯亚的波兰人把俄罗斯化——而非当地民族主义——视作主要威胁，他们对白俄罗斯民族的理念态度友善。[38] 在苏维埃白俄罗斯亚，比起那些有地位的民族，波兰人更不可能加入共产党。从莫斯科的观点来看，苏维埃白俄罗斯的波兰人是最不值得信任的民族，在"二战"后他们只能被同化。立陶宛人的情况不同。在这里当地的民族主义很强大，而俄罗斯化政策几乎没有任何进展。在立陶宛的波兰人与在白俄罗斯的波兰人不同，前者害怕当地民族主义更甚于俄罗斯化。立陶宛的波兰人回想起1939—1940年立陶宛人的直接统治，伴随立陶宛官员的还有德国在1941—1944年的占领，1945年后他们又在自己的土地上受到苏联统治的限制，经历了类似立陶宛化的政策。立陶宛的波兰人仍然把在他们土地上的立陶宛存在视为异类，对立陶宛人的反感要比对俄国人的反感[39]深得多。在苏维埃立陶宛的波兰人比立陶宛人更可能加入共产党。在苏维埃白俄罗斯的波兰人被认为不如有地位的民族可靠，而在苏维埃立陶宛的波兰人被认为更可靠。

关键不在于波兰人和共产主义达成了妥协而立陶宛人没有，关键在于立陶宛人和波兰人在苏维埃立陶宛内部达成了不同的民族妥协，而苏联政权可以用其中一种来压制另一种。

在苏维埃立陶宛内部，立陶宛人和波兰人的潜在对立在20世纪八九十年代逐渐显现，这部分是因为立陶宛民族活动家和苏联当局的设计，但部分也出于意外。立陶宛民族主义者赢得一席之地后，他们称立陶宛的波兰人是"波兰化的立陶宛人"，独立的立陶宛国家可以恢复他们的民族本质。立陶宛语言法规定非政府机构在日常运营中要使用立陶宛语，这使那些对立陶宛独立反而无动于衷的波兰人感到厌烦。使用波兰姓氏遇到了新的麻烦，人们认为波兰性本身被犯罪化了。波兰人有理由预料那些以两次大战间的波兰文件为基础的财产声明在土地改革中会受到区别对待。到1990年为止，当地波兰人认为立陶宛民族运动的目标是迫使他们在同化和移民间做出选择，这在本质上是正确的判断。[40]和1940年的情形相似，1990年在维尔纽斯地区的立陶宛政策几乎没有给立陶宛政治认同——而非种族认同——留下任何空间。

在1990年3月立陶宛宣布独立后，苏联中央政府开始动员当地波兰人。立陶宛余下地区面临经济禁运令，而波兰人为多数民族的地区则收到了苏联运来的货物。莫斯科威胁要分割立陶宛，波兰人组织和波兰多数民族的地区则宣布领土自治。立陶宛人对波兰少数民族领导人的怀疑是正确的，其中大部分人在为苏联克格勃（KGB，即苏联国家安全委员会）工作。[41]但是自治确实受到欢迎，因为当地波兰人真的害怕立陶宛民族主义，而且因为当地精英能够向波兰人呼吁一种波兰性的设想，许多人真诚地相信这种设想。此时，一种纯粹的波兰种族民族主义出现了，随之而来的还有罗马天主教会，以及一直根深蒂固的理念：

第12章 标准的民族国家（1989—1991）

最好的波兰人留在了他们的立陶宛故乡。1939年，联邦主义的理念几乎完全覆灭了，第二次世界大战、苏联的分类化和驱逐，以及立陶宛民族主义将其永远埋葬。

在华沙，立陶宛大公国的传统也基本被遗忘了，民族的语言定义获得胜利。波兰共产主义政权从继承中世纪皮亚斯特王朝中获得合法性，近代早期波兰-立陶宛王国的东部领土成了苏联历史的一部分。对抗共产主义的政治手段利用了这个错误。1989年前，波兰反对派和《文化》的努力没有直接让波兰-立陶宛王国重回波兰历史，而是以波兰的模式对立陶宛、白俄罗斯和乌克兰的历史进行了比较性的民族主义解读。他们推进了一种在历史上犹疑不定、在政治上宽宏大量的多民族主义，承认其他现代民族的存在及遗产。他们试图把关于波兰民族国家的历史必然性的普遍信念转变为支持邻近民族成为国家的预设。现代民族主义者的理念认为立陶宛民族国家是原立陶宛大公国的复兴版本，这种理念在维尔纽斯和华沙都占了上风。20世纪关于维日诺的争论看起来不过是一场误解，而在立陶宛的波兰人对领土的渴望似乎是不合逻辑，也不合法的。在之前的几章中，我们分辨了传统和历史，并且论证了要忘记一个人的传统，必先重建他的历史。[42]类似的道理也适用于民族和解：在民族之间达成妥协之前，每个民族必须将他者也视为民族，它们在形式上是平等的。民族必须——这是最低要求——接受其他民族也有自身的历史。

把大规模民族（mass nation）视作政治合法性的来源，把民族国家视作历史单元——这种做法会边缘化那些民族碰巧和国家不匹配的人。在波兰的波兰人认为立陶宛的波兰人是落后的乡巴佬，上了苏联的当。科斯切娃-佐尔巴斯——波兰爱国者和波兰东部政策的贡献者——称在立陶宛主张自治的波兰人是"有波兰血统的苏联人"。[43]不会有比这更明确的民族社群排斥了!尽管科斯切娃-佐尔巴斯在加入波兰外交部之前已经写好这篇文章了,但在他第一次向议会提交双轨政策备忘录前的一个月,这篇文章才出现。团结工会的农村代表给立陶宛的波兰农民写了一封公开信,称支持苏联政权是可耻的。波兰的主流日报嘲笑那些宣布领土自治的波兰少数民族,他们问这是否意味着俄罗斯的太平洋海岸线也是波兰的?[44]外交部部长斯库比斯茨维奇和总统瓦文萨反对这些领土要求,提议在立陶宛的波兰人应该把他们自己看作未来的立陶宛民族国家的公民。[45]

尽管当时存在这些分歧,波兰人和立陶宛人共享着同一种历史范式。双方都声称是曾经存在的国家的后裔,他们把那些国家的历史改编为适应当代情况的版本。波兰和立陶宛在知识上瓜分了立陶宛大公国,立陶宛人宣称对大公国及其中世纪历史拥有所有权,波兰人则宣称对皮亚斯特王国拥有所有权。诚然,波兰人错误地把早期的波兰-立陶宛王国视为波兰的国家,但是立陶宛人也错误地认为王国时期意味着立陶宛文明的终结。波兰的东部政策是基于东部存在潜在的民族国家这个事实,而事实上立陶宛人把民族国家视为他们的命运,这个念头比任何邻国都要强烈。这很大程度上解释了为何波兰-立陶宛关系虽然有着不祥的开端,却在 20 世纪 90 年代末渐入佳境。

1991 年 1 月

然而,20 世纪 90 年代始,依然存在许多现代历史遗留问题需要肃清。立陶宛民族活动家认为,对一个被重重包围的立陶宛国家来说,"波兰"

第12章 标准的民族国家（1989—1991）

少数民族和"波兰"国家的联合太过强大，以至于不能在短期内胜过他们。立陶宛人缺少与团结工会及新波兰精英打交道的经验，因此他们把在立陶宛的波兰人作为整体波兰人的代表，认为新的波兰主权国家本质上是立陶宛波兰少数民族的盟友，也是莫斯科的俄罗斯帝国主义者的伙伴。

1991年1月，苏联特别部队占领了维尔纽斯的电视大楼，有13人遇害，数百人受伤，苏联当局、立陶宛爱国者、波兰少数民族和波兰国家——这四方的立场分歧成为焦点。苏联官员提出要分裂立陶宛，让苏维埃白俄罗斯亚和波兰少数民族作为接收维尔纽斯及周边地区的合适人选。[46]宣扬国家独立的立陶宛爱国者督促国内少数民族支持他们共同的事业。议会发起一项针对独立的全民公投，得到了90%立陶宛选民的支持（其中86%有资格投票）。议会还许诺为波兰少数民族设立一个行政单位。这个从未实现的诺言并不能满足立陶宛的波兰少数民族。当立陶宛危机持续发酵，在波兰人占多数的地区，那里的选举领导层以及立陶宛波兰人联合会的领袖们竭力提出领土要求。1991年5月，当地波兰官员组成的代表大会通过了一项迄今为止最为雄心勃勃的计划，该计划的要求远远超出了领土自治：一个"维日诺-波兰民族-领土当局"。其最高权威机构是当地议会，其领土只受当地议会统治，当地有自己的旗帜和军队，其居民将拥有三重公民身份：立陶宛人、维尔纽斯人，以及波兰人或苏联人。以上是独立宣言的全部意图和主张。[47]

波兰方面谴责使用武力，和立陶宛的波兰少数民族保持距离，并最大程度地支持立陶宛独立，尽管可能并没有官方认可。波兰上议院和下议院的一份联合声明清楚地比较了波兰和立陶宛的历史。[48]波兰政府召回驻莫斯科大使，要求召开欧洲安全与合作会议以讨论莫斯科的攻击事件,并邀请立陶宛代表出席会议。[49] 1991 年 2 月,90% 受访的波兰公民支持立陶宛独立:和当月立陶宛全民公投中支持独立的立陶宛公民的比例恰好一致。[50]至少有 1.5 万名波兰人上街游行抗议莫斯科的武力行动:在华沙到处可以看到立陶宛国旗,尤其在苏联大使馆门前。在波兰全国,人们在卡车里装满医疗用品和食物,然后驶向维尔纽斯。[51]在维尔纽斯,被围困在议会大楼里的立陶宛代表欢迎团结工会活动家的到来,后者现在是波兰议员,他们带来了波兰人民的同情和支持。在维尔纽斯,波兰主要报纸的编辑亚当·米奇尼克高喊"自由的立陶宛万岁"。在维尔纽斯,波兰最受欢迎的政治家亚采可·库容说只要有需要,他会一直留在立陶宛议会里,他准备死在那里。[52]这些都不是空话,1991 年 1 月,没人知道接下来会发生什么,立陶宛政府已经为流亡华沙制定好计划。时任外交部部长阿尔吉尔达斯·绍达尔加斯(Algirdas Saudargas, 1948—)负责这个令人气馁的任务,波兰议会为他所奋斗的事业和勇气喝彩叫好。[53]

　　1990 年到 1991 年间,波兰和立陶宛的关系远比和俄罗斯联邦、白俄罗斯或乌克兰的关系要亲密得多。同时,波兰没有与立陶宛签署任何国家宣言,也没有对未解决的波兰少数民族问题表示异议。为政治关系奠定合法基础的努力失败了,之后这些失败会显得举足轻重。然而,在其他方面,双轨政策让波兰官员认识到波兰邻国的历史忧虑,他们开始理解为何现代波兰国家会被视为帝国主义历史的继承者。[54]一旦波兰的东部邻国在 1991 年末赢得独立,与立陶宛的分歧就会占据重要地位。在苏联解体后,对维尔纽斯的争夺历史成为立陶宛外交的主要关注点。结果,在危机期间波兰对立陶宛的支持只达到了立陶宛活动家的最低期望,就彻底消除对波兰的恐惧而言,这还远远不够。由于对波兰的恐惧本质上是对波兰文化的恐惧，华沙的政治倡议并不能解决这个问题。尽管有了波兰的政治支持，当时主要的立陶宛官员还是会谈到波兰的民族主义和帝国主义，谈到波兰入侵立陶宛的可能性，谈到俄罗斯－波兰的共同统治地位。立陶宛政策要求波兰不仅要纠正历史，还要在当下善意行事。1992年到1993年间，立陶宛人要求波兰就1920年"占领"维尔纽斯表示歉意，波兰人拒绝讨论历史；波兰人要求赋予立陶宛的波兰少数民族以政治权利，却遭到立陶宛人干涉国内事务的指责。

这说明波兰的双轨制东部政策——将东部邻国视为平等的民族国家——有其局限性。一旦波兰的东部邻国成为事实上的民族国家，这项政策就被废弃了。平等的民族国家必须拥有平等的民族历史，应该享有平等尊重，而且所有民族国家必须自行决定国内政策，无论有没有遭到邻国的反对。因此，关于历史和少数民族的争论需要不同的裁定标准，而不是依照主权国家的权利——这是1990年到1991年波兰东部政策的默认基础。从1992年年初开始，斯库比斯茨维奇清楚地表明"欧洲标准"政策是解决这个困境的办法。双轨政策增强了波兰东部国家的力量，因此促成了它们的独立。欧洲标准政策增强了欧洲法律规范的清晰度，因此促使这些规范传入前苏联地区。换言之，当波兰面对苏联共和国时，它把后者当作民族国家；在面对后苏联民族国家时，它把他们当作欧洲融合的伙伴。而只有当波兰自身不再被看作民族传统的继承者，而是作为欧洲不可或缺的一部分时，这种政策才能奏效。

第13章
欧洲标准和波兰利益
（1992—1993）

在《塔杜施先生》中名为《鼓动与围猎》的一章里，密茨凯维奇赞美了立陶宛的比亚沃查维森林，这里是古代大公爵们的狩猎场。1991年12月8日，在白俄罗斯的别洛韦日森林，斯坦尼斯拉夫·舒什克维奇（Stanislau Shushkevich）、鲍里斯·叶利钦和列昂尼德·克拉夫丘克终结了苏联69年的历史。这三位共和国领导人是苏联的创始成员代表，他们宣布苏联不再是国际法的主体。苏联解体确立了民族国家遍及原波兰-立陶宛王国的整个领土。俄罗斯联邦、乌克兰共和国、白俄罗斯共和国以及立陶宛共和国与波兰共和国一道形成新东欧。这五个国家共有的地方——诸如比亚沃查维/别洛韦日——会遭遇什么？波兰，这个在苏联解体前的边界保守主义拥护者会对东部邻国的最后瓦解做出何种反应？

1989—1991年波兰的双轨政策当时似乎是乌托邦式的（但很实用），因为在几乎没人认为苏联会解体时，它就和几个苏联共和国建立了密切的关系。1992—1993年的欧洲标准新政策看起来也是乌托邦式的（但也很实用），因为波兰利用了西方机构的吸引力，而当时几乎没有任何迹象表明这些机构会扩张。直到1993年，欧洲联盟（European Union）还是拒绝支持向东扩张的政策。北约的地位没有那么绝对，但是在这段时期也没有提出增加东部盟友的提议。然而，波兰在西方机构扩张中的规范性参与被证明是一种有效的延续——规范性参与终结苏联的延续。双轨政策推动了东欧民族国家的创建，而欧洲标准政策改善了这些国家间的关系。

以欧洲的名义

为了理解欧洲标准政策的动因，我们必须从波兰利益开始讲起。波兰首要的东部利益是东部邻国不能阻碍波兰与西方的融合。1992年和1993年，波兰的后团结工会政府的第一要务是加入欧盟和北约。[1]外交部部长斯库比斯茨维奇深知和东部邻国的嫌隙将成为阻止波兰进入这些机构的理由，他寻求通过尽快处理关系的方式阻止这些困难出现。波兰的第二种东部利益是维护立陶宛、白俄罗斯和乌克兰民族国家。这是对未来的俄罗斯帝国主义的最好防御。波兰的第三种东部利益是保护在苏联的波兰少数民族，其中大多数人在立陶宛、白俄罗斯和乌克兰。尽管在短时期内波兰人在东部的待遇问题占据波兰国内政治的中心，但是在外交政策中这个问题和重返欧洲、东部邻国独立相比始终居于次要地位。这三大利益——融入西方、巩固东部、保护少数民族——将通过与立陶宛、白俄罗斯和乌克兰的国家条约形式得到进一步促进。这些条约基于1990年和1991年与苏维埃共和国签署的联合声明，即在双轨政策时期，这些条约也包括波兰外交官所谓的"欧洲标准"。

"欧洲标准"意味着民族国家的领土完整以及保护少数民族的文化权利。波兰对任何东部邻国的领土都没有提出所有权声明，并希望东部邻国也放弃此类针对波兰的要求。波兰将设法保护那些居住在其他民族国家的波兰公民,但是反对波兰全体少数民族寻求领土自治的努力。同样,波兰会给予境内的少数民族同等权利,但是反对他们提出任何领土要求。这些原则也被运用在条约协商中。承认波兰东部邻国以及确认既有边界不会成为协商少数民族权利的筹码。和西德不同,波兰立刻无条件确认了既有边界。

这一路径的三种含义很快显而易见。首先,这项政策的重要范畴是国家及其公民,而不是民族及其成员。正如斯库比斯茨维奇所说:"少数民族权利并非特殊权利,而是少数民族成员享有的人权和基本自由。通过利用这些权利和自由,国家有义务确保少数民族享有和其他公民一样的平等地位。这是国家内部的平等——对全体人民一视同仁,无论他们属于哪个群体。"[2]第二,这项政策基于国际法,并非基于对历史的民族主义解读。斯库比斯茨维奇态度明确:"历史不是,也不能成为个人如何看待如今现实的决定性因素,也不是形成如今现实的决定性因素。"[3]欧洲标准政策并不理会以各个受虐待的少数民族的名义,或设计不佳的边界问题的名义提出的特殊主张,即各个国家在现有边界内立刻达成全面的法律协议。第三,这是一项关于自愿欧洲化的政策。比起等待欧洲介入,这项政策试图在欧洲意识到存在分歧之前先抑制分歧,而且在其他选择明朗化之前就在东欧引入欧洲规范。[4]关键是"鼓励我们的东部邻国理解,那些多年来我们视为指导的欧洲模型或标准,也应该在他们的新国家中实现"。核心问题是"欧洲对待少数民族权利的标准"。[5]

波兰在引入规范的同时也在界定规范。严格说来,当时并没有针对少数民族的欧洲标准。尤其在1991年夏天南斯拉夫战争开始后,欧洲机构向希望加入欧盟的国家提出了逐渐清晰的目标。然而这些规范性目标并不能简单地体现在欧盟内部盛行的标准上。少数民族权利的概念是极富争议的：欧洲主要成员国的宪法对少数民族存在这一问题十分不利。斯库比斯茨维奇在1990年欧洲安全与合作会议的哥本哈根文件中的呼吁，被引为1991年德国-波兰条约中少数民族权利条款的"标准"来源之一。波兰企图以该条约在20世纪90年代欧洲关于少数民族权利的激烈辩论中挖掘出一个清晰的立场。按照这项政策，少数民族把自身定义为一个特定群体，他们在文化和领土权利上存在极大的差异，这些都是波兰提出的概念。这些概念在波兰与德国的磋商中逐渐成形——波兰当时处于弱势。波兰之后与东部邻国的磋商中也运用了这些概念，此时波兰处于强势地位。在主张呼吁一系列逐渐被接受的"欧洲标准"时，波兰事实上巩固了这些标准。这种方法必定得到了波兰西部邻国的同意。关于领土完整问题也是如此。诚然，欧洲国家和组织会对国家边界变动持保留意见，但因为德国统一，西德称波兰边界先于统一的声明，爱尔兰关于收复失地的宪法，西班牙亲欧政党野心勃勃的领土计划，英国、爱尔兰以及英国-西班牙关于直布罗陀的争议，使得欧洲国家和组织很难提出一种清晰的边界"标准"。但是，战后的一般惯例已经足够清楚，而且人们希望东欧保持稳定的期望更加清晰——特别是在1991年6月的南斯拉夫战争开始后。斯库比斯茨维奇认为让东欧国家被接纳为欧洲国家的最佳方式是避免领土争端，他是对的。

"欧洲标准"标志着波兰与欧洲最重要的国家间缔结的最重要的协议：德国-波兰的边界条约（1990年11月）以及两国的睦邻条约（1991年6月）。[6] 斯库比斯茨维奇确保了波兰不会对东部邻国要求什么，也不希望德国对波兰要求什么。通过再次确认波兰和德国的边界，斯库比斯茨维奇清楚地表明波兰不会向东部邻国提出任何领土要求。波兰政策将在波兰的德国少数民族与波兰公民一视同仁,这形成了一种境地,即如果波兰在东部邻国对待波兰少数民族的问题上提出比这更多的要求,那将是非常尴尬的。波兰驻立陶宛大使回想起他应对当地波兰少数民族的抱怨:"在我采取任何行动之前,我总是问自己,作为一名波兰官员,我会如何应对德国驻波兰代表的抱怨。"[7]德国的例子也有积极的一面。总体来说,波兰的东部政策对"欧洲"的运用和德国的波兰政策对"欧洲"的运用是相似的。在两个例子中,对欧洲未来的许诺和20世纪的民族矛盾是相悖的,"欧洲"提供了促使国家和解的理念和修辞。[8]

欧洲标准是一种标准吗?

"欧洲标准"的理念预设通往欧洲的道路上布满了指示牌,某些路径是必须被采纳的,另一些则必须被规避,此外波兰握有地图,是一个可靠的向导。波兰对东部邻国如是说,如果你们像我们一样遵从欧洲标准,你们就会和我们一样将来加入欧洲。这个观点对波兰邻国的国内政治界很有效果,考虑到这些国内政界的参与者渴望重返欧洲,而且他们认为波兰在这条路上比他们走得更远。当然,波兰主动提出确认现存边界、互相保护少数民族文化权利,这对波兰自身来说也有吸引力,而且一个实际的因素是快速提交的条约草案加速了磋商进程。这一切似乎只是应对国际环境的规范和理性的反应。要弄清楚这个政策路径的特别之处,比较波兰的东方政策和同时代东欧国家的外交政策也许会有帮助。

1. 欧洲标准政策把少数民族权利视为他国的公民文化权利,该权利可列入国际条约中。外部仲裁者的产生——被编入条约的"欧洲标准"——总体上避免了出现在该地区几乎所有其他地方的以牙还牙式的陷阱。

2. 欧洲标准政策强调对主权国家来说,少数民族的命运是一个国内议题,少数民族属于该国公民,而其他路径意味着向邻国的主权提出质疑。匈牙利在修辞上扩大了其政治共同体的范围,把1990年在斯洛伐克、罗马尼亚、南斯拉夫和乌克兰的匈牙利人口都包括进来。俄罗斯代表苏联各加盟国的浮夸言论吓坏了邻国。代表塞尔维亚种族的南斯拉夫激进主义导致四次战争发生,北约两次介入,造成超过100万的难民以及几万人死亡。

3. 类似地,欧洲标准政策排除了少数民族问题的领土解决方案。这和匈牙利、罗马尼亚和白俄罗斯的早期立场有所不同,它们认为和平修改边界是可能的;这和俄罗斯支持武装占领摩尔多瓦部分领土不同;这和叶利钦早先暗示俄罗斯和乌克兰边界未定不同;这和俄罗斯议会在20世纪90年代中期认为乌克兰必须把克里米亚还给俄罗斯的态度也不同。欧洲标准政策和南斯拉夫的武力纠正边界政策有最明显的不同。

4. 欧洲标准政策企图在欧洲机构意识到潜在问题之前就引入欧洲规范。波兰和匈牙利与罗马尼亚形成显著对比,这两个国家等着欧洲方面的压力(欧洲安全与合作组织1995年的巴黎会议),强迫它们解决在20世纪90年代中期的分歧;和南斯拉夫也不同,后者在90年代中后期击退了北约的干预;和俄罗斯相比,后者无视西方机构的偏袒,发起了两次针对车臣极度野蛮的战争,定期入侵高加索地区,并占领了摩尔多瓦部分领土。

5. 欧洲标准政策企图让历史远离外交。虽然很多局外人在20世纪90年代已经知道1389年科索沃战争,但是很少人了解1386年波兰和立陶宛的王朝联合。20世纪90年代的南斯拉夫战争让公众开始关注40年代克罗地亚人对塞尔维亚人的种族清洗，但是40年代波兰人和乌克兰人之间同样野蛮和普遍的种族清洗一直是专家的研究课题。

从基本原理来看，波兰的政策路径和俄罗斯的大相径庭，后者认为乌克兰和白俄罗斯是迷途的"俄罗斯"土地，因为这三个国家都是基辅罗斯的"后代"。现在我们知道这种观点根本没有历史基础：在基辅罗斯瓦解后，现代白俄罗斯和乌克兰是立陶宛大公国（1289—1795）和波兰-立陶宛王国（1569—1795）的部分领土。几百年来，如今乌克兰和白俄罗斯的领土曾是立陶宛大公国或波兰-立陶宛王国境内的罗斯。莫斯科公国（1721年后被称为俄罗斯帝国，1922年后被称为苏联）确实慢慢横跨罗斯的土地，但是直到1667年莫斯科才开始统治基辅，这已是基辅罗斯灭亡后的4个多世纪；利沃夫直到1939年才被莫斯科统治，这已是基辅罗斯灭亡的7个世纪后。维尔纽斯和弗拉基米尔沃伦斯基（Volodomyr Volyns'kyi）是中世纪罗斯使用的斯拉夫官方语言的重要发源地，在两次世界大战间这两座城市属于波兰。它们今天分别是独立的立陶宛的首都和乌克兰西部的城市。我们想象一下，如果"后代"和外交相关，波兰外交官和俄罗斯外交官一样有权利来谈"家族纽带"。事实上，波兰避免了这种元历史，把东部邻国当作平等的民族国家。

以上是欧洲标准政策要避免的五大陷阱。为了理解这种脚踏实地的价值，我们应该牢记在本书第1章到第10章中了解到的内容：波兰人，和俄罗斯人、匈牙利人或塞尔维亚人一样，和他们的邻国之间有着复杂的历史关系；在20世纪这种历史关系包含公开的复仇主义、正式的战争状态以及大规模种族清洗；而且关于战争和不公正的记忆在波兰东部邻国的精英们和波兰人民心中占有重要地位。确实，当波兰的东部邻国在 1991 年赢得独立时，苏联－波兰边界两边的领导人、外交官和公民只是旧事重提而已。在苏联解体后，不顾突然复兴的民族主义要求——关于有争议的立陶宛祖国和被包围的乌克兰腹地——欧洲标准政策开始推行。这项政策的成功不能让我们忽略那些挑战确实存在的事实。

乌克兰，1992—1993

在波兰和乌克兰西部，没人忘记 20 世纪 40 年代发生过的大规模种族清洗。乌克兰游击队给波兰平民造成了恐怖记忆，波兰共产主义政权强迫乌克兰人定居别处，这也给乌克兰人的记忆蒙上了可怕的阴影，波兰东部政策针对的区域由此产生了一种怀疑的氛围。如今来自乌克兰的波兰人和来自波兰的乌克兰人可以自由地讲述他们的故事（并否认另一方的故事）。密探们到处售卖关于种族清洗的可怕故事，并配上照片，在这些故事中一方是无辜的，另一方则是罪人。在波兰，调查显示波兰人对乌克兰人的恐惧更甚于对俄罗斯人或德国人的恐惧。在普热梅希尔——这里在 20 世纪 40 年代曾发生过恐怖的波兰－乌克兰内战，一群波兰人声称对一处曾属于乌克兰人的教堂拥有所有权，他们成功地无视了波兰教宗的公开愿望。1991 年，UPA 兄弟会在乌克兰西部开始建立，波兰司法部长提出 UPA 在沃里尼亚的种族清洗应该归入反人类罪，和斯大林主义罪犯所应受到的审判一样。[9] 乌克兰民族活动家肯定会反对，他们为 UPA 感到骄傲，他们对斯大林主义比对波兰人的所作所为知道得更多。同时，波兰国内的乌克兰人组织运动要求当局对 1947 年被迫移民做出赔偿。他们的要求包括现在的波兰民主国家为维斯瓦河行动道歉，该行动是由共产主义政权在 1947 年发动的重新定居行动。乌克兰的民族活动家支持他们的要求。

事实上，波兰上议院在 1990 年 6 月已就此道歉。波兰代表感到失望，因为乌克兰议会在 1990 年 10 月的回复中没有对 1943 年的沃里尼亚恐怖事件做出相同的致歉。[10] 这里有一个逻辑问题，一个新的波兰主权国家为前任共产主义政府的行为致歉，比一个新的乌克兰独立国家为游击队的行为致歉更容易。这就是说，乌克兰议会的回复看起来在说斯大林主义应该对降临在双方的灾难负责，每个记得 UPA 所作所为的波兰人都不能接受这种描述。乌克兰人想知道为什么波兰下议院没有联合致歉，那是因为在 1990 年下议院还不是完全民主的，仍然被前共产主义者们所主导，他们不愿意批评 20 世纪 40 年代的政策。波兰总统沃伊切赫·雅鲁泽尔斯基就是参加维斯瓦河行动的老兵！ 1992 年，乌克兰外交又重提波兰为维斯瓦河行动道歉的问题。[11]

波兰的欧洲标准政策正是在这样的环境下起作用的。它起作用不是因为企图解决这些历史分歧，而是因为它假设一份合法的协议应该优先于处理历史问题。法律如何能在变化多端的历史分歧中找到政治牵引呢？乌克兰民族活动家通常是那些来自两次大战间波兰领土的人，他们亲眼看见或听闻过 "二战" 中乌克兰-波兰的争端，有些还是 OUN 成员或 UPA 士兵的后代。正如最后一章将谈到的，乌克兰民族活动家接受 "法律先于历史" 的前提是因为他们在 20 世纪 80 年代和团结工会的联系，以及 1989 年后和新波兰的联系。那些记得 20 世纪 40 年代血腥事件的西乌克兰人正是那些把波兰视为通往欧洲未来的道路的人。[12] 1989—1991 年参与非正式的第三轨道联系的乌克兰人中有未来的乌克兰议会外交事

第13章 欧洲标准和波兰利益（1992—1993）

务委员会主席、驻波兰大使、独立后乌克兰的第一届政府顾问、利沃夫市长以及乌克兰人民运动最初的两位领导人。比方说，伊万·德拉奇（Ivan Drach）曾是乌克兰独立前乌克兰人民运动的领袖，之后他负责海外乌克兰人政策。就在独立前，他解释说："我们想走波兰的道路。我们知道通往欧洲的道路（也许这让我们和立陶宛有所不同）确实是由波兰带领的。"加利西亚人德米特罗·帕夫雷奇科（Dmytro Pavlychko）之后成为乌克兰议会外交事务委员会的主席。他在独立前说服民族激进主义同伴们，波兰已经改变了，"一个崭新的时代开始了"。[13]

就20世纪40年代的问题，1992年5月的波兰-乌克兰条约没有提到也没有达成一致。1992年9月17日——1939年苏联入侵波兰纪念日——经历了一场关于维斯瓦河行动的激烈争论后乌克兰议会批准了这项条约。帕夫雷奇科最后发言，他争论说如果因为历史分歧而阻碍两国开始友好关系，这正说明了"一种低等的政治文化"[14]。关于谁应该为20世纪40年代的种族清洗道歉的争议依然存在：在波兰总理汉娜·苏霍茨卡（Hanna Suchocka, 1946— ）1993年1月到访基辅时（"总理先生，我并没有说过波兰政府会谴责维斯瓦河行动。我是说波兰政府会客观地解释维斯瓦河行动的问题，我也希望你，总理先生，能在对待乌克兰西部的沃里尼亚波兰人问题上表现尊重"），在乌克兰议会外交事务主席在2月来到克拉科夫时（"我们永远不相信苏联历史学家散布的关于UPA的谎言和诽谤"）。[15]这些后来发生的事很好地证明了历史争论如何揭示了完全不同的观点。波兰人同意这种观点，即"发生在沃里尼亚的事"远远比维斯瓦河行动要糟糕。西乌克兰人和乌克兰人民运动则表达了他们对在波兰的乌克兰少数民族的担心，对官方能为1947年强制迁徙乌克兰人道歉的渴望，以及在一些重要的情况下对波兰人在利沃夫的复兴感到恐惧。乌克兰活动家感谢波兰对乌克兰独立的支持,希望和波兰的条约能帮助乌克兰重返欧洲,他们认为历史问题没有国家安全重要。[16] 乌克兰总统列昂尼德·克拉夫丘克承认波兰是乌克兰回到欧洲的途径。按他的说法,1992 年 5 月签署的条约让波兰成为比俄罗斯更重要的伙伴。波兰总统瓦文萨用更微妙的语言指出,这份条约对三方都很重要。[17]

在华沙-基辅-莫斯科的轴心,一些基本共识确实达成了。华沙承认乌克兰的地位,确认了乌克兰的西部边界,继以传达出波兰是东欧的一个既存力量,而且少数民族问题不会成为介入乌克兰事务的借口。俄罗斯政策刚好相反,叶利钦表示必须重新划定乌克兰的边界,在苏联各加盟共和国生活的俄罗斯人是俄罗斯精英政治所关心的重要议题。在乌克兰的克里米亚半岛生活的俄罗斯人希望与俄罗斯统一,俄罗斯议会很快宣布克里米亚港口塞瓦斯托波尔(Sevastopol)是俄罗斯城市。俄罗斯针对乌克兰的官方声明的主旨改变了 1992 年的局势,这是这两个国家独立的第一年。困惑的俄罗斯政治家不习惯把乌克兰当作一个截然不同的实体,他们拒绝认真对待乌克兰独立这件事。[18]

1992 年末,克拉夫丘克决心加紧与波兰联盟以反对俄罗斯在东欧的统治地位,乌克兰可能用它从苏联继承过来的武器提供核保护伞。当时,除了美国和俄罗斯联邦,乌克兰拥有世界上最多的核武器。1993 年春天,乌克兰提出了一个"波罗的海到黑海协定"(Baltic-to-Black Sea Pact),该协定将促成乌克兰与波兰之间的核伙伴关系。这个长期受到乌克兰民族活动家欢迎的想法并非仅仅出于平衡俄罗斯力量的考虑。它还旨在保持俄罗斯统治(这并不受欢迎)和欧洲融合(这需要多年时间)之间中间地带的稳定。该协定参考了在波兰-立陶宛王国时期波兰和乌克兰的共同经验,毕竟这是一个夹在西欧和沙俄之间的大国。[19]

第13章 欧洲标准和波兰利益（1992—1993）

正如我们所知，波兰外交的核心是民族国家，而诉诸波兰-立陶宛王国是没有说服力的。俄罗斯的挑衅对波兰国家地位来说是不利的威胁，波兰政策对乌克兰很友好，但是远没有到支持克拉夫丘克这个愿望的地步。波兰确实向西方国家解释过为什么乌克兰独立对欧洲稳定是重要的，以及为什么乌克兰犹豫要不要把核武器交给俄罗斯。1993年4月，波兰总统瓦文萨和外交部部长斯库比斯茨维奇向美国总统比尔·克林顿提起这些议题。尽管波兰支持乌克兰独立，也解释了乌克兰的利益，但是波兰同时希望乌克兰能解除核武器。波兰同意与乌克兰达成军事合作，前提是乌克兰并不指向俄罗斯。针对俄罗斯-乌克兰分歧，波兰的政策是不偏不倚的，尽管斯库比斯茨维奇曾明确地谴责俄罗斯议会的领土要求。[20]

20世纪90年代初，波兰和乌克兰都因为对俄罗斯能源供应的依赖而受到牵制。波兰财政部部长宣布俄罗斯-乌克兰争端可能限制给波兰的燃气供应，这个可能性让他"感到恐惧"。1993年8月，波兰同意帮助俄罗斯建造一条绕开乌克兰的西欧燃气管道。大约在同一时间，波兰当局逮捕了一名乌克兰安全局少校，指控其从事间谍活动，叶利钦（临时）同意北约扩张，乌克兰人开始害怕俄罗斯-波兰轴心。[21] 到1993年年末，波兰和乌克兰发现两国关系中的限制不是关于乌克兰-波兰边陲的分歧，而是在俄罗斯问题上的利益分歧。这是一个重大变化。乌克兰历史节点上乌克兰-波兰战争的先例被打破了，而关于东欧地缘政治的基本共识的新惯例已经建起。

白俄罗斯，1992—1993

波兰1989年后的乌克兰政策，在不顾20世纪40年代加利西亚和沃里尼亚的历史争议的情况下成功了，类似地，纵使出现了新的维尔纽斯/维尔尼亚/维日诺争端，波兰 1989 年后的白俄罗斯政策也成功了。1991 年和 1992 年，白俄罗斯的外交政策四分五裂，外交部部长一边推进针对立陶宛的领土要求，议会议长一边撤回这些要求。外交部部长彼得·克劳先卡（Petr Krauchanka）得到了白俄罗斯小型民族主义运动的有条件支持，该运动认为在立陶宛的波兰人是白俄罗斯人，1945 年维尔尼亚被从苏维埃白俄罗斯亚排除出去是一个错误，独立的白俄罗斯要尽快纠正这个错误。[22] 1992 年，白俄罗斯民族主义者被民族独立的成功冲昏了头脑，但他们几乎没有任何社会支持，在政治上也几无经验。议会议长斯坦尼斯劳斯·舒什克维奇（Stanislau Shushkevich）是一个少见的人物：他是一位白俄罗斯爱国者，相信实现白俄罗斯利益的最佳途径是在现有边界内、作为白俄罗斯民族国家融入欧洲机构。因此他向立陶宛人保证不会提领土要求，而且把波兰当作通往欧洲的最可行路径。[23]

舒什克维奇的主要抗议是白俄罗斯农民因为罗马天主教会变得波兰化。波兰神父用波兰语布道，并用波兰民族象征装饰他们的教堂。[24] 白俄罗斯人口中五分之一——1000 万人——是罗马天主教教徒。传统上，罗马天主教在白俄罗斯被认为是"波兰人的信仰"，但是罗马天主教家庭培育了历史上大多数优秀的白俄罗斯活动家。他们面对的问题是，要让罗马天主教教徒相信他们也是白俄罗斯人，而不是波兰人或"来自这里"的波兰人。罗马天主教神父在反宗教改革之后一直享有很大的影响力。在白俄罗斯独立后的特殊情况下，争议之处在于罗马天主教教徒是选择自我认同为白俄罗斯人还是波兰人。1992 年初，教宗若望·保禄二世对波兰神父严加管束。[25] 对梵蒂冈来说这成了一个问题，这意味着白俄罗斯人的担忧并不是真的关于少数民族之类的问题。尽管当时大概有21.5万白俄罗斯人在波兰，有41.7万波兰人在白俄罗斯，但问题不是这些少数民族形成了某些政治团体或提出了有争议的要求。问题是罗马天主教教徒在未来的某个节点会如何认同他们自己。就像舒什克维奇理解的那样，白俄罗斯人和说白俄罗斯语的人仍然在经历从近代早期政治向现代政治的转变——如同我们在第一部分和第二部分看到的那样。[26]

白俄罗斯爱国者的其他忧虑已经被世俗因素消解了。1991年10月签署的波兰-白俄罗斯共同宣言减少了关于波兰会对白俄罗斯领土宣示主权的担忧，也标志着白俄罗斯人不会再对波兰领土宣示主权。同时，立陶宛人的努力让白俄罗斯人的复仇主义软化了。立陶宛历史学家和白俄罗斯同行进行了一次对话，内容关于立陶宛大公国的继承问题。这些讨论产生了一个观念，大公国有两个完全不同的继承者，即现代白俄罗斯国和现代立陶宛国。换言之，立陶宛人帮助白俄罗斯人从对大公国更具历史准确性的理解（面积广袤、多民族共存、领土模糊）转变为和现代国家更为一致的理解（面积小、单一民族、领土有限）。为了在现代国际体系中变得不那么危险，近代早期的白俄罗斯民族迷思必须变得不那么真实。虽然立陶宛大公国仍然是白俄罗斯民族活动家的整体回忆，但白俄罗斯民族主义者不再相信白俄罗斯的领土必须拓展到包括维尔尼亚的地方。[27]

1992年，伴随着白俄罗斯独立来临，波兰的东部政策给重要邻国白俄罗斯提供了一份条约，条约内容包括确认现存边界以及确立明确的少数民族权利原则。所有的重要当事人都能接受这些提议：修正主义者、外交部部长克劳先卡，坚定的议长舒什克维奇以及共产主义者、白俄罗斯总理维亚切斯拉夫·克比切（Viacheslau Kiebich）。条约在1992年4月签署后，波兰总理扬·奥尔谢夫斯基（Jan Olszewski，1930—2019）做了一番看似无伤大雅的讲话，他说："我们两国的关系可以作为本地区其他国家间关系的模范。"[28]在苏联解体后不久，波兰和白俄罗斯就确认了两国边界，这个简单的事实对该地区而言非常重要。它向明斯克传达了民族国家建立的规范，确认继承而来的边界的规范，并且预示了波兰不参与任何白俄罗斯针对立陶宛的收复失地行为。它也向立陶宛人传达了信息，波兰不会对1939年失去的东北部大部分领土宣誓所有权。最重要的是，这向俄罗斯人表明收复失地的倾向将不会赢得任何西方合作者。1992年年中，华沙合法确认了93%的东部边界（5月与俄罗斯确认了206公里，5月与乌克兰确认了428公里，6月与白俄罗斯确认了605公里，还剩有待与立陶宛确认的91公里），这发出了一个明确的信号，即波兰没有兴趣向东拓展。通过这些方式，与乌克兰和白俄罗斯快速签署的条约实现了《文化》曾提出的东部计划。

斯库比斯茨维奇对《文化》大战略的主要贡献是利用"欧洲标准"让波兰规范向东部传播。当舒什克维奇于1992年6月在华沙签署了白俄罗斯-波兰条约时，他把和波兰的关系与白俄罗斯的入欧命运联系起来，接受欧洲标准是少数民族问题的最佳解决方案。之后，白俄罗斯的第一个驻外大使不是在莫斯科，而是在华沙。[29]在接下来的18个月内，波兰向舒什克维奇和与之想法相似的白俄罗斯人提供了一扇西方之窗，帮助白俄罗斯加入区域性机制，并开创了军事合作。波兰官员意识到两大吸引力——对民族国家地位和通往欧洲的支持——的脆弱性；当舒什克维奇的地位被削弱了，白俄罗斯向东部倾斜时，他们感到担忧。1992年11月，波兰总理苏霍茨卡在访问明斯克时直接挑明了问题："波兰对白俄罗斯的独立感兴趣,希望成为连接白俄罗斯和欧洲的因素之一。"[30]这是不明智的说法,却是症结所在。在1991年8月莫斯科政变未遂后,保守的白俄罗斯共产党宣布共和国独立,以保护本国地位不受莫斯科改革者的影响,这让白俄罗斯民族主义者享受到一些显而易见的影响力。白俄罗斯活动家给新国家赋予了一种民族主义形式,但是他们没有能力控制国家机构,更不用说赢得人民的支持了。他们只有大约30个月的时间来完成这些令人气馁的任务。白俄罗斯的民主让民族性问题搁置了。1994年亚历山大·卢卡申科(Aleksandr Lukashenka)通过直接选举成为白俄罗斯总统,他的当选终结了和波兰富有成果的合作,并开始了苏联式的独裁统治。波兰针对白俄罗斯的欧洲标准政策的永久成功在于,及早创建了保持两国友好关系的法律框架。

立陶宛,1992—1993

波兰与立陶宛关于维尔纽斯的历史争议最为尖锐。在第3、4、5章中,我们留意到波兰占领维日诺后两国在1920年到1938年间处于持续的战争状态;当斯大林在1939年把这座城市给了立陶宛之后,波兰政府勃然大怒;1944—1946年间,波兰人的维日诺不再存在;在苏联统治下,维尔纽斯开始立陶宛化。我们也知道20世纪80年代末到90年代初,立陶宛民族运动、立陶宛的波兰少数民族、苏联中央当局和苏维埃白俄罗斯亚都在争夺维尔纽斯地区。波兰国家(作为事实上在1939年丧失这些领土的实体的继承者)是唯一声明放弃领土所有权的一方。1991年8月的莫斯科叛乱让五方竞争者中又少了两方:莫斯科不再进行操纵,明斯克的地位也改变了。同时,政变把波兰少数民族、波兰国家和立陶宛民族运动的紧张状态推至最高点。

波兰少数民族的几位领导人把1991年8月的政变视为苏联的复兴,并计划着他们对立陶宛的复仇。[31]他们没有得到波兰的支持。1991年8月26日,波兰政府正式承认立陶宛独立。9月4日,立陶宛政府解散了波兰人占主要人口的地区的政府。9月14日,立陶宛和波兰关于共同宣言的磋商再次失败。波兰坚持要求允许立陶宛的波兰人选出新的地方政府以替代亲苏精英;立陶宛当局要求无限期保留立陶宛官员统治维尔纽斯和沙尔奇宁凯地区的权利。在立陶宛人占主要人口的地区,当局允许他们选出自己的地区政府,而维尔纽斯和沙尔奇宁凯地区的行政管理是和别处分开的。兰茨贝吉斯现在是立陶宛议会的议长,也是立陶宛最有影响力的政治家,他谈到了波兰的"民族主义和扩张主义"[32]。

只有立陶宛人承诺在维尔纽斯和沙尔奇宁凯地区举行选举,斯库比斯茨维奇才同意到维尔纽斯签署两国友好关系宣言。在维尔纽斯签署该宣言揭示了斯库比斯茨维奇的艰难立场。他白费心力,同时受到立陶宛右翼和立陶宛的波兰少数民族的攻击。立陶宛议员发起请愿,抗议共同宣言"使侵略合法化",因为宣言没有谴责波兰军队在1920年占领维尔纽斯。[33]这是一个极好的例子,证明一旦一个民族主义政党所持有的历史主张进入政治层面,会引起另一方何种意想不到的反应。波兰人回想起1939年的《苏德互不侵犯条约》让波兰失去了维日诺,包括立陶宛人在内的所有人将其视为侵略。因此如果有人真的在意不要"使侵略合法化",那么他不得不对《苏德互不侵犯条约》确立的所有边界发出质疑。当然,这样做就意味着维尔纽斯是波兰的合法领土。把"1920年"从历史的潘多拉魔盒中释放出来,立陶宛右翼无意中把"1939年"也释放出来了。波兰激进主义者宣称斯库比斯茨维奇由于避

第13章 欧洲标准和波兰利益（1992—1993）

开了第二次世界大战而手无寸铁，他是"一路跪着"来到维日诺的。[34] 另有人写道，波兰政府"甘愿拿在立陶宛的波兰人权利做利益交换"[35]。

斯库比斯茨维奇没有任凭这场历史争论传播到波兰，而是敦促立陶宛代表不要只想到过去，要想一想未来，并重申他保证波兰不会提出领土所有权要求，也保证不会出现第二位泽里格斯基将军。[36] 他直接提到在1920年占领维日诺的波兰将军，是有意证明他意识到立陶宛的历史忧虑，也有意安抚他们。然而，立陶宛执意要求波兰就1920年提出正式道歉。这对波兰来说是不可接受的，部分原因是出于反对通过外交修改历史的考虑，部分原因是这种对历史事件的诠释是带有偏见的，还有部分原因是在立陶宛的波兰人的财产权利有赖于两次大战间的文件的合法性。更本质的原因是，任何国家只要承认它之前的边界是非法的，这将开启外界提出各种领土所有权要求的可能性，为本国和邻国创造一个危险的先例。比方说，如果波兰彻底放弃它在两次大战间对维日诺的合法领土要求，那么俄罗斯人和白俄罗斯人就有针对当代立陶宛国家的进一步论据。显然，对立陶宛人来说，波兰彻底放弃以往对维尔纽斯的所有权要求，将自动确认立陶宛的所有权。但是白俄罗斯人和俄罗斯人不会这么看待这个问题。

说明立陶宛人对1920年事件的解释在历史层面上是错误的，这并不怎么有趣。1920年，维尔纽斯根本不是一座在种族上属于立陶宛的城市，而它被排除在立陶宛之外使得立陶宛在两次大战间成为一个拥有小部分少数民族的民族国家。1939年的独立立陶宛以及1945年的苏维埃立陶宛把这座城市归功于斯大林。在这座城市的主要社区、犹太人和波兰人都被毁灭之后，大约到1980年为止，维尔纽斯在苏联统治下其人口变为立陶宛人。（1941年，波纳尔森林——密茨凯维奇杜撰说这是维尔纽斯的起源——成为维尔纽斯的犹太人在被谋杀前的最后栖息地。)立陶宛民族主义者把这些深层的转变视为维尔纽斯的"回归",他们可以宣称维尔纽斯从来都是一座立陶宛城市。当民族产生时,它们开始建构历史,破坏那些学者感兴趣的传统,而实际发生的事件进程将不得不重新构建。这说明了一个更为有趣的观点。波兰就1920年所做的任何道歉都是毫无逻辑的,因为在20世纪90年代时,双方之中没有任何人记得当时发生了什么。如果追溯到1920年,立陶宛民族活动家完全明白维尔纽斯几乎没有立陶宛人。他们对这座城市的所有权宣称是历史性的,也是政治性的。人们恐怕是通过两次大战间和苏维埃立陶宛的教育政策才"认识到"当维尔纽斯在1920年被波兰占领时是一座种族上属于立陶宛的城市。类似地,1920年毕苏斯基和泽里格斯基不是作为波兰民族主义者、立陶宛的敌人,而是作为波兰的立陶宛人来兼并维日诺的。他们的行动根据的不是"种族"民族国家的范式,而是设想立陶宛大公国能够以联邦的形式再次复兴。70年后,他们当时的动机和身份都被遗忘了,由于波兰更大的民族胜败的叙事而变得模糊不清。1920年到1992年间,国家的种族概念在立陶宛和波兰都获得了压倒性的胜利。

到20世纪90年代,独立的立陶宛和波兰可以自由地再次处理维尔纽斯问题,每个人都从"一个民族,一个国家"的现代推论出发。然而,从这样的理解中至少可以推出两个不同的结论。一方面,这符合对国际体系的威斯特伐利亚式的理解,20世纪末的国际法概念和欧洲合作使这种理解变得温和。这是斯库比斯茨维奇的路径。另一方面,对那些接受单一民族的现代原则的人来说,一个国家能够强迫其他国家接受他们对自身历史的解释。单一民族历史一旦被引入政治的世界,一定会召集邻国民族历史的幽灵（doppelgänger）。立陶宛的外交政策目的在于让波兰人舍弃他们对1920年的（错误）理解，并接受立陶宛（更加错误）的理解。斯库比斯茨维奇拒绝这个路径，他继续从未来的角度把民族国家当作国家来看，而非从历史的角度把它们当作民族来看，并且给波兰的东部邻国提供了一副欧洲未来的图景。这确实奏效了，但是这次斯库比斯茨维奇需要来自欧洲的推力。

北约

1993年8月24日晚，醉醺醺的鲍里斯·叶利钦在华沙以书面形式宣布波兰加入北约不会损害俄罗斯联邦的利益。虽然第二天叶利钦看起来有些后悔，并且之后在莫斯科收回了这个说法，但这开启了关于北约扩大的国际辩论。正如很多立陶宛政治家很快注意到的，波兰加入北约会让立陶宛成为北约和俄罗斯之间的一块微小的缓冲区。由于此时俄罗斯军队已经撤出立陶宛，立陶宛发现本国的联盟政策有了更多的操纵空间。选择北约重新改变了立陶宛精英的观点，他们抛弃了对波兰的历史所有权要求。立陶宛社会主义者（前共产主义者）自1992年11月起就在政府中任职，他们反对北约扩张，但是支持和波兰重新接触。他们的领导人、时任总统阿尔吉尔达斯·布拉藻斯卡斯（Algirdas Brazauskas, 1932—2010）倡导与俄罗斯和西方保持同等的距离。立陶宛民族主义政党现在是反对党，他们支持北约扩张，但是反对和波兰重新接触。1993年10月，右翼就北约问题向社会主义者总统施压，同时要求社会主义政府再次推行对波兰少数民族的直接统治，强迫波兰为1920年道歉。1993年11月，争论再次升级，一些民族主义政治家认为要两者兼得是很困难的。1993年12月13日,民族主义者弗拉基米尔·日里诺夫斯基(Vladimir Zhirinovskii)❶在俄罗斯杜马选举中的表现及时提醒世人,国际政治关乎生存也关乎威望。12月29日,立陶宛议会建议政府申请成为北约成员。1994年1月4日,总统布拉藻斯卡斯遵从了这个建议。[37]

即便在一个俄罗斯看起来更具威胁,而北约似乎更受欢迎的世界里,立陶宛民族主义者对波兰依然意见分裂。1991年之前,乌克兰民族主义活动家跨过了这道门槛——波兰应该被视为一个友好的国家,而非敌对国家——而1993年年末的立陶宛民族主义活动家还未跨过去。前民主改革运动的活动家们也形成了分裂。对于不谴责泽里格斯基而和波兰缔结条约的希求,兰茨贝吉斯直到1993年年底才改变主意。民主改革运动第二重要的活动家罗穆亚尔达斯·奥佐拉斯(Romualdas Ozolas,1939—2015)和当时的保守党领导人兰茨贝吉斯一样,反对在新形势下和波兰缔结条约。奥佐拉斯是一位人文主义知识分子,他在1990年编辑民主改革运动的报纸,却同时坐在立陶宛共产党中央委员会的席位上。在立陶宛独立后,他对波兰少数民族产生了特别的兴趣,并利用这个议题成为立陶宛最受欢迎的政治家之一。当立陶宛和波兰签署一项没有提及泽里格斯基的条约时,奥佐拉斯宣称波兰把立陶宛看成一个"半主权国家"。他称这项条约是"一次战略性失败"[38]。

具有决定性作用的群体是立陶宛的民族主义者,他们逐渐从战略方面思考,而且有和波兰接触的经验。这些人在1991年对波兰充满怀疑

---

❶ 弗拉基米尔·日里诺夫斯基(1946—)是俄罗斯政治家,于1990年创建俄罗斯自由民主党,以极端民族主义主张闻名。在1993年俄罗斯国家杜马选举中,自由民主党取得23%的得票率,日里诺夫斯基欲冲击总统职位,对时任总统叶利钦造成不小的冲击。

且无人屈服，在1993年之前他们却改变了主意，当时机到来时迈出了通往合作的一步。一个关键的例子是奥德留斯·布特克维丘斯（Audrius Butkevičius）❶。作为立陶宛民族运动中非暴力抵抗的协调人、立陶宛未被承认前的全国国防局局长、独立的立陶宛国防部长，他从保存立陶宛国家的角度思考许久。他从典型的立陶宛人角度看待1920年发生的事件，他在任职之初把波兰视为威胁。1991年11月，当时仍有3.5万名苏联军人驻扎在立陶宛，布特克维丘斯当时已经称波兰是"对立陶宛安全的最大威胁"。与波兰政策和北约打交道的经验改变了他的想法。到1993年7月为止，在接受了一批波兰赠予的武器后，布特克维丘斯称这一举动是"最能显示诚意的姿态"[39]。当北约问题在1993年8月末公开时，布特克维丘斯建议立陶宛和波兰一起申请成为北约成员国。他同时亲波兰和亲北约的立场获得胜利，当时公众和大多数右翼（反对党）是反波兰但亲北约的，而大多数左翼（执政党）是亲波兰但反北约的。

一旦这一立场成为共识，所有条约谈判中的困难很快消解了。尤其是左翼领导人、时任总统布拉藻斯卡斯，他在1994年4月签署条约的仪式上回忆起立陶宛版本的战前历史，以此安抚兰茨贝吉斯和右翼人士。历史争论尘埃落定的同时，他们企图微妙地转变历史争论的意义。他们谈到了未来的历史学家的观点，谈到了"二战"后欧洲取得了和解，谈到了拥有悲惨历史的弱小民族间的争吵如何吸引了外部强权的注意。[40]这种修辞显示并影响了新的立陶宛国家的政策转变。独立的立陶宛国家历史上第一次把未来的国家利益置于历史上的民族利益之前。

---

❶ 奥德留斯·布特克维丘斯（1960— ）是立陶宛政治家，他是立陶宛民主改革运动的组织者之一，也是立陶宛政治犯和被驱逐者协会的创始人和主席。

波兰耐心处理立陶宛民族主义的政策以及有幸得到的欧洲机构的支持，加快了这一进程。1994年10月，立陶宛议会批准了条约91-19-8，同一天的稍早时候波兰议会以295比0的票数通过了这一条约。

波兰，1992—1993

波兰的一致投票令人瞩目。此前，立陶宛一直追求一种针对波兰的特殊外交政策；立陶宛的波兰少数民族的命运在议会引起了右翼和左翼的兴趣；波兰彻底放弃了针对立陶宛的波兰人的特殊地位的要求；波兰最终确定了苏联创造的东部边界；波兰彻底放弃了对维日诺的一切所有权要求。295比0的投票及之后的长时间站立鼓掌证明了在波兰议会，广泛的、深思熟虑的政治考量胜过爱国主义怀旧情结，证明了波兰人的怀旧情感已被引导为对现代立陶宛的支持。这是由斯库比斯茨维奇实施的《文化》大战略的一部分。

1989年到1993年之间，斯库比斯茨维奇在中间偏右的政府中担任外交部部长的四年里，他只丢掉过一次议会选票，那次投票的议题并无实际重要性。如果仅仅说斯库比斯茨维奇经历了三次全国选举，历任四届联合政府，这低估了他极度变化莫测的工作环境。就此而论，外交政策与国内政治的普遍绝缘性令人瞩目。[41]考虑到在乌克兰、立陶宛和白俄罗斯议会中，关于重新与波兰接触的讨论都曾引起争议，波兰本身在实施双轨政策和欧洲标准政策时没有遇到意味深长的议会反对，这是非凡的成就。波兰人忘记的历史并不比乌克兰人、立陶宛人或白俄罗斯人多，乌克兰依然是波兰邻国中最恐慌的一个，波兰学童依然对《塔杜施先生》的第一句话"立陶宛！我的祖国！"熟记于心。[42]

第13章 欧洲标准和波兰利益（1992—1993）

事实上，东部政策和国内政治的分离是因为清醒地认识到国家利益和民族记忆之间的不同。即便是20世纪90年代的团结工会运动也分裂成了竞争党派，但80年代与东部邻国休戚与共的传统保留了下来。[43]1989年到1993年间所有执政的中右翼后团结工会政党都接受了这一共识，除了基督教-民族联盟（Christian-National Union），后者在1991年获得了8.7%的选票，直到1993年起开始参与执政。这个政党的议员和部长是唯一质疑斯库比斯茨维奇的东部政策的一群人。基督教-民族联盟的政治家主张在与东部邻国的关系中"互惠互利"：波兰应以国外的波兰少数民族的处境比波兰的少数民族的处境糟糕为由要求让步；波兰应该搁置与乌克兰的外交关系，直到乌克兰为20世纪40年代UPA的行动做出道歉。[44]这些明显违反了欧洲标准政策。[45]

乌克兰、白俄罗斯和立陶宛是平等的民族国家，这些国家的存在符合波兰的利益，未来的利益应该先于历史分歧，波兰在要求对方道歉的同时也应该道歉，这些概念是议会辩论的重点。如果议员的祖先来自波兰丧失的东部领土，且他基于个人经历对这些领土做出特别的要求，这样的情况一只手就数得过来。总体而言，波兰右翼支持波兰东部邻国的独立。[46]尽管下议院针对少数民族的立法缓慢，亚采可·库容（当时在波兰最受欢迎的政治家）充当了少数民族利益的非正式代表。[47]必要时，外交部部长斯库比斯茨维奇就把东部政策和少数民族政策当作西部政策的自然产物来对待。当波兰议会施压要求进一步保护海外的波兰少数民族时，斯库比斯茨维奇斥责他们不明白欧洲的标准。因为加入欧洲机构是大多数政治派别共同的愿望，而且这个论据对1992年到1993年间团结工会政府中的大多数（即使不是全部）部长都很有效。[48]

斯库比斯茨维奇享有五位总理和两位总统沃伊切赫·雅鲁泽尔斯

基、莱赫·瓦文萨的支持。雅鲁泽尔斯基在1990年12月之前一直担任总统,他不仅是一位在1981年实施戒严的共产主义将军,在1947年强制要求乌克兰人重新定居的行动中,他还是参与的士兵之一。在他任内,他在波兰外交政策上的中立态度是他对1989年后波兰民主的突出贡献之一。团结工会的领导人莱赫·瓦文萨在雅鲁泽尔斯基之后一直担任总统,直至斯库比斯茨维奇的任期结束。虽然瓦文萨曾提议组织"第二个北约"阻碍了斯库比斯茨维奇的工作,而且他和莫斯科的接触一直不顺利,但是他从没有利用过任何可能削弱后者的外交政策的民族主义议题。瓦文萨一直致力于让乌克兰议题远离国内选举,在1989年重要的议会选举中,他支持一位乌克兰候选人,作为一名当地的共产主义者,后者一直在打民族主义牌。在出访立陶宛、白俄罗斯和乌克兰时,瓦文萨总统强调波兰没有领土所有权的要求,并告诉当地的波兰少数民族,要把自己看作他们生活的国家的公民。[49]而在后共产主义欧洲,别国的总统——以南斯拉夫和俄罗斯最为突出——利用边界议题和流散议题巩固自己的权力,这一点是值得注意的。

虽然斯库比斯茨维奇并不是一位克里斯马式的人物,没有一家主要媒体把他当成攻击的目标,但某种程度上,我们可以说他的东部政策是受到媒体支持的。《选举报》(*Gazeta Wyborcza*)一开始在1989年是团结工会的选举通讯,之后成为波兰最受欢迎的报纸。它的主编亚当·米奇尼克是耶日·吉德罗耶茨的伙伴,是《文化》计划的学生,也是乌克兰和立陶宛民族运动的朋友。作为波兰媒体的领导人物,他支持妥协与原谅。虽然米奇尼克的方法经常遭到驳斥,他的报纸设定了辩论的界限。除了媒体,罗马天主教会也支持东部政策。比如说塞尔维亚东正教会号召信徒为领土而战,而波兰教会则追求一种更为和平的事业。诚然，在整个20世纪90年代，罗马天主教教区摧毁了在波兰东南部剩余的乌克兰定居点，而且广受欢迎的神职人员在布道坛和广播中散播反犹和排外的思想。但是，波兰教会最终的领袖——在教会层级中和信徒心中——是波兰教宗卡罗尔·沃伊蒂瓦，即若望·保禄二世。沃伊蒂瓦和米奇尼克一样，自20世纪70年代以来一直致力于东部和解。尽管人们并非一直听从，但他始终耐心地传播关于爱和包容的讯息。作为第一位斯拉夫教宗，作为第一位用立陶宛语、白俄罗斯语、俄语和乌克兰语（还有波兰语）布道的教宗，若望·保禄二世做出了一个后人难以企及，但不可能被误解的表率。

1993年年末，在斯库比斯茨维奇任期结束时，东部大战略的精英共识已成为大众的智慧，波兰人区分了已经丧失的民族领土和当下的国家利益。[50]在政策正确的情况下，波兰社会中大部分人怀念立陶宛祖国，担心与乌克兰接壤的边境是完全可能的，但是他们最关心的是波兰本国的安全。这种态度的巩固与现代波兰民族性的多样化所取得的成功是一致的，这种民族性不仅关注波兰力量的延伸，波兰文化的传播或波兰国家的复兴，还关注在现有边界下如何保存波兰这个民族国家。

第14章

尾声：回到欧洲

除了波兰在地缘政治中的位置、与德国的和解以及国内改革，它的东部政策也为融入欧洲和大西洋组织铺平了道路。北约接纳新成员的第一个明确信号是1994年1月美国总统比尔·克林顿出访布拉格。克林顿政府在1994年秋天开始为北约扩张奔走造势。1994年12月在德国埃森举行的欧盟峰会上，欧盟公开表示考虑向东扩张。这两个例子都表明，波兰会是第一批获准加入的国家之一。西方重新定义了波兰的国际地位，这也改变了它在东方的形象。1989年到1991年间，当波兰向东部邻国提议和解时，所有国家都很有兴趣。1992年到1993年间，当波兰提出欧洲标准政策时，一些国家更有兴趣。在1994年后，当波兰不得不向它的邻国推出欧洲本身，这种分裂扩大了。在波兰的东部邻国中，那些心怀欧洲梦想、或多或少已成为严格意义上的民族国家的国家（立陶宛和乌克兰）表现得很积极，而那些还没有符合这个标准的国家（白俄罗斯和俄罗斯）则表现消极。这些不同的定位是由于这四个国家的国内政治情况不同，而波兰和其他外部因素所能施加的影响有所减少。[1]

20世纪80年代末和90年代初在欧洲历史上是一段特殊的时期，当时波兰外交官和知识分子相信他们的解放和发展模式也适用于他们的邻国。当议题的中心是国家主权时，波兰确实提供了类似的榜样。而当议题成为特定的政治、经济和文化转型成功与否时,波兰的类推作用就削弱了。[2] 1994年到1997年间,波兰的后共产主义政府没能成功地应对这些改变,这也限制了1997年后一个更为雄心勃勃的团结工会政府的影响力。[3] 1994年后,波兰的东部政策成了西部政策的附加物。这种路径存在的问题在与俄罗斯的关系中最为明显。

俄罗斯与白俄罗斯

1993年发生的事件改变了俄罗斯在波兰的形象。叶利钦总统在8月宽恕了波兰成为北约候选国一事,但他在9月就改变了想法。10月,他的军队向俄罗斯杜马发起攻击。这引起了波兰后共产主义-社会主义者的注意,他们刚刚赢得了一场民主选举,即将组建议会多数党。12月,弗拉基米尔·日里诺夫斯基的民族主义者政党俄罗斯自由民主党在杜马选举中赢得超过任何党派的票数。日里诺夫斯基以反波兰言论闻名(例如"北约的娼妓",有着刺激人心的作用,这可能是他自创的说法)。这一事件引起了波兰全社会的关注。1994年1月,70%受调查的波兰人相信俄罗斯对波兰已构成军事威胁,这是1989年以来数据最高的一次,而且(第一次)远远高出针对乌克兰的同样数据。[4]

叶利钦的俄罗斯从来没有针对波兰的具体政策,而是在北约宣传战的修辞分类下来对待波兰。莫斯科基本上一直无视华沙,直到事情变得明朗化:即使俄罗斯反对,北约也会扩张。1998年4月30日,美国参议院表示赞成北约扩张并提供建议后,俄罗斯的态度才发生了改变。当时,俄罗斯-波兰关系一度恢复了生机。波兰外交部部长布罗尼斯瓦夫·盖雷梅克(Bronisław Geremek,1932—2008)和波兰总统亚历山大·克瓦西涅夫斯基（Aleksander Kwaśniewski）在 1998 年的莫斯科受到了隆重的欢迎。[5] 2000 年，俄罗斯外交部部长首次出访华沙。叶利钦的继任者弗拉基米尔·普京在 2002 年到波兰旅行。在俄罗斯，反对北约扩张成了精英关注的问题，而非民众的焦点，所以对俄罗斯当局来说这样的一百八十度态度转变是毫不费力的。北约扩张甚至没有改变俄罗斯民众对美国称赞的态度。[6]俄罗斯选民没有对波兰或它加入北约采取敌对态度。20 世纪 90 年代末，俄罗斯人认为波兰是东欧最稳定的国家，而且令人震惊的是 56% 的俄罗斯人认为波兰应该受邀调停俄罗斯联邦中的种族冲突。[7]波兰的东部政策和在国内取得的成功，改变了俄罗斯人的观点。

和莫斯科官方一样，明斯克官方也排斥波兰在 1994 年后的提议。斯坦尼斯拉夫·舒什克维奇——这位做出妥协的白俄罗斯爱国者——受到了强权的逼迫。甚至在他担任议会议长期间，大多数政策也是共产主义者、时任总理克比切制定的，当时全国主要的报纸名为"苏维埃白俄罗斯亚"，而且地方的克格勃不仅像克格勃那样行事，人们依然称呼它为克格勃。[8]舒什克维奇和克比切，以及民族活动家泽农·帕兹亚克在 1994 年 7 月举行的总统选举中被年轻而缺少经验的反腐活动家亚历山大·卢卡申科击败。这是民主的杰作：卢卡申科不是来自共产主义集团的候选人，他决定性地击败了克比切、舒什克维奇和帕兹亚克，这说明白俄罗斯人想要的是新人。

卢卡申科总统摧毁了民主机制以及年轻的白俄罗斯国家的民族象征。1995 年 4 月，他把民族主义代表从议会中驱逐出去，他恐吓剩下的议员批准和俄罗斯的条约，并邀请俄罗斯来保护本国与波兰的边界。1995 年 5 月，他赢得了全民公投，使俄语成为白俄罗斯的官方语言，并且把白俄罗斯民族象征从国徽中移去。他的保镖把总统府邸中的白俄罗斯颜色全部除去了,把国旗撕成碎片,并将其当作纪念品一样分发出去。1996年11月,卢卡申科又在一次全民公投中获胜,因此扩大了自己的统治范围,并使立法机构和司法机构失去权力。这次举行公投的情形很可笑,波兰、立陶宛和乌克兰发起联合呼吁。然而,公投结果反映,大多数白俄罗斯人更渴望有一个新苏联秩序。卢卡申科俄罗斯化的国内政策没有让他成为一个俄罗斯人,但给有抱负的白俄罗斯爱国者造成了巨大的难题。当他被选上总统时,80%的一年级学生学习的是白俄罗斯语;3年后,这个数据下滑到7%。[9] 10年后,白俄罗斯首都明斯克只剩下一所白俄罗斯语学校。

  这位总统粉饰斯大林主义的恐怖,禁止使用后苏联时期印刷的课本,撕毁白俄罗斯公司与西方投资者的合同,而且"唾弃国际货币基金组织"。正如他自己所说,"我不会带领我的人民走向那个文明世界",因为"白俄罗斯的价值观和西方的价值观没有任何共同点"。他称白俄罗斯爱国者是"法西斯主义者",那种人"会闯入你家,强奸你的妻子和女儿"。他把反对者关进监狱,之后使他们一个个消失。[10] 他作为一个"东正教无神论者"诉诸宗教主题,反对外来的"西方影响"——如罗马天主教,这是200万即五分之一白俄罗斯人的信仰。卢卡申科把波兰描绘成一个传统的天主教威胁,一个北约的前锋。他宣称团结工会和美国中央情报局正在策划一起针对明斯克的政变。他承诺不会让西部白俄罗斯——那里集中了波兰少数民族——变成第二个南斯拉夫,并宣称由于波兰人的入侵,白俄罗斯与俄罗斯有必要组成斯拉夫联盟。[11] 卢卡申科的外交政策是亲俄罗斯的,在某种意义上说,他希望从与俄罗斯的结盟的想法中获得尽可能多的好处。

相比国家层面，波兰的政策与社会层面建立了更多的密切关系。陷入困境的白俄罗斯民族运动在20世纪90年代初期曾持反波兰的立场，在10年后转而支持波兰。波兰的榜样教会反对派从拯救民族国家的角度去思考，而非从复兴历史共同体的角度去思考。在1997年团结工会重新执政后，华沙和白俄罗斯反对派往来密切，试图以此避免白俄罗斯官方被欧洲孤立的局面。波兰回归了1989—1991年间的双轨政策，但这次的对象不是整个苏联，而是白俄罗斯。其中也包括了不显眼的第三轨——非正式联系，参与的有资深团结工会活动家和几十个新的波兰非政府组织。上一次白俄罗斯活动家对此曾表示怀疑，但是在20世纪90年代末，这些提议受到了欢迎。[12]至于他们在巩固白俄罗斯民族性上有没有作为，那是另外一个问题了。

波兰与白俄罗斯

虽然大多数白俄罗斯人不接受民族理念的现代形式，但这种形式在未来取得政治上的成功是必然可能的。就算俄语是权威和文化的语言，白俄罗斯人也不是俄罗斯人。根据1989年的苏联人口普查，苏维埃白俄罗斯亚有78%的成年人自称是白俄罗斯人，13%的成年人自称是俄罗斯人，4%的成年人自称是波兰人。1999年卢卡申科政权发起的人口普查显示，自称是白俄罗斯人的人口比例上升到81%，而自称是俄罗斯人的人口比例下降到11%。自称是波兰人的比例保持不变。[13]这不是因为白俄罗斯人的自我认同，而是他们认为"书面语言-民间语言"与"语言-民族国家"的现代结合变得异质化了。我们已经注意到白俄罗斯民族政治中的一些限制。自19世纪以来，白俄罗斯民族活动家自视为立陶宛大公国的领土中心、语言和传统的继承者。正如我们所知，立陶宛和波兰的民族主义运动，还有沙俄统治者与苏维埃国家把大公国的传统改变得面目全非了。也许在今天我们称为白俄罗斯的土地上，大公国的传统被改变得最少。但对传统的忠实性确实是个问题。

民族主义自称是关于连续性的。事实上，民族主义必须对近代早期的政治传统做出足够激进的重构，以使大众理解并产生加入这个被重新定义的政治社群的愿望。民族主义者坚称，原有的种族群体变成了现代民族，但是白俄罗斯的例子证明政治行动必须重写政治传统，因为"种族群体"和"现代民族"的概念都是站不住脚的。如果我们相信有"种族群体"，我们必须接受白俄罗斯人是立陶宛大公国的"主要种族群体"这个论断。1795年，立陶宛大公国的大部分人口所说的语言是我们今天所说的白俄罗斯方言。1895年，沙俄境内的五个白俄罗斯省中的大部分人口所说的也是这种语言，1995年在白俄罗斯共和国也是如此。然而，这个"群体"从来不是现代民族政治的媒介。现代的立陶宛和波兰民族主义者向我们展示，在他们改变了大公国的遗产后，民族主义意识形态在这种改变范围内获得成功。他们认为"立陶宛"这个名字徒然无效，这无疑证明了现代民族主义混合了敬畏和遗忘的特质。20世纪90年代末，白俄罗斯民族活动家重新向民族国家定位，对接续了几代的近代早期立陶宛传统而言，这预示着不良的前景，但对近代早期立陶宛领土上出现的第三次现代民族主义来说，这预示了光明的前景。在这里，立陶宛和波兰的现代民族主义都获得了成功，白俄罗斯的现代民族主义也终将成功。

政治行动需要正确的制度环境、社会环境和文化环境。20世纪90年代的白俄罗斯活动家曾不合潮流地说过，白俄罗斯民族"失去"了一些有利条件，比如大公国在16世纪的独立，18世纪的斯拉夫官方语言，19世纪的东仪天主教教会和密茨凯维奇的诗歌，20世纪的维尔尼亚以及"立陶宛"这个名字。如果我们舍弃目的论，留下偶然性——舍弃"糟糕"这个词，留下"运气"这个词——我们会发现那些不受民族主义活动家和当地人控制的事件所具有的重要性。在巩固现代白俄罗斯民族主义下的理念、运动或国家不受支持的环境中，这些"损失"就是那些关键节点。然而，最矛盾的"损失"是民族主义活动家会提起的：白俄罗斯没有享受到分裂的好处。

民族历史将分裂呈现为对民族主体的肢解。事实上，因国家边界而产生争论的民族主义活动家享有某些优势。分裂创造了一种可能性，即一个帝国可以用一种民族运动对抗另一种民族运动，但意料之外的结果就是民族运动因此蓬勃发展。分裂让来自不同帝国、相同民族的活动家们共享一种理念。一个帝国内的某一民族运动可能复制另一种民族运动的策略，然后这些策略能够跨越边界，成为各民族的共同策略。正如我们所知，19世纪的帝国在划分立陶宛人和乌克兰人时，考虑到了移民间的交流、眼界的一致性以及书籍走私的因素。在19世纪，现在的白俄罗斯属于沙皇俄国。20世纪，白俄罗斯只分裂了20年：在两次世界大战间被波兰和苏联分裂。即便斯大林消灭了白俄罗斯的知识分子，波兰关闭了所有的白俄罗斯语学校，这次分裂仍然是民族主义取得成就的时刻。

现代民族性包含了书面语言和方言的结合，在东欧这意味着对农民的教育以及知识分子的重新定位。这种结合的场所就是那座城市，这是一个天然的、不断壮大的民族首都。1920年，波兰在与布尔什维克俄国的战争中获胜，白俄罗斯人渴望的首都维尔尼亚成了波兰城市维日诺；1945年，斯大林把这座城市授予苏维埃立陶宛，它成了立陶宛城市维尔纽斯。白俄罗斯人最终的首都是明斯克，从历史上来说，这座城市在民族事业方面没有维尔尼亚重要，1921年波兰拒绝将其纳入领土，因此明斯克成了苏联的领土。在苏联的统治下，明斯克成了一座规模不定的白俄罗斯城市，在"二战"后这里成为俄罗斯化的发源地。白俄罗斯活动家强烈地怀念中等规模的城市，它们是民族复兴——尚未准备好在"被摧毁的"首都进行——的试验场。现在民族性也预设了一个民族的世界，每一个民族都有一种独特的高雅文化和一个独特的名字。本书第1部分已经证明，近代早期的政治术语"立陶宛"成了一个现代种族术语，而浪漫主义诗人密茨凯维奇成了现代波兰民族主义和立陶宛民族主义（程度更轻一些）的吟游诗人。20世纪90年代的卢卡申科政权乐于把密茨凯维奇作为一个含糊的白俄罗斯人物来纪念，就像苏联政权曾说他是普希金的和劳苦大众的朋友。明斯克（错误地）把密茨凯维奇呈现为一个现代白俄罗斯人，就像今天华沙或维尔纽斯那样（错误地）把密茨凯维奇描绘成现代波兰人或立陶宛人，只有这样我们才能明白白俄罗斯民族主义已经到来了。

　　制度环境创造出的精英们，巧妙地操纵历史，以此建立现代民族。在这里，我们可以看到阻碍白俄罗斯民族复兴的最严重的障碍：在20世纪30年代斯大林大清洗时期以及第二次世界大战时期，白俄罗斯受到破坏的程度。到1945年为止，1941年曾在苏维埃白俄罗斯亚的领土上生活的居民中，每四人中就有一人死亡。德国人摧毁了明斯克，摧毁了当地的大学和科学院。明斯克是在俄罗斯化时期被重建起来的，战后其令人惊讶的发展创造了一个庞大的亲俄首都。只有一个朝着相反方向的显著动作：1945年，白俄罗斯兼并了前波兰的领土。[14] 苏维埃白俄罗斯亚向西部的拓展，包围了几百万有着不同政治经历的人口，以及成千上万名和传统制度有着独特联系的人。例如，东仪天主教教会是在1596年的波兰-立陶宛王国中建立起来的。尽管在苏维埃白俄罗斯，不存在东仪天主教教会，但是它在两次大战间的波兰已经被再次重建起来了。1945年后，上万名来自白俄罗斯西部的新东仪天主教教会信徒成为苏联公民。就像在19世纪八九十年代，当时许多白俄罗斯活动家具有罗马天主教教徒的背景，在20世纪八九十年代，许多白俄罗斯活动家与这些前波兰领土有所关联。白俄罗斯民族阵线的领导人帕兹亚克，他的祖父是两次大战间在波兰城市维日诺积极活动的白俄罗斯政治家。帕兹亚克的祖父也是死于库罗帕提和类似地点的数万名白俄罗斯人之一。帕兹亚克的白俄罗斯民族主义理念与一种精英传统是一致的，但对在苏联学校受教育的白俄罗斯人来说，这种理念却是异质的。[15]

　　在这里，比较苏维埃白俄罗斯和苏维埃立陶宛是有启发意义的。战后苏联的政策允许一个种族意义上的立陶宛民族存在，但迫使其竞争对手——白俄罗斯人的概念——趋向衰亡。就在战后，一名两次大战间的立陶宛共产主义者掌握了苏维埃立陶宛的支配权，一所立陶宛语大学在维尔纽斯建立起来。与此同时，白俄罗斯共产党被俄罗斯化，战争苦难成为苏维埃白俄罗斯亚的标准历史基础。到1970年为止，当立陶宛历史的现代叙述已经完全制度化了，民族历史几乎从白俄罗斯课程中消失了。到1980年为止，维尔纽斯的大多数学校都在教授立陶宛语，而明斯克没有一所学校在教授白俄罗斯语。在20世纪80年代末的戈尔巴乔夫时代，伴随着一些基本事实的发现——被NKVD杀害的白俄罗斯人的死亡废墟被挖掘出来——白俄罗斯民族运动开始了。立陶宛历史的基本事实在很久之前就被整个立陶宛社会理解了。在那时，白俄罗斯继承自立陶宛大公国的叙述，只是很少部分受过教育的精英的认知领域。而立陶宛的叙述版本为大多数立陶宛人所知。[16]

如果现代白俄罗斯民族主义到来了，它很可能会包含关于立陶宛大公国的虚构概念。这个古老的理念必须被重建，以便解释大部分白俄罗斯人的东正教信仰以及关于苏联历史的记忆。类似的综合——就像密茨凯维奇被塑造成了白俄罗斯民族主义者——象征着白俄罗斯民族理念的现代流变。一些长期的趋势也支持这种可能性。偶然的历史事实能够阻碍民族运动，反之它们也能促成民族运动。1922年，苏维埃白俄罗斯的领土只有窄窄的一小片，在1923年、1924年、1926年和1939年不断扩大。结果，独立的白俄罗斯拥有充沛的、连贯的边界线。在苏联于1991年解体后，独立的白俄罗斯拥有主权国家的大部分象征。在许多方面，20世纪90年代的白俄罗斯比乌克兰和俄罗斯运行得更好。尽管卢卡申科是一个奇怪的独裁者，他厌恶白俄罗斯爱国主义，承诺要把他的国家与俄罗斯合并起来，事实上在他的任期内反而保存了白俄罗斯国家主权。第一次，独立的白俄罗斯的年轻人成年了，旅行者们手持白俄罗斯护照。此一次，白俄罗斯民族活动家设想为了一个崛起的民族赢得一个国家。独立的立陶宛、波兰和乌克兰都支持白俄罗斯的国家地位，这在历史上也是前所未有的。此外，俄罗斯没有断然介入以及白俄罗斯民族的出现，这两个因素也不能排除在外。

立陶宛、波兰与欧洲

在20世纪90年代，立陶宛人逐渐把波兰视为现代国家，而不是在民族重生的时代那个拥有致命吸引力的文明。这是波兰政治成功的代价：波兰文化——近代早期在东欧的许多地区被视为极高的成就，整个19世纪东欧的独特性象征——不再那么具有吸引力了。这是现代波兰民族主义偶然内生的困境。波兰文明的历史吸引力是它的精英特质；在使波兰性成为大众民族主义的过程中，民族主义者破坏了它的历史吸引力。波兰文化可以在横向层面上具有吸引力——对邻国的精英而言，也可以在垂直层面上具有新引力——对农民和工人而言，但是它不能同时具备两种维度的吸引力。通过避免20世纪90年代的几次危机，波兰东部政策使得这种长期趋势固定下来。

1994年立陶宛和波兰批准了两国条约后，两国政治关系迅速改善。一旦要求波兰为1920年占领维尔纽斯道歉的议题不再存在于议程中，很明显波兰和立陶宛便没有其他战略性分歧了。立陶宛的右翼和左翼把波兰视为通往欧洲的道路，所有的立陶宛政府官员和总统也持此观点。立陶宛和波兰的议会、政府和总统使共同委员会机制化。立陶宛的波兰少数民族事件从制度上被解决了，波兰方面一直声称欧洲标准和波兰的价值观可以帮助立陶宛融入欧洲。通过这些方式，立陶宛和波兰接近了欧盟有关优先解决争端的特质，两国都已申请加入欧盟。波兰而不是立陶宛跻身第一波协商国家行列。波兰（而不是立陶宛）将成为北约扩张纳入的第一批国家，这个趋势在1995年到1997年间变得更加明显，波兰的"欧洲"影响变得更强了。一份1998年的报纸头条很好地捕捉到了这个议题：《关于北约和签证办理，妻子们应该做些什么？》[17]答案是：立陶宛语和波兰语有不同的阴性词后缀；在立陶宛的波兰人希望波兰语后缀能出现在诸如护照等官方文件上，但立陶宛政府拒绝了；之后由于与北约和欧盟的关系更紧密，波兰运用了它的"欧洲"影响力。

波兰的要求处于1994年条约中列举的文化权利范围内。波兰官员强调他们把在立陶宛的波兰人视为立陶宛公民。因为对立陶宛来说,欧盟和北约的成员国资格太有价值了,而且波兰在国际论坛中对立陶宛获得成员国资格的支持如此直接,波兰人对少数民族的有限支持几乎没有引起任何怨恨。[18]立陶宛总统阿尔吉尔达斯·布拉藻斯卡斯早在1996年就表示,现在立陶宛与波兰的关系处于现代国家历史上最好的时期。立陶宛右翼重新执政,他们对待波兰的态度和20世纪90年代早期非常不同。正是那位曾主导要求波兰道歉的政策的外交部部长,此时称波兰是立陶宛"最重要的战略伙伴"。[19]在这10年结束前,维陶塔斯·兰茨贝吉斯亲自表示1569年波兰和立陶宛的卢布林联合是一次积极的事件,是"立陶宛-波兰实用主义"的例证。[20]正如我们所知,从19世纪80年代开始到整个20世纪90年代,立陶宛民族主义活动家一直把1569年的卢布林联合描绘为立陶宛民族的墓碑。当时最重要的立陶宛民族主义者,做出了这番新的解释,这暗示了一种更加稳固的立陶宛认同。从历史方面来看,波兰不再是一个怀有敌意的民族;从国家利益方面来看,波兰是一个邻国。经过现代化的民族主义者的任务和传统精英文化的颠覆,这些都让位给现代政治家的任务和对现有国家制度的保护。

乌克兰、波兰和欧洲

波兰与乌克兰的和解令人惊叹。到20世纪90年代中期为止,在乌克兰社会几乎没有任何反对波兰的意见。当然,大多数波兰人从和西乌克兰的接触中产生了对乌克兰的强硬观点,而中部、东部和南部的乌克兰人对波兰则从没有类似的观点。乌克兰的面积和法国一样大，有5000万居民，在整个20世纪迷失于苦难的历史中。虽然在本书第8章到第10章讨论过的可怕的民族冲突，对西乌克兰人来说非常重要，但对大约80%的乌克兰人来说，他们对此没有印象。毕竟，比起1933年的大饥荒和"二战"中可怕的平民和军队伤亡，20世纪40年代的种族清洗属于次要事件。然而，波兰在基辅精英中的正面形象还是一个新的发展，我们很容易将此追溯到波兰政策的源头上。让人印象深刻的还有西乌克兰爱国者们的态度逆转，他们的人数太少以至于不能持续地决定政策走向，但他们的人数又足够妨碍与其直接相关的政策。乌克兰右翼甚至极右翼中的大多数人，很快确信波兰是帮助乌克兰独立的盟友。[21]

对乌克兰总统列昂尼德·克拉夫丘克及其爱国的顾问们来说，1993年和1994年令人失望，很明显波兰不会成为字面意义上的盟友，而且后共产主义的波兰政府（1993—1997）在与乌克兰还是俄罗斯保持一致的问题上有意见分歧。1994年，列昂尼德·库奇马（Leonid Kuchma）取代了克拉夫丘克，人们普遍期待乌克兰将重新制定针对俄罗斯的外交政策。结果，库奇马在第一个任期内（1994—1997）继续推行与西方机构一体化的外交政策。在乌克兰，融入欧盟的政策非常受欢迎，但融入北约的政策非常不得人心；库奇马政权一开始高调地追求第一个目标，然后低调地追求第二个目标。[22] 碰巧的是，从克拉夫丘克到库奇马的权力更迭伴随着美国针对乌克兰政策的重要转变。1994年1月，美国－乌克兰－俄罗斯的三方声明为乌克兰将所有核武器转让给俄罗斯奠定基础，由此移除了美国支持乌克兰的主要障碍。支持乌克兰国家地位成为美国外交政策的目标。

1994年1月，北约宣布和平伙伴关系计划（Partnership for Peace）。

该计划旨在安抚申请成为北约成员的东欧国家以及莫斯科的反对者，但该计划并没有减缓对北约扩张的争论。然而，在1994年，由于波兰的东部政策已在实施中，该计划为波兰赢得了西方的赞同。波兰向乌克兰提供了和平伙伴关系计划框架内的军事合作，这是乌克兰的邻国中唯一这样做的国家。其中最重要的计划是建立乌克兰-波兰维和部队，这个计划在1995年提出，在1997年部队已成规模并于2000年由北约派遣到科索沃。乌克兰总统库奇马针对波兰的第一项重要提议是在1996年6月支持波兰加入北约。在华沙，他宣称"我们并非将北约看作防御性联盟，而是将其看作一套联合民主国家的共同安全机制"，他强调在"北约扩张中没有看到任何对乌克兰的威胁"。[23]之后，波兰支持北约与乌克兰签署特别宪章，沿着这一思路，俄罗斯也接受了同样的宪章。1997年7月9日，北约-乌克兰宪章正式签署。[24]第二天，美国总统比尔·克林顿就波兰即将成为北约成员国祝贺华沙街头的欢呼人群。

自1995年起，波兰总统克瓦西涅夫斯基和乌克兰总统库奇马共同主导了乌克兰与波兰的正式历史和解。他们的重大成就是1997年5月在基辅签署的和解宣言。宣言列举了一方对另一方曾犯下的错误，包括维斯瓦河行动和沃里尼亚恐怖事件，表达了相互原谅的需要。[25]克瓦西涅夫斯基和库奇马定期在重要的历史遗址会面，象征着他们试图解开纠缠不清的历史谜团。他们在基辅的一处公墓敬献花坏，1918年至1919年中与西乌克兰共和国战斗的波兰士兵被埋葬在那里；他们为一座纪念碑揭幕，以纪念在20世纪40年代被囚禁在亚沃日诺集中营的乌克兰人；他们在哈尔科夫的宗教仪式上掷下奠基石，在那里安息着斯大林下令谋杀的波兰士兵；他们悼念乌克兰民族共和国的乌克兰士兵，后者在1919—1920年抵御布尔什维克俄国、保卫乌克兰和波兰独立的战争中死去。

基辅的批评者坚持认为这样的和解是毫无必要的，因为波兰和乌克兰的国家关系一直很好。这种观点忽视了西乌克兰人和波兰人之间存在的争议，这种争议可能妨碍政治和解。华沙的批评者认为个人不能裁决历史和解，总统会面对改变公众观点成效甚微。[26]当然，这种观点有些道理。但是这种观点忽视了20世纪90年代初，解决历史问题更直接的尝试曾以惨败告终。如果乌克兰或波兰选择以立陶宛强调20年代历史的方式，来强调40年代的历史，那么两国间的政治谅解会推迟好多年，而政治谅解当时对两国的主权和安全都很重要。1991年和1992年，关于40年代互相施行种族清洗的意见分歧并没有很快被解决，然而在历史议题达成一致之前，两国关系依然能确立下来。正是因为维斯瓦河行动和沃里尼亚恐怖事件在90年代初期的两国关系中处于边缘地位，90年代末期两位总统才能在坚实的法律契约和政治协议的基础上解决这些问题。在90年代的前五年中，波兰人和乌克兰人已经同意为了国家安全的共同利益，"把历史留给历史学家"。在后五年中，在历史和解、边界问题、少数民族问题都解决了之后，关于历史的讨论证明了波兰–乌克兰邦交友好的程度有多深。

自1996年起，总统会面异乎寻常的频率、严肃性和礼仪性向国内政治参与者发出了明确的信号，即如果别有用心地利用历史，他们将一无所获。[27]即使是分量最轻的姿态也有着深厚的力量。当克瓦西涅夫斯基提到他和库奇马会面太频繁了，以至于他的妻子都有些嫉妒了，他实际上在提醒波兰人，他妻子的家人在沃里尼亚遭遇UPA清洗，而这种和解的筹划意味着铭记这段历史。当他提到他的乌克兰政策受到了岳父的认可，他是要让一代人的苦难记忆服务于未来安全。[28]（同样,克瓦西涅夫斯基在哈尔科夫喝醉的事实削弱了他试图传达一种和解的历史观点的努力。)当他的历史和解的提议开始推行时,还有很长一段路要走。1995年的民意调查显示,波兰人对德国人的同情从1993年的23%上升为1996年的43%,对乌克兰人的同情则从12%上升为16%。[29]正如亚采可·库容在1997年描述精英观念时所说:"如果你让一位普通的波兰知识分子和一位普通的德国知识分子坐在一张桌子上,要求他们就波兰-德国历史达成一致,他们能做到这点。当然他们会有一些分歧,但是达成一致的立场是可能的。但是如果你让一位普通的波兰知识分子和一位普通的乌克兰知识分子坐在一起,他们会告诉对方的不同历史版本是矛盾的、不可调和的。"[30]确实是矛盾的,但真的不可调和吗?到1999年为止,我们有理由相信,无论是在象征意义上还是字面意义上,历史和解都是可能的。

主要的分歧还是关于20世纪40年代的种族清洗。正如我们所知,这些事件对促进现代民族性在波兰和西乌克兰的传播有重要作用。毕竟,乌克兰民族主义者实施的种族清洗促使波兰救国军在1943年成立了沃里尼亚分队。1947年,波兰的共产主义政权迫使在波兰的乌克兰人定居别处。我们已经讨论过沃里尼亚的波兰人、波兰的乌克兰人,他们是最显然由于战争和种族清洗而被民族主义化的一群人。在20世纪90年代的波兰,沃里尼亚救国军分队的退伍老兵组成了一个非政府组织,他们是最关心保留1943年沃里尼亚大屠杀记忆的非政府组织之一,而波兰的乌克兰人联合会(Union of Ukrainians)认为他们的主要任务是让在1947年失去家园的乌克兰人获得赔偿。这些是(共同的)清洗受害者和清洗者(个例)中的特殊利益群体。如果说这些群体对历史、正义的要求和政治进程持有相反的观点,这是一种礼貌的轻描淡写。[31]

也许有人会认为这两类群体不可能让那些安于波兰东部政策的陈词滥调的历史学家聚集起来,即所谓"把历史留给历史学家"。事实上,波兰的救国军国际联合会(World Union of Home Army Soldiers)和乌克兰人联合会正是这么做的,他们找到那些历史学家,让他们写下种族互相清洗的历史——这段最难写的历史。那些被招募的历史学家来自那些不以温和路线著称的机构:位于华沙的波兰军队历史协会(1945—1947年,波兰军队实施了种族清洗),以及位于卢茨克的沃里尼亚州立大学(那里是1943年乌克兰叛乱分子实施清洗的中心地带)。双方对抗的地点是学术会议上。这两个非政府组织和这两个学识渊博的国家机构组织了一系列关于乌克兰-波兰关系的研讨会。研讨会的安排中有比较环节:每个讨论议题都有一名波兰学者和一名乌克兰学者陈述一系列论文,他们的论文章节并列发表在一起。在每个研讨阶段最后,双方的所有历史学家会签署一份双语联合声明,列举意见一致与意见分歧之处。[32]尽管很难达成一致意见,合作安排的议程也让所有人感到丧气,但是最后的产出在质量和数量上都优于任何一方自行研究、发表的成果。乌克兰历史学家逐渐以不同的角度看待1943—1944年的历史,波兰历史学家看待1945—1947年的历史也是如此。

欧洲的民族

历史是一项需要人类付出努力的事业,但人们常常出于民族动机而书写历史。为了让历史成为学术研究,历史必须被从这种局限中解放出来。波兰-乌克兰历史的合作研究意味着密涅瓦的猫头鹰即将起飞,至少在欧洲的某一部分,某个历史时代就要过去了。波兰人和其他人相

第14章 尾声：回到欧洲

信在1989年后他们在继续前进，如果朝着这个方向去想象欧洲的未来，并就欧洲对波兰的东部邻国在21世纪意味着什么做出一些审慎的预测，可能是有益的。

波兰在1989年到1991年间推行的东部政策与西欧几乎没有任何关系。出于国家利益的理由，这是一个新生的主权民族国家的外交官和政策制定者希望推行的政策，以此在苏联领土上促进民族国家的构建。波兰在1992年到1993年间的东部政策仅仅间接地依靠西欧。波兰外交官向他们的东部邻国提出了"欧洲标准"。这是为了防止任何在西方面前有损波兰形象的问题出现，是为了提高波兰在东欧的地位，是为了证明东部邻国的国内选民在波兰少数民族问题上的支持态度是正当的。本质上，1994年后波兰的东部政策或多或少明智地重新定位了欧洲机构授予波兰的影响力，而波兰当时即将加入这些机构。由于1994年后波兰被认为会先于立陶宛和乌克兰加入西欧机构，对波兰的成功感兴趣的立陶宛和乌克兰精英开始关注波兰。1999年3月，波兰正式加入北约。尽管围绕这一事件以及可预见的北约的进一步扩张充满了怨恨的辩论，对波兰及其东部邻国来说，更重要的下一步是加入欧盟。

"重返欧洲"——共产主义的对手和后共产主义国家中的改革者们经常使用的这个标语是一句矛盾的修辞。共产主义被强加在东欧土地上之前的那个欧洲，在1989年已经死去了。除了最顽固的怀旧者之外，对其他人来说，回到两次大战间的欧洲的观念经不起多少考验。1989年后，东欧人所说的"重返欧洲"不是指重新回到过去，而是跃向战后西欧取得的成就，跃向欧洲的共同文化所提供的信念。至此为止，从1957年的《罗马条约》到1989年的东欧革命，欧洲融合的机制性计划在此期间大踏步前进。东欧国家期待立刻参与那些经年累月累积起来的规范和实践。在 1989 年到 1999 年间，欧盟发生了巨大的改变。当波兰和其他东欧候选国争相展示它们的成员国资格时，欧盟成了一个有着共同的外部边界和共同货币的政治与经济共同体。波兰期待在 2004 年欧盟下一次扩张时被接纳，立陶宛在那时应该也已就位。尽管如此，它们的东部邻国白俄罗斯、乌克兰和俄罗斯联邦基本上在 2040 年前都没有机会加入欧盟。❶ 这迫使我们不得不想象，在波兰与立陶宛即将成为欧盟的东部成员国之前的时间里会发生什么。[33]

在 20 世纪 90 年代初，看起来欧盟面临着快速扩张或继续推行统一货币政策的选择。事实上，扩张花费了太多时间，这让统一货币成为既成事实。与此同时，欧盟结构的又一个基本变化也在进行中。波兰和其他东欧国家在 20 世纪 90 年代推行本国改革，而欧盟正在消除阻碍成员国内部流动的最后障碍，相应创造出一种强硬的外部边界。申根机制旨在允许欧盟内部的自由流动，自然该机制会集中关注欧盟外部边界上的警察力量。2001 年 9 月 11 日的恐怖袭击巩固了这一机制。这是需要引起我们关注的一点。本书的第一、二部分阐述了在民族重建和民族和解的过程中，受过教育的精英们建立联系的重要性。正如我们在第三部分所看到的，类似的联系在《文化》大战略的详细阐述，波兰、立陶宛、白俄罗斯和乌克兰的民族和解以及苏联和平解体中也同样重要。由于欧盟扩张会危害到东欧精英进入波兰，这个历史教训值得我们深思。当波兰加入欧盟后，俄罗斯、白俄罗斯和乌克兰公民会发现他们从象征意义上和实际意义上都与"欧洲"分离了。[34] 20 世纪 90 年代间，每年有 800 万俄罗斯公民通过合法或非法手段前往波兰，之后他们会

---

❶ 波兰与立陶宛在 2004 年加入欧盟，白俄罗斯、乌克兰和俄罗斯至今没有加入欧盟。

发现这条路被堵死了。无论他们有没有把波兰看作一个典范，这种无法自由前往的经验让人灰心丧气，也许还会让人蒙羞。波兰与白俄罗斯之间的深深隔离也会有助于卢卡申科的独裁政府，或其他类似的独裁政府。白俄罗斯商人——唯一从卢卡申科那里夺得让步的群体——会发现他们和市场隔离了。20世纪90年代大部分白俄罗斯商人都和波兰有联系，并由此与自由贸易和民主体制的广阔世界有了联系。[35]让白俄罗斯人远离波兰意味着消除了白俄罗斯的某种民主可能性。

1997年，乌克兰和波兰提出了一种免签证机制。在一个公共机构能够运行、自由市场起作用的大斯拉夫国家，乌克兰人的经验对为乌克兰改革提供社会支持有着重要价值。[36]乌克兰的国家建设计划是21世纪欧洲安全的关键；结构性错误包括行政和经济改革的缺位，以及薄弱的法律管辖。因此，这一波兰-乌克兰的联系对整个欧洲都极为重要。波兰外交部部长盖雷梅克在1997年到访基辅——先于他首次到访布鲁塞尔——时对此立场明确。[37]在20世纪90年代末、2000年和2001年，波兰抵住了欧盟要求废除与乌克兰的免签证机制的压力，波兰声称当它正式加入欧盟时会达到这些约束要求。这是后团结工会政府以及克瓦斯涅斯基总统的东部政策的延续，该政策更看重乌克兰而非欧盟成员国（与波兰公众）的偏好。[38]然而一旦波兰真的加入欧盟，它与乌克兰的特殊约定也将走到尽头。卢布林和布列斯特，这两个波兰近代早期历史上与东部邻国建立伟大的政治与宗教联盟的地点，今天只剩下卢布林一处，另一处在波兰东部边界线的另一端。当波兰的边界和欧盟的边界保持一致，欧盟会给它新的东部邻国提供些什么？

乌克兰总统库奇马梦想着有一天波兰在20世纪90年代在波乌边界建立的警卫岗会像法国-德国边界的警卫岗那样被遗弃。[39]也许有一天，事情会如他所愿。眼下，这些警卫岗象征着波兰加入欧盟的决心，决心使欧盟的外部边界从奥得河（Oder）变成位于波兰、乌克兰和白俄罗斯之间的布格河。尽管波兰能够推迟实施欧盟建议的时间，但是在加入欧盟之前它必须证明其自身机制的正当性。就像国界线在失效前必须被划定、区分和守卫，波兰在能够加入欧盟前必须证明它是一个成功的国家。在"重返欧洲"的过程中，波兰不仅会就其西部政策，也会就其东部政策得出一个顺理成章的结论。在支持东部邻国的主权、传播欧洲规范继而传递欧洲影响力的过程中，20世纪90年代的波兰表现得就像一个有着确定的利益和目标的主权民族国家。通过接受和提出某种特定的东北欧民族国家的典范，波兰创造出能使其加入欧盟的条件。在寻求加入欧盟的过程中，波兰将成为那些在国家权力的传统领域中让渡主权的民族国家之一。

这本书始于欧洲历史上的某个相似时刻：1569年卢布林联合。我们今天可以这样说，华沙和维尔纽斯在卢布林让渡了国家主权，建立了波兰-立陶宛王国。近代早期的波兰-立陶宛王国在领土、野心和在欧洲的重要性方面比今天这两个继承了相同名字的小民族国家要伟大得多。波兰-立陶宛王国的公民认为他们创造了世界上最好的政治秩序。他们的共和政体体现了民主实践、公民权利、宗教包容和宪法统治，这些现在被视为欧洲最优秀的品质；他们的共和政体也创造或保存了语言、宗教以及如今的乌克兰、白俄罗斯和俄罗斯神话。近代早期王国的吸引力更多与政治理念有关，而非与具体的机制，这也是在政体灭亡后的一个多世纪里，它依然存有吸引力的原因。对于后现代主义的欧盟，我们也可以做出类似的评价：它的吸引力不在于欧盟的所有法律条文（acquis communautaire）、法律与实践主体，而在于它的随机应变、声誉以及文明。它同样是一个精英计划，体现了复合机制中引人瞩目的政治理念。当波兰和立陶宛加入了欧盟，白俄罗斯人、乌克兰人、俄罗斯人和其他人也会受到欧洲民族理念的吸引。欧盟的东扩政策——一项明智而高贵的政策——就欧洲东部边界提出了问题，而非解决了问题。

注 释

第1章 立陶宛大公国（1569—1863）

［1］ Juliusz Bardach, *Studia z ustroju i prawa Wielkiego Księstwa Litewskiego,* Warsaw: PWN, 1970，18-21; S.C. Rowell, *Lithuania Ascending,* Cambridge: Cambridge University Press, 1994, 296-299; Zigmas Zinkevičius, *The History of the Lithuanian Language,* Vilnius: Mokslo ir enciklopediju leidykla, 1996，71-76。关于波兰人和德国人，Paul Knoll, *The Rise of the Polish Monarchy,* Chicago: University of Chicago Press, 1971。

［2］ 再版为 *Bibliia: Faksimil'nae uznaulenne Biblii, vydadzenai Frantsyskam Skarynaiu u 1517—1519 gadakh,* Minsk: Belaruskaia savetskaia entsyklapedyia, 1990-91。他的教会斯拉夫语经大公国的斯拉夫贵族用方言润色，并受到捷克语版《圣经》的影响，他曾在布拉格研究过捷克语版《圣经》。J. Sadouski, "A Linguistic Analysis of the Four Books of Kings Printed by Skaryna in 1518," Doctoral dissertation, University of London, 1967, 224-226。关于斯卡利纳的方言散文，见 *Pradmovy i pasliasloui pasliadounikau Frantsyska Skaryny,* Minsk: Navuka i tekhnika, 1991; 也见 Arnold McMillin, *Die Literatur der Weissrussen,* Giessen: Wilhelm Schmitz, 1977, 40-47。

［3］ Moshe Altbauer, *The Five Biblical Scrolls in a Sixteenth-Century Jewish Translation into Belarusian (Vilnius Codex 626),* Jerusalem: Dorot, 1992, 13-37. 也见 Paul Wexler, "The Reconstruction of Pre-Ashkenazic Jewish Settlements in the Slavic Lands in the Light of the Linguistic Sources," in Antony Polonsky, ed., *From Shtetl to Socialism,* London: Littman Library, 1993, 3-18。

［4］ *Zbiór praw litewskich od roku 1389 do roku 1529 tudzież Rozprawy sejmowe o tychże prawach od roku 1544 do roku 1563,* Poznań: Drukarnia na Garbarach 45, 1841, 112. 犹太人的特权使他们获得保持他们的律法和宗教的特权，在社群事务中使用他们的语言和风俗习惯的特权，以及在没有城市公民身份的情况下进行自由贸易的权利。可查阅 Jacob Goldberg, *Jewish Privileges in the Polish Commonwealth,* Jerusalem: Israel Academy of Sciences and Humanities, 1985, 1–40。

［5］ 这一壮举在当代再次出现,1529年大公国法律于1960年在明斯克被翻译为俄语,苏联学者得以对此进行研究。之后他们声称这种语言肯定不是俄语,事实上是白俄罗斯语: K.I. Iablonskis, ed., *Statut Velikogo Kniazhestva Litovskogo 1529 goda,* Minsk: Akademiia nauk BSSR, 1960, 3–12。把斯拉夫官方语言作为另一种不同的语言来看待是最合理的。参见 Jonas Žmuidzinas, *Commonwealth polono-lithuanien ou l'Union de Lublin,* Paris: Mouton, 1978, 79–82; Juliusz Bardach, "Od aktu w Krewie do Zareczenia Wzajemnego Obojga Narodów," in Jerzy Kloczowski, et al., eds., *Unia Lubelska i tradycje integracyjne w Europie środkowo-wschodniej,* Lublin: IESW, 1999, 14–18; Stanislovas Lazutka, "Język Statutów Litewskich i Metryki Litewskiej," *Lithuania,* 1–2 (22–23), 1997, 26–33。

［6］ 1566年法律序言由 Augustinus Rotundus Mieleski 于1576年写成,见*Archiwum Komisji Prawniczej,* Vol. 7, Cracow: Polska Akademia Umiejetnósci, 1900, xx; 也见 Jürate Kiapene, "The Grand Duchy and the Grand Dukes in the Sixteenth Century," in Richard Butterworth, ed., *The Polish-Lithuanian Monarchy in European Context,* Houndmills: Palgrave, 2001, 86–87。

［7］ Halina Dzerbina, *Prava i siamia u Belarusi epokhi Renesansu,* Minsk: Tekhnalohiia, 1997.

［8］ Harvey Goldblatt, "The Emergence of Slavic National Languages," in Aldo Scaglione, *The Emergence of National Languages,* Ravenna: Loggo Editore, 1984, 125, 165.

［9］ Karin Friedrich, *The Other Prussia,* Cambridge: Cambridge University Press, 2000.(皇家普鲁士是波兰-立陶宛王国从条顿骑士团获得的领土所建立的省,直到1569年之前该地区一直享受充分自治。——译者注)

［10］ 关于政治体系, Andrzej Kamiński, "The Szlachta of the Polish-Lithuanian Commonwealth," in Ivo Banac and Paul Bushkovitch, eds., *The Nobility in Russia and Eastern Europe,* New Haven, Conn.: Yale Russian and East European Publications, 1983, 17–46; 以及 Mariusz Markiewicz, "The Functioning of the Monarchy During the Reign of the Electors of Saxony," in Butterwick, *Polish-Lithuanian Monarchy,* 172–192。也见 Daniel Stone, *The Polish-Lithuanian State, 1386–1795,* Seattle: University of Washington Press, 2001。

［11］ 关于卢布林联合编年史的简要评述有 Bardach, *Studia z ustroju i prawa,* 11–18 以及 Žmuidzinas, *Commonwealth polono-lithuanien,* 143–151。关于1569年重要的俄语解释者有 M.K. Liubavskii 和 I.I. Lappo。波兰、乌克兰、白俄罗斯和立陶宛方面的基本观点由 Joachim Lelewel, Mykhailo Hrushevs'kyi, M.V. Dovnar-Zapolskii 和 Adolfas Šapoka 呈现。两次大战间波兰方面研究卢布林联合的主要学者是 Oskar Halecki 和 Stanislaw Kutrzeba, 苏维埃白俄罗

斯亚方面的重要贡献者是 V.I. Picheta，Francis Dvornik 则持有摩拉维亚泛斯拉夫主义的观点。英语方面的介绍有 Harry Dembkowski, *The Union of Lublin*, Boulder, Colo.: East European Monographs, 1982。

［12］1387 年，立陶宛异教徒家庭全部皈依天主教，但是大多数波雅尔依然是东正教教徒，并保持了两个多世纪的信仰。人们认为当宗教改革开始时，维尔纽斯的东正教教徒比天主教教徒多。

［13］Jerzy Ochmański, "The National Idea in Lithuania," in Ivo Banac and Frank Sysyn, eds., *Concepts of Nationhood in Early Modern Europe*, Cambridge, Mass.: Ukrainian Research Institute, 1986, 312-313。

［14］1577 年后，彼得·斯特加关于新教和东正教的无数出版物是最好的证明。*Pismawszystkie*, 5vols. Warsaw: Ultima Thule, 1923-1930.

［15］对立陶宛的捍卫见 *Rozmowa Polaka z Litwinem*, Brest: Drukarnia Radziwil-lowska, 1565。其作者在 1549 年拿到波兰王朝的年金时已经是一个"圆胖"（rotund）的人了，两年后他搬到了立陶宛。Maurycy Krupwicz, ed., *Sobranie gosudarstvennykh i chastnykh aktov, kasaiushchikhsia istorii Litvy i soedinennykh s nei vladienii*, Vilnius: Zavadzkago, 1858, 38-39; Marja Baryczowa, "Augustyn Rotundus Mieleski, wójt wileński, pierwszy historyk i apologeta Litwy," *Ateneum Wileńskie*, 11 (1936), 144. 罗顿都斯不太可能把自己看作一位文辞成熟（*phrases bien arrondies*）的学者。在古拉丁语中，"rotundus"这个词的意思很可能是"成熟的"，这个词的这一含义可能最早出现在西塞罗的《论演说家》中，罗顿都斯看过这部作品。但是这个可能性在 16 世纪和在如今一样渺茫：罗顿都斯很可能只是胖。要理解近代早期的民族性和现代民族性的区别，我们要清楚每个单词的意思在何时改变了，在何时没有改变，"rotund"这个词在 16 世纪和在今天的意思是一样的，但是"波兰的"或"立陶宛的"在 16 世纪和今天的意思是不同的。

［16］Paul Bushkovitch, "National Consciousness in Early Modern Russia," in Banac and Sysyn, *Concepts of Nationhood*, 356-357; Jaroslaw Pelenski, "The Origins of the Official Muscovite Claim to the 'Kievan Inheritance,'" *Harvard Ukrainian Studies*, 1, 1 (1977), 48-50。

［17］Andrzej Kamiński, *Republic vs. Autocracy*, Cambridge, Mass.: Harvard University Press, 1993。

［18］见图表 1。一部编年体评论集也清楚地展示了这点：Vilenskaia arkheograficheskaia kommissia in the series "Akty, izdavaemye Vilenskoiu arkheograficheskoiu kommissieiu," "Akty, izdavaemye Arkheograficheskoiu kommissieiu, vysochaishe uchrezhdennoiu v Vil'nie," and "Akty, izdavaemye Vilen- skoiu kommissieiu dlia razbora drevnikh aktov"。

[19] Art ū ras Tereškinas, "Reconsidering the Third of May Constitution and the Rhetoric of Polish-Lithuanian Reforms," *Journal of Baltic Studies*, 27, 4 (1996), 300. 也见 Andrzej Walicki, *The Enlightenment and the Birth of Modern Nationhood*, Notre Dame, Ind.: University of Notre Dame Press, 1989。关于波兰改革的启蒙辩论：Larry Wolff, *Inventing Eastern Europe*, Stanford: Stanford University Press, 195–283。

[20] 关于这个议题的介绍，请见 Gershon David Hundert, "Some Basic Characteristics of the Jewish Experience in Poland," in Polonsky, *From Shtetl to Socialism*, 19–25; M.J. Rosman, *The Lords' Jews*, Cambridge, Mass.: Ukrainian Research Institute, 1990, 1–22。常被引用的章节为 Salo Wittmayer Baron, *A Social and Religious History of the Jews*, vol. 16, New York: Columbia University Press, 1976。

[21] Jacob Goldberg, "Privileges Granted to Jewish Communities as a Stabilizing Factor in Jewish Support," in Chimen Abramsky, Maciej Jachimczyk, and Antony Polonsky, eds., *The Jews in Poland*, Oxford: Blackwell, 1986, 31–54; Daniel Beauvois, "Polish-Jewish relations in Russian territory," 同上书, 81; Artur Eisenbach, *The Emancipation of the Jews in Poland, 1780–1870*, Oxford: Basil Blackwell, 1991, 126–127, 158–160.

[22] 密茨凯维奇之后与一位犹太裔女性结婚。密茨凯维奇的出身是另外一个话题了，他在维尔那学习时的优秀教师莱莱韦尔（Joachim Lelewel, 1786—1861）是当时最伟大的波兰历史学家，是一位德国贵族的儿子。对密茨凯维奇来说，民族性中的种族概念是没有意义的，所以一个人无法通过"揭露"他的父母或祖父母来确定"真实"的自己。关于密茨凯维奇的出身的争论见 Anne Applebaum, *Between East and West*, London: Macmillan, 1995, 114–122; Irena Grudzińska-Gross, "How Polish is Polishness?" *East European Politics and Societies*, 14, 1 (2000), 5ff.; Neal Ascherson, *Black Sea*, New York: Hill and Wang, 1996, 144ff。关于鞑靼人的清真寺见 Jan Tyszkiewicz, *Tatarzy na Litwie i w Polsce*, Warsaw: PWN, 1989, 287。基础著作有 Wiktor Weintraub, *The Poetry of Adam Mickiewicz*, The Hague: Mouton, 1954, 第 14–15 页讨论了这些问题。

[23] 在俄罗斯帝国，波兰语教育的拓展没有遍及犹太人。在维尔纽斯，是俄国人而非波兰人，为犹太人打开了一扇通往广阔世界的窗户。

[24] A. Bendzhius et al., *Istoriia Vil'niusskogo universiteta*, Vilnius: Mokslas, 1979, 64–66; Daniel Beauvois, *Szkolnictwo polskie na ziemiach litewsko-ruskich 1803–1832*, vol. 1, Lublin: KUL 1991, 37–39, 273–275. 俄国沙皇允许一位立陶宛波兰人追求自己的事业，这个例子多

民族的重建：波兰、乌克兰、立陶宛、白俄罗斯，1569—1999

年来一直是波兰爱国主义的象征，这一点无可厚非。另一个例子是 Michal Kleofas Ogiński （1765—1833），他所做的 A 小调波兰舞曲《向祖国告别》是波兰巴洛克时期曲目中最能引起人们共鸣的。

［25］ 把密茨凯维奇关于失去立陶宛的诗句和普希金关于发现圣彼得堡的诗句做比较："我们注定如此 / 为了打开欧洲的一扇窗户 / 为了牢牢地站在海边。"《叶甫盖尼·奥涅金》写于1832年，《塔杜施先生》写于1834年。普希金和密茨凯维奇是朋友。见Jerzy Tomaszewski, "Kresy wschodnie w polskiej my li politycznej," in Wojciech Wrzeziński, ed., *Między Polską etniczną i historyczną*, Wrocław: Ossolineum, 1988; 97ff.; 及 I.I. Svirida, *Mezhdu Peterburgom, Varshavoi i Vil'no*, Moscow: OGI, 1999。

［26］ Jacques Barzun, *Classic, Romantic, and Modern*, Garden City, N.Y.: Doubleday, 1961, 14.

［27］ Nina Taylor, "Adam Mickiewicz et la Lithuanie," in Daniel Beauvois, ed., *Les confins de l'ancienne Pologne*, Lille: Presses Universitaires, 1988, 70.

［28］ N.N. Ulashchik, *Predposylki krest'ianskoi reformy 1861 g. v Litve i Zapadnoi Belorussii*, Moscow: Nauka, 1965, 5–6.

［29］ Jakób Gieysztor, *Pamiętniki*, Vol. 1, Vilnius: Bibljoteka Pamiętników, 1913, 36, 61, 136.

［30］ 原版及俄语报纸，见K. Kalinovskii, *Iz pechatnogo i rukopisnogo nasledija*, Minsk: Belarus, 1988。又见 Piotr Łossowski and Zygmunt Młynarski, *Rosjanie, Białorusini, i Ukraińcy w Powstaniu Styczniowym*, Wrocław: Ossolineum, 1959, 166–186; John Stanley, "The Birth of a Nation," in Béla Király, ed., *The Crucial Decade*, New York: Brooklyn College Press, 110–119。

［31］ Egidijus Aleksandravičius, "Political Goals of Lithuanians, 1883–1918," *Journal of Baltic Studies*, 23, 3 (1992), 230–231; Nerijus Udrenas, "Book, Bread, Cross, and Whip: The Construction of Lithuanian Identity within Imperial Russia," Doctoral dissertation, Brandeis University, 2000.

第 2 章 立陶宛！我的祖国！（1863—1914）

［1］ Andreas Moritsch, "The January Insurrection and the Emancipation of Peasants in the Polish–Russian Provinces," in Béla Király, eds., *The Crucial Decade*, New York: Brooklyn College Press, 180–182.

［2］ Algis Kasperovičius, "Kształtowanie się narodu litewskiego," in Krzysztof Jasiewicz, ed., *Europa nie prowincjonalna*, Warsaw: Rytm, 1999, 218–223; Miroslav Hroch, *Social Preconditions of National Revival in Europe*, Cambridge: Cambridge University Press, 1985, 89; Vytautas Merkys, "Biskup Motiejus Valanczius a polityka narodowo ciowa rządu Rosji," in Jerzy Kłoczowski et al., eds., *Belarus, Lithuania, Poland, Ukraine*, Lublin: IESW, 1994, 317–318.

〔3〕 关于波兰的实证主义，见Jerzy Jedlicki, *A Suburb of Europe,* Budapest: Central European Press, 1999; Stanislaus Blejwas, *Realism in Polish Politics,* New Haven, Conn.: Yale Concilium on International and Area Studies, 1984。

〔4〕 Teodor Narbutt, *Dzieje narodu litewskiego,* vol. 2, Vilnius: Marcinkowskiego, 1841, 492.

〔5〕 Virgil Krapauskas, *Nationalism and Historiography,* Boulder, Colo.: East European Monographs, 2000, 31, 108.

〔6〕 Tomas Venclova, "Native Realm Revisited: Mickiewicz's Lithuania and Mickiewicz in Lithuania," 引用自手稿，1–5, 以波兰语发表在 *Zeszyty Literackie,* 70 (2000)。Józef Ignacy Kraszewski 的诗歌也有类似的作用。关于道坎塔斯，也见 Jonas Žmuidzinas, *Commonwealth polono-lithuanien ou l'Union de Lublin,* Paris: Mouton, 1978, 148。

〔7〕 Jean Pelissier, *Les principaux artisans de la Renaissance Nationale Lituanienne,* Lausanne: Léman, 1918, 25–45. 也可比较密茨凯维奇受欢迎的诗歌《青春颂》(1820)最后两句: "欢迎，欢迎，自由的黎明/拯救的阳光即将带来"。

〔8〕 Jerzy Ochmański, *Litewski ruch narodowo-kulturalny w XIX wieku,* Białystok: PAN, 1965, 137ff.; Krapauskas, *Nationalism and Historiography,* 15.

〔9〕 Jiří Rak, *Bývalí Čechové,* Prague: H&H, 1994, 127–140. 也可参阅 Vladimír Macura, *Českýsen,* Prague: Lidové noviny, 1998, 14–53。

〔10〕 David Diringer, *The Alphabet,* Vol. 1, New York: Funk and Wagnall, 1968, 157–164.

〔11〕 Francis Dvornik, *The Slavs in European History and Civilization,* New Brunswick, N.J.: Rutgers University Press, 1962, 301–303; Norman Davies, *God's Playground,* vol. 1, New York: Columbia University Press, 1982, 69.

〔12〕 这种关于民族主义传播的观点来自 Liah Greenfeld, *Nationalism,* Cambridge: Harvard University Press, 1992。

〔13〕 Narbutt, *Dzieje narodu litewskiego,* Vol. 1, 454–464; Krapauskas, *Nationalism and Historiography,* 74.

〔14〕 Wiktor Weintraub, *The Poetry of Adam Mickiewicz,* The Hague: Mouton, 1954, 115. 有疑问的著作是 *Preussens ältere Geschichte,* 4 vols., Riga: Hartmann, 1808。

〔15〕 关于密茨凯维奇在巴黎，见 Andrzej Walicki, *Philosophy and Romantic Nationalism,* Notre Dame, Ind.: University of Notre Dame Press, 1997, 265–267。

〔16〕 关于语言与民族复兴的标准模型，见 Vladimír Macura, *Znamení zrodu,* Prague: H&H, 1995, 61–79。立陶宛活动家们同时希望不仅在政治意义上，还要在种族意义上展示密茨凯

维奇是立陶宛人,寻找他熟知立陶宛语的证据。总之,作为无能的补偿的历史,与真正的历史一样古老。见 Anthony Grafton, *The Footnote,* Cambridge, Mass.: Harvard University Press, 2000, 155。

[17] 引自 Czeslaw Milosz, "Rodziewiczówna," *Kultura,* 522 (1991), 21。

[18] Pelissier, *Les principaux artisans,* 45–59; Venclova, "Native Realm Revisited," 22.

[19] Bardach, "Polacy Litewscy i inne narody Litwy historycznej," in Kłoczowski, *Belarus, Lithuania, Poland, Ukraine,* 366.

[20] Ryszard Radzik, "Samookre lenie jako element wiadomo ci etnicznej ludu białoruskiego w XIX wieku," *Przegla̧d Wschodni,* 4, 3 (1997), 616.

[21] Valerius Czekmonas, "O etapach socjolingwistycznej historii Wileńszczyzny i rozwoju polskiej świadomości narodowej na Litwie," in Kloczowski, *Belarus, Lithuania, Poland, Ukraine,* 457–463.

[22] Wacław Jędrzejewicz, *Kronika Życia Józeja Piłsudskiego,* vol. 1, London: Polska Fundacja Kulturalna, 1997, 15–16.

[23] 另外一种反应是更加国际主义的社会主义。毕苏斯基政党中杰出的马克思主义理论家 Kazimierz Kelles-Krauz 出身于立陶宛波兰家庭。见拙作 *Nationalism, Socialism, and Modern Central Europe,* Cambridge, Mass.: Harvard University Press for Ukrainian Research Institute, 1997。年轻的 Feliks Dzierżyński (1876—1926) 因为在维日诺的学校里说波兰语而遭到驱逐。他后来成了国际主义的社会主义者,加入卢森堡主义的波兰社会主义阵营。该阵营拒绝关于波兰国家复兴的理念,他最后在共产主义俄国成了契卡的头目。Robert Blobaum, *Feliks Dzierzynski and the SDKPiL,* Boulder, Colo.: East European Monographs, 1983. 又见 Bohdan Cywiński, *Rodowody niepokornych,* Paris: Spotkania, 1985; Norman Naimark, *The History of the "Proletariat,"* Boulder, Colo.: East European Monographs, 1979。

[24] Piotr Wróbel, *Kształtowanie się białoruskiej świadomości narodowej a Polska,* Warsaw: Wydawnictwo Uniwersytetu Warszawskiego, 1990, 16.

[25] 数据引自 Steven Guthier, "The Belorussians: National Identification and Assimilation," *Soviet Studies,* 29, 1 (1977), 40–47。关于"种族群体"和民族历史见 Jeremy King, "Loyalty and Polity, Nation and State," Doctoral dissertation, Columbia University, 1998, 29–33。为此辩护的有 Anthony Smith, *The Ethnic Origins of Nations,* Oxford: Blackwell, 1986。

[26] M.V. Dounar-Zapolski, *Historiia Belarusi,* Minsk: Belaruskaia Ents'iklapedia, 1994, 360; Celina Gajkowska, "Wincenty Marcinkiewicz," *Polski Słownik Biograficzny,* vol. 19, Wrocław: Os-

solineum, 1974, 588–590.

〔27〕 密茨凯维奇引自 A.A. Loika and V.P. Rahoisha, eds., *Belarusskaia litaratura XIX stahoddzia,* Minsk: Vyhsheishaia shkola, 1988, 32; Dunin cited after his *Zbor tvorau,* Minsk: Dziarzhaunae Vydavetstva BSSR, 1958, 370。

〔28〕 Jan Czeczot, *Piosnki wieśniacze znad Niemna i Dźwiny,* Vilnius: Zawadzkiego, 1839. 又见 T.V. Valodzina, "Ian Chachot i brat'i T'ishkevich," in *Falklor,* Minsk: Belaruskaiia Navuka, 1997, 6; Marceli Kosman, *Historia Białorusi,* Wrocław: Ossolineum, 1979, 219; Weintraub, *Poetry,* 13; Arnold McMillin, *Die Literatur der Weissrussen,* Giessen: Wilhelm Schmitz, 1977, 82–83。

〔29〕 Walicki, *Philosophy and Romantic Nationalism,* 73.

〔30〕 Jan Zaprudnik, *Belarus,* Boulder, Colo.: Westview, 1993, 54—55; Kosman, *Historia Białorusi,* 220.

〔31〕 Edward Thaden, *Russia's Western Borderlands, 1710—1870,* Princeton, N.J.: Princeton University Press, 1984, especially 54, 68–69, 79, 121, 126; Patricia Grimsted, *The Foreign Ministers of Alexander I,* Berkeley: University of California Press, 1969, 104—150.

〔32〕 Dounar-Zapolski, *Historiia Belarusi,* 250.

〔33〕 Sofia Kuz'niaeva, "Nats'iial'nae adradzhen'ne i nats'iianal'naia s'viadomas'ts' belarusau u pershai palove XIX ct.," *Belaruski Histar'ichn'i Ahliad,* 1, 1 (1994), 57.

〔34〕 在19世纪奥地利管辖的加利西亚地区内，东仪天主教会也在当地的乌克兰人中起到了这种作用。国家政策很重要，因为1795年东仪天主教会在这两地都处境艰难。Uladzimir Sosna, "Uniiatskae pi'tanne u belarusakau viosts'i," in M.V. Bich and P.A. Loika, *Z histor'ii Uniiatstva u Belarusi,* Minsk: Ekaperspekt'iva, 1996, 90–92.

〔35〕 L.K. Tarasiuk, "Adliustranne uniatskaii temat'iki u tvorchasts' Frantsishka Bahushevicha," in Ryszard Łużny, Franciszek Ziejka, and Andrzej Kępiński, eds., *Unia brzeska,* Cracow: Universitas, 1994, 526–531.

〔36〕 关于教会在19世纪30年代的机构范围可见 G.I. Shavel'skii, *Posliednee vozsoedinenie s pravoslavnoiu tserkoviiu uniatov Bielorusskoi eparkhii,* Petersburg, Sel'skago Viestnika, 1910。

〔37〕 Jan Zaprudnik, "National Consciousness of the Byelarussians and the Road to Statehood," in Vitaut Kipel and Zora Kipel, eds., *Byelorussian Statehood,* New York: Byelorussian Institute of Arts and Sciences, 1988, 13; Jan Jurkiewicz, "Nasze widzenie Bialorusinów w XX w.," *Dzieje Najnowsze,* 27, 2 (1995), 68.

〔38〕 Nicholas Vakar, *Belorussia,* Cambridge, Mass.: Harvard University Press, 1956, 82–83. 审

查官的劝告见 Frantsishak Bahushevich, *Tvory,* Minsk: Belarus, 1967, 202–205。

[39] 公平来说,Ernest Gellner 某种程度上面对这样一个问题:现代化的国家有时候创造了一个民族,有时候创造了几个民族。*Nations and Nationalism,* Ithaca: Cornell University Press, 1983.

[40] 关于俄国精英的观点和 1863 年起义,见 Henryk Głębocki, *Fatalna sprawa,* Cracow: Arcana, 2000; M. Prudnikov, *Chego zhe khochet Pol'sha?* St. Petersburg: Glavnoie upravleniie voenno-uchebnykh zavedenii, 1863。关于农民的自我定义,见 Radzik, "Samookre lenie," 612–614; M. Koszelew, "Polacy w oczach Białorusinów," *Dzieje Najnowsze,* 27, 2 (1995), 83–85。

[41] 关于这种转变,见 Theodore Weeks, *Nation and State in Late Imperial Russia,* Dekalb: Northern Illinois University Press, 1996, 45–73; Theodore Weeks, "Russification and the Lithuanians," *Slavic Review,* 60, 1, (2001), 109; Dominic Lieven, *Nicholas II,* New York: St. Martin's 1993, 134–135; Witold Rodkiewicz, *Russian Nationality Policy,* Lublin: Scientific Society of Lublin, 1998, 226–231; Pelissier, *Les principaux artisans,* 158–159; *O russkoi pravde i polskoi krivde,* Moscow: Universitetskaia tipografiia, 1863, 28–29。

[42] Łukasz Chimiak, *Gubernatorzy Rosyjscy w Królestwie Polskim,* Wrocław: FNP, 1999, 70–79; Andrzej Chwalba, *Polacy w służbie Moskali,* Warsaw: PWN, 1999, 66; Paul Bushkovitch, "The Ukraine in Russian Culture," *Jahrbücher für Geschichte Osteuropas,* 39, 3 (1991), 347–350. 又见 L.E. Gorizontov, *Paradoksy imperskoi politiki,* Moscow: Indrik, 1999; Vakar, *Belorussia,* 73。Josif Hurko 是当时的华沙总督,波兰历史上最著名的俄罗斯化倡导者,他也是一位波兰-立陶宛后裔。

第 3 章 第一次世界大战与维日诺之间(1914—1939)

[1] M.V. Dovnar-Zapol'skii, *Narodnoe khoziaistvo Belorussii, 1861–1914 g.g.,* Gosplana BSSR, 1926,8–28。

[2] 1909 年,一份官方统计发现共有 205250 名城市居民,其中 1.2% 是立陶宛人,20.7% 是俄国人,37.8% 是波兰人,36.8% 是犹太人。P. Gaučas and A. Vidugiris, "Etnolingvisticheskaia situatsiia litovsko-belorusskogo pogranich'ia," *Geografiia,* 19 (1983), 62–63. 1897 年俄国人口普查统计出 40% 的犹太人,31% 的波兰人和 2% 的立陶宛人。Nicholas Vakar, *Belorussia,* Cambridge, Mass.: Harvard University Press, 1956, 12. 又见 Zinkevičius, *History of the Lithuanian Language,* 288; Piotr Eberhardt, "Przemiany narodowo ciowe na Litwie w XX wieku," *Przegląd Wschodni,* 1, 3 (1991), 456–457。

注 释

［3］ 引自 1902 年 Egidijus Aleksandravičius, "Political Goals of Lithuanians, 1883–1918," *Journal of Baltic Studies*, 23, 3 (1992), 234; from 1905, Jean Pelissier, *Les principaux artisans de la Renaissance Nationale Lituanienne*, Lausanne: Léman, 1918, 177; 也可参阅 Alfonsas Eidintas and Vytautas Žalys, *Lithuania in European Politics*, New York: St. Martin's, 1999, 39; Piotr Łossowski, *Stosunki polsko-litewskie 1918–1920*, Warsaw: Książka i Wiedza, 1966, 35–40。

［4］ Vitaut Kipel and Zora Kipel, eds., *Byelorussian Statehood*, New York: Byelorussian Institute of Arts and Sciences, 1988, 32–36, 37–52, 125–129.

［5］ Adam Maldzis, "Belaruska staulenne da Liublinskai unii," in Jerzy Kłoczowski et al., eds., *Unia lubelska i tradycje integracyjne w Europie środkowo-wschodniej*, Lublin: IESW, 1999, 154–155.

［6］ Mikhal Bich, "Ad idei adnaulennia Rech'i Paspalitay da barats'b'i za stvarenne nezalezhnay belaruskay dziarzhav'i," in Kloczowski et al., eds., *Unia lubelska*, 173.

［7］ Aliaksandr Ts'vikevich, "*Zapadno-russizm*," Minsk: Navuka i tekhnika, 1993 [1928], 314.

［8］ Guthier, "The Belorussians: National Identification and Assimilation," *Soviet Studies*, 29, 1 (1997), 40—47; Piotr Eberhardt, *Przemiany narodowościowe na Litwie*, Warsaw: Przegląd wschodni, 1997, 46; Piotr Eberhardt, *Przemiany narodowościowe na Białorusi*, Warsaw: Editions Spotkania, 1994, 14. 这些比例数据基于 1897 年人口普查，以当地语言采集数据。

［9］ 关于土地，见 Witold Rodkiewicz, *Russian Nationality Policy*, Lublin: Scientific Society of Lublin, 1998, 79; on language, Zofia Kurzowa, *Język polski Wileńszczyzny i kresówpółnocno-wschodnich*, Warsaw: PWN, 1993, 221–311。

［10］ 在这个方面,这些波兰人的波兰性与奥地利转向大众民族主义政治前奥地利自由主义者身上的日耳曼性（Germanness）相似。Pieter Judson, *Exclusive Revolutionaries*, Ann Arbor: University of Michigan Press, 1996.

［11］ Juliusz Bardach, "O wiadomo ci narodowej Polaków na Litwie i Bialorusi," in Wojciech Wrzeziński, ed., *Między Polską etniczną i historyczną*, Wrocław: Ossolineum, 1988, 246–247; Aliaksandar Smalianchuk, "Histar'ichnaia s'viadomas'ts'i idealiohiia paliakau Belarusi i Litv'i na pachatku XX stahodz'dzia," *Belaruski Histar'ichn'i Ahliad*, 1,2 (1995), 32–40.

［12］ 例如 Michal Römer, *Litwa*, L'viv: Polskie towarzystwo nakladowe, 1908。其他类似的著作有 Bardach, "Polacy Litewscy," in Jerzy Kloczowski, et al., eds., *Belarus, Lithuania, Poland, Ukraine*, Lublin: IESW, 1994, 372–373。

［13］ 数据来源于 1897 年俄国人口普查。

[14] Eidintas and Žalys, *Lithuania in European Politics,* 18; Egidijus Motieka, "Początki nowożytnego państwa litewskiego," in Krzysztof Jasiewicz, eds., *Europa nie prowincjonalna,* Warsaw: Rytm, 1999, 224–231; Rimantas Miknys, "Wilno i Wileńszczyzna w koncepcjach Michała Römera i krajowców," 同上书, 70; Vytautas Berenis, "Problem dziedzictwa kulturowego Wielkiego Księstwa Litewskiego w ideologii litewskiego ruchu narodowego," 同上书, 467–473.

[15] 当时有人试图把波兰语作为使有阅读能力的公众重新立陶宛化的工具。Tadeusz Bujnicki, "Polskojęzyczne pisarstwo Litwinów w Wilnie," in Greta Lemanaitė and Paweł Bukowiec, eds., *Litwa,* Cracow: WUJ, 1998, 117–122.

[16] 上文所引的1909年统计数据表明,当时有37.7%的波兰人和36.8%的犹太人。根据1897年俄国人口普查,当时城市里有40.4%的犹太人和30.9%的波兰人。关于贸易方面,见 Nancy and Stuart Schoenburg, *Lithuanian Jewish Communities,* New York: Garland, 1991, 354。

[17] 关于拉比巴尔·谢姆·托夫(也称 Besht)和拉比加翁的比较,见 Moshe Rosman, *Founder of Hasidism,* Berkeley: University of California Press, 1996, 36–37。关于犹太复国主义者在波兰的社会起源,见 Ezra Mendelsohn, *Zionism in Poland,* New Haven, Conn.: Yale University Press, 1981。关于维也纳的同化主义与民族主义,见 Marsha Rozenblit, *The Jews of Vienna 1867–1914,* Albany, N.Y.: SUNY Press, 1983, 175–195。又见 Joshua Levisohn, "The Early Vilna Haskalah," Doctoral dissertation, Harvard University, 1999。

[18] Harry Tobias, *The Jewish Bund in Russia,* Stanford, Calif.: Stanford University Press, 1972, 46, 52–53; Henri Minczeles, *Vilna, Wilno, Vilnius,* Paris: Éditions de la Découverte, 1993.

[19] Stefan Kawym, *Ideologia stronnictw politycznych w Polsce wobec Mickiewicza 1890–1898,* L'viv: Filomat, 1937; Józef Kozłowski, *"My z niego wszyscy..."* Warsaw: Czytelnik, 1978.

[20] 该评估基于 Jeffrey Kopstein 和 Jason Wittenberg 在2000年为他们的项目"重新思考两次大战间中东欧独裁与民主的社会基础"所收集的数据。

[21] 1939年 Ksawery Pruszyński 把德莫夫斯基的社会根源与一种新的波兰民族主义联系起来。*Niezadowoleni i entuzjaści,* Warsaw: Państwowy Instytut Wydawniczy, 1990, 637–644. Andrzej Walicki 做了清醒的介绍, "The Troubling Legacy of Roman Dmowski," *East European Politics and Societies,* 14, 1 (2000), 12–30。Brian Porter 把现代波兰的民族主义作为一种对过去历史的放弃来看待: *When Nationalism Began to Hate,* Oxford: Oxford University Press, 2000。又见 Patrice Dabrowski, "Folk, Faith, and Fatherland," *Nationalities Papers,* 28, 3 (2000), 397–416。可大致参阅 Piotr Wandycz, *The Lands of Partitioned Poland,* Seattle: University of Washington Press, 1993; Stefan Kieniewicz, *Historia Polska 1795–1918,* Warsaw: PWN, 1997; Antony Polon-

sky, *Politics in Independent Poland,* Oxford: Clarendon Press, 1972。

［22］ Vejas Liulevicius, *War Land on the Eastern Front,* Cambridge: Cambridge University Press, 2000.

［23］ Bich, "Ad idei adnaulennia Rech'i Paspalitay," 174–175; 引自 Vasil Zacharka, in Kipel and Kipel, *Byelorussian Statehood,* 97。

［24］ Ivan Lubachko, *Belorussia under Soviet Rule,* Lexington: University of Kentucky Press, 1972, 24–25.

［25］ Antanas Smetona, *Die litauische Frage,* Berlin: Das neue Litauen, 1917, 29.

［26］ Stanley Page, *The Formation of the Baltic States,* Cambridge: Mass.: Harvard University Press, 1959, 30–97; Wiktor Sukiennicki, *East Central Europe During World War I,* vol. 2, Boulder, Colo.: East European Monographs, 1984, 668–705.

［27］ Andrzej Garlicki, "Wilna żądają wszyscy," in Robert Traba, ed., *Tematy polsko-litewskie,* Olsztyn: Borussia, 1999, 72.

［28］ Piotr Łossowski, *Po tej i tamtej stronie Niemna,* Warsaw: Czytelnik, 1985, 105. 关于立陶宛人的挫败感，见 Juozas Gabrys, *L'Etat Lithuanien et Mitteleuropa,* 1917; Lituanus, *La vérité polonaise sur les Lithuaniens,* Lausanne: Bureau d'Information de Lithuanie, 1917。

［29］ Piotr Eberhardt, "Wizje i projekty Polskiej Granicy Wschodniej w latach 1914–1921," *Przegląd Wschodni,* 5, 2 (1998), 348–351.

［30］ Piotr Wandycz, *Soviet-Polish Relations, 1917–1921,* Cambridge, Mass.: Harvard University Press, 1969, 110.

［31］ Alfred Erich Senn, *The Great Powers, Lithuania, and the Vilna Question,* Leiden: Brill, 1966, 55.

［32］ Norman Davies, *White Eagle, Red Star,* London: Macdonald and Co., 1972; Lucjan eligowski, *Wojna w roku 1920,* Warsaw: Polska zjednoczona, 1930.

［33］ Wandycz, *Soviet-Polish Relations,* 209; Eidintas and Žalys, *Lithuania in European Politics,* 70, 77; Andrzej Ajnenkial, "Od aktu 5'ego listopadu do traktatu ryskiego," in Mieczyslaw Wojciechowski, ed., *Traktat Ryski 1921 roku po 75 latach,* Toruń: Wydawnictwo Uniwersytetu Mikołaja Kopernika, 1998, 27. 这是1939年后发生的一系列事件：波兰战败，苏联把维尔纽斯割让给立陶宛，之后苏联占领了立陶宛。

［34］ Lucjan eligowski, *Zapomniane prawdy,* London: Mildner and Sons, 1943, 32–43; 毕苏斯基的话引用自 Bohdan Skaradziński, "Fenomen litewsko-białoruskich formacji Wojska Polskiego," in Jasiewicz, *Europa nie prowincjonalna,* 902。又见 Andrzej Nowak, *Polska i trzy Rosje,* Cracow: Arcana, 2001, 326–332。

［35］ Jan Dąbski, *Pokój ryski,* Warsaw: Kulerskiego, 1931, 78; Witold Wojdylo, "Traktat w Rydze w koncepcjach politycznych obozu narodowego," in Wojciechowski, *Traktat Ryski 1921,* 53–55. Krzysztof Kawalec, "Narodowa Demokracja wobec traktatu ryskiego," 同上书，31–45，提到了格拉布斯基的第二个动机。关于瓦西莱夫斯基见 Barbara Stoczewska, *Litwa, Białoruś, Ukraina w myśli politycznej Leona Wasilewskiego,* Cracow: Księgarnia Naukowa, 1998。关于毕苏斯基和瓦西莱夫斯基，见 Wasilewski, *Józef Piłsudski: Jakim go znałem,* Warsaw: Rój, 1935。

［36］ "白俄罗斯亚"意味着俄罗斯把这片区域视为大俄罗斯民族的一部分；"白俄罗斯"意味着立陶宛和罗斯大公国的后裔对这个国家的一种爱国主义观点。

［37］ 我想到的是 M.V. Dounar-Zapolski, *Historyia Belarusi,* Minsk: Belaruskaia entsyklopedia, 1994。这份手稿于 1926 年完成。关于苏联对农民的剥削以及波兰的民族主义问题，见 George Jackson, *Comintern and Peasant in East Europe, 1919–1930,* New York: Columbia University Press, 1966, 22, 182, 以及全书其余部分。

［38］ 该书曾在共产主义波兰出版：Adam Mickiewicz, *Pan Tadeusz,* trans. Bronisław Taraszkiewicz, Olsztyn: Pojezierze, 1984。

［39］ 白俄罗斯历史学中的一个传统就是讨论如果里加会议把所有"种族上属于白俄罗斯人的土地"都还给苏维埃白俄罗斯亚，那么历史走向原本会如何；另一个传统是讨论如果白俄罗斯独立国家出现了，之后可能会发生什么。事实上，这些连可能性都算不上。本书将提出一个不那么反事实的观点，与运动过程中被接受和拒斥的主张有关。见 Uladzimir Lad'iseu and Petr Br'ihadzin, "Rada BNR paslia R'izhkaha dahovora 1921 r.," *Belaruski historychny chasopis,* 1 (1997), 48–50。

［40］ 关于 1992 年 5 月 15 日在考纳斯的米哈乌·罗默和华沙的约瑟夫·毕苏斯基，见 Anna and Andrzej Rosner, eds., *Pasmo czynno ści cia giem lat ida ęe,* Warsaw: Kra g, 1992, 158–162；关于大屠杀，见 Ezra Mendelsohn, *The Jews of East Central Europe,* Bloomington: Indiana University Press, 1983, 52；关于 1918–1920 年，见 Łossowski, *Stosunki polsko-litewskie*；关于 20 世纪 20 年代，见 Alfred Senn, *The Emergence of Modern Lithuania,* Westport, Conn.: Greenwood Press, 1975。

［41］ 在维日诺的 Ko ciól Akademicki 有一座密茨凯维奇的小型纪念碑。

［42］ *Słowo* (Wilno), 1 November 1924, 1.

［43］ Piotr My lakowski, "Losy wileńskich pomników Mickiewicza," *Biuletyn Stowarzysze-*

nia Wspólnota Polska, October 1998.

第 4 章 第二次世界大战与维尔纽斯之问（1939—1945）

［1］ 关于这一阶段的维日诺,见 Ezra Mendelsohn, *The Jews of East Central Europe,* Bloomington: Indiana University Press, 1983, 11–84; Jerzy Tomaszewski, ed., *Najnowsze dzieje Żydów w Polsce,* Warsaw: PWN, 1939, 179–198。又 见 Czeslaw Miłosz, *Rodzinna Europa,* Paris: Instytut Literacki, 1980, 78–89。

［2］ 1931年波兰对该城进行的人口普查发现,195100名居民中有65.9%是波兰人,28.0%是犹太人,0.9%是白俄罗斯人,0.8%是立陶宛人。立陶宛人口统计学家称当时几乎没有多少立陶宛人在这座城市里；Leonas Sabaliunas 认为在1940年，这座城市及其周围5.8%的土地被立陶宛人占有了。Piotr Eberhardt, "Przemiany narodowo ciowe na Litwie," *Przegląd Wschodni,* 1, 3 (1991), 468–469.

［3］ 关于白俄罗斯文化,见 Nicholas Vakar, *Belorussia,* Cambridge, Mass.: Harvard University Press, 1956, 121–135; Aleksander Wabiszczewicz, "Sytuacja szkolnictwa białoruskiego na Białorusi zachodniej," in Małgorzata Giżejewska and Tomasz Strzembosz, eds., *Społeczeństwa białoruskie, litewskie i polskie na ziemiach północno-wschodnich II Rzeczypospolitej,* Warsaw: ISP PAN, 1995, 190, 198; Aleksiej Litwin, "Problem Bialorusi w oficjalnej polityce polskiej," 同上书, 17–21。

［4］ Miłosz, *Rodzinna Europa,* 58.

［5］ Algis Kasperovičius, "Relituanizacja i powrót do macierzy," in Robert Traba, ed., *Tematy polsko-litewskie,* Olsztyn: Borussia, 1999, 103; Nerijus Udrenas, "History Textbooks and the Making of the Nation State," Masters thesis, Brandeis University, 1995, 14.

［6］ Tomas Venclova, "Native Realm Revisited," 引自手稿, 23, 以波兰语出版为 *Zeszyty Literackie,* 70 (2000)。

［7］ 引自 Iver Neumann, "Poland as a Regional Great Power," in Iver Neumann, ed., *Regional Great Powers and International Politics,* New York: St. Martin's, 1992, 134–135。见 M. Anysas, *Der litauische-polnische Streit um das Wilnagebiet,* Wurzburg: K. Triltsch, 1934, 1–2, 10; Augustin Voldemaras, *La Lithuanie et ses problèmes,* Paris: Mercure Universel, 1933, 15–18。

［8］ Alfonsas Eidintas and Vytautas Žalys, *Lithuania in European Politics,* New York: St. Martin's, 1999, 140–141.

［9］ 同上书, 122。

［10］ David Crowe, *The Baltic States and the Great Powers,* Boulder, Colo.: Westview Press,

1993, 83.

［11］ Eidintas and Žalys, *Lithuania in European Politics*, 180-181.

［12］ 关于区域，见 Marek Wierzbicki, *Polacy i Białorusini w zaborze sowieckim*, Warsaw: Volumen, 2000, 155-156; 关于城市，见 Iwanow, "Sprawa przynależno ci Wilna i problemy narodowo ciowe na Białorusi," in Giżejewska and Strzembosz, *Społeczeństwa*, 85-89。

［13］ *Polski Słównik Biograficzny*, vol. 18, Wrocław: Ossolineum, 1973, 1, 514; Anton Lutskevich, *Uspaminy ab pratsy pershykh belaruskikh palitychnykh arhanizatsyi*, Minsk: Belaruskaia savetskaia entsyklapedyia, 1991; Arnold McMillin, *Die Literatur der Weissrussen*, Giessen: Wilhelm Schmitz, 1997, 122.

［14］ Regina Žepkajte, " Okupacja Wilna przez Armię Czerwonq, " in Giżejewska and Strzembosz, *Społeczeństwa*, 305.

［15］ Crowe, *The Baltic States*, 99-106 ; Alan Bullock, *Hitler and Stalin*, New York: Knopf, 1992, 645; Žepkajte, "Okupacja Wilna przez Armię Czerwonq," 302; Algis Kasperovičius, "Stosunek władz i społeczeństwa Litwy do Polaków ne Wileńszczyźnie," in Giżejewska and Strzembosz, *Społeczeństwa*, 307; Krzysztof Tarka, "Spór o Wilno," *Zeszyty Historyczne*, 114 (1995), 60; Sabaliunas, *Lithuania in Crisis*, 151-153. 在第二次世界大战期间，尽管根据宪法规定，首都是维尔纽斯，但立陶宛的行政中心是考纳斯。正是在考纳斯，日本副领事杉原千亩给犹太人签发了 1 万张签证，拯救了 5000 人的生命。Hillel Levine, *In Search of Sugihara*, New York: Free Press, 1996.

［16］ Leonas Sabaliunas, *Lithuania in Crisis*, Bloomington: Indiana University Press, 1972, 153; Kasperovičius, "Relituanizacja i powrót do macierzy," 108.

［17］ 1941 年 7 月 9 日的日记手稿藏于维尔纽斯大学图书馆手稿部，F75-13。Herector VUBR.

［18］ 这项声明表面上的法律依据是 1920 年 7 月 12 日与布尔什维克俄罗斯达成的协议。

［19］ S. Kairys, "Iš Vilniaus sugrizus?" *Mintis*, 10, 1939, 330, cited after Kasperavičius, "Relituanizacja," 109.

［20］ Sabaliunas, *Lithuania in Crisis*, 162. 也见 Crowe, *The Baltic States*, 143。

［21］ 1940 年 2 月 4 日到 3 月 21 日的日记,见 VUBR F75-13。又见 Longin Tomaszewski, "Społeczeństwo Wileńszczyzny wobec władzy Litewskiej i sowieckiej," in Giżejewska and Strzembosz, *Społeczeństwa*, 329; Eberhardt, *Przemiany narodowościowena Litwie*, 1997, 151。

［22］ Kasperovičius, "Stosunek władz i społeczen´stwa Litwy do Polaków na

Wileńszczyźnie," 313; Żepkajte, "Okupacja Wilna przez Armię Czerwoną," 310–314.

［23］ Eberhardt, *Przemiany narodowościowe na Litwie,* 153–154.

［24］ 本书不会涉及纳粹和苏联政权的比较。在20世纪七八十年代，两者的比较是联邦德国的辩论内容之一，这与第三帝国给当时的联邦德国社会留下何种遗产有关。了解历史学家的争论（*Historikerstreit*）的指南是 Charles Maier, *The Unmasterable Past,* Cambridge, Mass.: Harvard University Press, 1988; 也可参见 Hans-Ulrich Wehler, *Entsorgung der deutschen Vergangenheit?* Munich: Beck, 1988。有用的英文文献收录在 Peter Baldwin, ed., *Reworking the Past,* Boston: Beacon Press, 1990。在20世纪90年代，关于两者比较的争论转到法国，在苏联解体后，之前法国知识分子对共产主义的忠诚遭到质疑。特别可参阅 François Furet, *Le passé d'une illusion,* Paris: Calmann-Levy, 1995; 也可参见我的评论 "Coming to Terms with the Charm and Power of Soviet Communism," *Contemporary European History,* 6, 1 (1997), 133–148。Stéphane Courtois, ed., *Le livre noir du communisme*（Paris: Robert Laffont, 1997）是一次国际性的努力，书中关于苏东共产主义残忍行径的案例在法国和意大利激起极大争议。法语和德语辩论可参见 *Le Débat,* 89 (1996)。

［25］ 在德国统治的管辖范围下，极端的立陶宛民族主义者呼吁德国人清除维尔纽斯的波兰人，之后他们失望地发现德国人有其他计划。Kasperavičius, "Relituanizacja," 114–115.

［26］ Statistical Report for March 1943 (34/67), F. R1399, A1, B. 9; "Lagebericht. Wilna, IV A 1 (Gestapo)," F. R1399, A1, B. 100; "An den Herrn Höheren SS-und Polizeiführer Ostland und Russland Nord in Riga. Verhalten litauischer Sonderkampfverbände," 11 May 1944; "Lagebericht. Bandentätigkeit," 24 April 1944, F. R1399, A1, B. 100, L. 1; Report of SS Commander Titel to Jeckeln in Riga, 15 May 1944, F. R1399, A1, B. 106. 以上报告都存于维尔纽斯的立陶宛国家中央档案馆。

［27］ Dina Porat, "The Holocaust in Lithuania," in David Cesarini, ed., *The Final Solution,* Routledge: New York, 1994, 160.

［28］ Yitzhak Arad, "The 'Final Solution' in Lithuania," *Yad Vashem Studies,* 11 (1976), 241; Yitzhak Arad, *Ghetto in Flames,* Jerusalem: Hava, 1980, 43–48.

［29］ Konrad Kweit, "Rehearsing for Murder," *Holocaust and Genocide Studies,* 12, 1 (1998), 3–26。关于在苏联占领时期立陶宛犹太人扮演的角色，见 Dov Levin, *Baltic Jews under the Soviets,* Jerusalem: Hebrew University 30, 43。此书作者在苏联权力空白期曾任议会代表。

［30］ Arad, *Ghetto in Flames,* 429–432; Marc Dvorjetski, *Le Ghetto de Vil'na,* Geneva: Union O.S.E., 1946; diary of Icchak Rudaszewski, *Lithuania,* 3 (1991), 35–49; Michael MacQueen, "The

Context of Mass Destruction," *Holocaust and Genocide Studies,* 12, 1 (1998) 27-48. 又见 Knut Stang, *Kollaboration und Massenmord,* Frankfurt am Main: Peter Lang, 1996, 73-112。

［31］ 实际上的伤亡人数更多，因为在1939年到1941年间大约有1.5万名犹太人从华沙和波兰中部逃到维尔纳。其中大多数人死于立陶宛。

［32］ Abraham Novershtern, "Yung Vilne," in Yisrael Gutman, Ezra Mendelsohn, Jehuda Reinharz, and Chone Shmeruk, eds., *The Jews of Poland Between the Two World Wars,* Hanover, Mass.: Brandeis University Press, 1989, 386.

［33］ Tarka, "Spór o Wilno," 83.

［34］ Kasperavičius, "Relituanizacja," 117.

［35］ *Sovetskii faktor,* 73.

［36］ *Teczka specjalna J.W. Stalina,* 48.

［37］ 这个主题会在第9章做长篇讨论。

［38］ 1944年11月6日日记，VUBR, f75-13。

［39］ 切斯瓦夫·米沃什在1969年发表的诗歌《没有名字的城市》（"Miasto bez imienia"）中写道："谁会纪念一座没有名字的城市？"关于立陶宛波兰人的困境，见 Jerzy Surwillo 的回忆：*Rachunki nie zamknięte,* Vilnius: Magazyn Wileński, 1992, 比今在第318页。

第5章 尾声：苏维埃立陶宛的维尔纽斯（1945—1991）

［1］ Włodzimierz Borodziej, Stanisław Ciesielski, Jerzy Kochanowski, "Wstęp," in *Przesiedlenie ludności polskiej* 23-25; Valentinas Brandišauskas, "Migracje i przemiany demograficzne na Litwie," in Krzysztof Jasiewicz, ed., *Europa nie prowincjonalna,* Warsaw: Rytm, 1999, 1123.

［2］ 关于在维尔纽斯的波兰人，*Przesiedlenie ludności polskiej,* 111; 关于期待波兰农民到来的波兰当局，109ff; 关于德国文件，159; 关于立陶宛的考纳斯，361-364。

［3］ Piotr Eberhardt, *Przemiany narodowościowe na Litwie,* Warsaw: Przegląd Wschodni, 1997, 167; Piotr Eberhardt, *Polska ludność kresowa,* Warsaw: PWN, 1998, 114-123. Benedict Anderson, *The Spectre of Comparison,* London: Verso, 1998, 36-45, 就人口普查数据提出了令人警惕的叙述。

［4］ 一份官方的类回忆将这段时期视作拯救"立陶宛民族"的挣扎时期。M. Bordonaite, *Tovaryshch Matas,* Vilnius: Mintis, 1986, 89 以及全书各处。

［5］ Barbara Christophe, *Staat versus Identität,* Cologne: Wissenschaft und Politik, 1997, 41.

［6］ A. Bendzhius et al., *Istoriia Vil' niusskogo universiteta,* Vilnius: Mokslas, 1979, 154, 194;

Marceli Kosman, *Uniwersytet Wileński 1579–1979,* Wrocław: Ossolineum, 1981, 57. 犹太人的比例从 1939–1938 年间的 13% 下降到 1945—1946 年间的 6.5%，在 1976–1988 年间再次下降到 1.6%。第一次下降的原因是 90% 的立陶宛犹太人死于大屠杀。第二次下降很可能反映了苏联犹太人更喜欢就读说俄罗斯语的大学。

［7］ Vytautas Vaitiek ū nas, "Sovietized Education in Occupied Lithuania," in V. Stanley Vardys, ed. *Lithuania under the Soviets,* New York: Praeger, 1965, 186–187, 194.

［8］ A.J.P. Taylor, *The Habsburg Monarchy, 1809–1918,* London: Hamilton, 1948.

［9］ Vytautas Vaitiek ū nas, "Sovietized Education in Occupied Lithuania," in V. Stanley Vardys, ed. *Lithuania under the Soviets,* New York: Praeger, 1965, 186–187, 194.

［10］ V. Stanley Vardys, "Modernization and Baltic Nationalism," *Problems of Communism,* September–October 1975, 43.

［11］ Marek Śliwiński and Valerijus Čekmonas, "Świadomość narodowa mieszkańców Litwy i Bialorusi," *Przegląd Wschodni,* 4, 3 (1997), 585; Vesna Popovska, *National Minorities and Citizenship Rights in Lithuania,* Houndmills: Palgrave, 2000, 45–49.

［12］ Eberhardt, *Przemiany narodowościowe na Litwie,* 176–179; Nicolas Werth, "Apogée et crise du goulag," in Stéphane Courtois, ed., *Le livre noir du communisme,* Paris: Robert Lafont, 1997, 262.

［13］ Zigmas Zinkevičius, *The History of the Lithuanian Language,* Vilnius: Mokslo ir enciklopediju leidykla, 1996, 322—324; Misiunas and Taagepera, *The Baltic States,* 159–165.

［14］ Vardys, "Modernization and Baltic Nationalism," 38–40; Eberhardt, *Przemiany narodowościowe na Litwie,* 203.

［15］ Antanas Snechkus, *Sovetskaia Litva na puti rastsveta,* Vilnius, 1970.

［16］ 比较 Leonidas Donskis, "Lithuania at the End of the Twentieth Century" 和 Aleksandr Dobrynin and Bronius Kuzmickas, eds., *Personal Freedom and National Resurgence,* Washington, D.C. Paideia, 1994, 59–74。关于这种理念的激进版本源自当代印度民族主义者，他们声称中世纪的立陶宛是一个"印度教–佛教"国家。Douglas Spitz and William Urban, "A Hindu Nationalist View of Baltic History," *Journal of Baltic Studies,* 24 3 (1993), 297.

［17］ 我想到的是 Zinkevičius 的 *History of the Lithuanian Language*。

［18］ Virgil Krapauskas, "Marxism and Nationalism in Soviet Lithuanian Historiography," *Journal of Baltic Studies,* 23, 3 (1993), 255; Tomas Venclova, "Litwo, ojczyzno nasza," *Lithuania,* 26–27 (1998), 78; Jacek Borkowicz, "Polska—Litwa," *Polska w Europie,* 12 (1993), 34–35; Alicja

Nagórska, "Języki—narody—kultury," *Lithuania,* 5 (1991), 194; Stephen Burant and Voytek Zubek, "Eastern Europe' Old Memories and New Realities," *East European Politics and Societies,* 7, 2 (1993), 375.

[19] Greta Lemanaité, "Stereotyp Polaka w oczach Litwina," in Teresa Walas, ed., *Narody i stereotypy,* Cracow: Międzynarodowe Centrum Kultury, 1995, 90–94. 又见 Marek Śliwiński, "Conscience nationale et la perception géopolitique des habitants de la Lithuanie," in Pierre Allan and Jan Škaloud, eds., *The Making of Democracy,* Prague: Economics University Press, 1997, 134–140; *Kultura*, 442–443(1984), 133–135. 这种观念没有积极地把和波兰人的接触联系起来：生活在波兰人之中的立陶宛人没有表达任何憎恶，而立陶宛人所处的地方几乎没有或根本没有波兰人表达最强的憎恶。Śliwiński and Čekmonas, "Świadomość narodowa mieszkańców Litwy i Białorusi," 538–585. 他们从20世纪90年代开始调查。

[20] 数据：Alfred Erich Senn, *Gorbachev's Failure in Lithuania,* New York: St. Martin's, 1995, 31。关于抗议的文件，见 Izidors Vizulis, *The Molotov-Ribbentrop Pact of 1939,* New York: Praeger, 1990。关于20世纪80年代末期的辩论，见 Christophe, *Staat versus Identität,* 104–122。又见 V. Stanley Vardys, "Lithuanian National Politics," *Problems of Communism,* July–August 1989, 54, 62; Aleksandra Niemczykowa, "Litwa na drodze do suwerenności," *Lithuania,* 17 (1995), 105。

[21] Vytautas Landsbergis, *Lithuania: Independent Again,* Seattle: University of Washington Press, 2000; 关于齐乌利尼斯见 A.E. Senn, "The Lithuanian Intelligentsia of the Nine- teenth Century," in Aleksander Loit, ed., *National Movements in the Baltic Countries,* Stockholm: Center for Baltic Studies, 1985, 314; Misiunas and Taagepera, *The Baltic States,* 148。又见 Popovska, *National Minorities,* 57 及全书各处；以及 Vytautas Landsbergis, "Pieśń o tym, kim jesteśmy," *Lithuania,* 1 (1990), 16–21。齐乌利尼斯另居他处，部分源于安塔纳斯·梵克罗瓦（Antanas Venclova）的努力。

[22] 作为在对抗条顿骑士团的格伦瓦尔德战役(Battle of Grünwald)中的胜利者，维陶塔斯也合宜地成为"反日耳曼者"。Alvydas Nikžentaitis, "Der Vytautaskult in Litauen und seine Widerspiegelung im Denkmal," *Nordost Archiv,* 6, 1 (1997), 131, 138–141. 比较 Antanas Čaplinskas, *Vilnius Streets,* Vilnius: Charibde, 2000。

[23] Vytautas Toleikis, "Historia w szkole litewskiej w perspektywie stosunków polsko-litewskich," in Robert Traba, ed., *Tematy polsko-litewskie,* Olsztyn: Borussia, 1999, 210–212; 又见 Birute Vareikiene, "Od konfrontacji do zrozumienia," 同上书, 216–225; Christophe, *Staat*

versus Identität, 141–165; Adolfas Šapoka, *Vilnius in the Life of Lithuania*, Toronto: Lithuanian Association, 1962。

第6章 近代早期的乌克兰(1569—1914)

[1] 其他部分属于奥斯曼帝国及其属国摩尔多瓦,以及克里米亚汗国和匈牙利。

[2] 关于中世纪的不同起源,见 Dimitri Obolensky, *The Byzantine Commonwealth*, London: Phoenix Press, 2000, 322–343; Francis Thomson, "The Corpus of Slavonic Translations Available in Muscovy," in Boris Gasparov and Olga Raevsky-Hughes, eds., *Christianity and the Eastern Slavs*, Berkeley: University of California Press, 1993, 179–214; Nataliia Iakovenko, *Narys istorii Ukrainy z naidavnishykh chasiv do kintsia XVIII stolittia*, Kyiv: Heneza, 1997。

[3] Lucien Febvre and Henri-Jean Martin, *The Coming of the Book*, London: Verso, 1976[1958], 201–203, 248–332; Iaroslav Isaievych, *Preemniki pervopechatnika*, Moscow: Kniga, 1981。关于1569年前在波兰的争论变得如何尖锐,见 David Frick, *Polish Sacred Philology in the Reformation and Counter-Reformation*, Berkeley: University of California Press, 1989。在一个新教徒的案例中,教会斯拉夫语曾用于《圣经》的翻译: David Frick, "Szymon Budny and the Church Slavonic Bible," in Michael Flier and Simon Karlinsky, eds., *Language, Literature, Linguistics*, Berkeley, Calif.: Slavic Specialties, 1987, 62–66。

[4] André Martel, *La langue polonaise dans les pays ruthènes*, Lille: Travaux et Mémoires de l'Université de Lille, 1938, 58—66, 142, 全书值得参阅;以及 Ihor Ševcenko, *Byzantium and the Slavs*, Cambridge, Mass.: Ukrainian Research Institute, 1991, 170 and 670。事实上,东仪天主教会接受波兰教士比接受东正教教士更慢。根据档案,大约在1650年,波兰语成为东仪天主教会文件中的主要语言,这种主导性一直保持到1800年。更多细节已在本书图表1中展示。

[5] Borys Gudziak, *Crisis and Reform*, Cambridge, Mass.: Harvard University Press, 1998, 209–238 及全书各处; Oskar Halecki, *From Florence to Brest*, New York: Archon Books, 223–286, 423–433; M.O. Koialovich, *Litovskaia tserkovnaia uniia*, vol. 1, St. Petersburg, 1859, 166–168。

[6] 关于争论,见 David Frick, *Meletij Smotryc'kyj*, Cambridge, Mass.: Harvard University Press, 1995, 181–192; Francis Thompson, "Meletius Smotritsky and the Union with Rome," in Bert Groen and Wil van den Bercken, eds., *Four Hundred Years*, Leuven: Peeters, 1998, 55–126; Teresa Hynczewska-Hennel, "The National Consciousness of Ukrainian Nobles and Cossacks," in Ivo Banac and Frank Sysyn, eds., *Concepts of Nationhood in Early Modern Europe*, Cambridge, Mass.: Ukrainian Research Institute, 1986, 383–392; Michał Lesiów, "The Polish and Ukrainian

Languages," in Zvi Gitelman et al., eds., *Cultures and Nations of Central and Eastern Europe*, Cambridge, Mass.: Ukrainian Research Institute, 2000. 397–398. 关于新教徒，见 George Williams, *Protestants in the Ukrainian Lands of the Polish-Lithuanian Commonwealth*, Cambridge, Mass.: Ukrainian Studies Fund, 1988, 190, 205。

［7］ Sofiia Senyk, "Beresteis'ka uniia i svits'ke dukhovenstvo," in Borys Gudziak, ed., *Beresteis'ka uniia ta vnutrishniie zhyttia Tserkvy v XVII stolitti*, L'viv: L'vivs'ka bohoslovs'ka akademia, 1997, 55–66.

［8］ Jerzy Boręcki, "Unia lubelska jak czynnik kształtowania się ukraińskiej świadomości narodowej," in Jerzy Kłoczowski et al., eds., *Unia lubelska i tradycje integracyjne w Europie środkowowschodniej*, Lublin: IESW, 1999, 60–78; Natalia Jakowenko, "Rus' iak tretii chlen Rechi Pospolytoi 'Dvokh Narodiv' v ukrains'kii dumtsi pershoi polovyny XVII st.," 同上书, 84–88; Henyk Samsonowicz, "Mieszczaństwo Rzeczypospolitej wobec Unii Brzeskiej," in Jan Sergiusz Gajek and Stanislaw Nabywaniec, eds., *Unia brzeska z perspektywy czterech stuleci*, Lublin: KUL, 1998, 73–80; David Saunders, "Ukrainians since 1600," *Ethnic Studies*, 10 (1993), 113。

［9］ 为了让这一点成真，东仪天主教会必须从一套亲波兰的机制转变为亲乌克兰的机制，我们应该再次回顾这个19世纪的故事。关于宗教改革以及波兰农民，见 Waclaw Urban, *Chłopi wobec Reformacji w Małopolsce*, Cracow: PWN, 1959。

［10］ 在以下这本书中，1570年是模态化的一年（modal year）: Jan Rotkowski, *Histoire economique de la Pologne avant les partages*, Paris: Champion, 1927。关于对"第二次农奴制"的政治解读的批判，见 Andrzej Kamiński, "Neo-serfdom in Poland-Lithuania," *Slavic Review*, 34, 2 (1975), 253–268。

［11］ N.M. Iakovenko, *Ukrains'ka shliakhta*, Kyiv: Naukova Dumka, 1993, 265; 又见 Kamiński, "Szlachta of the Polish-Lithuanian Commonwealth," 31; Frank Sysyn, *Between Poland and the Ukraine*, Cambridge, Mass.: Harvard University Press, 1985, 20–32。

［12］ 汉诺威《绝望的深渊》，转引自 Henry Abramson, *A Prayer for the Government*, Cambridge, Mass.: Harvard University Press, 32。关于当时的巨头，请参阅 Henryk Litwin, *Napływ szlachty polskiej na Ukrainę 1569–1648*, Warsaw: Semper, 2000; Iakovenko, *Ukrains'ka shliakhta*, 206–207, 219; Rosman, *The Lords' Jews*, 1990, 40, 85 及全书各处。

［13］ Ewa Wolnicz-Pawłowska, "Antroponimia polska na kresach południowo-wschodnich," in Janusz Rieger, ed., *Język polski dawnych Kresów Wschodnich*, Warsaw: Semper, 1999, 211–212; Martel, *Langue polonaise*, 200. 关于女性的教育，见 Andrzej Karpiński, *Kobieta w mieście polskim,* Warsaw: IH PAN, 1995, 285–313; 以及 Maria Bogucka, *Białogłowa w dawnej Polsce,* Warsaw: Trio, 1998, 167–201。

〔14〕 关于1569年的不协调, 见 Vitalii Shcherbak, *Ukrains' ke kozatstvo: Formuvannia sotsial' noho stanu,* Kyiv: KM Akademia, 2000, 42及全书各处。关于战争, 见 Wieslaw Majewski, "The Polish Art of War in the Sixteenth and Seventeenth Centuries," in J.K. Federowicz, ed., *A Republic of Nobles,* Cambridge: Cambridge University Press, 1982, 188。

〔15〕 Zenon Kohut, *Russian Centralism and Ukrainian Autonomy,* Cambridge, Mass.: Harvard University Press, 1988, 24–64; Agnieszka Biedrzycka, "Zloty pokój," *Prace Historyczne,* 127 (2000), 27–38。

〔16〕 Ivan Butych, ed., *Universaly Bohdana Khmel' nytskoho,* Kyiv: Al'ternatyvy, 1998, 45, 46, 50, 53; Volodymyr Serhiichuk, "Kozatstvo i Uniia," in Ryszard Luzny, Franciszek Ziejka, and Andrzej Kępinski, eds., *Unia brzeska,* Cracow: Universitas, 457; Borys Floria, "Natsional'no-konfesiina svidomist' naselennia skhidnoi Ukrainy," in Gudziak, *Beresteis' ka uniia,* 132; Antoni Mironiwicz, "Projekty unijne wobec Cerkwi prawosławnej w dobie ugody hadziackiej," in Gajek and Nabywaniec, eds., *Unia brzeska,* 95–139。

〔17〕 Mykhailo Hrushevs'kyi, *Istoriia Ukrainy-Rusy* vol. 10, New York: Knyhospilka, 1958, 346–359; Tetiana Iakovleva, *Hetmanshchyna v druhii polovyni 50-kh rokiv XVII stolittia,* Kyiv: Osnovy, 1998, 305–350; Andrzej Kamiński, "The Cossack Experiment in Szlachta Democracy," *Harvard Ukrainian Studies,* 1, 2 (1977), 178–187。

〔18〕 关于包容逐渐缺失的重要思潮, 见 Zenon Guldon and Jacek Wijaczka, "The Accusation of Ritual Murder in Poland, 1500–1800," *Polin,* 10 (1997), 119–131。

〔19〕 J. H. Elliot, *Europe Divided 1559–1598,* Oxford: Blackwell 2000〔1968〕, 154–163及全书各处。

〔20〕 关于财政, 见 Larysa Hvozdyk-Pritsak *Ekonomichna i politychna viziia Bohdana Khmel' nyts' koho ta ii realizatsiia v derzhavi Viis' ko Zaporoz' ke,* Kyiv: Oberehy, 1999, 101–102及全书各处; 关于语言, 见 Omeljan Pritsak and John Reshetar, "Ukraine and the Dialectics of Nation-Building," *Slavic Review,* 22, 2 (1963), 18–19。关于哥萨克历史和乌克兰人的认同, 见 Frank Sysyn, "The Reemergence of the Ukrainian National and Cossack Mythology," *Social Research,* 58, 4 (1991), 845–864; Orest Subtelny, *Ukraine,* Toronto: University of Toronto Press, 1988, 94–95。

〔21〕 Oskar Halecki, *Przyłączenie Podlasia, Wołynia, i Kijowszczyzny do Korony w Roku*

1569, Cracow: Gebethner and Wolff, 1915, 244。传记见 Jan Widacki, *Kniaź Jarema,* Cracow: Wydawnictwo Literackie, 1997, 11-20。关于王朝的轶事来自 Iakovenko, *Ukrains'ka shliakhta,* 75；关于财产的轶事来自 Sysyn, *Between Poland and the Ukraine,* 76。

［22］ John Basarab, *Pereiaslav 1654,* Edmonton: CIUS, 1982.

［23］ 关于教士团体,见 O.I. Travkina, *Chernihivs'kyi Kolehium 1700-1786,* Chernihiv: DKP PVV, 2000, 8-41; Valeriia Nichyk, *Kyievo-Mohylians'ka Akademia i nimets'ka kultura,* Kyiv: Ukrainskyi Tsentr Dukhovnoi Kul'tury, 2001, 53-94。关于科哈诺夫斯基,见 Paulina Lewin, "Jan Kochanowski: The Model Poet in Eastern Slavic Lecture of Poetics in the Seventeenth and Eighteenth Centuries," in Samuel Fiszman, ed., *The Polish Renaissance in Its European Context,* Bloomington: Indiana University Press, 1988, 429-443。关于翻译,见 Thomson, "Slavonic Translations," 191。

［24］ Bushkovitch, "The Formation of National Consciousness in Early Modern Russia," in Banac and Sysyn, *Concepts of Nationhood,* 355-377; Riccardo Picchio, "Guidelines for a Comparative Study of the Language Question among the Slavs," in Riccardo Picchio and Harvey Goldblatt, eds., *Aspects of the Slavic Language Question,* 2 vols., Columbus, Ohio: Slavica, 1984, Vol. 1, 12-29; I.K. Grot, *Filologicheskiie razyskaniia,* St. Petersburg, 1899, 464-467。

［25］ Paul Bushkovitch, *Religion and Society in Russia,* Oxford: Oxford University Press, 1992; K.V. Kharlampovych, *Malorossiiskoe vliianie na velikorusskuiu tserkovnuiu zhizn',* Kazan: Golubeva, 1914。关于一位乌克兰教士对俄国历史学的影响,这个特殊例子见 Edward Keenan, *The Kurbskii-Groznyi Apocrypha,* Cambridge, Mass.: Harvard University Press, 1971, 21-44。

［26］ Orest Subtelny, *The Mazepists,* Boulder, Colo.: East European Monographs, 1981, 28. 又见 Zenon Kohut, "Ukrainian Nationbuilding," in Banac and Sysyn, *Concepts of Nationhood,* 566-567。

［27］ Daniel Beauvois, *Polacy na Ukrainie, 1831–1863,* Paris: Instytut Literacki, 1987, 29-141。

［28］ Daniel Beauvois, *La bataille de la terre en Ukraine,* Lille: Presses Universitaires, 1993, 22—27。

［29］ Fr. Rawita-Gawroński, *Rok 1863 na Rusi,* Vol. 2, L'viv: H. Altenberg, 1903, 266。

［30］ 相关地图见 Norman Davies, *God's Playground,* Vol. 1, New York: Columbia University Press, 1982, 355。

［31］ A.I. Baranovych, *Magnatskoe khoziaistvo na iuge Volyni v XVIII v.,* Moscow: Akademiia nauk SSSR, 1955, 105-166。

[32] Beauvois, *La bataille de la terre,* 68-71, 94. 关于舍甫琴科的历史观,见George Grabowicz, *The Poet as Mythmaker,* Cambridge, Mass.: Harvard University Press for Ukrainian Research Institute, 1982; 另外一本非常有洞见的著作是 Oksana Zabuzhko, *Shevchenkiv mif Ukrainy,* Kyiv: Abrys, 1997, 97-142。

[33] David Saunders, *The Ukrainian Impact on Russian Culture, 1750-1850,* Edmonton: CIUS, 1985.

[34] Michael Hamm, *Kiev,* Princeton, N.J.: Princeton University Press, 55-81.

[35] Witold Rodkiewicz, *Russian Nationality Policy,* Lublin: Scientific Society of Lublin, 192-204.

[36] 这段文本复制自 Paul Robert Magocsi, *A History of Ukraine,* Seattle: University of Washington Press, 1996, 369-370。

[37] 相关例子参见 P.N. Batiushkov, *Volyn',* Saint Petersburg: Obshchestvennaia pol'za, 1888。

[38] Pavlo Zaitsev, *Taras Shevchenko,* trans. George Luckyj, Toronto: University of Toronto Press, 1988.

[39] Max Rosenfeld, *Die polnische Judenfrage,* Vienna: Löwit, 1918, 68; Józef Bushko, "The Consequences of Galician Autonomy after 1867," *Polin,* 12 (1999), 86; Stanislaw Grodziski, "The Jewish question in Galicia," *Polin,* 12 (1999), 62.

[40] Mykhailo Vozniak, *Iak probudylosia ukrains'ke narodne zhyttia v Halychyni za Avstrii,* L'viv: Dilo, 1924, 6-14.

[41] Stepan Shakh, *O. Markiian Shashkevych ta halyts'ke vidrodzhennia,* Paris: Ukrainian Christian Movement, 1961, 36; Stefan Zabrowarny, "Dzieło biskupa Jana Śnigurskiego," in Stanisław Stępień, ed., *Polska-Ukraina: 1000 lat sąsiedztwa,* Przemyśl: Południowo-Wschodni Instytut Naukowy, 1996, 169-171.

[42] Vozniak, *Iak probudylosia,* 175-176; Antony Polonsky, "The Revolutionary Crisis of 1846-1849 and Its Place in the Development of Nineteenth-Century Galicia," in Gitelman et al., *Cultures and Nations,* 443-469; Jaroslaw Hrycak, *Historia Ukrainy, 1772-1999,* Lublin, IEWS, 2000, 90ff.

[43] Paul Robert Magocsi, "The Language Question in Nineteenth Century Galicia," in Picchioand Goldblatt, eds., *Aspects of the Slavic Language Question,* Vol. 2, 56-57. 又见 Hugo Lane, "State Culture and National Identity in a Multiethnic Context," Doctoral dissertation, University of Michigan, 1999, 231-234。

[44] John-Paul Himka, "The Construction of Nationality in Galician Rus'," in Ronald Suny and

Michael Kennedy, eds., *Intellectuals and the Articulation of the Nation,* Ann Arbor: University of Michigan Press, 1999, especially 128-129, 143-145; John-Paul Himka, *Religion and Nationality in Western Ukraine,* Montreal: McGill-Queen's University Press, 1999, 130-134; Lane, "State Culture and National Identity," 294-296.

[45] Mieczyslaw Adamczyk, "Szkolnictwo ludowe w greckokatolickiej diecezji przemyskiej," in Stępień, ed., *Polska-Ukraina,* 162-163.

[46] Jiří Kořalka, *Češi v habsburské říši a v Evropě 1815–1914,* Prague: Argo, 1996, 16-82. 乌克兰人关心利沃夫的波兰文化，而捷克人希望抑制布拉格的德语。通过可靠的奥地利邮政，1900年一个捷克人写信给一个乌克兰人说："你们在利沃夫和我们在布拉格遇到了相同的问题"。František Pastrnek to Kyryl Studnyts'kyi, 5 July 1900, in *U pivstolitnykh zmahanniakh,* Kyiv: Naukova dumka, 1993, 54. 又见 Vozniak, *Iak probudylosia,* 48-54; *Sto padesát let českoukrajinských literárních styku;* Praha: Svět Sovětů, 1968, 5-52。

[47] Józef Chlebowczyk, *On Small and Young Nations in Europe,* Wroclaw: PAN, 1980, 126. 参阅 Roman Rozdolski, *Engels and the "Nonhistoric" Peoples,* trans. John-Paul Himka, Glasgow: Critique Books, 1986; 比较 Erica Benner, *Really Existing Nationalisms,* New York: Oxford University Press, 1995。

[48] Thomas Prymak, *Mykhailo Hrushevsky,* Toronto: University of Toronto Press, 1987, 41.

[49] 加拿大的乌克兰研究学院即将出版英文版的《乌克兰-罗斯史》(*History of Ukraine-Rus*')。

[50] Czesław Partacz, "Przyczyny i przebieg konfliktu ukraińsko-polskiego w Galicji," *Przegląd Wschodni,* 2, 4 (1992-1993), 843; Ivan Rudnytsky, "The Ukrainians in Galicia under Austrian Rule," in Andrei Markovits and Frank Sysyn, eds., *Nationbuilding and the Politics of Nationalism,* Cambridge, Mass.: Ukrainian Research Institute, 1982, 60-65; Victor Hugo Lane, "Class Interest and the Shaping of a 'Non-Historical' Nation," in Gitelman et al., *Cultures and Nations,* 383; Ivan Rudnytsky, *Essays in Modern Ukrainian History,* Cambridge, Mass.: Harvard University Press, 1987.

[51] Iaroslav Hrytsak, *Dukh, shcho tilo rve do boiu,* L'viv: Kameniar, 1990; Prymak, *Mykhailo Hrushevsky,* 56-57; Solomiia Pavlychko, *Dyskurs modernizmu v ukrains'kii literaturi,* Kyiv: Lybid': 1997, 9-38.

[52] Valentyna Petrova, "Utvorennia natsional'no-demokratychnoi partii v Halychyni," *Naukovi Zapysky,* 5, 2 (1996), 15; Kerstin Jobst, *Zwischen Nationalismus und Internationalismus,* Hamburg:

Dölling und Galitz Verlag, 1996, 32–51; Roman Szporluk, "Polish-Ukrainian Relations in 1918," in Paul Latawski, ed., *The Reconstruction of Poland, 1914–1923,* London: Macmillan, 1992, 46.

［53］这首诗本身——先不谈它在圣彼得堡的出版——揭示了一种比人们通常认为密茨凯维奇所具备的对战略的理解还要微妙的理解。

［54］比较 Yaroslav Hrytsak, "A Ukrainian Answer to the Galician Triangle," *Polin,* 12 (1999), 142–145, 和 Oksana Zabuzhko, *Filosofiia ukrainskoi idei ta ievropeis' kyi kontekst,* Kyiv: Osnovy, 1993, 22–53。

第7章 加利西亚和沃里尼亚的边缘（1914—1939）

［1］Robert Kann, *A History of the Habsburg Empire,* Berkeley: University of California Press, 1977, 406–467; Serhii Popyk, *Ukraintsi v Avstrii 1914–1918,* Kyiv: Zoloti Lytavry, 1999.

［2］这里以及之前和之后的数据引自 Piotr Eberhardt, *Polska ludność kresowa,* Warsaw: PWN, 1998, 180, 引用 *Die Ergebnisse der Volkszählung vom 31.XII.1900,* Vienna, 1902。

［3］据说, 一个典型的波兰人会对乌克兰人这么呼吁:"所以, 你们在人数上绝对比我们多, 但是这些喀尔巴阡土地上的精神和文化是我们的, 而且完全是我们的。" Kazimierz Saysse-Tobyczek, *Dość już ignorancji w kwestii Kresów Południowych!* Warsaw, 1919, 引自 Jacek Kolbuszewski, *Kresy,* Wrocław: Dólnoślqskie, 1999, 236.

［4］Maurycy Horn, *Żydzi na Rusi Czerwonej,* Warsaw: PWN, 1975, 75–77; Rachel Menekin, "The Galician Jewish Vote in the 1873 Austrian Elections," *Polin,* 12 (1999), 119; John-Paul Himka, "The Polish-Ukrainian-Jewish Relations in Austrian Galicia," 同上书, 37; Edward Dubinowicz, *Stanowisko ludności żydowskiej w Galicyi,* L'viv: Polonia, 1907, 16–17。

［5］Oleksandr Pavliuk, *Borot'ba Ukrainy za nezalezhnist i polityka C.Sh.A.,* Kyiv: KM Akademia, 1996, 40–66. 又见 Mark Baker, "Lewis Namier and the Problem of Eastern Galicia," *Journal of Ukrainian Studies,* 23, 2 (1998), 59–104。

［6］John Reshetar, *The Ukrainian Revolution,* Princeton, N.J.: Princeton University Press, 1952. 相关的小说是布尔加科夫的《白卫军》。

［7］Antony Polonsky, "A Failed Pogrom," in Yisrael Gutman, Ezra Mendelsohn, Jehuda Reinarz, and Chone Smeruk, eds., *The Jews of Poland Between the Two World Wars,* Hanover, Mass.: Brandeis University Press, 1989, 113.

［8］Bogdan Horbal, *Działalność polityczna Łemków na Łemkowszczyźnie 1918–1921,* Wrołclaw: Arboretum, 1997.

[9] 其他有说乌克兰语的人口居住的土地在罗马尼亚(布科维纳)和捷克斯洛伐克(喀尔巴阡卢森尼亚附属区域)。关于布科维纳,见 Irina Livezeanu, *Cultural Politics in Greater Romania,* Ithaca, N.Y.: Cornell University Press, 1995, 63–68。

[10] Richard Pipes, *The Formation of the Soviet Union,* Cambridge, Mass.: Harvard University Press, 1954, 249。

[11] 我们关注的是两次大战间波兰在利沃夫、斯坦尼斯拉夫、塔尔诺波尔和沃伦的领地,以及波利西亚领地南部,后者(除了利沃夫领地的最西边之外)在1945年被苏维埃乌克兰吞并,现在组成了独立的乌克兰的利沃夫、斯坦尼斯拉维夫、塔尔诺波尔、沃里尼亚和罗夫诺等各省。两次大战间波兰的卢布林和克拉科夫领地上居住着说乌克兰人的居民,在"二战"后这些地方仍有部分属于波兰,直到今天还有部分属于波兰。在1939年波兰关于领地的统计数据基础上,我们可知当时的语言比例:沃伦有68.4%说乌克兰语的人,16.2%说波兰语的人;斯坦尼斯拉夫有68.9%说乌克兰语的人,22.4%说波兰语的人;利沃夫有34.1%说乌克兰语的人,57.7%说波兰语的人;塔尔诺波尔有45.5%说乌克兰语的人,49.3%说波兰语的人。这些数据夸大了波兰人的数量,错误地暗示每位受访人都有明确的民族认同。利沃夫领地一直向西延伸,因此统计数据传达了错误的印象,即波兰人是利沃夫城市的主要人口。以下更正虽不完善,但很有用:Volodymyr Kubiiovych, *Heohrafiia ukrains' kykh i sumezhnykh zemel',* Cracow: Ukrains'ke vydavnytstvo, 1943, 13–14, 20–29。

[12] Robert Conquest, *Harvest of Sorrow,* New York: Oxford University Press, 1986。

[13] Valer'ian Pidmohyl'nyi 能代表整个阶层,他的小说《地点》(*Misto*)揭示了20世纪20年代的乌克兰化政策,他在1941年被处决。我们现在重新说回加利西亚和沃里尼亚或者说"波兰的乌克兰",这里是20世纪最后45年里乌克兰民族主义理念的核心地带。这里及第6、9章引用了重建战前苏维埃乌克兰历史的有用资料来源,包括 Iuri Shapoval, *Ukraina XX stolittia,* Kyiv: Heneza, 2001; Iuri Shapoval, Volodymyr Prystaiko, and Vadym Zolotar'ov, *Ch.K.-H.P.U.-N.K.V.D. v Ukraini,* Kyiv: Abrys, 1997; P.P. Bachyns'kyi, *Dokumenty trahichnoi istorii Ukrainy (1917–1927),* Kyiv: Okhorona pratsi, 2000。

[14] Robert Potocki, "Polska a DC UNR," in Iurii Slivka, ed., *Deportatsii Ukraintsiv ta Poliakiv,* L'viv: Misioner, 1998, 65–66。

[15] 加利西亚乌克兰人没能够赢得一个国家的事实,加上诸如意大利法西斯主义等强有力的运动的影响,改变了德米特罗·东佐夫(Dmytro Dontsov, 1883—1973)的观点。这位前1914时代的地缘政治家成了20世纪20年代乌克兰民族主义思想家,他特别迷信组织。东佐夫原本是沙俄的臣民,他反对俄国对欧洲文明的野蛮态度,他把乌克兰和波兰视为欧洲的

一部分,甚至把波兰当作乌克兰的榜样。

[16] Alexander Motyl, *The Turn to the Right,* Boulder, Colo.: East European Monographs, 1980, 43. 关于东佐夫,见 Tomasz Stryjek, *Ukraińska idea narodowa okresu międzywojennego,* Wrocław: Funna, 2001, 110–190; Vasyl' Rudko, "Dontsov i Lypyns'kyi," *Harvard Ukrainian Studies,* 9, 3–4 (1985), 477–494。

[17] Petro Mirchuk, *Narys istorii orhanizatsii ukrains' kykh natsionalistiv,* Munich: Ukrains'ke Vydavnytstvo, 1968, 93.

[18] UPA 上校 Vasyl' Kuk 回忆,诸如 Holówko(于 1931 年被暗杀)的改革者"从意识形态上分裂了我们","让分界线变得模糊不清"——因此他们必须被消灭。Motyka, *Tak było w Bieszczadach,* 35. 数字引自 Alexander Motyl, "Ukrainian Nationalist Political Violence in Inter-War Poland, 1921–1939," *East European Quarterly,* 19, 1 (1985), 50。

[19] Stephan Horak, *Poland and Her National Minorities,* New York: Vantage Press, 1969, 149. 当时的报纸保留了和书面语言的联系。Mariia Nedilia, "Ukrains'ka presa na zakhidnoukrains'kykh zemliakh," *Naukovi Zapysky,* 7 (1998), 265–270.

[20] 照片见 Emil Revyuk, ed., *Polish Atrocities in Ukraine,* New York: United Ukrainian Organizations, 1931; V.J. Kushnir, *Polish Atrocities in the West Ukraine,* Prague: Nemec, 1931。

[21] Witold Rodkiewicz, *Russian Nationality Policy,* Lublin: Scientific Society of Lublin, 1998, 35. 在战争期间,沃里尼亚的德国人而不是当地波兰人被视为严重的威胁。1914 年前,支持德国人的代价是牺牲波兰人。Eric Lohr, "Enemy Alien Politics Within the Russian Empire During World War One," Doctoral dissertation, Harvard University, 1999.

[22] Beauvois, *La bataille de la terre,* 137.

[23] 据一位来自沃里尼亚的波兰人回忆,直到20世纪30年代,波兰地主依然强迫乌克兰农民遵守封建义务。II/1362/2k, Archiwum Wschodnie, Ośrodek Karta, Warsaw.

[24] Włodzimierz Mędrzecki, *Województwo wołyńskie,* Wrocław: Ossolineum, 1988, 25, 63, 93. 数据引自Jan Kęsik, "Województwo wołyńskie 192—1939 wświetle liczb i faktów," *Przegląd Wschodni,* 4, 1(1997), 99–136。

[25] George Jackson, *Comintern and Peasant in East Europe,* New York: Columbia University Press, 1966, 22, 182, 189, 209. 关于苏联的掠夺,见 Mykola Kuczerepa, "Polityka II Rzeczypospolitej wobec Ukraińców na Wołyniu w latach 1921–1939," *Przegląd Wschodni,* 4, 1, (1997), 141–146。

[26] Janusz Radziejowski, *The Communist Party of Western Ukraine,* Edmonton: CIUS, 1983,

96-97. 关于示威，见波兰内政部民族处的秘密报告：Biblioteka Uniwersytetu Warszawskiego, Dział rękopisów (BUWR), syg. 1550。

[27] Shmuel Spector, *The Holocaust of Volhynian Jews*, Jerusalem: Yad Vashem, 1990, 20-21; Ezra Mendelsohn, *The Jews of East Central Europe*, Bloomington: Indiana University Press, 1983, 20.

[28] 约瑟夫斯基的报告，见 *Przegląd Wschodni*, 4, 1, (1997), 172—173; 选举结果见 Radziejowski, *Communist Party of Western Ukraine*, 174—175; 关于约瑟夫斯基的出身，见 Jan Kęsik, *Zaufany komendanta*, Wrocław: Wydawnictwo Uniwersytetu Wrocławskiego, 1995, 1—36; 关于他对乌克兰的态度，见 Henry Józewski, "Opowieść o istnieniu," BUWR, syg. 3189, Vol. 2。

[29] Kęsik, "Województ wowołyńskie 1921—1939," 99—136; Czesław Partacz, "Polacyi Ukraińcy na Wołyniu," *Ukrainia-Polska*, Koszalin: BWSH, 1999, 240–241; Ksawery Pruszyński, *Podróż po Polsce*, Warsaw: Czytelnik, 2000, 123—136; Ksawery Pruszyński, *Niezadowoleni i entuzjaści*, 339—341, 360—368. 关于斯大林的担心，见 TerryMartin, "The 1932–33 Ukrainian Terror," presentation at Ukrainian Research Institute, Cambridge, Mass., 5 February 2001。

第8章 乌克兰西部的种族清洗（1939—1945）

[1] Omer Bartov, *The Eastern Front 1941–1945*, New York: St. Martin's, 1986, 103 及全书各处; Truman Anderson, "Incident at Baranivka," *Journal of Modern History*, 71 (1999), 585—623; 关于这一文献的指导，见 Rolf-Dieter Müller and Gerd Ueberschar, *Hitler's War in the East*, Providence, R.I.: Berghahn Books, 1997。

[2] Jan Gross, *Revolution from Abroad*, Princeton: N.J.: Princeton University Press, 1988, 31; Volodomyr Kubiiovych, *Ukraintsi v Heneralnii Hubernii*, Chicago: Denisiuk, 1975, 17. 两次大战间波兰的其他公民——包括白俄罗斯人和一些波兰农民———开始也欢迎入侵波兰者。Jan Gross, *Polish Society under German Occupation*, Princeton, N.J.: Princeton University Press, 1979, 140; Marek Wierzbicki, *Polacy i Białorusini w zaborze sowieckim*, Warsaw: Volumen, 2000, 51. 关于犹太人，见 Ben-Cion Pinchuk, *Shtetl Jews under Soviet Rule*, Oxford: Blackwell, 5—27; David Engel, "The Wartime Journal of Calel Perechodnik," *Polin*, 12 (1999), 320—321。

[3] Kubiiovych, *Ukraintsi v Heneralnii Hubernii*, 49, 197, 280 and passim; I. I. Il'iushyn, *OUN-UPA i ukrains' ke pytannia v roky druhoi svitovoi viiny*, Kyiv: PAN Ukrainy, 2000, 35.

[4] Ryszard Torzecki, *Polacy i Ukraińcy*, Warsaw: PWN, 1993, 259—260.

[5] Wołodymyr Trofymowicz, "Role Niemiec i Związku Sowieckiego w konflikcie ukraińsko-

polskim," in *Polska-Ukraina: Trudne pytania,* vol. 5, Warsaw: Karta, 1999, 193–220; Grzegorz Mazur, "Rola Niemiec i Związku Sowieckiego w polsko-ukraińskim kon-flikcie narodowoś cio-wym," 同上书, 221–234。

［6］ Gross, *Revolution from Abroad,* 146 and 69.

［7］ Kubiiovych, *Ukraintsi v Heneralnii Hubernii,* 关于委员会的特征, 见 102–103; 关于让犹太人和波兰人重新定居的提议, 422–423。

［8］ Czesław Madajczyk et al., eds., *Zamojszczyzna: Sonderlaboratorium SS,* Vol. 2, Warsaw: Ludowa Spółdzielnia Wydawnicza, 1977, 125, 224, and passim; Grzegorz Motyka, *Tak było w Bieszczadach,* Warsaw: Volumen, 1999, 134–137.

［9］ Grzegorz Hryciuk, *Polacy w Lwowie 1939–1944,* Warsaw: KiW, 2000, 59.

［10］ 关于纳粹的种族清洗, 见 Christopher Browning, *Nazi Policy, Jewish Workers, German Killers,* Cambridge: Cambridge University Press, 2000, 1–25。关于德国人的模型, 见 Il'iushyn, *OUN-UPA i ukrains'ke pytannia,* 48。

［11］ O.A. Gorlanov and A.B. Roginskii, "Ob arestakh v zapadn'ykh oblastiakh Belorussii i Ukrain'y v 1939–1941 gg.," *Repressii protiv poliakov i pol'skykh grazhdan,* Moscow: Memorial, 1997, 96 及全书各处; Piotr Eberhardt, *Między Rosją a Niemcami,* Warsaw: PWN, 1996, 180。关于犹太人、波兰人和乌克兰人的比例, 见 Jan Gross, *Upiorna dekada,* Cracow: Universitas, 1998, 83。更高的估计值, 见 "Sprawozdanie z dyskusji dotyczącej liczby obywateli polskich wywiezonych do Związku Sowieckiego w latach 1939–1041," *Studia z Dziejów Rosji i Europy Środkowej,* 30, 1, (1996), 117–148。根据苏联文件, 最小数值 330000 是得到确认的; 现在的问题是还有几万人或几百万人由于外界因素被驱逐, 比如战犯或强迫劳动等。

［12］ 关于纳粹的宣传, 见 Dieter Pohl, *Nationalsozialistische Judenverfolgung in Ostgalizien,* Munich: Oldenbourg, 1996, 55–60。关于 NKVD 中犹太人的数量（1938—1939 年在不断减少）, 见 Nikita Petrov, *Kto rukovodil NKVD, 1934–1941,* Moscow: Zven'ia, 1999。又见 Gross, *Upiorna dekada,* 80–93; Hryciuk, *Polacy w Lwowie,* 204–205。关于在东部波兰的另一部分, 被波兰人杀害的犹太人, 见 Jan Gross, *Neighbors,* Princeton, N.J.: Princeton University Press, 2001; 关于乌克兰人大屠杀, 见 Shmuel Spector, *The Hol caust of Volhynian Jews,* Jerusalem: Yad Vashem, 1990, 64–69。

［13］ 关于纳粹在乌克兰的种族分类, 对此敏锐的研究有: Kate Brown, "A Biography of No Place," Doctoral dissertation, University of Washington, 1999。

［14］ John Armstrong, *Ukrainian Nationalism,* Englewood, N.J.: Ukrainian Academic

Press, 1990, 162; Peter Potichnyj, "Ukrainians in World War II Military Formations," 1999, 可参阅 www.infoukes.com/upa/related/military.html; 以及下方罗列的资料来源。

［15］ 据一位沃里尼亚的波兰人的回忆,大屠杀"展现了波兰人的人性,或者由此而来的人性缺失"。II/1328/2k, 20, AWKW.

［16］ Spector, *Holocaust of Volhynian Jews,* 358.

［17］ Martin Dean, "The German Gendarmerie, the Ukrainian Schutzmannschaft, and the 'Second Wave' of Jewish Killings in Occupied Ukraine," *German History,* 14, 2 (1996), 179.

［18］ Paul Robert Magocsi, *A History of Ukraine,* Seattle: University of Washington Press, 1996, 632.

［19］ 关于奥斯特罗赫的"最终解决方案",见 Spector, *Holocaust of Volhynian Jews,* 115, 371。关于汉诺威和奥斯特罗赫,见 Gershon Hundert, "The Love of Learning among Polish Jews," in Lawrence Fine, ed., *Judaism in Practice,* Princeton, N.J.: Princeton University Press, 2001, 215。

［20］ Spector, *Holocaust of Volhynian Jews,* 172–187. 又见 Martin Dean, *Collaboration in the Holocaust,* New York: St. Martin's, 2000. Compare Browning, *Nazi Policy,* 152。

［21］ "Dii UPA v 1943 rotsi," *Litopys UPA,* Vol. 2, 225; Herasym Khvylia, "V lavakh UPA na Volyni," in Petro Mirchuk and V. Davidenko, eds., *V riadakh UPA,* New York: Dnipro, 1957, 30–32; Ryszard Torzecki, *Polacy i Ukraińcy,* Warsaw: PWN, 1993, 235, 258.

［22］ Andrzej Paczkowski, *Pół wieku dziejów Polski,* Warsaw: PWN, 1996, 25–26.

［23］ Motyka, *Tak było w Bieszczadach,* 89.

［24］ O.S. Sadovyi, "Kudy priamuiut' poliaky?" *Litopys UPA,* Vol. 2, 52; Il'iushyn, *OUN-UPA i ukrains' ke pytannia,* 107.

［25］ Motyka, *Tak było w Bieszczadach,* 109.

［26］ 见 Gross, *Polish Society under German Occupation,* 133–139。

［27］ 这次分裂是由 NKVD 在 1938 年对 OUN 领导人 Konovalets'的暗杀造成的。根据暗杀者 Pavel Sudoplatov 所说,分裂 OUN 出于斯大林的意愿。Pavel and Anatoli Sudoplatov, *Special Tasks,* Boston: Little, Brown, and Co., 1995, 7–29. 又见 Wolodymyr Kosyk, *L'Allemagne national-socialiste et L'Ukraine,* Paris: Publications de l'Est Européen, 1986, 74–79, 290; Alexander Motyl, *The Turn to the Right,* Boulder, Colo.: East European Monographs, 1980, 138ff。

［28］ 比较 Mykola Lebed', *Ukrains' ka povstans' ka armiia,* Drohobych, 1987, 53; Taras Bul'ba, *Armiia bez derzhavy,* L'viv: Poklyk sumlinnia, 1993, 272; 以及 Petro Balei, *Fronda Stepana*

Bandery v OUN 1940 roku, Kyiv: TeknaA/T, 1996, 141。

［29］ 我们应注意到一份来自UPA安全部门的报告，该报告将一个多月里在某个沃里尼亚小型军区里的被处决者进行分类。其中共有110名受害者，最少有68人是乌克兰人。*Litopys UPA,* Vol. 2 (new series), 312.

［30］ 列别德的提议引自Balei, *Fronda Stepana Bandery v OUN 1940 roku,* 141。又见 *OUN-UPA v roky viiny,* 289。

［31］ 关于招募，见Armstrong, *Ukrainian Nationalism,* 126–132; Kosyk, *L'Allemagne national-socialiste et l'Ukraine,* 369; Torzecki, *Polacy i Ukraińcy,* 247。关于舍普季茨基，见 Stanisław Stępień, "Stanowisko Metropolity Szeptyckiego wobec zjawiska terroru poli- tyckiego," in Andrzej Zięba, ed., *Metropolita Andrzej Szeptycki,* Cracow: Polska Akademia Nauk, 1994, 110–118; Iwan Hirnyj, "Mojeświadectwo," 同上书, 207–210; Bohdan Budurowycz, "Sheptyts'kyi and the Ukrainian National Movement after 1914," in Paul Robert Magocsi, ed., *Morality and Reality,* Edmonton-CIUS, 1989, 63–64; Hansjakob Stehle, "Sheptyts'kyi and the German Regime," 同上书, 127, 137; Shimon Redlich, "Sheptyts'kyi and the Jews," 同上书, 145–164。

［32］ Władysław Filar, Michał Klimecki, and Mychalo Szwahaluk, "Chronologia wydarzeń na Wołyniu i Galicji w latach 1939–1945," 未出版, Warsaw 1999; Il'iushyn, *OUN-UPA i ukrains'ke pytannia,* 124–126。

［33］ Torzecki, *Polacy i Ukraińcy,* 252.

［34］ "Postanovy III. Konferentsii Orhanizatsii Ukrains'kykh Natsionalistiv Samostiinikiv Derzhavnikiv, 17–21 livtoho 1943 r.," *OUN v svitli postanov Velykykh Zboriv,* 81–83, 88. 波兰观察者们可以发现这种转变：II/1321/2k and II/1328/2k, AWKW。

［35］ M. Omeliusik, "UPA na Volyni w 1943 rotsi," *Litopys UPA,* Vol. 1, 23–26; Rostyslav Voloshyn, "Na shliakakh zbroinoi borot'by," 同上书, Vol. 2, 19–24; Mykola Lebed', *Ukrains'ka povstans'ka armiia,* Drohobych, 1987, 53; Oleksandr Vovk, "Preface," *Litopys UPA,* Vol. 2 (new series), xxxix–xl。又见 Taras Bul'ba, *Armiia bez derzhavy,* L'viv: Poklyk sumlinnia, 1993, 272; *Eksterminacja ludności polskiej na Wołyniu,* 37, 71; "Niemcy a UPA: Dokumenty," *Karta,* 23, 1997, 54–73; Tadeusz Piotrowski, *Poland's Holocaust,* Jefferson, N.C.: McFarland & Co., 1998, 246–247。

［36］ 从一开始，UPA在沃里尼亚的指挥官就把德国人、布尔什维克和波兰人当作"乌克兰的敌人"。Volodymyr Makar, "Pivnichno-zakhidni ukrains'kizemli" (May 1943), *Litopys UPA,* Vol. 5, 15.

［37］ 关于政治目的："Chas ne zhde," reprint from UPA organ *Samostiinist'*, 22–29 January 1944; "Politychna deklaratsia UPA," September 1943; "Za shcho boret'sia Ukrains'ka povstancha armiia?", August 1943; all three documents in *Litopys UPA*, Vol. 1, respectively 105–110, 121–126, 126–130; 也见"Uvoiennomukrutizhi,"同上书, Vol.2, 77–81。关于为清洗波兰人所作的战略性辩解，见 For strategic justifications of the cleansing of Poles, *Eksterminacja ludności polskiej na Wołyniu*, 85。波兰救国军指挥官知道乌克兰人抱着"德国人可能离开，但波兰人会留下来"的态度。Grzegorz Motyka, "Od Wołynia do akcji'Wisła'," *Więź* 473 (1998), 110; Armstrong, *Ukrainian Nationalism*, 158.

［38］ *Armia Krajowa w Dokumentach*, Vol. 2, 8 and 202–203.

［39］ 同上书, Vol. 1, 318; "Przynależność ziem wschodnich do Rzeczypospolitej Polskiej," zesz. A.9.V., tecz, 39; "Tajne," 3 August 1943," zesz. A.9.V., tecz. 34, MSW, AMPN。关于波兰人离开加利西亚，见 *Dzieje Konfliktów*, Vol. 2, 231–240。

［40］ Meldunek 89, Radiogram No. M.89, L.dz. 78/42, "Meldunek specjalny—Sprawa Ukraińska," Rówecki to Sikorski, 15 November 1941, Oddział VI, sygn. 3.2.2.2.2, SPPL. *Armia Krajowa w Dokumentach* 第2卷中的这份报告，第142页缺失了几行重要的文字。

［41］ *Armia Krajowa w Dokumentach*, Vol. 2, 277–278, 328–330, 337–338.

［42］ *Dzieje Konfliktów*, Vol. 2, 29–230; Michael MacQueen, "The Polish Home Army and the National Minorities, 1939–1943," Master's thesis, University of Michigan, 1983, 56, 60ff.; Ryszard Torzecki, "Kontakty polsko-ukraińskie w polityce polskiego rządu emigracyjnego i podziemia (1939–1944)," *Dzieje Najnowsze*, 13, 1–2, 1981, 332 及全书各处。

［43］ Kosyk, *L'Allemagne national-socialiste et l'Ukraine*, 333–339.

［44］ 1931年的波兰人口普查显示，在沃伦省，有396200人的第一语言是波兰语，有356300人的信仰罗马天主教。在战争时期，这一比例所有下降的原因是1939–1941年间的大驱逐，1941—1943年德国人强迫征用劳动力，苏联人和德国人进行的处决、战斗死亡以及疾病。

［45］ 人们认为，波兰人对德国人殖民化前卢布林领地以及波兰总督府的部分领地采取的行动，导致了这次种族清洗。沃里尼亚发生的清洗是一次大规模的协同行动，数万名波兰人被杀害，而曾属于前卢布林领地的海乌姆（Chełm）就有数千人死亡。

［46］ 一位前UPA安全部队成员回忆起苏联审讯的总体准则："杀光现场所有的波兰人、捷克人和犹太人。" Protokol Doprosa for I.I. Iavorskii, 14 April 1944, GARF, fond R-9478, opis 1, delo 398.

[47] 关于波兰的文件：II/36, II/2110, II/1142, II/594, II/1146, II/1172, II/2353, II/ 2660, II/2667, II/2506, II/2451, II/2451/3-8, II/2373, II/1914, II/1338/kw, II/1216, II/ 265, II/1875, AWKW。关于1943年7月的大屠杀：II/737, II/1144, II/2099, II/ 2650, II/953, II/775, AWKW。波兰人的报告，见 Poselstwo RP to MSZ in London, 24 February 1944, Zespol A.9.V., tecz, 8B, AMPN。德国人的报告，见 Eksterminacja ludności polskiej na Wokyniu, 34, 74; 又见 Torzecki, Polacy i Ukraińcy, 262-263。苏联人的报告，见 Represyvno-Karal' na Systema, 383; OUN-UPA v roky viiny, 31, 55。

[48] Protokol Doprosa for V.E. Stupak, 30 September 1944, GARF, fond R-9478, opis 1, delo 398.

[49] Ewa and Władysław Siemaszko, "Mordy ukraińskie w czasie II wojny światowej," in Krzysztof Jasiewicz, ed., Europe nie prowincjonalna, Warsaw: Rytm, 1999r, 1047.

[50] Litopys UPA, Vol. 2 (new series), 284ff.; Torzecki, Polacy i Ukrain'cy, 238.

[51] 在沃里尼亚和加利西亚，乌克兰人援救波兰人的例子：II/17, II/63t, II/1914, II/2110, II/106t, II/1286/2k, II/209, II/1350/2k, II/2650, II/996, II/1216, II/1328/2k, II/737, AWKW。

[52] UPA军事力量，见 Władysław Filar, "Burza" na Wołyniu, Warsaw: Rytm, 1997, 35。

[53] "Za shcho boretsia UPA," Do zbroii, 1, 1 (July 1943), in Litopys UPA, Vol. 1 (new series), 7-8.

[54] 这一估计来自Grzegorz Hryciuk的计算："Straty ludności na Wołyniu w latach 1941-1944," Polska-Ukraina: Trudne pytania, Vol. 5, Warsaw: Karta, 1999, 278。一位希望了解在沃里尼亚和加利西亚东部被杀害的波兰人姓名的研究者可以从以下资料开始：Archiwum Wschodnie Ośrodku "Karta," Archiwum Głównej Komisji Badania Przeciwko Narodowi Polskiemu, Stowarzyszenie Upamiętnienia Polaków Pomordowanych na Wołyniu, Stowarzyszenie Upamiętnienia Ofiar Zbrodni Ukraińskich Nacjonalistów, and the Archiwum Środowiska Żolnierzy 27 Wołynskiej Dywizji Armii Krajowej, 以及上文和下文提到的档案或印制资料。

[55] Spector, Holocaust of Volhynian Jews, 250-251.

[56] 比较波兰犹太人对其他城市的犹太人区被清除的反应。Calel Perechodnik, Czy ja jestem mordercą? Warsaw: Znak, 1995.

[57] II/2451/4, II/2451/5, II/2451/6, II/2451/7, AWKW; 证人之间的关系也汇集在 Śladami ludobojstwa, 350-367, 379-381; 以及 Świadkowie mówią, Warsaw: Światowy Związk Żolnierzy AK, 1996, 45-48。

[58] Motyka, Tak było w Bieszczadach, 164.

[59] 关于自卫,见 II/13562/kw, II/1350/2k, II/1363, II/737, AWKW。关于波兰人对乌克兰人的攻击,见 Il'iushyn, *OUN-UPA i ukrains' ke pytannia,* 88–90。关于在潘思卡·多利纳(Pańska Dolina)的犹太人,见 Olgierd Kowalski 的自传,AWKW。又见下文(注释67)引用 Klimecki and Strilka 的文章。

[60] 这一章在波兰被遗忘了,对此赫鲁晓夫向斯大林表示否认。但是 AWKW (II/1328/2k)的记录和波兰地下档案(伦敦)的 AK 报告记录了这件事,Jeffrey Burds 在他即将出版的新书《血和泪的海洋》(*A Sea of Blood and Tears*)中基于苏联方面的资料对此进行讨论。这一数量估计来自 Mazur, "Rola Niemiec i Związku Sowieckiego," 224。

[61] II/1877, AWKW。有时候波兰人能得到他们要求的武器,有时候他们得不到。比较 II/737, II/996, II/1371/2k II/1350/2k, II/1356/2k, AWKW。

[62] Grzegorz Motyka, "Polski policjant na Wołyniu, *Karta,* 24, 1998, 126–128。

[63] "Zvit pro boiovi dii UPA na Volyni," [April 1943], *OUN-UPA v roky viiny* 309–312, at 311。

[64] Vasyl' Makar, "Do pochatkiv UPA–list z Volyni," *Litopys UPA,* Vol. 2, 44。同一卷(173–174)的报告清楚地表明 UPA 的情报部门已经意识到把沃里尼亚的波兰人当作德国人来对待是不正确的。关于这种报复循环,见 Il'iushyn, *OUN-UPA i ukrains' ke pytannia,* 68。

[65] Ministerstwo Obrony Narodowej, Biuro Ministra–Wydział Polityczny, L.dz. 1900/WPol/44, London, 8 January 1944, Oddzial VI, sygn. 3.3.3.13.2 (36); Sztab Naczelnego Wodza, Oddział Specjalny, L.dz.719/Tjn.44, London, 28 January 1944, Oddzial VI, sygn. 3.3.3.13.2 (37); Sztab Naczelnego Wodza, Oddział Specjalny, L.dz.2366/tjn.43, 17 May 1943, Oddział VI, sygn. 3.1.3.3.2 (34); Sztab Naczelnego Wodza, Oddział Specjalny, L.dz.108/Tjn.44, London, 8 January 1944, Oddział VI, sygn. 3.1.1.13.2 (22), SPPL。又见 Stefan Korbonski, *The Polish Underground State,* New York: Columbia University Press, 1981, 155; Mykola Syvits'kyi, "Pol's'ko-ukrainskyi konflikt 1943–1944 rr.," in *Pol's'ko–Ukrains'ki studii,* Kyiv: Lybid', 1993, 241–248; Agnieszka Cieślowska, *Prasa okupowanego Lwowa,* Warsaw: Neriton, 160–162。

[66] 沃里尼亚师的一名士兵对此很清楚:II/737, AWKW。我和其他退伍老兵的对话也证实了我的观点。

[67] Michał Klimecki, "Geneza i organizacja polskiej samoobrony na Wołyniu i w Małopolsce Wschodnej podczas II wojny światowej," in *Polska-Ukraina: Trudne pytania,* Vol. 4, Warsaw: Karta, 1998, 70; Roman Striłka, "Geneza polskiej samoobrony na Wołyniu i jej roli w obronie ludności polskiej," 同上书, 82; *Litopys UPA,* Vol. 2, 192–194。

[68] Political Resolution 13, Third Extraordinary Congress of the OUN, 21–25 August 1943, in *OUN v svitli postanov Velykykh Zboriv,* 117–118.

[69] 相应的例子，见 II/1350/2k and II/737, AWKW。

[70] Gross, *Polish Society under German Occupation,* 141.

[71] 关于这种密度之大，见 *Litopys UPA,* Vol. 2 (new series), 283–289, 296–299。论据改写自 Karl Deutsch, *Nationalism and Social Communication,* Cambridge, Mass.: M.I.T. Press, 1966。

[72] Waldemar Lotnik, *Nine Lives,* London: Serif, 1999, 59.

[73] 这一地区的村庄之后向赫鲁晓夫请愿加入苏联。*Etnichni mezhi i derzhavnyi kordon Ukrainy,* 147–151.

[74] 这一估计引自 Motyka, *Tak było w Bieszczadach.* 乌克兰人的回忆和受害者名单，见 *Dzieje Konfliktów,* Vol. 3, 249–250。

[75] "Niemcy a UPA: Dokumenty," 71.

[76] 相关估计，见 Gregorz Hryciuk, "Straty ludności w Galicji Wschodniej w latach 1941–46," *Polska–Ukraina: Trudne pytania,* Vol. 6, Warsaw: Karta, 2000, 294；又见 Ryszard Kotarba, "Zbrodnie nacjonalistów ukrainskich w województwie tarnopolskim," 同上书, 267。关于加利西亚清洗的回忆，见 II/17, II/1758/j, II/2266/p, II/94/t, II/1286/2kw, II/1322/2kw, AWKW。又见 Il'iushyn, *OUN-UPA i ukrains'ke pytannia,* 113。

[77] Sadovyi, "Kudy priamuiut' poliaky?" *Litopys UPA,* Vol. 2, 49, 57.

[78] Hryciuk, *Polacy w Lwowie,* 256–257.

[79] Motyka, *Tak było w Bieszczadach,* 125–126; *Povstans'ki mohyły,* 144–162.

[80] Korbonski, *Underground State,* 158–159; Władysław Filar, "27 WDP AK w Operacji Kowelskiej," *Przegląd Wschodni,* 4, 1 (1997), 217–218.

[81] Serhii Tkachov, *Pol's'ko-Ukrains'kii transfer naselennia 1944–1946rr,* Ternopil': Pidruch- nyky i Posibnyky, 1997, 123–155.

[82] *NKWD o Polsce i Polakach; Vostochnaia Evropa,* Vol. 1, 426 及全书各处；*Teczka specjalna J. W. Stalina,* 248, 492, 及全书各处。

第9章 波兰东南部的种族清洗（1945—1947）

[1] "Zagadnienie Ukraińskie," BUWR, syg. 155; *Dzieje Konfliktów,* Vol. 2, 124–130, 229–230, 234, 251–252, 279, 297–298; Ryszard Torzecki, "Kontakty polsko-ukraińskie w polityce polskiego

rządu emigracyjnego i podziemia (1937−1944), *Dzieje Najnowsze,* 13, 1−2 (1981), 335−336. 关于两次大战间的背景，见 Włodzimierz Mich, *Obcy w polskim domu,* Lublin: Wydawnictwo Uniwersytetu Marii Curie-Skłodowskiej, 1994。

[2] Krystyna Kersten, "The Polish−Ukrainian Conflict under Communist Rule," *Acta Poloniae Historica,* 73, (1996), 139. 又见 Włodzimierz Borodziej, *Od Poczdamu do Szklarskiej Poręby,* London: Aneks, 1990, 32−77。

[3] 格拉布斯基在1926年离开了民族民主党。然而，他是民族民主传统中最重要的思想家之一，在波兰右翼中的影响很大。

[4] 关于格拉布斯基在1944年8月对斯大林说的话，见 *Sovetskii faktor,* 73−74。这些对话引用自 Stanisław Grabski, *Pamiętniki,* Vol. 2, Warsaw: Czytelnik, 1989, 472−475。

[5] 关于瓦斯柳斯卡，见 Eleonora Syzdek, *Dzialalność Wandy Wasilewskiej w latach Drugiej Wojny Światowej,* Warsaw: MON, 1981, "Dialectic" quotation at 68; treaty reference at 268。又见 Teresa Torańska, *Them,* New York: Harper & Row, 1987, 216−217。瓦斯柳斯卡还是一位小说家。

[6] 关于格拉布斯卡1945年9月在利沃夫，见 *Teczka specjalna J. W. Stalina,* 402。关于瓦斯柳斯卡对格拉布斯基的看法以及对格拉布斯基的任务的进一步分析，见 Witold Wojdylo, *Koncepcje społeczno-polityczne Stanisława Grabskiego,* Torun: Uniwersytet Mikolaja Kopernika, 1993, 35−39。

[7] 这方面重要的例子有 Andrzej Paczkowski, *Pół wieku dziejów Polski,* Warsaw, PWN, 1996; Krystyna Kersten, *The Establishment of Communist Rule in Poland,* Berkeley: University of California Press, 1991。

[8] Amir Weiner, *Making Sense of War,* Princeton, N.J.: Princeton University Press, 2001, 352.

[9] Serguei Ekelchik, "History, Culture, and Nationhood under High Stalinism," Doctoral dissertation, University of Alberta, 2000, 49−58.

[10] 见报告：*Deportatsiia poliakiv z Ukrainy,* 1999, 24−74。

[11] 1944年3月赫鲁晓夫对斯大林所做的报告，见 *OUN-UPA v roky viiny,* 134−144。OUN班德拉派对边界安排并不满意，但尽管如此，他们也努力用负面语言描绘所得的领土。"Ukrains'kyi perets," September 1945, in *Litopys UPA,* Vol. 1 (new series), 300−301.

[12] *Vostochnaia Evropa,* 39.

[13] Grabski, *Pamiętniki,* Vol. 2, 472−475.

[14] *Sovetskii faktor,* 23−24, 30, 41; Vojtech Mastny, *Russia's Road to the Cold War,* New York: Columbia University Press, 1979.

[15] Andrzej Paczkowski, *Stanisław Mikołajczyk czyli klęska realisty,* Warsaw: Omnipress, 1991.

[16] 这一次比亚韦斯托克（Białystok）在波兰境内。

[17] Ivan Kozlovs'kyi, *Vstanovlennia Ukrains' ko-Pols' koho kordonu,* L'viv: Kameniar, 1998.

[18] *Sovetskii faktor,* 208；又见 *Vostochnaia Evropa,* 176; Norman Naimark, *Fires of Hatred,* Cambridge, Mass.: Harvard University Press, 2001, 108–112。

[19] 捷克斯洛伐克－匈牙利的迁移是小规模进行的。匈牙利方面的偏好，见 *Sovetskii faktor,* 238, 504–507; Molotov's urgings: *Vostochnaia Evropa,* 429–430; 519; 斯大林关于东北欧的计划，见 *Sovetskii faktor,* 74; 斯大林关于东南欧的计划，见 *Vostochnaia Evropa,* 126–129, 275; *Sovetskii faktor,* 133; 之后发生的事情，见 Ivo Banac, *With Stalin against Tito,* Ithaca, N.Y.: Cornell University Press, 1988。

[20] 曾属于捷克斯洛伐克的喀尔巴阡卢森尼亚附属区域现归入苏维埃乌克兰，斯大林为此提供了种族正当性。

[21] *Sovetskii faktor,* 371.

[22] Terry Martin, "Stalinist Forced Relocation Policies," in Myron Weiner and Sharon Russell, eds., *Moving Targets: Demography and Security,* Cambridge: Berghahn Books, 2001. 波兰机制在1935–1936年间的瓦解标志着一种把波兰人当作苏联民族敌人的新思潮产生了，但是其结果并不是驱逐每个波兰人。甚至1937—1938年的"波兰人行动"影响的也不仅是波兰人，这次行动旨在摧毁而不是巩固民族群体。在这两个例子中，波兰人依然是苏联公民，留在苏联境内。N. V. Petrov and A. B. Roginskii, "Pol'skaia operatsiia NKVD 1937–1938 gg., in *Repressii protiv poliakov i pol'skykh grazhdan,* Moscow: Memorial, 1997, 35.

[23] Terry Martin, "The Origins of Soviet Ethnic Cleansing," *Journal of Modern History,* 70 (1998), 813–861. 又见 Robert Conquest, *The Nation Killers,* London, Macmillan, 1970。

[24] 参阅 Rogers Brubaker, "Nationhood and the National Question in the Soviet Union and post-Soviet Eurasia," *Theory and Society,* 23 (1994), 47–48; Yuri Slezkine, "The USSR as Communal Apartment," *Slavic Review,* 53, 2 (1994), 414–452; Francine Hirsh, "The Soviet Union as a Work in Progress," *Slavic Review,* 56, 2 (1997), 251–278; Ronald Grigor Suny, *The Revenge of the Past,* Stanford, Calif.: Stanford University Press, 1993。关于苏联早期的建构主义民族性叙述在以下这本著作中已被预测到：Hans Kohn, *Nationalism in the Soviet Union,* London: Routledge, 1933。常被引用的章节来自 Richard Pipes, *The Formation of the Soviet Union,* Cambridge, Mass.: Harvard University Press, 1954。

[25] Leszek Kolakowski, *Main Currents of Marxism,* Vol. 2, Oxford: Oxford University Press,

1978, 398-405.

〔26〕关于大饥荒,见 Andrea Graziosi, *The Great Soviet Peasant War,* Cambridge, Mass.:Ukrainian Research Institute, 1996, 66-67; Terry Martin, "The 1932-33 Ukrainian Terror," presentation at Ukrainian Research Institute, Cambridge, Mass., 5 February 2001; 又见 Terry Martin, *Affirmative Action Empire,* Ithaca, N.Y.: Cornell University Press, 2001。

〔27〕此类例子,见 *Pereselennia poliakiv ta ukraintsiv,* 2000, 425-430, 679-687。

〔28〕同上书, 93-102。

〔29〕Gomułka cited in Piotr Madajczyk, "Polska polityka narodowościowa po 1945 roku," *Nashe Slovo* (Warsaw), 15 August 1999. 在哥穆尔卡演讲的前一天,一家地方政党报刊发表了一首名为《波兰:只为波兰人》的诗歌。*Gazeta Robotnicza* (Katowice), 19 May 1945, in Dariusz Baliszewski and Andrzej Kunert, eds., *Ilustrowany przewodnik po Polsce stalinowskiej,* Warsaw: PWN 1999, 300.

〔30〕II/2266/p, II/1914, II1286/2kw, II/1328/2k, AWKW. See also "Biuleteny—No. 62," Związki Ziem Wschodnich Rzeczypospolitej, 15 September 1947, zesz. A.9.V., tecz, 10, MSW, AMPN. For figures, *Deportatsii,* Vol. 1, 25.

〔31〕比较 *Pereselennia poliakiv ta ukraintsiv,* 251-261 和 495-497。

〔32〕关于 UPA,见 *Przesiedlenie ludności polskiej,* 316。当波兰人离开苏联时,NKVD 失去了重要的探员。Jeffrey Burds, "AGENTURA: Soviet Informants' Networks and the Ukrainian Rebel Underground in Galicia," *East European Politics and Societies,* 11, 1 (1997), 89-130; 以及 *Pereselennia poliakiv ta ukraintsiv,* 747, 789, 877, 914-917。

〔33〕*Deportatsii poliakiv z Ukrainy,* 102; *Pereselennia poliakiv ta ukraintsiv,* 627.

〔34〕这些波兰官员是一盘更大的策略中的棋子。他们受到苏联NKVD的残酷对待,经常被捕或投入监狱。*Przesiedlenie ludności polskiej,* 201–203.

〔35〕Tkachov, *Pol's'ko-Ukrains'kyi transfer naselennia* 51-53, 99-122; *Przesiedlenie ludności polskiej,* 384-385 及全书各处。

〔36〕*Przesiedlenie ludności polskiej,* 342.

〔37〕同上书, 214。

〔38〕在1944年7月的协议所设想的边界范围内,大约60万说乌克兰语的人占波兰人口不到3%。*Repatriacja,* Vol. 1, 17-18. 秘密协议签署的一周前,赫鲁晓夫写信给斯大林请求把海乌姆周围的领土加到苏维埃乌克兰境内。这原本能让赫鲁晓夫夫人的出生地成为苏联的一部分。

［39］ 在这些地区,苏联当局注意到被安置的波兰人中存在民族主义思潮。*Trahedia Ukraintsiv Pol'shchi,* 128–132; *Pereselennia poliakiv ta ukraintsiv,* 183.

［40］ II/2196p., AWKW; "Informacja z prasy ukraińskiej nr. 2," zesz. A.9.V., tecz. 9, MSW, AMPN; 以及下文引用的资料。

［41］ 引自 *Pereselennia poliakiv ta ukraintsiv,* 923。关于再次被遣返者,见 *Repatriacja,* Vol. 2, 19, 125, 160; *Deportatsii,* Vol. 2, 16。

［42］ *Pereselennia poliakiv ta ukraintsiv,* 797; *Repatriacja,* Vol. 2, 160, 180.

［43］ *Repatriacja,* Vol. 2, 262.

［44］ 同上书, 103–104。

［45］ 同上书, 81–82, 94, 104–105; 估计数据来自 Rafal Wnuk, "Wierzchowiny i Huta" *Polska 1944/5,* 4 (1999), 87; and Grzegorz Motyka, *Tak było w Bieszczadach,* Warsaw: Volumen, 1999, 238–241。

［46］ *Repatriacja,* Vol. 1, 85–87.

［47］ Antoni Szcześniak and Wiesław Szota, *Droga do nikąd,* Warsaw: MON, 1973, 257. 这一极度重要的研究因在波兰人民共和国出版而受到影响。尽管本书呈现了证据,但是作者把乌克兰民族主义降为另一种纳粹主义。有很多理由能让这一论断变得真实可信,但是如果不摆脱这一论断,我们根本不可能理解在波兰的乌克兰游击队的动机。

［48］ 关于兰科地区,见 *1947: Propam'iatna Knyha* 13, 19, 32–33, 61, 123。几乎所有的受访者都描述了为 UPA 服务以及对 UPA 的看法。这卷逐一提到了 371 名当地 UPA 士兵的名字。又见 *Povstans'ki mohyly* 中记录的 507 例外貌描述；以及 1947 年被判死刑的 UPA 士兵名单：*UPA v svitli pols'kykh dokumentiv,* 567–573。

［49］ *Trahedia Ukraintsiv Pol'shchi,* 151. 乌克兰人的回忆,见 *1947: Propam'iatna Knyha,* 87, 110, 190, 246。

［50］ *Pereselennia poliakiv ta ukraintsiv,* 621–625.

［51］ Misylo 收集的 507 例 UPA 士兵的外貌描述中,21 人曾服役于加利西亚武装党卫队,24 人曾任德国警察,6 人曾服役于德意志国防军,1 人曾服役于乌克兰军团（Ukrainian Legions）。考虑到 Misylo 收集的信息有限,可以肯定这些数据比例实际会更高：*Povstans'ki mohyly,* 29–218。加入 UPA 的前乌克兰加利西亚武装党卫队老兵,见 *1947: Propam'iatna Knyha,* 42–43, 122; 以及 Ivan Dmytryk, *U lisakh Lemkivshchyny,* Munich: Suchasnist, 1977, 115。

［52］ *Povstans'ki mohyly,* 85–86, 65–69, 180–181.

［53］ UPA 在波兰东南部创办培训新兵和军官的学校,向其灌输他们个人的苦难是民族苦难

的一部分的思想。Szcześniak and Szota, *Droga do nikąd*, 153-154. *Povstans'ki mohyly* 记录中存在此类信息,显示一部分当地新兵接受了类似的训练。

[54] *Deportatsii*, Vol. 2, 54-59.

[55] UPA 西部指挥官 Vasyl' Sydor 的命令见于基辅乌克兰国家中央档案馆,3833/2/3,引自 Grzegorz Motyka, "Ukraińskie 'powstanie'," *Karta*, 29 (1999), 65。

[56] *Repatriacja*, Vol. 1, 64-66; *Deportatsii*, Vol. 1, 471-473; *Trahedia Ukraintsiv Pol'shchi*, 125-128, 156-159。

[57] 火烧村庄,见 *1947: Propam'iatna Knyha*, 165-168; II/1771, AWKW。关于军队的介入,见 *Repatriacja*, Vol. 2, 84-87, 110-114, 170-174, Szcześniak and Szota, *Droga do nikąd*, 226-227; 以及 Motyka, *Tak było w Bieszczadach*, 296ff。官员遣返回国,见 *Repatriacja*, Vol. 2, 140。

[58] 当时有一些反抗苏联军队的合作。Grzegorz Motyka and Rafał Wnuk, *Pany i rezuny*, Warsaw: Volumen, 1997, 76-193。UPA 成员回忆与 AK 的合作,见 *1947: Propam'iatna Knyha*, 144, 236; *Povstans'ki mohyly*, 213-214; 波兰人的报告,见 *Pereselennia poliakiv ta ukraintsiv*, 733, 911。

[59] 这次会议,见 *Repatriacja*, Vol. 1, 147-154。类似的请愿,见 *Pereselennia poliakiv ta ukraintsiv*, 523-526。

[60] Stanisław Grabski, *Państwo narodowe*, L'viv: Igla, 1929, 164,涉及了"民族国家"和"民族性国家"(state of nationalities)之间的对立。

[61] *Trahedia Ukraintsiv Pol'shchi*, 174-175。

[62] *Akcja 'Wisła*,'15.波德戈尔内在 1964 年是足以推翻赫鲁晓夫的三巨头之一。他的乌克兰名字是 Mykola Pidhirnyi。

[63] 关于这次事件,见 *Repatriacja*, Vol. 2, 24, 31, 39, 43。

[64] 关于被迫移居的规模估计是基于 *Akcja Wisła* 提供的数据。又见以下关于被迫移居的乌克兰人的调查:Halyna Shcherba, "Deportatsii naselennia z pol's'koukrains'koho pohranychchia 40-kh rokiv." in *Pol's'ko-Ukrains'ki studii*, Kyiv: Lybid', 1993, 254。被杀害的乌克兰人估计数量来自 Motyka, *Tak było w Bieszczadach*, 364。

[65] *Sovetskii faktor*, 388。共产国际主席 Dmytro Manuil's'kyi 写信给政治局委员 Lazar Kaganovich 说,苏维埃乌克兰不应该再接受来自波兰的乌克兰人了,因为负责重新定居的机构已经被解散了,也没有更多的资金了。*Trahedia Ukraintsiv Pol'shchi*, 404-405.(Manuil's'kyi 恰巧是里加会议的谈判者之一,他在波兰共产党瓦解前负责监督该党,他很了解波兰,波兰语说得很好。)

[66] *Akcja 'Wisła,'* 53-54.

[67] 同上书, 65。关于希维尔切夫斯基之死, 见 Tadeusz Pląskowski, "Ostatnia inspekcja Gen. broni Karola Świerczewskiego," *Wojskowy Przegląd Historyczny,* 4 (1983), 96-112。官方记录是 *Polska Zbrojna,* 21 March 1947, 1。

[68] 关于西乌克兰, 见 *Deportatsii,* Vol. 2, 64-66; *Desiat' buremnykh lit,* 589; Werth, "L'envers d'une victoire," in Stéphane Courtois, ed., *Le livre noir du communisme,* Paris: Robert Laffont, 1997, 254, 264。

[69] *Vostochnaia Evropa,* 596-597。那位心存疑虑的人物是瓦迪斯瓦夫·沃尔斯基 (Władysław Wolski), 他当时是负责遣返事务的公共行政部副部长, 在1949年升为部长。

[70] *Akcja 'Wisła,'* 82-83, 84-85。

[71] 同上书, 43。

[72] OUN班德拉派的目标声明, 见 the January 1946 "Prohramovi zasady OUN," in *OUN-UPA v roky viiny,* 451-463。由于现在沃里尼亚和大部分加利西亚地区归入苏联境内, 存在争议的领土就是仍属于波兰的小部分加利西亚地区 (热舒夫领地), 以及卢布林领地和克拉科夫领地的部分区域。

[73] *Akcja 'Wisła,'* 98-99。

[74] 同上书, 93。

[75] 我反对那些认为重新定居只是摧毁UPA计划的一部分的论点。这是近年来最全面的研究中所持的观点。Szcześniak and Szota, *Droga do nikąd.* 我也质疑 Tadeusz Piotrowski 在以下著作中的观点, *Poland's Holocaust,* Jefferson, N.C.: McFarland & Co., 1998, 244, 379。我也不同意相反的观点, 即这些行动与UPA完全没关系。就算UPA不存在, 波兰政策也会如出一辙, 并受到同样的欢迎 - 这种观点是站不住脚的。因此, 要讨论 "The Tragedy of the Ukrainians of Poland" 而不提到发生在沃里尼亚的大屠杀是很奇怪的。*Trahedia Ukraintsiv Pol'shchi.*

[76] 一位波兰人回忆道把兰科人当作背叛者来对待是不公平的: II/1771, AWKW。关于第三帝国时期的身份文件 (*Kennkarten*), 见 Kersten, "The Polish-Ukrainian Conflict," 147。

[77] 1948年10月, 科索夫斯基回到苏联。见 Kossowski, "Sluzhebnaia kharakteristika," 15 October 1948; 以及 "Charakterystyka—Służbowa," 31 March 1948, teczka personalna ppłk. Wacława Kossowskiego, CAWR。

[78] Motyka, *Tak było w Bieszczadach,* 407.

[79] *Akcja 'Wisła,'* 210。关于莫索的副指挥官批评他的战略, 见 Lech Kowalski, *Generałowie,*

Warsaw: Pax, 1992, 100–103。

［80］ *Akcja 'Wisła,'* 222–225, 279–282, 285–286。关于安全部队，见 John Micgiel, "Bandits and Reactionaries," in Norman Naimark and Leonid Gibianskii, eds., *The Establishment of Communist Regimes in Eastern Europe,* Boulder, Colo.: Westview, 1997, 63–111; Andrzej Paczkowski, *Od sfałszowanego zwycięstwa do prawdziwej klęski,* Cracow: Wydawnictwo Literackie, 1999, 36。

［81］ Motyka, *Tak było w Bieszczadach,* 368 376–377。Misylo 记录了 507 位 UPA 成员的死亡，其中 35 人即 6.9% 被列为自杀。*Povstans'ki mohyly,* 29–218。

［82］ 大约有 3 万到 5 万名乌克兰人和兰科人逃离了强制移民：一些人通过贿赂军官的方法，其他人通过藏在波兰家庭中，或者声称自己是波兰人，大约有 1000 人成功地说服地方当局保护他们（Bodaky, Blechnarka, Wysowa）（Conversations in Lemkowszczyzna, 23–25 July 1999）。有时候，遣返行动小组的领导人会自行决定要不要违反命令，允许不同民族通婚的夫妻、红军老兵和乌克兰人为铁路和矿井工作，以留在当地。

［83］ *1947: Propam' iatna Knyha,* 15, 73, 79, 142–143; *Nashe Slovo* (Warsaw), 3 March 1996, 3; 10 March 1996, 3; Leszek Wołosiuk, "Historia jednej fotografii," in Włodzimierz Mokry, *Problemy Ukraińców w Polsce po wysiedleńczej akcji "Wisła" 1947 roku,* Cracow: Szwajpolt fiol, 1997, 403–414。

［84］ 有 35 人以上在亚沃日诺集中营被判死刑。有一种计算称，1944 年到 1956 年间的 2810 起死刑中有 573 名受刑者是乌克兰人。考虑到乌克兰人占人口的 1% 都不到，这一比例确实很高。*Akcja 'Wisła,'* 30。Misylo 在 *UPA v svitli pols'kykh dokumentiv* 中收集到相关文件。关于 1947 年前被处决的乌克兰人，见 Maria Turlejska, *Te pokolenia żałobami czarne,* London: Aneks, 1989, 331–337。在被迫移居的过程中死亡的 582 名乌克兰人名单，见 *Repatriacja,* Vol.2, 352–394。

［85］ 波兰代理人关于对待在亚沃日诺集中营的乌克兰囚犯的报告再版于 *Nashe Slovo* (Warsaw), 1996 年 1 月 28 日, 1, 3。又见 Mokry, *Problemy Ukraińców w Polsce,* 76–82; *1947: Propam' iatna Knyha,* 49–50, 92–93; Jan Popiel, ed., "Rozmowy przeprowadzone w Dobrej," 未出版, 1997; 以及一位波兰妇女的回忆录，她从西伯利亚归来，受到庇护一名 UPA 士兵躲避红军追捕的指控：II/53, AWKW。

［86］ UPA 在波兰的行动终结于 1947 年 9 月 17 日，当时 OUN 指挥官 Iaroslav Starukh 在他的掩蔽壕中身亡。UPA 指挥官 Myroslav Onyshkevich 解除了士兵们的誓言。1947 年末，三支小型行动队击败了继续战斗的游击队员，在接下来的几年里这些军队持续遣送逃跑的或被遗漏的乌克兰人。1947 年到 1952 年间，约有 15 万乌克兰人被迫移居。

[87] 关于在苏维埃乌克兰的 UPA 成员：Grzegorz Motyka, "Bieszczadzkie sotnie UPA na Ukrainie 1947–1948," *Nashe Slovo* (Warsaw), 6 February 2000, 3; Burds, "Agentura," 89–130; Peter Potichnyj, "Pacification of Ukraine: Soviet Counterinsurgency," 1999; *Desiat' buremnykh lit;* D.M. Stickles, ed., *The Beria Affair,* New York: Nova Science, 1992, 54 and 104. On Lebed'： Christopher Simpson, *Blowback,* New York: Weidenfeld and Simpson, 1988, 163–171。

第 10 章 尾声：共产主义和被清除的记忆（1947—1981）

[1] Piotr Eberhardt, *Między Rosją a Niemcami,* Warsaw: PWN, 1996, 109, 127.

[2] 那里人们也说德语、罗姆语（Romani）和捷克语。大多数吉普赛人被纳粹政权杀害了。在战争结束时，沃里尼亚和加利西亚的大多数的德国人或逃走或被驱逐了。许多捷克人被杀害了，剩下约 5.3 万幸存者移民别处。关于两次大战间德国人的定居，见 Hans-Jörgen Seraphim, *Rodungssiedler,* Berlin: Paul Parey, 1938。战后的西乌克兰接纳了来自喀尔巴阡卢森尼亚附属区域的人们，此地之前属于捷克斯洛伐克；以及来自布科维纳（Bukovina）部分地区的人们，此地之前在罗马尼亚境内。

[3] Volodymyr Kubiiovych, *Natsional' nyi sklad naselennia Radianskoi Ukrainy v svitli soviet- s'kykh perepisiv,* Paris, 1962, 5–9.

[4] 这两处数据是基于以下资料基础估计出来的：Shmuel Spector, *Holocaust of Volhynian Jews,* Jerusalem: Yad Vashem, 1990, 357–358; Dieter Pohl, *Nationsozialistische Judenverfolgung in Ostgalizien,* Munich: Oldenbourg, 1996, 385–387; 以及 Piotr Eberhardt, *Polska ludność kresowa,* Warsaw: PWN, 1998, 214。其他计算结果基于前两章引用的资料以及 1959 年起的苏联人口普查。沃里尼亚的犹太人几乎没有幸存下来的一个原因是，在苏联占领时期几乎没有犹太人被驱逐。Spector 估计这一人数在 500 人（28）。

[5] 见人类学调查：Grzegorz Babiński, *Pogranicze polsko-ukraińskie,* Cracow: Nomos, 1997, 114; 社会学家 Antonina Kłoskowska 的调查分析，*Kultury narodowe u korzeni,* Warsaw: PWN, 1996, 188–189; 又见政治科学家 John Armstrong 的评估，见 *Ukrainian Nationalism,* Englewood, N.J.: Ukrainian Academic Press, 219。

[6] 兰科人会议（Lemkovska Vatra）上的对话，Zdynia, Poland, 25 July 1999。

[7] 数据引自 *Teczka specjalna J. W. Stalina,* 544。又见 *Deportatsii,* 22–23。

[8] II/2110, AWKW; *1947: Propam' iatna Knyha,* 69.

[9] 基于以上所引数据估计而来。又见华沙的非政府组织 Karta 的计算，*Polska-Ukraina: Trudne pyta- nia,* vol. 8, Warsaw: Karta, 2000, 159, 以及 Grzegorz Motyka 的计算，"Co ma Wisła

do Wołynia," *Gazeta Wyborcza,* 23 March 2001。

［10］ Lotnik, *Nine Lives,* London: Serif, 1999, 14。一部结构上类似的回忆录说明了犹太人的这种逃跑为何是不可能的。Michael Skakun, *On Burning Ground,* New York: St. Martin's, 1999。尽管犹太人 Joseph Skakun 冒充波兰鞑靼人，作为劳动力逃到了德国，之后作为一个立陶宛人加入了加利西亚武装党卫队，但他的多次角色扮演仍然揭示了犹太人面临的诸多问题。多年来，在广袤的领土上，作为一个犹太人，除了意味着被判死刑，没有其他出路。犹太人通常看上去与别人不同，说话带着特别的口音，几乎不知道关于基督教的仪式，也不知道农场上的工作或荒野中的生活，他们通常衣着显眼，几乎没有使用武器的经验。犹太男子都经历了割礼。

［11］ Agnieszka Cieślowska, *Prasa okupanowego Lwowa,* Warsaw: Neriton, 1997, 163–164。

［12］ 这些事件引自 Gregorz Motyka, *Tak było w Bieszczadach,* Warsaw: Volumen, 1999, 456, 435 respectively。

［13］ 这重复出现在许多乌克兰人的回忆中。见 II/2196/p, AWKW 的例子。

［14］ 就像美国南部的白人和黑人移居到北部一样，明显的文化相似性却敌不过想要否认的感觉，而且这种相似性被其他身份认同的吸引力削弱了。比较 Włodzimierz Odojewski, *Oksana,* Warsaw: Twój Styl, 1999 以及 William Faulkner, *The Sound and the Fury,* New York: Jonathan Cape, 1929。

［15］ 这件轶事引自 Grzegorz Motyka 和 Rafał Wnuk, *Pany i rezuny,* Warsaw: Volumen, 1997, 8。圣诞夜可以互相邀请是因为西方教派和东方教派的圣诞节在不同日子：12 月 25 日和 1 月 7 日。关于圣诞夜晚餐在东部"波兰"文化中的重要性，建议参见 Włodzimierz Odojewski, *Zasypie wszystko, zawieje* ... Paris: Instytut Literacki, 1973。这部关于战时波兰-乌克兰关系的杰出小说亟需被翻译。对我们的分析来说，关注普遍冲突中的个人选择是很有帮助的。这本书的主要缺点是低估了乌克兰民族主义的吸引力。在共产主义波兰，这本书曾是禁书。

［16］ 相关证据见 Padraic Kenney 的社会历史著作 *Rebuilding Poland: Workers and Communists, 1945–1950,* Ithaca, N.Y.: Cornell University Press, 1997。

［17］ Andrzej Zięba, "Ukraińcy w oczach Polaków," in Teresa Walas, ed., *Narody i stereotypy,* Cracow: Międzynarodowe Centrum Kultury, 1995, 95–104。关于国家政策，见 Danuta Sosnowska, "Stereotypy Ukrainy i Ukraińca w literaturze polskiej," 同上书, 125–131; 以及 Józef Lewandowski, "Polish Historical Writing on Polish-Ukrainian Relations Dur- ing World War Two," in Peter Potichnyj, ed., *Poland and Ukraine,* Toronto: CIUS, 1980, 231–246。又见 John Basarab, "Postwar Writings in Poland on Polish-Ukrainian Relations," 同上书, 249; Roman Szporluk, "The Role of the Press in Polish-Ukrainian Relations," 同上书, 223; Babiński, *Pogranicze polsko-ukraińskie*, 163; Stefan Kozak, "Polsko-Ukraińskie dylematy i dialogi," *Polska w Europie*, 10 (1993), 46。不同的研究框架, 见 Philipp Ther, *Deutsche und polnische Vertriebene*, Göttingen: Vandenhoeck & Ruprecht, 1998。

［18］ Jan Kęsik, "Województwo wołyńskie 1921–1939 w świetle liczb i faktów," *Przegląd Wschodni*, 4, 1 (1997), 107–108.

［19］ Jan Popiel, "Rozmowy przeprowadzone w Dobrej w czerwcu-lipcu 1997," 1997; 相关通信来自 Jan Popiel, November 1999; *1947: Propam'iatna Knyha*, 184–194; *Dzieje Konfliktów*, Vol. 3, 249–250; Motyka, *Tak było w Bieszczadach*, 328。又见 Babiński, *Pogranicze polsko-ukraińskie*, 101; Krzysztof Ślusarek, *Drobna szlachta w Galicji*, Cracow: Księgarnia Akademicka, 1994, 161。

［20］ Respectively: *Śladami ludobojstwa*, 351; and II/2451/4, AWKW.

［21］ II/1758j, AWKW; *Śladami ludobojstwa*, 473–475.

［22］ 例子见 II/737; II/1362/kw; II/17, AWKW。许多波兰人也提到了乌克兰人救了他们, 见第 8 章的脚注。

［23］ 参见 Anna Strońska, *Dopóki milczy Ukraina*, Warsaw: Trio, 1998。

［24］ Taras Kuzio, *Ukraine*, London: Routledge, 1998, 111。更广泛的叙述, 见 P.N. Barford, *The Early Slavs*, Ithaca, N.Y.: Cornell University Press, 2001, 278ff。

［25］ 关于波兰人和苏联人对乌克兰历史的态度, 见 Stephen Velychenko, *Shaping Identity in Eastern Europe and Russia*, New York: St. Martin's, 1993; Andrew Wilson, *The Ukrainians*, New Haven, Conn.: Yale University Press, 2000。

［26］ 这是我在 1999 年 7 月和 2000 年 6 月在利沃夫的经历。有一首关于沃里尼亚的波兰歌曲的歌词内容与此相似, 记录于 1943 年逃走的波兰人的回忆录。

［27］ The Eskimo remark: Babiński, *Pogranicze polsko-ukraińskie*, 109. 圣特蕾莎 / 施洗者圣约翰的故事见 Chris Hann, "Postsocialist Nationalism," *Slavic Review*, 57, 4 (1998), 840–863。"保护波兰教堂" 委员会的领导人的观点, 见 *Pogranicze* (Przemyśl), 24–28 (1991)。

［28］ *Przesiedlenie ludności polskiej*, 27.

［29］ Krystyna Kersten, "Forced Migration and the Transformation of Polish Society in the Postwar Period," in Philipp Ther and Ana Siljak, eds., *Ethnic Cleansing in East Central Europe, 1944–1948*, Boulder, Colo.: Rowman and Littlefield, 2001, 75–87.

［30］ 关于种族纯粹性和共产主义者的合法化, 见 Jan Gross, "A Tangled Web," in István Deák, Jan Gross, and Tony Judt, eds., *The Politics of Retribution in Europe*, Princeton: Princeton

University Press, 2000, 107–114; Lukasz Hoirszowicz, "The Jewish Issue in Post-War Communist Politics," in Abramsky et al., *The Jews in Poland,* 199–208; Feliks Tych, *Długi cień Zagłady,* Warsaw: Żydowski Instytut Historyczny, 1999, 74; Eugeniusz Mironowicz, *Białorusini w Polsce, 1944–1949,* Warsaw: PWN, 1993, 146–151; Andrzej Paczkowski, *Od sfałszowanego zwycięstwa do prawdziwej klęski,* Cracow: Wydawnictwo Literackie, 1999, 224。

［31］ 这项调查名为"Przemiany Polaków"，在 1968 年 11 月 9 日、11 月 16 日、11 月 23 日、11 月 30 日、12 月 7 日和 12 月 14 日的《政治》(*Polityka*)上刊登了 30 份回复。Tadeusz Kotarbiński 是唯一一位提到多样化的益处的人。在"不要提到犹太人"的语境中，Józef Chalabiński 是唯一一位明确提到犹太人的人。应该注意其中一些受访者争辩道，波兰社会或波兰类型的社会的概念只在战后时期成立，这种观点与我在本书中的观点是一致的。

［32］ Mirosław Czech, *Ukraińcy w Polsce,* Warsaw: Związek Ukraińców w Polsce, 1993, 12, 269; Stefan Zabrowarny, "Polityka narodowościowa polskich władz komunistycznych w kwestii ukraińskiej," in Jacek Pietraś and Andrzej Czarnocki, eds., *Polityka narodowościowa państw Europy Środkowowschodniej,* Lublin: IEWS, 1993, 147; Boris Bej, "Ukraińcy w Polsce," *Kultura,* 429 (1983), 123–126. 又见 See also Marcin Król, "Komentarz," *Nowa Respublica,* 54 (1993), 39。

［33］ Manfred Berger, *Jaruzelski,* Düsseldorf: EconVerlag, 1990, 245–248; Timothy Garton Ash, *The Polish Revolution: Solidarity,* London: Penguin, 1999, 356–363. 雅鲁泽尔斯基的话见 *Stan wojenny dlaczego,* Warsaw: BGW, 1992.

第 11 章 爱国的反对派和国家利益（1945—1989）

［1］ 1989 年，观察家们对波兰与其东部邻国的关系并不感到乐观。见 Daniel Nelson, "Europe's Unstable East," *Foreign Policy,* 82, 1991, 137–158; John Mearsheimer, "Back to the Future," *International Security,* 15, 1 (1990), 5–56; Andrew Michta, *East Central Europe after the Warsaw Pact,* Westport, Conn.: Greenwood Press, 1992, 82; Józef Lewandowski, "Między Sanem a Zbruczem," *Kultura* 519 (1990), 128–134; Józef Darski, *Ukraina,* Warsaw: Sorograf, 1993, 69; Yaroslav Bilinsky, "Basic Factors in the Foreign Policy of Ukraine," in S. Frederick Starr, ed., *The Legacy of History in Russia and the New States of Eurasia,* Armonk, N.Y.: M. E. Sharpe, 1994, 174, 186。

［2］ 当时在华沙大学有乌克兰历史的讲座，华沙有乌克兰研究学会，这些不重要的提示物提醒着 1920 年波兰–乌克兰的结盟历史。这个学会出版了《塔杜施先生》的第一部乌克兰语版本（译者是 Maksym Ryl's'kyi）。

[3] 很多的伦敦移民者来自割让给苏联的东部领土,因此他们心怀家仇国恨。当然,吉德罗耶茨的出生地明斯克也在 1921 年的里加会议上被波兰民族主义者免费赠给布尔什维克俄国。这一点也许影响了他对 1944 年后波兰民族主义者针对利沃夫和维日诺的游说运动的态度。

[4] 事实引自 Jerzy Giedroyc, *Autobiografia na cztery r ece,* Warsaw: Czytelnik, 1996; Jerzy Giedroyc 的采访,见 Maisons-Laffitte, France, 7 November 1998。关于他的影响力,见 Andrzej Friszke, *Opozycja polityczna w PRL,* London: Aneks, 1994, 242,以及下文引用的《文化》在当时的地位。

[5] 在 20 世纪 50 年代,对苏联的担忧让位给当时建立一个中欧联邦的计划。然而,1968 年苏联入侵捷克斯洛伐克后,《文化》开始关注共产主义失败以及苏联解体后欧洲的地缘政治问题。Janusz Korek, *Paradoksy paryskiej Kultury,* Stockholm: Almqvist & Wiksell, 1998, 93–96; Marek Suszko, "*Kultura* and European Unification, 1948–1953," *Polish Review,* 45, 2 (2000), 183–195.

[6] 以下章节涉及尤利乌什·米罗茨维奇的文章:"Polska 'Ostpolitik,'" 和 "Rosyjski 'Kompleks Polski' i ULB," in *Materiały do refleksji i zadumy,* Paris; Instytut Literacki, 1976, 110–122, 175–186。又见他的"ABC polityki Kultury," in Zdzisław Kudelski, *Spotkania z paryska ̦ Kulturą,* Warsaw: Pomost 1995, 131–144; Krzysztof Kopczyński, *Przed przystankiem niepodległości,* Warsaw: Więz´, 1990, 11;以及 Rafał Habielski, "Realizm, wizje, i sny romantyków," in Juliusz Mieroszewski, *Finał klasycznej Europy,* Lublin: Wydawnictwo Uniwersytetu Marii Curie-Skłodowskiej, esp. 50。对比 Adam Bromke, *Idealism vs. Realism,* Cambridge, Mass.: Harvard University Press, 1967。

[7] 历史学家 Roman Szporluk 大约在同一时期对同一问题产生了关注,见 1971 年、1973 年和 1975 年的三篇文章,这三篇文章再版为以下著作的前三章:*Russia, Ukraine, and the Breakup of the Soviet Union,* Stanford, Calif: Hoover University Press, 2000。

[8] Timothy Snyder, "The Polish-Lithuanian Commonwealth since 1989: National Narratives in Relations among Belarus, Lithuania, Poland, and Ukraine," *Nationalism and Ethnic Politics,* 4, 3 (1998), 1–24.

[9] 关于现实主义者,见 Stanisław Bieleń, "Kierunki polityki wschodniej III Rzeczypospolitej," in *Patrząc na wschód,* Warsaw: Centrum Badań Wschodnich, 1997, 12。关于流亡政府,见 *Radio Free Europe Report,* 7 September 1990。

[10] 关于团结工会之前的时期,见 Friszke, *Opozycja;* Andrzej Paczkowski, *Pół wieku dziejów*

Polski, Warsaw: PWN, 1996; Grzegorz Ekiert, *The State against Society,* Princeton, N.J.: Princeton University Press, 1995。关于团结工会，见 Timothy Garton Ash, *The Polish Revolution,* London: Penguin, 1999; Roman Laba, *The Roots of Solidarity,* Princeton, N.J.: Princeton University Press, 1991; Jan Kubik, *The Power of Symbols against the Symbols of Power,* University Park: University of Pennsylvania Press, 1994; Michael Bernhard, "Reinterpreting Solidarity," *Studies in Comparative Communism,* 24, 3 (1991), 313 – 330; David Mason, "Solidarity as a New Social Movement," *Political Science Quarterly,* 101, 1 (1989), 41–58。

［11］ 关于波兰独立协约的计划以及工人防卫委员会的出版物，见 Friszke, *Opozycja,* 423, 491–493。关于公开信，见 Jan Lózef Lipski, *KOR,* Berkeley: University of California Press, 1985, 387. 又见 Antoni Kamiński and Jerzy Kozakiewicz, *Stosunki Polsko-Ukraińskie,* Warsaw: ISP PAN, 1997, 5; Ilya Prizel, "The Influence of Ethnicity on Foreign Policy," in Roman Szporluk, ed., *National Identity and Ethnicity in Russia and the New States of Eurasia,* Armonk, N.Y.: M.E. Sharpe, 1994, 108; *Polityka* (Warsaw), 7 March 1998, 42。

［12］ Jacek Kuroń, *Wiara i wina,* London: Aneks, 1989, 347–349.

［13］ 关于经过审查的（合法的）编年史，见 I.T. Lisevych, "Ukrains'ko-pols'ke kulturne spivrobitnytstvo v 70-kh rokakh," *Mizhnarodni zv'iazky Ukrainy,* 4 (1993), 58–68; L.O. Zashkil'niak, "Ukraina i ukrains'ko-pols'ki vidnosyny u pisliavoiennii pols'kii istoriohrafii," 同上书, 145–156. 重要的未经审查的（非法的）文本是 Kazimierz Podlaski［Bohdan Skaradziński］, "Bialorusini—Litwini—Ukraińcy: Nasi wrogowie czy bracia?" and Tadeusz Olszański, "Notatnik bieszczadzki"。

［14］ 关于团结工会时期的乌克兰问题，见 Iurii Zaitsev, "Pol's'ka opozytsiia 1970 – 80 rokiv pro zasady ukrains'ko-pols'koho porozuminnia," in Iurii Slivka, ed., *Deportatsii ukraintsiv ta poliakiv,* L'viv: NAN Ukrainy, 1998, 54; Taras Kuzio, "The Polish Opposition and the Ukrainian Question," *Journal of Ukrainian Studies,* 12, 2 (1987), 51; Friszke, *Opozycja,* 321; Mirosław Czech, *Ukraińcy w Polsce,* Warsaw: Związek Ukraińców w Polsce, 1993, 269; Garton Ash, *Polish Revolution,* 133。

［15］ 见 Bohdan Osadczuk, Iaroslav Hrytsak, Myroslav Popovych, Ivan Dziuba, Mykola Zhulyns'kyi, Mirosław Czech 和 Roman Szporluk 的回忆：*Nashe Slovo* (Warsaw), 8 October 2000。

［16］ 关于独立波兰联盟见下文。The declaration of Wolność i Pokój in *Stosunki Polsko-Ukraińskie 1917–1947,* Warsaw: Perturbancii, 1990, 122–123。涉及这些问题的出版物包括：

Karta, Znak, Spotkania, Obóz, Międzymorze, and *Nowa Koalicja*。一份重要的文件是 [Zdzislaw Najder et al.], "Polska-Ukraina," internal position paper, Polskie Porozumienie Niepodległościowe, November 1981。见 Krzysztof Łabędź, *Spory wokół zagadnień programowych w publikacjach opozycji politycznej w Polsce,* Cracow: Księgarnia Akademicka, 1997, 181–187; Jerzy Pomianowski, *Ruski miesiąc z hakiem,* Wrocław: Wydawnictwo Dolnośląskie, 1997, 47; Józef Darski, "Kronika białoruska," *Kultura,* 471 (1986), 96; Jan Widacki, "Stosunki polsko-litewskie, *Kultura,* 602 (1997), 37–38。

[17] Antoni Dudek and Maciej Gawlikowski, *Leszek Moczulski bez wahania,* Cracow: Krakowski Instytut Wydawniczy, 1993, 268; *Życie Przemyskie,* 29 April 1992, 1, 3; *Sprawozdanie Stenograficzne z 25 posiedzienia Sejmu Rzeczypospolitej,* 6 July 1994, 13–14 (hereafter session (25) in parentheses); 同上书 (31), 13 October 1994, 113。

[18] Stefan Kozak, "Polsko-Ukraińskie dylematy i dialogi," *Polska w Europe,* 10 (January 1993), 47.

[19] Milada Vachudová and Timothy Snyder, "Are Transitions Transitory?" *East European Politics and Societies,* 9, 1 (1997), 1–35.

[20] 这逆转了古老的东欧和中欧的模式。两次大战间最重要的法西斯主义者和民族主义者是前社会主义者。而在后共产主义时期，最重要的法西斯主义者和民族主义者是前共产主义者。

[21] Interview with Aleksander Kwaśniewski, Warsaw, Poland, 17 May 1999; interview with Jerzy Giedroyc, Maisons-Laffitte, France, 7 November 1998; also *Gazeta Wyborcza,* 3–4 January 1998, 10.

[22] Anna Grzymala-Busse, "The Regeneration of Communist Parties in East Central Europe after 1989," Doctoral dissertation, Harvard University, 1999.

第12章 标准的民族国家（1989—1991）

[1] 德意志联邦共和国的法律立场，见 *Documentation Relating to the Federal Government's Policy of Détente,* Bonn: Press Office of the FRG, 1974, 16, 27。被驱逐的领导人的观点，见 Herbert Hupka, *Unruhiges Gewissen,* Vienna: Langen Müller, 1994, 433ff.; Herbert Czaja, *Unterwegs zum kleinsten Deutschland?* Frankfurt am Main: Josef Knecht, 1996, 753ff.。波兰民意调查引文见下。

[2] 引自 *Gazeta Wyborcza,* 27 November 1989, 1。又见 *Rocznik Polskiej Polityki Zagranicznej*

1991, 80。参见 Jacques Lévesque, *The Enigma of 1989*, Berkeley: University of California Press, 1997, 110–119。

[3] 关于科尔出访华沙,见 Horst Telchik, *329 Tage*, Berlin: Siedler, 1991, 13–15; Helmut Kohl, *Ich wollte Deutschlands Einheit*, Berlin: Ullstein, 1996, 125–127; Bronisław Geremek, *Rok 1989*, Warsaw: Plejada, 1990, 327; Philip Zelikow and Condoleezza Rice, *Germany Unified and Europe Transformed*, Cambridge, Mass.: Harvard University Press, 1995, 102。魏格尔的话引自 Krzysztof Skubiszewski, *Polityka zagraniczna i odzyskanie niepodległości*, Warsaw: Interpress, 1997, 16 n. 1。

[4] Timothy Garton Ash, *In Europe's Name*, New York: Random House, 1994, 230, 353–354; Zelikow and Rice, *Germany Unified*, 132–133, 220–221; Telchik, *329 Tage*, 132, 184, 296–297; *Gazeta Wyborcza*, 8 February 1990, 7; 9 February 1990, 7; 22 February 1990, 1; 2 March 1990, 1; 15 March 1990, 1; Krzysztof Skubiszewski, "Poland and the North Atlantic Alliance 1989–1990," in Jörn Ipsen, ed., *Recht—Staat—Gemeinwohl*, Cologne: Heymann, 2001; Skubiszewski, *Polityka zagraniczna*, 29–34; *Sprawozdanie Stenograficzne*, (28), 26 April 1990, 8–10.

[5] Wlodzimierz Derczyński and Robert Draczyk, *Stosunek Polaków do innych narodowości*, Warsaw: CBOS, August 1996, 29.

[6] 关于磋商的提议,见 Antoni Dudek, *Pierwsze lata III Rzeczypospolitej 1989–1995*, Cracow: Geo, 1997, 70; Grzegorz Kostrzewa-Zorbas, "The Russian Troop Withdrawal from Poland," in Allan Goodman, ed., *The Diplomatic Record, 1992–1993*, Boulder, Colo.: Westview Press, 1995, 122–123。关于维尔纽斯大火,见 Grzegorz Kostrzewa-Zorbas, "Imperium kontratukuje," in Jacek Kurski and Piotr Semka, interviewers, *Lewy czerwcowy*, Warsaw: Editions Spotkania, 1993, 159–162。

[7] 关于波兰人对德国人的恐惧,"Security for Europe Project Final Report," Providence, R.I.: CFPD, 1993, 15。1992 年 5 月的调查,见 *Życie Warszawy*, 1 August 1992, 23. Hupka's query in Skubiszewski, *Polityka zagraniczna*, 75。关于德国外交官,同上书, 140。

[8] 引自克日什托夫·斯库比斯茨维奇的通信,7 December 2000, 8–9。这在 Skubiszewski, *Polityka zagraniczna*, 379–395 一文中讲得很清楚了。又见 Ilya Prizel, "Warsaw's Ostpolitik," in Ilya Prizel and Andrew Michta, eds., *Polish Foreign Policy Reconsidered*, New York: St. Martin's, 1995, 96–98。

[9] 分别引自:*Sprawozdanie Stenograficzne* (14), 8 May 1992, 193; Skubiszewski, *Polityka zagraniczna*, 29。

[10] 1968 年,斯库比斯茨维奇曾批评波兰参与入侵捷克斯洛伐克以及波兰政权的反犹太

人政策；1980 年他加入了团结工会。然而，在 1986 年到 1989 年间，他加入了沃伊切赫·雅鲁泽尔斯基将军的顾问委员会。雅鲁泽尔斯基担任波兰总统直到 1990 年，1989 年时对两个阵营来说，斯库比斯茨维奇的职业生涯使其成为外交部部长的合适人选。

［11］ 关于斯库比斯茨维奇，见 *Polityka* (Warsaw), 27 October 1990。关于后勤工作，见 *Gazeta Wyborcza,* 9–10 June 1990; 引自克日什托夫·斯库比斯茨维奇的通信, 7 December 2000, 10。

［12］ 一个例外是匈牙利与苏维埃乌克兰的约定，这出于匈牙利对在乌克兰的匈牙利少数民族的担心。斯库比斯茨维奇的话引自 *Polityka zagraniczna,* 74。斯库比斯茨维奇的政策特征，见 *Sprawozdanie Stenograficzne* (51), 14 February 1991, 22; *Polityka zagraniczna,* 271; 以及下一个脚注中引用的资料。双轨政策备忘录 : Grzegorz Kostrzewa-Zorbas, "Tezy do polskiej polityki wschodniej u progu lat dziewięćdziesiątych," 22 March 1990。关于备忘录与政策的关系：见格热戈日·科斯切娃–佐尔巴斯的通信, 27 February 1998，又见 Geremek, *Rok 1989,* 338; *Gazeta Wyborcza,* 13–14 January 1990, 5–6; *Rzeczpospolita,* 14 January 1994, 22。

［13］ *Sprawozdanie Stenograficzne* (28), 26 April 1990, 15; and 65, 27 June 1991, 20.

［14］ Grzegorz Kostrzewa-Zorbas, "Stosunki polsko-litewskie," 提交给波兰上议院外交事务委员会以及华沙的公民议员会议（Obywatelski Klub Parlamentarny），1989 年 10 月 23 日。

［15］ Skubiszewski, *Polityka zagraniczna,* 71, 96. 批评见 Adam Chajewski, "Polityka polska wobec Litwy w latach 1989–1994," *Arcana,* 1, 7, (1996), 97。

［16］ Timothy Snyder, "The Poles," in Charles King and Neil Melvin, eds., *Nations Abroad,* Boulder, Colo.: Westview Press, 1998, 186–187.

［17］ 关于与民主改革运动的接触,见 Chajewski, "Polityka polska wobec Litwy," 95; Jan Widacki, "Stosunki polsko-litewskie," *Kultura,* 602 (1997), 46; "Materiały okrągłego stołu litewsko-polskiego," *Lithuania,* 9–10 (1993–1994), 16; Jerzy Marek Nowakowski, "Polska—Litwa, *Polska w Europie,* 2 (1990), 64。

［18］ "Rukh"和"Sąjūdis"分别是乌克兰语和立陶宛语中"运动"的意思,因此很难准确地、适宜地翻译过来。

［19］ Myroslav Shkandrij, "Literary Politics and Literary Debates in Ukraine 1971–1981," in Bohdan Krawchenko, ed., *Ukraine after Shelest,* Edmonton: CIUS, 1983, 55–68; Roman Solchanyk, "Politics and the National Question in the Post-Shelest Period," 同上书, 14–17。

［20］ 见 Bohdan Osadczuk, Iaroslav Hrytsak, Myroslav Popovych, Ivan Dziuba, Mykola Zhulyns'kyi, Miroslaw Czech 和 Roman Szporluk 的回忆：*Nashe Slovo* (Warsaw), 8 October

2000。

[21] 米奇尼克的话引自 Mirosław Czech, *Ukraińcy w Polsce*, Warsaw: Związek Ukraińców w Polsce, 1993, 16; 对此的回应：Roman Solchanyk, *Ukraine: From Chernobyl to Sovereignty,* New York: St. Martin's Press, 1992, 59; Ivan Drach, Roman Szporluk, 以及 Mark Kramer 曾与我讨论过米奇尼克的演讲。

[22] Interview with Jerzy Kozakiewicz, Warsaw, 4 March 1997; Iurii Zaitsev, "Pol's'ka opozytsiia 1970–80 rokiv pro zasady ukrains'ko-pols'koho prozuminnia," in Iurii Zaitsev, ed., *Deportatsii ukraintsiv ta poliakiv,* L'viv: NAN Ukrainy, 1998, 56–63; Antoni Kamiński and Jerzy Kozakiewicz, *Stosunki polsko-ukraińskie,* Warsaw: Instytut Spraw Publicznych, 1997, 20; Czech, *Ukraińcy w Polsce,* 18 22; Gazeta Wyborcza, 8 May 1990, 6.

[23] Interview with Jacek Czaputowicz, Warsaw, 9 September 1997; Stephen Burant, "International Relations in a Regional Context: Poland and its Eastern Neighbors," *Europe-Asia Studies,* 45, 3 (1993), 409; *Gazeta Wyborcza,* 18 October 1990, 6.

[24] Interview with Jerzy Kozakiewicz, Warsaw, 4 March 1997; Skubiszewski, *Polityka zagraniczna,* 273–274; *Sprawozdanie Stenograficzne* (14), 8 May 1992, 196; Jan de Weydenthal, "Polish-Ukrainian Rapprochement," *RFE/RL Research Report,* 28 February 1992, 26; Czech, *Ukraińcy w Polse,* 47; Kamiński and Kozakiewicz, *Stosunki polsko-ukraińskie,* 21–22; *Nashe Slovo* (Warsaw), 13 December 1992, 1–2.

[25] Andrew Wilson, *Ukrainian Nationalism in the 1990s,* Cambridge: Cambridge University Press, 1997.

[26] Alexander Motyl and Bohdan Kravchenko, "Ukraine," in Ian Bremmer and Ray Taras, eds., *New States New Politics,* Cambridge: Cambridge University Press, 1997, 235–249; Roman Szporluk, "Reflections on Ukraine after 1994," *Harriman Review,* 7, 7–9 (1994), 1–10; Wiktor Nebożenko, "Ukraińska opinia publiczna o polityce zagranicznej," *Polska w Europie,* 15 (1994), 149–162.

[27] 波兰得到俄罗斯联邦的保证：俄罗斯不会让德国人定居在波罗的海的加里宁格勒州，在"二战"后，苏联从德国那里拿走了这部分领土。Skubiszewski, *Polityka zagraniczna,* 272–273.

[28] Kostrzewa-Zorbas, "Russian Troop Withdrawal," 121–125; *Rocznik Polskiej Polityki Zagranicznej 1991,* 80 – 81; *Rocznik Polskiej Polityki Zagranicznej 1992,* 189; Dudek, *Pierwszelata III Rzeczypospolitej,* 255.

[29] Yitzhak Brudny, *Reinventing Russia,* Cambridge, Mass.: Harvard University Press,

2000, 262 以及全书各处。

［30］ Wojciech Roszkowski, "Polska," in Marek Beylin, ed., *Europa środkowo-wschodnia 1992,* Warsaw: ISP, 1993, 273; 关于 1992 年 5 月的条约, 见 Kostrzewa-Zorbas, "Russian Troop Withdrawal," 132。

［31］ *Kultura,* 512 (1990), 87–88; Stephen Burant, "Belarus and the Belarusian Irredenta in Lithuania," *Nationalities Papers,* 25, 4 (1995), 645; Alfred Erich Senn, *Gorbachev's Failure in Lithuania,* New York: St. Martin's, 1995, 73, 115.

［32］ 关于 1989 年, 见 Algimantas Prazauskas, "The Influence of Ethnicity on the Foreign Policy of the Western Littoral States," in Roman Szporluk, ed., *National Identity and Ethnicity in Russia and the New States of Eurasia,* Armonk, N.Y.: M.E. Sharpe, 1994, 165。关于 1990 年, 见 *Kultura,* 517 (1990), 120。

［33］ 关于这次访问, 见 interview with Jacek Czaputowicz, 9 September 1997, Skubiszewski, *Polityka zagraniczna,* 272; Tadeusz Gawin, *Ojcowizna,* Hrodna: Fundacja Pomocy Szkołom Polskim, 1993, 65; *Gazeta Wyborcza,* 16 October 1990, 1; 18 October 1990, 6; 22 November 1990, 6; *Kultura,* 519 (1990), 102–106; 同上书, 560 (1994), 19。关于领土和少数民族, 见 "Interview with Vintsuk Vyachorka," *Uncaptive Minds,* fall 1991, 39–49; *Kultura,* 505 (1989), 106–107; *RFE/RL Research Report,* 1, 37 (18 September 1992), 41–45。

［34］ *Gazeta Wyborcza,* 4 September 1991, 6; *Kultura,* 560 (1994), 19; Moscow Interfax in English, 10 October 1991, in *FBIS-SOV,* 11 October 1991, 63; Moscow *Tass* in English, 11 October 1991, 同上书, 17 October 1991, 76; *Le Monde,* 8–9 March 1992, in *FIBS-EEU,* 10 April 1992, 25–28; Jan Zaprudnik, *Belarus,* Boulder, Colo.: Westview, 1993, 216。

［35］ Zdzisław Winnicki, "Polacy na Białorusi," in Jacek Pietraś and Andrzej Czarnocki, eds., *Polityka narodowościowa państw Europy Środkowowschodniej,* Lublin: IEWS, 1993, 199.

［36］ Juozis Lakis, "Ethnic Minorities in the Postcommunist Transformation of Lithuania," *International Sociology,* 10, 2 (1995), 179–180. 1953 年, 有 2.7 万名学生在波兰语学校上学或在非波兰语学校学习波兰语。到 1987 年这个数字下降到 10133 名。Grzegorz Błaszczyk, "Polacy na Litwie," *Przegląd Wschodni,* 1, 1 (1991), 156.

［37］ Eberhardt, "Przemiany narodowościowe na Litwie," 478.

［38］ Thomas Szayna, "Ethnic Poles in Lithuania and Belarus," Rand Report, August 1993, 35.

［39］ Jacek Kuśmierz, "Między 'wschodem' a 'zachodem,'" *Przegląd Wschodni,* 1, 3 (1991), 512– 513; Lech Mróz, "Problemy etniczne w Litwie wschodniej," 同上书, 496; Szayna, "Ethnic Poles in Lithuania and Belarus," vii。

［40］ Senn, *Lithuania Awakening,* 99; Vesna Popovski, *National Minorities and Citizenship Rights in Lithuania,* Houndmills: Palgrove, 2000, 132–133; Piotr Łossowski, "The Polish Minority in Lithuania," *Polish Quarterly of International Affairs,* 1, 1–2 (1992), 83; *Kultura,* 499 (1989), 106–112; Chajewski, "PolitykapolskawobecLitwy," 96; *Gazeta Wyborcza,* 27 September 1989, 6.

［41］ Widacki, "Stosunki polsko-litewskie," 41–44; *Gazeta Wyborcza,* 5 October 1990, 6.

［42］ 正如厄内斯特·勒南（Ernest Renan）所说："遗忘、犯下历史错误，这对创造一个民族来说至关重要。" *Qu'est-ce qu'une nation?* Paris: Calmann-Levy, 1882. 又见 Benedict Anderson, *Imagined Communities,* rev. ed., London: Verso, 1991, 199–201。

［43］ Grzegorz Kostrzewa, "Stare i nowe," *Gazeta Wyborcza,* 22 September 1989, 6.

［44］ 信件见 *Gazeta Wyborcza,* 15–17 September 1989, 2。Vladivostok mockery 同上书, 8–10 September 1989, 1. 又见同上书, 11 September 1989, 6; 5 June 1990, 6。

［45］ "Aide Mémoire w sprawie potrzeb mniejszości polskiej w Republice Litewskiej," Polish Ministry of Foreign Affairs, 26 November 1990. 领土自治运动在西方没有受到关注正是因为它缺少（用 Rogers Brubaker 的术语来说）一个"民族化的外部家园"来支持它的领土要求。*Nationalism Reframed,* Cambridge: Cambridge University Press, 1994. 主张自治者的要求，见 *Nasza Gazeta* (Vilnius), 22 October 1989, 3; 22 October 1989, 1; 8 November 1989, 1, 3; 4 December 1989, 2; 8 April 1990, 1–2; 23 April 1990, 2; 13 May 1990, 1; 3 June 1990, 2; 15 October 1990, 2。

［46］ Senn, *Gorbachev's Failure,* 145; 又见脚注 516。

［47］ *Gazeta Wyborcza,* 23 May 1991, 7; 18 January 1992, 1; *Rzeczpospolita,* 11–12 April 1992, 7; Chajewski, "Polityka polska wobec Litwy," 102.

［48］ *Sprawozdanie Stenograficzne* (49), 11 January 1991, 111.

［49］ Timothy Snyder, "National Myths and International Relations: Poland and Lithuania, 1989–1994," *East European Politics and Societies,* 9, 2 (1995), 318–319; *Gazeta Wyborcza,* 14 January 1991, 3.

［50］ *RFE Daily Report,* 20 February 1992.

［51］ *Gazeta Wyborcza,* 12–13 January 1991, 1; 15 January 1991, 1; 21 January 1991, 11.

［52］ 同上书, 14 January 1991, 1; 15 January 1991, 1; 18 January 1991, 3; Leszek Jesień, personal communication, 9 April 2000。

［53］ 同上书, 12–13 January 1991, 1; 14 January 1991, 3。

[54] Compare F. Stephen Larrabee, *East European Security after the Cold War,* Santa Monica, Calif: RAND, 1993, 11–12.

第13章 欧洲标准和波兰利益（1992—1993）

[1] 1993年之前,欧盟(EU)一直被称作欧洲共同体(European Communities)。为了避免混淆,我在全书中都使用"欧盟"。直到1992年,波兰才清楚表明要加入北约的愿望,而且总理扬·奥尔谢夫斯基和汉娜·苏霍茨卡一直比斯库比斯茨维奇更自由地讨论这个问题。最早在1991年（如果之前没有的话）波兰加入北约就成为波兰与西方伙伴的对话议题。

[2] Krzysztof Skubiszewski, *Polityka zagraniczna i odzyskanie niepodległosci,* Warsaw: Interpress, 1997, 205.

[3] 同上书, 29。

[4] 关于政策的基本声明, 见*Sprawozdanie Stenograficzne* (14), 8 May 1992, 152–159; Skubiszewski, *Polityka zagraniczna,* 274, 282, 299–308。又见波兰大使在1992年到1997年间的观点, 见 Jan Widacki, "Stosunki polsko-litewskie," *Kultura,* 602 (1997), 46; Žilvinas Norkunas, "Steering the Middle Course," *Lithuania in the World,* 4, 2 (1996), 18–23; 以及下任外交部部长 Andrzej Olechowski 的讲话 : *Sprawozdanie Stenograficzne* (20), 12 May 1994, 27。

[5] "Polska—Ukraina—Bialorus," *Polska w Europie,* 12 (1993), 111–112。

[6] 后者在1990年哥本哈根声明关于少数民族权利的内容中被清晰陈述。Vertrag zwischen der Bundesrepublik Deutschland und der Republik Polen über gute Nachbarschaft und freundschaftliche Zusammenarbeit, 17 June 1991, article 20, available at www.auswaertiges-amt.de.

[7] *Polityka* (Warsaw), 3 February 1996, 40. 又见 Skubiszewski, *Polityka zagraniczna,* 126, 206; Miroslaw Czech, *Ukraińcy w Polsce,* Warsaw: Zwia̧zek Ukrain´ców w Polsce, 1993, 278。

[8] Hans-Dietrich Genscher, *Rebuilding a House Divided,* New York: Broadway Books, 1998, 525; Helmut Kohl, *Ich wollte Deutschlands Einheit,* Berlin: Ullstein, 1996, 446–447. 关于1991年德国–波兰条约中的"欧洲"特征, 见 Dieter Bingen, *Die Polenpolitik der Bonner Republik von Adenauer bis Kohl,* Baden-Baden: Nomos, 1998, 292–306。大致可参见 Timothy Garton Ash, *In Europe's Name,* New York: Random House, 1994。

[9] Czech, *Ukraińcy w Polsce,* 34; Andrew Wilson, *Ukrainian Nationalism in the 1990s,* Cambridge: Cambridge University Press, 1997, 85. But see also *Kultura,* 542 (1992), 119–122. 关于波兰人对邻国的担心见下文的资料来源。

[10] 波兰的道歉和乌克兰的回应, 见 Czech, *Ukraińcy w Polsce,* 130–131。

[11] *Rocznik Polskiej Polityki Zagranicznej 1992,* 140.

[12] Dmytro Pavlychko的评价,见 *Holos Ukrainy* (Kyiv), 13 February 1992, 5; interview with Ivan Drach, Kyiv, 27 May 1997。

[13] 引自 Burant, "International Relations in a Regional Context: Poland and its Eastern Neighbors," *Europe-Asia Studies,* 45, 3 (1993), 410。

[14] "Shosta sesiia Verkhovnoi Rady Ukrainy, 12 sklykannia," *Biuletyn* 5, 1992, 36–56。

[15] 分别引用自 Hanna Suchocka, Dmytro Pavlychko, Hennadii Udovenko: Władysław Gill and Norbert Gill, *Stusunki Polski z U*krainą, Toruń: Marszalek, 1994, 28; *Kultura,* 547 (1993), 92–93; *Życie Przemyskie,* 17 March 1993, 1, 3。又见 *Holos Ukrainy* (Kyiv), 14 January 1993, 2。

[16] 见 the resolution "Kontseptsiia Derzhavotvorennia v Ukraini," from the Rukh congress of 4 December 1992; 以及 *Literaturna Ukraina,* 17 December 1992; *Kultura* 528 (1991), 80–81。

[17] *Holos Ukrainy* (Kyiv), 20 May 1992, 1–2; Warsaw Radio Warszawa Network, 18 May 1992, in *FBIS-EEU,* 19 May 1992, 8; *Izvestia,* 19 May 1992, 5, in *Current Digest of the Post-Soviet Press,* 49, 20 (1992), 24–25; Bohdan Osadczuk, "Od Belwederu do Kamieńca Podolskiego," *Kultura,* 538–539 (1992), 140。

[18] 见以下声明文集中的例子：*A Russia That We . . .,* Kyiv: UCIPR, 1993。

[19] "To strengthen Regional Security in Central and Eastern Europe," Ukrainian Embassy in Warsaw, 22 April 1993; [Dmytro Pavlychko], "Oświadczenie," *Kultura,* 537 (1992), 90–91。又见 Ivan Drach, *Polityka,* Kyiv: Ukraina, 1997, 197; Larrabee, *East European Security,* 19, 108–109; Antoni Kamiński and Jerzy Kozakiewicz, *Stosunki polsko-ukraińskie* Warsaw: Instytat Spraw Publicznych, 1997, 30–31; Wilson, *Ukrainian Nationalism,* 177。

[20] 关于各方对协定的反应,见 Stephen Burant, "Ukraine and East Central Europe," in Lubomyr Hajda, ed., *Ukraine and the World,* Cambridge, Mass.: Harvard University Press, 1998, 42。波兰对乌克兰政策的解释：*Kultura,* 568–569 (1995), 41; Skubiszewski, *Poliyka zagraniczna,* 282。同等距离：Jan de Weydenthal, "Economic Issues Dominate Poland's Eastern Policy," *RFE/RL Research Report,* 2, 10 (5 March 1993), 24; Warsaw TVP, 13 January 1993, in *FBIS-EEU,* 14 January 1993, 28; *RFE Daily Report,* 4 February 1993。

[21] 不久,华沙为了支持乌克兰修改了立场,背弃了与莫斯科的协定。2000年,波兰的能源政策比乌克兰的能源政策都更有利于乌克兰；2001年这种姿态很难维持下去。当历史的这一卷被翻过后,这些议题还是没有重新得到解决,在接下来的几十年中这会成为欧洲安全的重要方面。对燃气争议的担心：*RFE Daily Report,* 3 April 1992; 关于乌克兰的能源问题

和外交政策，见 Arkady Toritsin, "Political Economy and Foreign Policy in Post-Soviet Successor States," Doctoral dissertation, Rutgers University, 1999. "Anti-Ukrainian act": Stephen Burant, "Poland's Eastern Policy, 1990–1995," *Problems of Post-Communism*, 43, 2 (1996), 52. Major Lysenko: Burant, "Ukraine and East Central Europe," 55。

［22］ 关于克劳先卡：*Gazeta Wyborcza*, 28 July 1997, 16; Jacek Gorzkowski, "Litwa," in Marek Beylin, ed., *Europa Środkowo-Wschodnia 1992*, Warsaw: ISP, 1993, 252; *Kultura*, 535 (1992), 102–106; 关于知识分子们，见 Stephen Burant, "Belarus and the Belarusian Irredenta in Lithuania," *Nationalities Papers*, 25, 4 (1995), 646 – 647。

［23］ 关于舒什克维奇：Siergiej Owsiannik and Jelena Striełkowa, *Władza i społeczeństwo*, Warsaw: Presspublica, 1998, 64 – 96; 关于立陶宛：Gorzkowski, "Litwa," 253。

［24］ Tadeusz Gawin, *Ojcowizna*, Hrodna: Fundacja Pomocy Szkołom Polskim, 1993, 127– 128; Stanisław Bieleń, "Kierunki polityki wschodniej III Rzeczypospolitej," in *Patrząc na wschód*, Warsaw: Centrum Badań Wschodnich, 1997, 35; "Polska—Ukraina—Białorus," 140; Thomas Szayna, "Ethnic Poles in Lithuania and Belarus," Rand Report, August 1993, 42.

［25］ 通过与当代白俄罗斯边界相匹配，重新划定主教教区的边界；以及通过挑选出对白俄罗斯问题更敏锐的大主教的方式。

［26］ 早期有一些关于少数民族问题的讨论，比如：*Narodnaia gazeta* (Minsk), 4 January 1992, 1; 12 February 1992, 1。对 1992 年波兰国内白俄罗斯少数民族的估计引自 Piotr Eberhardt, *Między Rosją i Niemcami*, Warsaw: PWN, 1996, 131。在白俄罗斯的波兰少数民族的人数计算是根据 1989 年苏联的人口普查和 1999 年白俄罗斯的人口普查结果。

［27］ Kathleen Mihailisko, "Security Issues in Ukraine and Belarus," in Regina Owen Carp, ed., *Central and Eastern Europe*, Oxford: Oxford University Press, 1993, 229–230; Burant, "Belarusian Irredenta," 645 – 648.

［28］ Warsaw PAP, 24 April 1992, in *FBIS-EEU*, 28 April 1992, 15.

［29］ Burant, "International Relations," 407; *Rocznik Polskiej Polityki Zagranicznej 1992*, 147.

［30］ 引自 Tadeusz Kosobudzki, "Stracone szansy," *Kultura*, 560 (1994), 20; 又见 Warsaw PAP, 19 November 1992, in *FBIS-EEU*, 19 November 1992, 16; RFE Daily Report, 23 November 1992。

［31］ Interview with Czesław Okińczyc, Vilnius, 7 April 1994; Widacki, "Stosunki polskolitewskie," 50.

［32］ *Gazeta Wyborcza*, 14–15 September 1991, 1; 16 September, 17; 兰茨贝吉斯的话引自 24 September 1991, 6。在兰茨贝吉斯转机途径华沙时，这两人曾非正式会面。

[33] Tass World Service, 12 January 1992, *SWB/SU*, 14 January 1992; PAP, 14 January 1992, *SWB/SU*, 16 January 1992.

[34] Warsaw PAP, 15 January 1992, in *FBIS-EEU*, 22 January 1992, 20.

[35] Timothy Snyder, "National Myths and International Relations: Poland and Lithuania, 1989–1994," *East European Politics and Societies*, 9, 2 (1995) 326–331; 原文引自 Widacki, "Stosunki polsko-litewskie," 52。

[36] Skubiszewski, *Polityka zagraniczna*, 191–193.

[37] Vilnius Radio, 3 September 1993, in *FBIS-SOV*, 8 September 1993, 105; *Rzeczpospolita*, 16–17 October 1993, 9; Tallinn BNS, 21 October 1993, in *FBIS-SOV*, 22, October 1993, 88; *Dokumentation Ostmitteleuropa*, 20, 1–2 (April 1994), 116–119.

[38] *Gazeta Wyborcza*, 27 April 1994, 1. 关于他对波兰文化的历史观点，见 Barbara Christophe, *Staat versus Identität*, Cologne: Wissenschaft und Politik, 1997, 234–236。

[39] 原文引自 Warsaw *Słowo Powszechne*, *FBIS-SOV*, 27 November 1991, 36; RFE Daily Report, 27 July 1993。又见 Audrius Butkevicius, "The Baltic Region," *NATO Review*, 41, 1 (1993), 7–11。1994年，当加入北约成为立陶宛国家政策后，他似乎改变了关于北约扩张的看法。在接下来的10年里，他对立陶宛国家利益的观点变得不明晰了，当时他被指控在担任议员时收受贿赂，而他指控兰茨贝吉斯为克格勃工作。在这里提到具体某人并非为了制造英雄，而是为了描述国内政治中的战略决议。

[40] Snyder, "National Myths," 334. 在斯库比斯茨维奇任期结束后，与立陶宛达成共识的特殊任务是瓦文萨的副手 Andrzej Zakrzewski 以及波兰首席代表 Iwo Byczewski 促成的。今天我们仍可把这视为 1989—1993 年的成就之一。

[41] Louisa Vinton, "Domestic Politics and Foreign Policy, 1989–1993," in Ilya Prizel and Andrew Michta, eds., *Polish Foreign Policy Reconsidered*, New York: St. Martin's, 1995, 24; *Rocznik Polskiej Polityki Zagranicznej 1993–1994*, 18.

[42] 公众对乌克兰和乌克兰人的看法：Grzegorz Babiński, *Pogranicze polsko-ukraiń- skie*, Cracow: Nomos, 1997, 166–168; Andrzej Zięba, "Ukraińcy w oczach Polaków," in Teresa Walas, ed., *Narody i stereotypy*, Cracow: Międzynarodowe Centrum Kultury, 1995, 97–98; Antonina Kłoskowska, *Kultury narodowe u korzeni*, Warsaw: PWN, 1996, 196; Warsaw PAP, 14 February 1992, in *FBIS-EEU*, 18 February 1992, 31; *ŻycieWarszawy*, 1 August 1992, 23。又见 Marek Skórka, "Wspólne sąsiedztwo czy nie chciani intruzi?" *Więź*, 473 (1998), 70–81。

[43] 关于这一传统如何被保留下来的一个信号是当时右翼激进工会"战斗的团结工会"

（Solidarność Walczqca）进入国际政治舞台时依照一份亲乌克兰的指南，其中的行动包括为维斯瓦河行动道歉。*Stosunki PolskoUkraińskie 1917–1947,* Warsaw: Perturbancii, 1990.

［44］ Jacek Raciborski, *Polskie wybory,* Warsaw: Scholar, 1997, 42; *Kultura,* 520 – 521 (1991), 145; *Gazeta Wyborcza,* 9 September 1991, 1; *Rocznik Polskiej Polityki Zagranicznej 1992,* 20; Prizel, "Warsaw's Ostpolitik," in Prizel and Michta, *Polish Foreign Policy Reconsidered,* 112; *Rzeczpospolita,* 15 January 1994, 22; *Gazeta Wyborcza,* 11 January 1994, 3.

［45］ 另一个大的例外是波兰上议院对一个名为波兰人共同体(Polish Community)的组织的资助，该组织反对斯库比斯茨维奇的政策，其反对方式是物质援助声称代表立陶宛的波兰少数民族的组织，无论该组织有着怎样的政治目的。这个群体中的波兰活动家认为波兰应该把波兰少数民族的利益放在与东部民族国家的友好关系之上。Interview with Agnieszka Panecka, Warsaw, 27 February 1998; Andrzej Stelmachowski, "O debacie," *Wspólnota Polska,* 58 (April 1997), 39. 又见 Widacki, "Stosunki polsko-litewskie" and Natalla Piatrowicz, "Katolicyzm na Białorusi," *Więź,* 467 (1997), 83.

［46］ 这个论断基于1989—1994年的议会记录。关于右翼，见 *Sprawozdanie Stenograficzne* (51), 14 February 1991, 15–54; (14), 8 May 1992, 152–199; (31), 13 October 1994, 108–114。

［47］ 之后，因为他扮演的这个角色，乌克兰授予他智者雅罗斯拉夫大公勋章（ Order of Prince Iaroslav the Wise ）。*Polityka i kul'tura* (Kyiv), 10–16 September 1999, 38–39.

［48］ 正如他对上议院所说的："让我们回想起许多政治家已经遗忘的、目前还未记起的事情：一个和东部邻国没有建立起规范的、良好的和友善的国家关系的波兰，算不上西方世界的伙伴。" Skubiszewski, *Polityka zagraniczna,* 247.

［49］ Lech Wałęsa, "List do wyborców," 27 April 1989; *Literaturna Ukraina* (Kyiv), 3 June 1993, 1; 27 May 1993, 2; *Lithuania,* 11–12 (1994), 140–141; Moscow *Itar-Tass,* 29 June 1993, in *FBIS-SOV,* 30 June 1993, 64; *Kultura,* 550–551 (1993), 106–113.

［50］ "Security for Europe Project Final Report," 15; 以及 Kłoskowska, *Kultury narodowe u korzeni,* 386。

第14章 尾声：回到欧洲

［1］ 关于东欧的国内政治和欧盟的影响力，见 Milada Anna Vachudová, "The Systemic and Domestic Determinants of East European Foreign Policies," Doctoral dissertation, University of Oxford, 1997。

［2］ Klaus Bachmann, "Nasza i wasza wolność," *Rzeczpospolita,* 6 January 2001.

[3] 外交部部长 Andrzej Olechowski 曾试图在 1994 年重新与东部邻国建立联系,但遭到时任总理 Waldemar Pawlak 的阻拦。

[4] *Gazeta Wyborcza*, 3 January 1994, 2.

[5] 同上书, 6 March 1998, 3; 15 March 1998, 6; 1 July 1998, 1; *Segodnia*, 30 June 1998, 2; *Kommersant Daily*, 30 June 1998, 2; *Russkii Telegraf*, 30 June 1998。关于北约扩张的结果,见 Stephen Burant, *Problems of Post-Communism*, 48, 2 (2001), 25–41。

[6] 民意调查数据来自 Yuri Levada, "After the Thaw," *Wilson Quarterly*, 55, 2, (2001), 78。

[7] *Gazeta Wyborcza*, 26 June 1998, 1.

[8] Ustina Markus, "Belarus: You Can't Go Home Again?" *Current History*, 113, 585 (1994), 337–341.

[9] *Minsk News*, 2 November 1997, 1.

[10] 引文来自:(IMF) Marek Karp, *Gazeta Wyborcza*, 26–27 July 1997, 16–17 *Rzeczpospolita*, 2 January 1997, 6; (wives) *Rzeczpospolita*, 6 August 1996, 23。又见 *Gazeta Wyborcza*, 17 August 1995, 9; *Minsk News*, 22 December 1997, 3; *Gazeta Wyborcza*, 18 July 1997, 12; Siarhej Ausiannik and Ałena Strałkowa, "Białoruś," in *Europa Środkowo-wschod- nia*, Warsaw: ISP PAN, 2000, 27。又见 David Marples, *Belarus*, Amsterdam: Harwood, 1999, 90–91。

[11] M. Koszelew, "Polacy w oczach Bialorusinów," *Dzieje Najnowsze*, 27, 2 (1995), 81–93; Natalla Piatrowicz, "Katolicyzm na Białorusi," *Więź*, 467 (1997), 81–92; Ryszard Radzik, "Ruski i Pan-asymetria stereotypu," *Europa Środkowo-wschodnia*, 63–80; Uładzimier Padhol, "W oczach 'sowka,'" 同上书, 53–62; *Minsk News*, 17–23 March 1998, 3. 白俄罗斯人确实把波兰视为资本主义西方的一部分。Marek Śliwiński and Valerijus Čekmonas, "Świadomość narodowa mieszkańców Litwy i Białorusi," *Przegląd Wschodni*, 4, 3 (1997), 572.

[12] Interview with Stanislau Shushkevich, 8 December 1996; "Chronicle, March 1995–February 1997," Polish Ministry of Foreign Affairs; *Minsk News*, 10–16 February 1998, 1; *Gazeta Wyborcza*, 6 February 1998, 8; *Głos znad Niemna* (Hrodna), 16–22 January 1995, 1.

[13] *Itogi perepisi naseleniia Respubliki Belarus 1999 goda*, Minsk: Ministerstvo Statistiki, 2000. 大约有 15% 在护照上写着"白俄罗斯人"的受访者称他们是俄罗斯人,而 10% 在护照上写着"白俄罗斯人"的受访者自称白俄罗斯人。Śliwiński and Čekmonas, "Świadomość narodowa mieszkańców Litwy i Białorusi," 574.

[14] Roman Szporluk 的一个研究主题,参见 *Russia, Ukraine, and the Breakup of the Soviet Union* (Stanford, Calif., 2000) 的第 4 章和第 9 章。

［15］ 关于战时的损失：Marceli Kosman, *Historia Białorusi,* Wrocław: Ossolineum, 1979, 350; Piotr Eberhardt, *Między Rosją a Niemcami,* Warsaw: PWN, 1996, 185。关于新东仪天主教会：Siarhej Abłamiejka, "Problem statystyki parafii neounickich na terenie Zachodniej Białorusi," in Jan Sergiusz Gajek and Stanisłow Nabywaniec, eds., *Unia Brzeska z perspektiwy czterech stuleci,* Lublin: KUL, 1998, 213。关于城市化：Chauncy Harris, *Cities of the Soviet Union,* Chicago: McNally, 1970, 322。关于帕兹亚克，见 Jan Zaprudnik, *Belarus,* Boulder, Colo.: Westview, 1993, 168; 以及 Włodzimierz Pawluczuk, "Białoruś i sprawa polska," *Kultura,* 634 (2000), 112–113。

［16］ Steven Guthier, "The Belorussians: National Identification and Assimilation," *Soviet Studies,* 29, 2 (1977), 281; Nicholas Vakar, *Belorussia,* Cambridge, Mass.: Harvard University Press, 1956, 216–219; David Marples, *Belarus,* London: Macmillan, 1996, 30–31; Zaprudnik, *Belarus,* 107; Lilia Diamieszka, "Takie książki powinny być trzymane w wyjątkowo dobrze zamkniętych szafach," in *Inna Białoruś,* Warsaw: CSM, 1999, 29.

［17］ *Gazeta Wyborcza,* 28 April 1998, 4. 又见 "Polska polityka zagraniczna w 1996 roku," Polish Ministry of Foreign Affairs, 1997; Jożef Oleksy, "Toast at the Official Dinner Given in his Honour by Mr. Adolfas Slezivicius," 16 September 1995; *Gazeta Wyborcza,* 28 January 1998, 2, 5。

［18］ 少数民族组织关于领土自治的要求一直得不到华沙的注意，华沙认为维尔纽斯的领土自治问题没有那么具有威胁性。Wanda Marcinkiewicz, "Kronika litewska 1997," *Lithuania,* 26–27 (1998), 234.

［19］ *Rzeczpospolita,* 12 April 1996, 6; 15 January 1996, 6; *OMRI Daily Digest,* 7 January 1997.

［20］ 见他在哈佛大学的讲话, 14 November 2000。

［21］ 关于右翼，见 *Ukrains' ka Respub' likans' ka Partia,* Kyiv: Fond Demokratii, 1996; *Narodnyi Ruch Ukrainy,* Kyiv: Fond Demokratii, 1996; *Ukraina: Stanovlennia Demokratii,* Kyiv: Ahentsvo Ukraina, 1997, 292; *Ukrains' ka Natsional' na Asambleia,* Kyiv: Ahentsvo Ukraina, 1998, 23。关于乌克兰人的整体情况，可比较 Wiktor Nebożenko, "Ukraińska opinia publiczna o polityce zagranicznej," *Polska w Europie,* 15 (July–August 1994), 159, 以及 Evhen Golovakha and Ilko Kucheriv, "NATO and Public Opinion in Ukraine," *Political Portrait of Ukraine,* 8 (1997), 63。具体分析，见 Jarosław Hrycak, "Jeszcze raz o stosunku Ukraińców do Polaków," *Więź,* 473 (1993), 15–32; Olga Iwaniak, "Zamożniejsi kuzyni," *Rzeczpospolita,* 22 May 1997, 6。

［22］ Interview with Anton Buteiko, 9 March 1999, Cambridge, Mass.; *Polityka i kul' tura* (Kyiv), 10–16 December 1999, 10.

［23］ *Holos Ukrainy* (Kyiv), 29 June 1996, 1.

〔24〕 *Kultura*, 586–587 (1996), 153–157; Antoni Kamiński and Jerzy Kozakiewicz, *Stosunki polsko-ukraińskie,* Warsaw: Instytut Spraw Dublicznych, 1997; Władisław Gill and Norbert Gill, *Stusunki Polskiz Ukrainą,*Toruń: Marszalek, 1994, 33; *Rocznik Polskiej Polityki Zagranicznej 1995,* 123; *Rocznik Polskiej Polityki Zagranicznej 1996,* 136; *Rzeczpospolita,* 26 March 1997, 7.

〔25〕 文本见*Rzeczpospolita,* 22 May 1997, 6; in English in Tadeusz Piotrowski, ed., *Genocide and Rescue in Wołyn,* Jefferson, N.C.: McFarland, 2000, 255–256。又见 *Den'* (Kyiv), 24 May 1997, 4; *Nashe Slovo* (Warsaw), 14 April 1996, 2。

〔26〕 Anatolii Martsynovs'kyi, "Prymyrennia davno prymyrenykh," *Holos Ukrainy* (Kyiv), 22 May 1997, 7; Iuri Andrukhovych 的论文也值得参阅。用波兰语表述得最清晰的批评文章的作者是德国人 Klaus Bachmann，见 *Polska kaczka—europejski staw,* Warsaw: CSM, 1999, 106 及全书各处。

〔27〕 乌克兰议会的重要性更少一些，而且议会的约束永远比不上立陶宛和波兰的水平。Interview with Borys Andresiuk, Cambridge, Mass., 25 September 2000.

〔28〕 Interview with Aleksander Kwaśniewski, 17 May 1999, Warsaw, Poland.

〔29〕 Włodzimierz Derczyński and Robert Draczyk, "Stosunek Polaków do innych naro-dowości," Warsaw: CBOS, August 1996, 29.

〔30〕 *Gazeta Wyborcza,*13–14 September 1997, 12–13.

〔31〕 见Chris Hann, "Postsocialist Nationalism," *Slavic Review,* 57, 4 (1998), 840–863; *Polityka* (Warsaw), 14 December 1996, 87; *OMRI Daily Digest,* 10 October 1996。

〔32〕 波兰语版的最初7卷是*Polska—Ukraina: Trudne pytania,* Warsaw: Karta, 1998–2000; 乌克兰语版是 *Ukraina—Pol'shcha: Vazhki pytannia*。我参加了 1999 年和 2000 年的第 6 和第 8 次会议。

〔33〕 Peter Andreas and Timothy Snyder, eds., *The Wall Around the West,* Lanham, Md.: Rowman and Littlefield, 2000.

〔34〕 相关的欧盟文件：Treaty of Amsterdam, Conference of the Representatives of the Governments of the Member States, Brussels, 23 September 1997; 关于德国的担心，见 *Gazeta Wyborcza,* 4 February 1998, 6; 5 February 1998, 1。

〔35〕 *Minsk News,* 3–9 February 1998, 3; 10–16 March 1998, 1; *Gazeta Wyborcza,* 11 March 1998, 7.

〔36〕 *Den'* (Kyiv), 2 February 1999, 7; Yaroslav Hrytsak, "National Identities in Post-Soviet Ukraine," in Zvi Gitelman, et al., eds., *Cultures and Nations of Central and Eastern Europe,* Cambridge, Mass.: Ukrainian Research Institute, 200 , 274.

［37］ *Gazeta Wyborcza,* 15–16 November 1997, 6. 乌克兰外交部部长把欧盟的外部边界视作新"铁幕"有些夸张了，但确实使得人们关注起欧洲政策给欧盟东部邻国和欧洲本身带来的影响。在 1999 年 3 月 29 日的华沙，乌克兰外交部部长 Borys Tarasiuk 出席关于欧洲融合的首届波兰-乌克兰会议。

［38］ *Gazeta Wyborcza,* 28 April 1998, 7; Macieja Falkowska, *Społeczeństwo polskie wobec wschodniej polityki wizowej, gospodarczej, i kulturalnej,* Warsaw: CBOS, February 1995, 19–31.

［39］ *Vysokyi zamok* (L'viv), 9–16 January 1999, 1.

致 谢

我在一座图书馆的窗边座位写完了这本书的导论。当我写导论时，我听到了一些熟悉的鸟鸣，一声接着一声。我转过身看见一只褐嘈鸫栖息在窗台外，它透过玻璃窗看着我。褐嘈鸫是一种善于模仿的鸟类，这只褐嘈鸫知道六首歌。它重复每首歌的乐句正好两遍，它从曲库的头唱到尾，唱起了来自森林和海滨的旋律。它站在离我一英尺远的地方。当我提起笔准备记下它的歌曲时，它郑重地向我告别，然后飞走了。

以下是我的郑重告别。这本书从牛津开始，到耶鲁为止，在此过程中一些人一直密切关注着，其中有 Timothy Garton Ash 和 Thomas W. Simons Jr.。我的初始方法受到了 Leszek Kołakowski 的影响，之后是 Isaiah Berlin。刚开始，我在历史、神话和政策间建立联系的努力受到了 Stephen Peter Rosen 的鼓励，之后 Richard Smoke 也给予我鼓励。Roman Szporluk、Andrzej Walicki 和 Piotr Wandycz 多年来向我提出了坚定的批评意见。一些朋友和同事阅读过完整的草稿，其中有 Stephen Burant、Jeremy King、Eric Lohr、Stuart Rachels、Oxana Shevel 和 Kieran Williams。Andrzej Paczkowski、Mary Elise Sarotte、Milada Anna Vachudová 和 Tomas Venclova 就手稿的大部分内容提出了有益的批评。我要感谢以下所有悉心阅读过某一章的人：Chris Boyer、David Brandenberger、Kate Brown、Peter Holquist、Yaroslav Isaievich、Victor Hugo

致谢

Lane、Terry Martin、Grzegorz Motyka、Richard Turits、Nerijus Udrenas、Theodore Weeks、Rafał Wnuk 和 Larry Wolff。在某些疑难问题上，我获得了 Laura Belin、Audrey Helfant Budding、Michael Flier、Yaroslav Hrytsak、Katarzyna Jesień、Joshua Katz、Edward Keenan 和 Mark Kramer 的帮助。Keith Darden、Władysław Filar、Chris Hann、Ihor Il'iushyn、Jeffrey Kopstein、Grzegorz Kostrzewa-Zorbas、Dmitry Koublitsky、Leszek Jesień、Michael MacQueen、Paweł Świeboda 和 Jason Wittenberg 为我提供了想法和资源。我要特别提到 Jeffrey Burds 和 Jagoda Hernik Spalińska，他们慷慨地分享了自己的研究。Peter Andreas、Aaron Belkin、John Czaplicka、Norman Davies 和 Volodymyr Dibrova 向我提供了一些富有成果的调查方向，之后是 Jerzy Giedroyc、Jerzy Jedlicki、Tony Judt、Charles Maier、Sean Pollack、Antony Polonsky、Peter Potichnyj 和 Veljko Vujaćič。

我从我的研讨课学生的反馈中受益良多，他们是 Serhyi Bilenky、Steven Seegel、Anna Sluz 和 Steven Swerdlow。总的来说，在公众演讲之后，我的构想有了显著的提高，我很幸运能有机会与感兴趣的听众讨论这部著作。我想感谢在哈佛大学参与 12 场研讨会的与会者们，在维也纳的人文科学研究所（Institut für die Wissenschaften vom Menschen）参与三场研讨会的与会者们，在牛津大学参与三场研讨会的与会者们（一场在万灵学院，一场在圣安东尼学院），在弗吉尼亚大学参与两场研讨会的与会者们。我也想感谢那些在波兰科学院历史研究所、中欧大学、科罗拉多大学波德分校、哥伦比亚大学、乔治城大学、麻省理工学院、北卡罗来纳大学教堂山分校、斯坦福大学和耶鲁大学出席讲座的人们；还有那些出席了由欧洲学院（Kolegium Europejskie）在华沙组织的政策会议、由东西方研究所（EastWest Institute）在基辅组织的政策会议、由欧洲—大西洋中心（Euro-Atlantic Center）在基希讷乌组织的政策会议以及由威尔逊中心（Wilson Center）在华盛顿组织的政策会议的与会者们。波兰救国军国际联合会和乌克兰人联合会友善地允许我列席在伦贝尔弗图区（Rembertów）的波兰军人学院举行的波兰-乌克兰会议。两位同意接受采访的受访者已经在脚注中提及，他们非常和蔼。Jonathan Brent、Larisa Heimert 和 Margaret Otzel 充满勇气地承担了出版本书的任务；我尤其感谢 Gavin Lewis 的细心编辑。关于本书中事实的准确性以及全部的阐述，我全权负责。

如果没有哈佛大学怀德纳图书馆和耶鲁大学斯特林图书馆的开放式书库，本书不可能成为现在的形式。同时，我对那些使本书插图得以呈现的机构表示感谢。图 15、16、17、18、19 和 25 是来自哈佛大学的乌克兰研究协会参考图书馆的馈赠。图 19 复制的照片来自斯蒂芬尼亚·哈伊钦作品集（Stephania Halychyn Collection），其他照片来自博赫丹·克拉齐夫作品集（Bohdan Krawciw Collection）。要感谢 Robert De Lossa、Daria Yurchuk 和 Ksenya Kiebuzinski 帮忙复制这些照片。图 10、11、12、20、21、23 和 24 是来自华盛顿的美国大屠杀纪念博物馆的馈赠。其中，图 10、20 和 24 来源于犹太研究学会意第绪科学院，图 23 来源于波兰军队博物馆（Muzeum Wojska Polskiego），图 10 来源于立陶宛国家中央档案馆，图 12 来源于 George Kaddish。我要感谢那些将照片捐赠给博物馆的人们，以及帮助促进照片进一步使用的博物馆。图 3、4、5、9、14 和 22 是美国摄影师 Louise Arner Boyd 的作品，这些照片是来自纽约美国地理协会的馈赠。华沙的国立博物馆（Muzeum Narodowe）允许我使用 Jerzy Hoppen（图 6）、Edmund Zdanowski 和

Boleslawa Zdanowska（图7、8）在两次大战间的维尔纽斯拍摄的照片。图26复制自Jerzy Giedroyc和Krzysztof Pomian的作品《两双手的自传》(*Autobiografia na cztery ręce*, Warsaw: Czytelnik, 1996)，均获得巴黎文学协会（Instytut Literacki）的使用授权。图1是Frantsysk Skaryna木刻作品的复制品，由Liavon Tsimafeevich Barazna完成；Jan Zaprudnik和Adam Maldzis回答了关于这件作品的问题。图13是一本奥斯特罗赫圣经的照片，得到了乌克兰的切尔尼希夫历史博物馆（Chernihiv Museum of History）的使用授权。所有地图由托帕斯地图公司的Jonathan Wyss绘制。

我在牛津、巴黎、维也纳和布拉格期间构思了这本书；在华沙、维尔纽斯、明斯克、基辅和沿着国界线的地方进行研究；在马萨诸塞州的剑桥写作；在康涅狄格州的纽黑文完成。我感谢国际研究和交流委员会（International Research and Exchange Board）、人文科学研究所、美国学术团体协会（American Council of Learned Societies）、奥林战略研究所（Olin Institute for Strategic Studies）和哈佛国际与地区研究学会（Harvard Academy for International and Area Studies）的资金支持。我在哈佛期间，Samuel Huntington主持最后两所机构，我能度过这硕果累累的三年有赖他的好意与包容。还要感谢哈佛学会的Chet Haskell、Beth Hastie和Ira Kukin的工作。哈佛大学欧洲中心、麻省理工-麦伦的强制移民计划（MIT-Mellon Project on Forced Migration）以及乌克兰研究协会不时地给予我资金补助。如果没有旅行并沿途受到款待，这本书根本无法写成，特别感谢基辅的Larysa Shevel和Serhyi Shevel，华沙的Agnieszka Waśkiewicz和Andrzej Waśkiewicz。这本书的完成还有赖于那些供我阅读、写作和斟酌措辞的公共场所。我想念剑桥的潘普洛纳咖啡馆、维也纳的博物馆、布拉格的"斯拉维亚"、华沙的"新世界"和巴黎的"圣米歇尔"(我相信这家店现在已经不存在了)的深夜黑咖啡。

索 引

Abwehr: 阿勃维尔 144

Alexander I: 亚历山大一世 26, 55

Allies (Second World War): 盟军（第二次世界大战）173, 179, 183, 187, 220, 226, 234

Alphabet: 字母表 36

Anders, Władysław: 瓦迪斯瓦夫·安德尔斯 220

Andrusovo, Treaty of: 安得所沃条约 117, 119, 275

Antall, József: 约瑟夫·安托尔 240

Antonovych, Volodomyr: 弗拉基米尔·安东诺维奇 128

Armia Krajowa: *See* Home Army 救国军，见波兰救国军

Auschwitz: 奥斯维辛 166

Aušra: 黎明 35—37

Austria (Habsburg domains): 奥地利（哈布斯堡王朝领地）122—139, 185—186, 211

Austro-Marxists: 奥地利-马克思主义者 185

Ba' al Shem Tov: 巴尔·谢姆·托夫 26

Bahushevich, Frantishak: 弗兰切斯查克·巴甫舍维奇 46

Baker, James: 詹姆斯·巴克 235

Balicki, Zygmunt: 齐格蒙特·巴利茨基 130

Basanavičius, Jonas: 约纳斯·巴萨纳维丘斯 33—35, 39, 55, 77

Basilian Order: 巴西勒教团 130, 145

Belarus (post-1991): 白俄罗斯（1991年后）256—257, 260, 266—268; 领土 territory, 261; 收复维尔纽斯 Vilnius revanchism, 266; 罗马天主教会 Roman Catholic Church, 266—267; 在卢卡申科的统治下 under Lukashenka, 179—280; 语言 language, 279—280; 民族认同 national identity, 280—284; 人口 population, 281; 与欧洲 and Europe, 290—292

Belarusian language 白俄罗斯语: 与立陶宛农民 and Lithuanian peasants, 32; 词法 morphology, 41; 说白俄罗斯语的人的灵活性 flexibility of speakers, 41, 44; 政治吸引力 political attraction, 45—46; 在两次大战间的维尔纽斯 in interwar Vilnius, 77; 在 1991 年后的白俄罗斯 in post-1991 Belarus, 279—280

Belarusian National Council: 白俄罗斯民族委员会 61

Belarusian National Front: 白俄罗斯民族阵线 248, 283

Belarusian national revival: 白俄罗斯民族复兴 41—49, 53—54

Belorussian SSR 苏维埃白俄罗斯亚: foundation 建立, 61, 65; enlargement 扩张, 65, 247, 249, 283, 284; and Vilnius 与维尔纽斯, 80—81, 247; durability 持续性, 91; in *Kultura* program 在《文化》计划中, 220—221; in Polish eastern policy 在波兰东部政策中, 233, 246—249; during 1989—1991 在 1989—1991 年间, 247—249; minorities 少数民族, 249—250; purges 清洗, 283; and Second World War 与第二次世界大战, 283—285

Ben Solomon, Elijah: 以来亚・本・所罗门 56

Berdyczów: 别尔基切夫 68, 224

Bereza Kartuska: 别廖扎卡图斯卡 167

Beria, Lavrentii: 贝利亚，拉夫连季 88

BerlinWall: 柏林墙 233, 234

Berynda, Pamvo: 别伦达，帕姆翁 107

Beskidy Mountains: 贝斯基德山 139, 189, 191

Białowieża (Belovezha): 比亚沃查维 73, 256

Biblical translations 《圣经》译本: into Ruthenian vernacular 翻译为鲁塞尼亚方言, 19; into Church Slavonic 翻译为教会斯拉夫语, 19, 107; into Belarusian 翻译为白俄罗斯语, 81

Bieszczady Mountains: 毕斯兹扎迪山脉 191

Bolshevik Revolution: 布尔什维克革命 57, 60, 61, 185

Bolshevik Russia: 布尔什维克俄罗斯 60—63, 78, 138, 140, 218, 287. *See also* Soviet Union. 也见苏联。

Bonaparte, Napoleon: 拿破仑・波拿巴 27, 33

Borders 边界: and national revivals 与民族复兴, 47, 270; and nation-states 与民族国家, 60, 139, 202; and elections 与选举, 68; and universities 与大学, 74; and alliances 与盟友, 139, 291—293; postwar 战后, 183, 187, 189, 200, 202; and UPA 与 UPA, 191; and homogeneity 与同质性,

182—188, 193; in national identity 与民族认同, 204, 249—250, 291—293; in *Kultura* program 在《文化》计划中, 220, 222, 224; German-Polish 德国-波兰的, 232, 234, 236; in Polish eastern policy 在波兰东部政策中, 243—245, 248, 257—258, 260—261,264—265,267—268,292; French-German 法国-德国的, 292

Borovetsec: 博罗维茨 166

Borusewicz, Bogdan: 博鲁塞维奇,波格丹 226

Bosnia: 波斯尼亚 230. See also Yugoslavia. 也见南斯拉夫。

Bratslav: 布拉茨拉夫 106

Brazauskas, Algirdas: 阿尔吉尔达斯·布拉藻斯卡斯 272, 285

Brest: 布列斯特 292

Brest-Litovsk negotiations: 布列斯特-立陶夫思克谈判 61

Brest Union 布列斯特联盟: origins 起源, 107—109; resistance to 对它的反对, 109—110, 113; and Stalin 与斯大林, 178

Brody: 布罗德 166

Bug (Buh) River: 布格河 109, 157, 175, 197, 292

Bulgaria: 保加利亚 34, 46, 184, 233

Bush, George H. W.: 乔治·H. W. 布什 243

Butkevičius, Audrius: 奥德留斯·布特克维丘斯 272, 273

Byzantium: 拜占庭 118

Calvinism: 加尔文主义 22, 23

Catherine II: 叶卡捷琳娜二世 25

CDU: 基督教民主联盟 232

Censuses 人口普查: Russian imperial 俄罗斯帝国, 129, 131; Soviet 苏联, 92—93, 280—281; Belarusian 白俄罗斯, 280—281

Central Lithuania: 立陶宛中部 64

Chagall, Marc: 马克·夏卡尔 56

Chamberlain, Austin: 奥斯丁·张伯伦 78

Chancery Slavonic language 斯拉夫官方语言: origins 起源, 18; use 使用, 19, 32, 110; comparisons 比较, 19—20, 77; as retrospect 回溯过去, 281

Chechnya: 车臣 230

Chełm (Kholm): 海乌姆 176, 210

Chernihiv Collegium: 切尔尼戈夫学院 II

Chiliński, Michał: 米哈乌·奇林斯基 198

Christian-National Union (ZChN): 基督教–民族联盟 274—275

Church Slavonic language 教会斯拉夫语: in Vilnius 在维尔纽斯, 18; biblical translations《圣经》翻译, 19, 107; weaknesses 弱点, 106—107,110; in Austrian Galicia 在奥地利的加利西亚地区, 127

Churchill, Winston: 温斯顿·丘吉尔 183, 201

Čiurlionis, Mikolajus, 米卡尔洛尤斯·齐乌利尼斯 100

Clement XIV: 克莱门特十四世 44

Clinton, Bill: 比尔·克林顿 265, 277

Cold War: 冷战 201, 220, 224

Collaboration: 通敌 156—157, 159—160, 167, 172—174

Communism: 共产主义 142, 180. *See also* communists, Soviet Union. 也见苏联共产主义者。

Communist International: 共产国际 146

Communist Party of Western Belorussia: 西白俄罗斯亚共产党 65, 66

Communist Party of Western Ukraine: 西乌克兰共产党 150

Communists, Polish 波兰共产主义者: Second World War, 第二次世界大战 170—182; governance 统治, 193—194, 195—201, 210—214, 232—233; after 1989 在 1989 年后, 230—231, 278

Constantinople: 君士坦丁堡 24, 108

Constitution of 3 May: 5月3日宪法 25, 29

Cossack hetmanate 哥萨克将军: under Poland 在波兰统治下, 116; under Russia 在俄国统治下, 119, 121

Cossacks 哥萨克: in Poland 在波兰, 112—115; languages 语言, 116; and nationality 与民族性, 116—117

Counter-Reformation 反宗教改革: in Lithuania 在立陶宛, 22—23; in Ukraine 在乌克兰, 106—111

Cracow: 克拉科夫 47, 75, 190, 199, 203, 264

Crimean Khanate: 克里米亚汗国 113, 115

Crimean Peninsula: 克里米亚半岛 165, 261, 264

索引

Crimean Tatars: 克里米亚鞑靼人 113, 114

Crimean War: 克里米亚战争 30, 121

Croatia: 克罗地亚 230. *See also* Yugoslavia. 也见南斯拉夫。

CSCE: 欧洲安全与合作会议 253, 258

CSU: 西德基督教社会联盟 232

Czartoryski, Adam: 恰尔托雷斯，亚当 26, 27, 44

Czech language: 捷克语 36

Czech national revival: 捷克民族复兴 34—36, 127

Czechoslovak idea: 捷克斯洛伐克的理念 127

Czechoslovakia: 捷克斯洛伐克 139, 143, 179—180, 183—184, 200, 233

Czeczot (Chachot), Jan: 扬·切乔特 43

Dante: 但丁 20

Danylo: 达尼洛 210

Daukantas, Simonas: 西蒙纳斯·道坎塔斯 33—35, 37

DDT: 滴滴涕（杀虫剂）188

Denikin, Anton: 安东·邓尼金 138

Deportations 驱逐：1940—1941 from Lithuania 1940—1941 年从立陶宛，83—84; 1944—1946 from Lithuania 1933—1946 年从立陶宛，88—89, 91—93, 94; 1945—1953 from Lithuania 1945—1953 年从立陶宛，95; 1939—1941 under Nazi occupation 1939—1941 年在纳粹统治下，158; 1939—1941 from Soviet West Ukraine 1939—1941 年从苏维埃西乌克兰，159, 163, 185; 1944—1946 Polish-Ukrainian 1944—1946 年的波兰-立陶宛，181, 183, 186—187, 187—191, 195, 204; Stalin and 与斯大林，184; 1930s in USSR 20 世纪 30 年代在苏联，185, 186; of UPA families, UPA 家庭的 195; and nationalism 与民族主义, 209—210

Dmowski, Roman: 罗曼·德莫夫斯基 57—59, 62, 69, 130, 179

Dnipro River: 第聂伯河 117, 119

Dobra Szlachecka: 多布拉茨拉切斯卡 153, 208

Dontsov, Dmytro: 德米特罗·东佐夫 122, 143, 218

Dovnar-Zapolski, Mitrofan: 米特罗凡多夫纳尔-扎波尔斯基 44

Drach, Ivan: 伊万·德拉奇 263

Drahomanov, Mykhailo: 米哈伊洛·达拉霍曼诺夫 122, 130, 131

451

Dubinin, Viktor: 维克托·杜比宁 236

Dunin-Martsinkevich, Vincent: 文森特·迪南-马尔钦克维奇 42

East Germany: 东德 232—233

Eastern policy, Polish 东部政策，波兰: intellectual origins 智识起源, 218—233; in 1989—1991 在 1989—1991 年间, 233, 236—254, 290; and Germany 与德国, 235—237, 259—260; and end of USSR 与苏联解体, 244—245; European standards 欧洲标准, 257—276, 290; minority rights 少数民族权利, 258—259,260; problems 问题, 262; domestic politics 国内政治, 274—275; consequences 后果, 277, 286, 290, 292—293; and postcommunists 与后共产主义者, 278; and Kwaśniewski 与克瓦斯涅斯基, 286—288

Eastern Schism: 东方教派分裂 107

Elections 选举: to Austrian assemblies 奥地利议会, 124, 129, 133, 136; in interwar Poland 在两次大战间的波兰, 146, 148; in postwar Poland 在战后波兰, 195; after 1989 1989 年后, 230, 233; in Belarus 在白俄罗斯, 279

Emigration: 移民 47, 220

Entente (First World War): 协约国（第一次世界大战）60, 63, 138, 141, 156

Ethnic cleansing 种族清洗: causes 起因, 11—12, 155—165, 174—175; of Vilnius 维尔纽斯的, 88—89; Soviet 苏联, 88—89, 91—93, 97, 181, 187—191, 204; consequences 后果: 89, 91—95, 262; Polish-Ukrainian 波兰-乌克兰, 154—201, 203—207, 226, 261, 287, 289; models 模型, 159—179; Nazi 纳粹, 158; rescue 营救, 170, 205; propaganda 宣传, 174—175; postwar plans 战后计划, 179—180; communist Polish 共产主义波兰, 179—201; of Germans 德国人的, 187; memory 记忆, 203—205; and identity 与认同, 206; of Yugoslavia 南斯拉夫的, 261; reconciliation 和解, 287—290 *See also* nationalism, deportations. 也见民族主义，驱逐。

Ethnicity 种族性: 29—30, 41—42, 48—49, 53, 54—58, 60, 88, 99—102, 120, 129, 131—133, 140, 182—183, 187, 205—206, 210—211, 247, 251, 270—271, 281

Euro (currency): 欧元（货币）291

European standards (Polish policy) 欧洲标准（波兰政策）: theory 理论, 257—262; practice 实践, 262—272

European Union (EU): 欧洲联盟 257, 258, 277, 285, 291—293

February Revolution: 二月革命 134

Federalism: 联盟主义 63, 68, 148–149, 180, 222—223, 248, 251, 271. *See also* socialist federalism, *Kultura*. 也见社会主义联邦主义，《文化》。

Final Solution 最终解决方案：Vilnius 维尔纽斯, 84—87, 91, 271; Ukraine 乌克兰, 155—160, 162, 171, 203; as cause 作为起因, 159—160; in Poland 在波兰, 187; in Polish communist history 在波兰的共产主义历史上, 213

Forefather's Eve:《祖先的前夜》52

France 法国：as model nation 作为民族模型, 37; diplomacy 外交, 235

Franko, Ivan: 弗兰科，伊万 130—132

French Revolution: 法国大革命 28, 37

Galicia (eastern, Halychyna) 加利西亚（东部，乌克兰语：Halychyna）: medieval Poland 中世纪波兰, 18, 105, 153; Austria 奥地利, 122—132, 133—138, 141, 153; population 人口, 122—123, 134, 203; after First World War 在第一次世界大战后, 133—140; definition 定义, 141; interwar Poland 在两次大战间的波兰, 141—145, 152—163, 219; Soviet occupation 1939—1941 1939—1941年间苏联占领, 154, 185; Nazi occupation 1941—1944 1941—1944年间纳粹占领, 154, 156, 158, 163, 174; Polish-Ukrainian war 1944 1944年波兰-乌克兰战争, 176—177; postwar disposition 战后处置, 183; as Western Ukraine 作为西乌克兰：203—212. *See also* Polish-West Ukrainian War. 也见波兰-西乌克兰战争。

Galician autonomy: 加利西亚自治 124, 136

Gazeta Wyborcza:《选举报》252, 276

Gdańsk: 格但斯克 202

Gediminas: 盖迪米纳斯 53, 73, 78, 99

Generalgouvernement:: 波兰总督府 154, 156, 158, 163, 174, 211

Genscher, Hans-Dietrich: 汉斯-迪特里希·根舍 235

Georgia: 格鲁吉亚 230

Geremek, Bronisław: 盖雷梅克，布罗尼斯瓦夫 234, 278, 292

Germany 德国：nineteenth century model 19世纪的模型, 36—38, 43, 47; after First World War 在第一次世界大战之后, 59—61; unification in 1990 1990年的统一, 127, 231, 234—236, 237—238, 245, 259; post-1989 Polish relations 1989年后的波兰关系, 232—236, 237—238; Ostpolitik 东方政策, 237, 244, 259. *See also* East Germany, Nazi Germany. 也见东德、纳粹德国。

Giedroyc, Jerzy 耶日·吉德罗耶茨: life 生平, 218, 222, 238; interwar policies 两次大战间的政策, 218—219; establishes *Kultura* 创立《文化》, 220; eastern program 东部计划, 225, 228, 231; influence 影响力, 220, 225—231, 276

Gierek, Edward: 爱德华·盖莱克 213

Gieysztor, Jakób: 雅各布·盖伊什托尔 30

Głęboczyca: 格文钦斯基 170—172, 208—209

Golem: 假人 41, 56

Gomułka, Władysław: 瓦迪斯瓦夫·哥穆尔卡 187, 190, 213

Gorbachev, Mikhail: 米哈伊尔·戈尔巴乔夫 233—234, 239, 241, 245, 248

Grabski, Stanisław 斯坦尼斯拉夫·格拉布斯基: at Riga 在里加, 64—65, 140, 224; youth 青年时代, 130; on Russia 关于俄国, 136; on Ukraine 关于乌克兰, 139; and national assimilation 与民族同化, 143, 193; in Moscow 在俄罗斯 1944, 180—183

Grabski, Władysław: 瓦迪斯瓦夫·格拉布斯基 144

Grain trade: 粮食交易 111, 114, 115, 120

Grand strategy: 大战略 224—225

Grażyna: 《格拉日娜》101

Great Britain 大不列颠: postwar hopes 战后希望, 188, 193; national identity 民族认同, 207; and German unification 与德国统一, 233—235; borders 边界, 259. *See also* Allies, Entente. 也见盟军、协约国。

Great Depression: 大萧条 148, 149

Greek Catholic Church 希腊天主教会: created 创立, 123, 125; Ukrainian character 乌克兰特征, 123—125, 133; banned in USSR 在苏联被禁, 178, 203; during Second World War 在第二次世界大战期间, 160, 211; interwar Poland 两次大战间的波兰, 218. *See also* Uniate Church. 也见东仪天主教教会。

Greek language: 希腊语 118

Hadiach Union: 哈佳奇联盟 114—116

Haller, Józef: 约瑟夫·哈勒 138

Hasidism: 哈西德主义 26, 56

Haskalah: 哈斯卡拉运动 26, 56

Hebrew language: 希伯来语 57, 74, 136—137, 148

索引

Herder, Johann Gottfried von: 约翰·戈特弗里德·冯·赫尔德 28—29

Hilfspolizei: 纳粹辅警 159, 162, 167

Historical methods 历史学方法: 7—12, and nationalism 与民族主义, 16—17, 270—271, 281—282, 289—290; and chronology 与年代学, 41—42; and ethnic cleansing 与种族清洗, 158, 289—290; and genocide 与种族灭绝, 159

History of Ukraine-Rus': 乌克兰-罗斯史 128

Hitler, Adolf: 希特勒,阿道夫 82, 143, 154, 160, 166

Holocaust: 大屠杀 *See* Final Solution 见最终解决方案

Hołówko, Tadeusz: 霍瓦伊,塔德乌什 143

Home Army 波兰救国军: in Lithuania 在立陶宛, 88; war aims 战争目的, 167—168, 173, 177; in Volhynia 在沃里尼亚, 172—174; at war 在战时, 174, 176; in postwar Poland 在战后波兰, 190—191; AK-WiN 救国军——自由与独立, 193; history 历史, 289

Hromada: 赫罗马达 66

Hrushevs'kyi, Mykhailo: 米哈伊洛·胡舍甫茨基 122, 128—129, 130, 141

Hucisko: 胡塞科 209

Hungary: 匈牙利 233, 240, 244, 260, 261

Huta Stepańska: 胡塔·皮恩亚卡 172

Hutsuls: 胡楚尔人 218

Identity documents: 身份文件 158, 176, 188—189, 190, 192—193, 198, 199, 209, 241, 287

Industrialization: 工业化 52, 54, 94

International law: 国际法 239, 240, 256, 271

International relations, theories of: 国际关系理论 220—223, 271

Iron Wolf 铁狼: myth 神话, 73; organization 组织, 78

Irony: 讽刺 11, 29, 40, 206

Italy: 意大利 20, 127, 142

Ivan IV (The Terrible): 伊凡四世 24

Jadwiga: 雅德维加 17

January Uprising 一月起义: consequences 后果, 4, 31, 45, 49, 121; national ideas 民族理念, 30, 120; Lithuanian perceptions 立陶宛人的观点, 32; in Ukraine 在乌克兰, 120

Jaruzelski, Wojciech: 沃伊切赫·雅鲁泽尔斯基 212—214, 228, 238, 175, 283

Jaworzno: 亚沃日诺 200, 287

Jeremiah II: 杰里迈亚二世 108—109

Jesuits: 耶稣会 22, 26, 44, 77, 93, 106—107, 108, 116

Jews 犹太人: biblical translators 《圣经》翻译, 18; ennobled 授予爵位, 19; legal status in Polish-Lithuanian Commonwealth 在波兰-立陶宛王国的法律地位, 19, 25, 56, 136; in Russian empire 在俄罗斯帝国, 25, 50, 56—57; reform attempts 改革意图, 26; in Vilnius 在维尔纽斯, 52, 54, 56—57, 74—76, 82; modern politics 现代政治, 56—57, 136—137; Final Solution in Vilnius 在维尔纽斯的最终解决方案, 84—87; 17th-century Ukraine 17 世纪的乌克兰, 112; 18th-century Ukraine 18 世纪的乌克兰, 119; Austrian Galicia 奥地利的加利西亚, 136—137; Polish-West Ukrainian War 波兰-西乌克兰战争, 138; interwar Volhynia 在两次大战间的沃里尼亚, 145; Soviet occupation 1939—1941 1939—1941 年间苏联占领, 157; Final Solution in Ukraine 在乌克兰的最终解决方案, 159—160, 162, 171, 203; 1944—1946 deportations 1944—1946 年间的驱逐, 188; emigration from postwar Poland 从战后波兰移民, 198; Poland in 1968 1968 年的波兰, 213

Joffe, Adolf: 阿道夫·约费 140

Jogailo (Jagiełło) 约盖拉: baptism and election 皈依与选举, 17; titles 名号, 24

John Paul II: 若望·保禄二世 212, 227, 229—230, 267

Joseph II: 约瑟夫二世 123

Józewski, Henryk: 恩里克·约瑟夫斯基 148—149, 219

Kalinowski, Konstanty: 康斯坦蒂·卡利诺夫斯基 30, 45—46, 49

Kamieniec Podolski: 卡缅涅茨波多利斯基 68, 224

Katyn Forest: 卡廷森林 163, 174

Kaunas: 考纳斯 27, 47, 62, 63, 64, 78, 97

Kazimierz I (the Great): 卡齐米日一世 105

Kazimierz IV: 卡齐米日四世 19

Kennkarten: See identity documents. 第三帝国时期的身份文件, 见身份文件。

KGB: 克格勃 251, 276. See also NKVD. 也见 NKVD。

Kharkiv Collegium: 哈尔科夫学院 118

Kharkiv revival: 哈尔科夫复兴 121

Kharkiv University: 哈尔科夫大学 121

Kholm Eparchate: 霍尔姆主教辖区 120

Khmel'nyts'kyi, Bohdan: 博赫丹·赫梅尔尼茨基 112, 114—117

Khmel'nyts'kyi Uprising 赫尔尼茨基起义: causes 起因, 112—114; consequences 后果, 114—117

Khrushchev, Nikita: 尼基塔·赫鲁晓夫 93, 191

Kiebiech, Viacheslav: 维亚切斯拉夫·克比切 279, 287

Klimov, Ivan: 伊万·克利莫夫 80

Kochanowski, Jan: 扬·科哈诺夫斯基 118

Kohl, Helmut: 赫尔穆特·科尔 232, 234, 235

Kolomya: 科洛梅亚 7

Konrad Wallenrod: 康拉德·瓦伦罗德 34, 51, 90, 101, 131—132

KOR: 工人防卫委员会 224

Korenizatsiia: 本土化 185. *See also* Belorussian SSR, nationality policy, Ukrainian SSR. 也见苏维埃白俄罗斯亚、民族性政策、苏维埃乌克兰。

Kościuszko, Tadeusz: 塔德乌什·柯斯丘什科 25

Kosovo: 科索沃 3, 230, 240, 261, 287

Kossowski, Wacław: 瓦茨拉夫斯基·科索夫斯基 196, 198

Kostrzewa-Zorbas, Grzegorz: 格热戈日·科斯切娃-佐尔巴斯 229, 239, 240, 252

Kotzebue, August von: 奥古斯特·冯·科策布 37

KPN: 独立波兰联盟 228, 229

Krajowcy: 当地人 54—55

Kraków: 克拉科夫（波兰语）*See* Cracow 见克拉科夫。

Kravchuk, Leonid: 列昂尼德·克拉夫丘克 244, 256, 264, 265

Krewo Union: 克鲁瓦联合 17

Kuchma, Leonid: 列昂尼德·库奇马 286—288, 292

Kudirka, Vincas: 文采斯·库迪尔卡 33, 38—40

Kultura《文化》: foundation 创立, 220; eastern program 东部计划, 220—229, 251, 291; influence 影响, 220, 225—231, 238, 242

Kuna, Henry: 亨里克·库纳 72

Kuroń, Jacek: 亚采可·库容 226, 227, 254, 288

Kuropaty: 库罗帕提 248, 283—284

Kursk, Battle of: 库斯克战役 173

Kuty: 库季 173

Kwaśniewski, Aleksander: 亚历山大·克瓦斯涅夫斯基 230—231, 278, 286—288

Kyiv 基辅: in Lithuania 在立陶宛, 17; in Poland 在波兰, 23, 105—106; university 大学, 74; ecclesiastical see 基督教会教区, 108; Brest Union 布列斯特联盟, 110, in Muscovy 在莫斯科公国, 118; in Ukrainian national revival 在乌克兰民族复兴时, 121; connection to L'viv 与利沃夫的联系, 122, 128; as capital 1918—1920 1918—1920 年作为首都, 134, 139; in Polish eastern policy 在波兰的东部政策中, 244—248; territory 领土, 261; as capital after 1991 1991 年后作为首都, 287—288, 292. See also Ukraine (post-1991). 也见乌克兰（1991 年后）。

Kyiv Academy: 基辅学院 107, 118

Kyivan Rus': 基辅罗斯: civilization 文明, 17—18, 106—107; succession 延续, 10, 17—18, 24, 105, 210, 261

Kymantaitė, Sofija: 凯曼泰特，索菲娅 100

Land reform: 土地改革 123, 146

Landsberg, Gabriel: 加布里埃尔·兰茨贝吉斯 99

Landsberg, Kazimierz: 卡齐米日·兰茨贝吉斯 99

Landsbergis, Vytautas 维陶塔斯·兰茨贝吉斯: family 家庭, 99—102; politics 政治, 102, 269, 272, 273, 285—286

Landsbergis-Žemkalnis, Vytautas: 维陶塔斯·兰茨贝吉斯-热姆卡尔尼斯 99, 100

Latin language 拉丁语: medieval Poland 中世纪波兰, 1, 18, 110; use by Cossacks 由哥萨克人使用, 116; literary language in Russian empire 在俄罗斯帝国作为书面语言, 118; in Austrian Galicia 在奥地利的加利西亚, 123

Lebensraum: 生存空间 158

Lemkos 兰科人: in 1918 在 1918 年, 139; Second World War 第二次世界大战, 189—190; postwar fate 战后命运, 190, 197, 207; and UPA 与 UPA, 191—192

Lenin, Vladimir: 弗拉基米尔·列宁 96, 146, 185. See also Bolshevik Russia; Soviet Union. 也见布尔什维克俄国、苏联。

Lex Grabski: 格拉布斯基法 144

Lit-Bel SSR: 立陶宛-白俄罗斯苏维埃社会主义共和国 62, 80

Literacy: 读写能力 25—26, 78

Lithuania, Grand Duchy of 立陶宛大公国: expansion 扩张, 17—26, 105—106; religions 宗教, 17—18, 45; languages 语言, 18—20; statutes 法令, 19—20, 23, 44, 111; as restrospect 作为回溯, 29—30, 32—35, 41—53, 51—54, 80—81, 207, 247, 251—252, 271; population 人口, 42, 54, 281; durability 持久性 ,44—45, 49, 120, 132; fate of territories 领土命运, 91, 261

Lithuania (post-1991) 立陶宛（1991年后）: 256—257, 261, 269—274, 284—286, 290—293

Lithuanian Democratic Party: 立陶宛民主党 53

Lithuanian language 立陶宛语: in Vilnius 在维尔纽斯, 15, 95; in Polish-Lithuanian-Commonwealth 在波兰-立陶宛王国, 18, 19, 32; reform 改革, 36—37; durability 持久性, 37; impenetrability 不可测知性, 41, 96; Russian policy 俄国政策, 36, 50; and national ideas 与民族主义理念, 36—37, 96—97; in Lithuanian SSR among Poles 在苏维埃立陶宛的波兰人中, 250

Lithuanian nationality policy 立陶宛民族性政策: interwar 两次大战间, 78, 82—83; after 1990 1990年后, 250, 285

Lithuanian national revival: 立陶宛民族复兴 31—40, 45—49, 53, 94

Lithuanian Poles: 立陶宛波兰人 40—42, 53—56, 68—72, 75—76, 88—89, 92, 94—95, 218, 249—250, 269—274, 285

Lithuanian SSR 苏维埃立陶宛: foundation(s) 创立, 83, 88; assimilation of Vilnius 同化维尔纽斯, 91—110; in *Kultura* program 在《文化》计划中, 220—221; in Polish eastern policy 在波兰的东部政策中, 233, 249—254; minorities 少数民族, 249—250; schooling 学下教育, 283—284

London Poles: 伦敦的波兰人 220, 226

Lotnik, Waldemar: 瓦尔德马˙洛特尼科 175, 205

Lublin: 卢布林 189, 191, 199, 292

Lublin Union 卢布林联合: early modern Ukraine 近代早期的乌克兰, 2, 105—106, 110; origins 起源, 17—23; language 语言, 19; provisions 粮食供应, 23—24, 115—116; Lithuanian national revival 立陶宛民族复兴, 32—35, 132; symbolic rejection 象征性的拒绝, 97—98, 102, 132; symbolic rehabilitation 象征性的复兴, 285—286

Lukashenka, Aleksandr: 亚历山大·卢卡申科 268, 279—280, 284, 291

Lutheranism: 路德派 23

Lutskevich, Anton: 安东·卢茨克维奇 61, 81

L'viv 利沃夫: In medieval Poland 在中世纪的波兰, 105—106, 134; in Austrian Galicia 在奥地利的加利西亚, 122, 128, 134; connection to Kyiv 与基辅的联系, 122, 128; university 大学,

122, 123, 128, 129; population 人口, 124, 136; after First World War 在第一次世界大战后, 134—139; interwar Poland 在两次大战间的波兰, 152; during Second World War 在第二次世界大战期间, 176, 177, 180; postwar disposition 战后处置, 183, 202, 207, 219; in *Kultura* program 在《文化》计划中, 220; territorial summary 领土总结, 261; in Ukraine after 1991 1991 年后在乌克兰, 264

L'viv University 利沃夫大学: 122, 123, 128, 129

Lypyns'kyi, Vyacheslav: 维亚切斯拉夫·雷平茨基 122

Mackevičius, Antanas, 安塔纳斯·马可维西斯 30

Majdanek: 马伊达内克 86, 166

Makarczyk, Jerzy: 耶日·马卡奇克 239

Maria Theresa: 玛利亚·特雷西亚 123

Mariampol school: 马里扬泊列高中 33, 34, 38

Marshall Plan: 马歇尔计划 201

Martial law (Poland), 戒严法（波兰）228

Matulaitis, Jurgis: 尤尔吉斯·马图拉提斯 77

Mazepa, Ivan: 伊万·马泽帕 119

Mazowiecki, Tadeusz: 塔德乌什·马佐维耶茨基 233, 234, 235

Memory: 记忆 203—207, 288

Merksys, Antanas: 安塔纳斯·梅尔基斯 82, 83

Michnik, Adam: 亚当·米奇尼克 226, 228, 242, 244, 254, 276

Mickiewicz, Adam 亚当·密茨凯维奇: citations 引用: 15, 31, 34, 51, 52, 70—71, 73—74, 90, 101, 131—132, 256; life 生平, 26—28, 43, 47, 99; political ideas 政治理念, 28—30, 101, 222—223, 248, 271; nationalist readings of 民族主义者的解读, 29—30, 34—35, 39, 43, 91, 100, 132, 281—283; historical views 历史观点, 37—38, 42, 52, 90—91, 99; monumentalized 立碑纪念, 70—72, 98; and Franko 与弗兰科, 132

Mieroszewski, Juliusz 尤利乌什·米罗茨维奇: life 生平, 222, 238; eastern program 东部计划, 218—228; influence 影响, 226—231

Mikołajczyk, Stanisław: 尤利乌什·米罗茨维奇 180, 183, 187

Mikšas, Jurgis, 尤尔吉斯·米克舍斯 35

Milošević, Slobodan: 斯洛博丹·米洛舍维奇 240

Miłosz, Czesław: 切斯瓦夫·米沃什 89

Minorities: 少数民族 See Nationality Policy, Vilnius. 见民族性政策、维尔纽斯。

Minsk 明斯克: 25, 61, 64, 65, 68—69, 94, 218, 224, 246—249, 274, 282, 283

Mitterrand, François: 弗朗索瓦·密特朗 234

Moczulski, Leszek: 莱谢克·莫丘尔斯基 229

Modernity: 现代性 205

Modernization, theories of: 现代化理论 4, 41—52, 48—49

Mohyla, Petro: 莫希拉, 彼得罗 107, 118

Moldova: 摩尔多瓦 230, 260, 261

Molotov-Ribbentrop pact: 《苏德互不侵犯条约》79, 97, 98, 220, 226, 270

Molotov, Vyacheslav: 维亚切斯拉夫·莫洛托夫 83, 97, 184

Moscow: 莫斯科 107, 108, 118, 190, 224, 236, 243, 245—246, 278

Mossor, Stefan: 斯特凡·莫索 195—198

Mudryi, Vasyl': 瓦西里·穆德伊 218

Muraviev, M. N.: M. N. 穆拉维约夫 49—50

Muscovy, Grand Duchy of 莫斯科大公国: protector of Orthodoxy 东正教的保护者, 18; political claims 政治主张, 24; alliance with Cossacks 与哥萨克结盟, 114—115; contact with Europe 与欧洲的联系, 117—119; territory 领土, 261. See also Russian empire. 也见俄罗斯帝国。

Mussolini, Benito: 贝尼托·墨索里尼 143

Narbutt, Teodor: 特奥多尔·纳尔布特 33, 35, 37, 97, 101

Narutavičius, Stanislavas: 斯坦尼斯洛瓦斯·纳卢塔维修斯 70

Narutowicz, Gabriel: 加布里埃尔·纳鲁托维奇 68, 70

Nasha Niva: 我们的土地 46, 54

Nathan of Hanover: 汉诺威的内森 112, 166

National communism 民族主义的共产主义: in Lithuania 在立陶宛, 93—95; in Poland 在波兰, 179—181, 186—187, 197—198, 224; in USSR 在苏联, 246

National Democracy (Polish) 民族民主党（波兰）: origins 起源, 57—59; on Lithuania 关于立陶宛, 62—64; on borders 关于边界, 68—69, 140, 229; in Austria 在奥地利, 127; on Ukraine 关于乌克兰, 139, 146, 149, 179—180, 227; on Russia 关于俄国, 224

National Democratic Party (Ukrainian): 民族民主党（乌克兰）130

461

National revivals 民族复兴: Polish 波兰的, 27—29; Belarusian 白俄罗斯的, 41—49, 53—54; Czech 捷克的, 34—36, 127; Lithuanian 立陶宛的, 31—40, 45—49, 53; Russian 俄国的, 50—51, 94; Ukrainian 乌克兰的, 121—133, 137

Nationalism 民族主义: historiography and 与编年史, 10, 50, 101, 128, 210—212, 223, 270—271, 289—290; theories of 理论, 11—12, 41—42, 48—49; conditions for success 成功的条件, 16, 29, 43—49, 189, 205—210, 281—284; power of error 错误的力量, 16, 91, 281; and language 与语言, 20, 35—38, 95—97, 110—111, 136—137; and early modern patriotism 与近代早期的爱国主义, 23—24, 39—40, 54, 58, 96, 97, 100; medieval-modern syntheses 中世纪 – 现代的合成, 26, 33, 35, 51, 97—98, 100—102, 116—117, 118—119, 123, 131, 153, 252, 281; peasants 农民, 30—32, 37, 131, 132, 146; social status 社会地位, 43, 46, 94—95, 116—117, 152, 282, 284—286; political advantages 政治优势, 59—60, 68—69, 185—186; Romanticism 浪漫主义, 40, 72, 91, 96—98; religion and 与宗教, 111—112, 205, 210, 283; socialism and 与社会主义, 130—131; communism and 与共产主义, 142, 186, 197—198, 212—214, 224; ethnic cleansing and 与种族清洗, 168, 175, 193; channeled by diplomacy 由外交引导, 218—231, 244, 252; *Kultura* program and 与《文化》计划, 222—223; partition 瓜分, 281—282

Nationality policy 民族性政策: Russian imperial 俄罗斯帝国的, 33, 35, 39, 43—44, 46, 49—51; Soviet 苏联的, 66, 80—81, 83—84, 91—98, 141—142, 146, 148, 178, 182—188, 249—250; Lithuanian interwar 两次大战间的立陶宛的, 78, 82—83; Lithuanian after 1990 1990年后的立陶宛的, 250, 285; Polish interwar 两次大战间的波兰的, 65—67, 76—77, 81, 141, 144—150, 167, 219; Polish communist 共产主义波兰的, 193—194, 195—201; Polish post-1989 1989年后的波兰的, 275

NATO 北大西洋公约组织: Yugoslavia intervention 干预南斯拉夫, 3, 260, 261; and Ukraine 与乌克兰, 3, 286—287; enlargement 扩张, 5, 266, 277—279, 290; united Germany and 与统一的德国, 235; Polish policy 波兰政策, 257; and Lithuania 与立陶宛, 272—273, 285; and Russian-Polish relations 与俄罗斯 – 波兰关系, 278—279; and Lukashenka 与卢卡申科, 280

Nazi Germany 纳粹德国: invasion of Poland 入侵波兰, 72, 79, 154, 159; invasion of USSR 入侵苏联, 72, 154; nationality policy in Lithuania 在立陶宛的民族性政策, 83—84; murder of Jews 谋杀犹太人, 84—86, 91, 155—160, 162, 171, 203, 271; and Ukrainian nationalism 与乌克兰民族主义, 142; occupation policy 占领政策, 155—165, 172—174, 179; and Belarus 与白俄罗斯, 283. *See also* SS, Wehrmacht, Final Solution. 也见德意志国防军、最终解决方案。

Nemyrych, Iurii: 尤里·尼迈里奇 114—115

Nikon: 尼孔 118

NKVD 内务人民委员部: in Vilnius 在维尔纽斯, 80, 82, 83, 88; in Ukraine 在乌克兰, 159, 178, 188; in Poland 在波兰, 195; Kuropaty massacre 库罗帕提屠杀, 248, 284

Nobility (Polish-Lithuanian-Ruthenian) 贵族（波兰-立陶宛—鲁塞尼亚）: rights 权利, 20—21, 22, 113; early modern religion 近代早期的宗教, 22, 111; definition 定义, 23; corruption 腐败, 25; and modern nationalism 与现代民族主义, 30, 41, 43, 46, 50—51, 58; after 1863 1863 年后, 49; in Russian service 为俄国服务, 50—51, 121; middle gentry 中层贵族, 111, 113, 114; Ukrainian magnates 乌克兰巨头, 112; Polish nobles in Russian Ukraine 在俄属乌克兰的波兰贵族, 119—120; Polish nobles in Austrian Galicia 在奥属加利西亚的波兰贵族, 122—123, 127—128, 133

November Uprising 11 月起义: 27, 119

Nowa Nowica: 诺瓦·诺维卡 173

Nowogródek: 新格鲁代克 26

Nuclear weapons: 核武器 221, 265, 287

October Revolution: 十月革命 See Bolshevik Revolution. 也见布尔什维克革命。

Oder (Odra) River: 奥得河 292

Operation Rzeszów: 热舒夫行动 194—195

OperationTempest (Burza): 暴风雨行动 177

Operation Vistula: 维斯瓦河行动 195—201, 203, 206, 208, 210, 212; evaluations 评价, 228, 263; and Polish-Ukrainian relations 与波兰-乌克兰关系, 262—264

Orlyk, Pylyp: 皮利普·奥利克 119

Orthodoxy 东正教: in Grand Duchy of Lithuania 在立陶宛大公国, 17—18, 22; in Muscovy 在莫斯科公国, 18, 108, 117, 118; absorbs Uniate Church 吸收东仪天主教教会, 45; Russian imperial conversions 俄罗斯帝国的信仰转变, 50—51; after Brest Union 在布列斯特联合后, 110—115; and Cossacks 与哥萨克, 113—114, 117; in Austrian Galicia 在奥地利的加利西亚, 124; in Volhynia 在沃里尼亚, 149, 203, 211; in USSR 在苏联, 178; in Belarus after 1991 1991 年后在白俄斯, 280

Ostroh: 奥斯特罗赫 108, 112, 160, 161

Ostroh Bible: 奥斯特罗赫圣经 108, 109

Ostroz'kyi, Konstantyn: 康斯坦丁·奥斯特罗日斯基 23, 207, 109—110

Ottoman empire: 奥斯曼帝国 108. *See also* Crimean Khanate, Crimean Tatars, Jeremiah II. 也见克里米亚半岛、克里米亚鞑靼人、杰里迈亚二世。

OUN 乌克兰民族主义组织: foundation 创立, 143; political goals 政治目标, 143, 156; practices 实践, 143—144, 150—152; split 分裂, 164

OUN-Bandera OUN 班德拉派: emergence 出现, 164; murder of Ukrainians 谋杀乌克兰人, 164; cleansing of Poles 清洗波兰人, 165—176; creation of UPA 乌克兰起义军的建立, 167; ideology 意识形态, 168; postwar 战后, 191. *See also* UPA 也见乌克兰起义军。

OUN-Melnyk OUN 梅尔尼科派: emergence 出现, 164; rivalry with OUN-Bandera 与 OUN 班德拉派的竞争, 164; tactics 战术, 165—166; ideology 意识形态, 168; and UPA 与乌克兰起义军, 192.

Ozolas, Romualdas: 罗穆亚尔达斯·奥佐拉斯 272—273

Pale of Settlement: 犹太定居界限区 26

Pameriai (Ponary) Forest: 波纳瑞森林 73, 84, 86, 87, 221

Pan-Slavism 泛斯拉夫主义: and spelling reform 与拼写改革, 36; and national revivals 与民族复兴, 127

Pan Tadeusz《塔杜施先生》: cited 被引用, 15, 70, 73; origins 起源, 26—28, 99; content 内容: 27—30, 87, 256; and Lithuanian revival 与立陶宛的复兴, 35—36, 39—40; Belarusian translations 白俄罗斯语翻译, 42—44, 66—67; interwar Lithuania 两次大战间的立陶宛, 78; postcommunist Poland 后共产主义的波澜, 274

Partitions (Poland-Lithuania): 分裂（波兰-立陶宛）26, 119

Partnership for Peace: 和平伙伴关系计划 287. *See also* NATO. 也见北大西洋公约组织。

Passports: 护照 *See* identity documents 也见身份文件。

Pavlychko, Dmytro: 德米特罗·帕夫雷奇科 263—264

Pazniak, Zenon: 泽农·帕兹亚克 248, 259, 283

Peasant Battalions: 农民部队 175—176

Peasant uprisings: 农民起义 120, 145—146

Peasants 农民: and Polish uprisings 与波兰人起义, 30, 120; and Russian land reform, 与俄国土地改革 31; and modern nationalism 与现代民族主义, 31, 76; and Lithuanian revival 与立陶宛的复兴, 32, 37; self-appellations 自称, 49; in deportations 遭驱逐, 92, 209, 210; and Brest Union 与布列斯特联盟, 110; in 17th-century Ukraine 在 17 世纪的乌克兰, 112; land hunger

渴望土地, 120, 145—146; in Austrian Galicia 在奥地利加利西亚, 122—124; in Ukrainian reviva 在乌克兰复兴中l, 131—132

Pereiaslav: 佩列亚斯拉夫 114, 117

Peter I (the Great): 彼得大帝 25, 118, 119

Petliura, Symon: 西蒙·彼得留拉 139—140

Piedmont: 皮埃蒙特 127

Pieracki, Bronisław: 布罗尼斯瓦夫·皮尔拉克齐 143

Piłsudski, Józef 约瑟夫·毕苏斯基: life 生平, 40—41; national ideas 民族理念, 41, 55, 70, 212, 218, 222—223; and Vilnius 与维尔纽斯, 60, 61—65; federation plans 联邦计划, 63, 68, 193, 249, 271; and Petliura 与彼得留拉, 63, 136, 139—140; governance 统治, 76, 144, 148, 180

Pluto, Stanislav: 斯坦尼斯拉夫·普卢托 194

Podgornyi, Nikolai: 尼古拉·波德戈尔内 194

Polesie: 波利西亚 66—68

Polish Army (Soviet-controlled): 波兰军队（苏联控制下）178, 194,195

Polish-Bolshevik War: 波兰-布尔什维克战争 57—64, 218

Polish Committee for National Liberation (PKWN): 波兰民族解放委员会 184, 197

Polish Independence Compact (PPN): 波兰独立协约 227

Polish language 波兰语: spread to Lithuania 传到立陶宛, 19—20, 25, 32, 36, 39, 40, 54, 99, 110; in medieval Poland 在中世纪波兰, 20, 110; collects Renaissance neologisms 汇集文艺复新时期的新词, 37; in Belarusian revival 在白俄罗斯复兴中, 44—46; in Uniate Church 在东仪天主教教会, 45—46, 48; in Orthodox Church 在东正教教会, 110—111; spread to Ukraine 传到乌克兰, 107, 110—111; use by Cossacks 由哥萨克人使用, 116; literary language in Russian empire 在俄罗斯帝国中作为书面语言, 118; use by Jews in Galicia 由加利西亚的犹太人使用, 136—137

Polish-Lithuanian Commonwealth 波兰-立陶宛王国: foundation 建立, 1, 3, 23—24; political ideas 政治理念, 20—24, 210, 213; destruction 毁灭, 24—26, 114—119; durability 持久性, 25, 89, 93—94; as positive retrospect 作为积极的历史回溯, 27, 29, 99, 123, 127, 132, 148—149, 229, 286—287; revival opposed by nationalists 民族主义者反对它的复兴, 62, 64—65, 102, 127, 132; by USSR 苏联反对它的复兴, 210—211; by *Kultura*《文化》反对它的复兴, 223; by diplomacy 外交反对它的复兴, 251—252, 265; place of Ukraine in 在乌克兰的地位, 111—114; and Cossacks 与哥萨克, 112; golden age 黄金时代, 115; compared to EU 和欧盟比较, 293

Polish Military Historical Institute: 波兰军队历史协会 289

Polish nationality policy 波兰的民族性政策: interwar to Belarusians 两次大战间针对白俄罗斯人, 65—67, 77, 81; interwar to Jews 两次大战间针对犹太人, 76; interwar to Ukrainians 两次大战间针对乌克兰人, 141, 144—150, 167; postwar communist 战后共产主义者的, 193—194, 195—201; after 1989 1989年后的, 275

Polish Socialist Party 波兰社会主义党: 58. See also Piłsudski, Józef; socialist federalism; Wasilewski, Leon. 也见约瑟夫·毕苏斯基；社会主义联邦主义；瓦西莱夫斯基，利昂。

Polish-West Ukrainian War: 波兰-西乌克兰战争 138, 156, 167

Poltava, Battle of: 波尔塔瓦战役 119

Populism: 民粹主义 121, 128

Positivism: 实证主义 32

Possevino, Antonio: 安东尼奥·波塞维诺 108

Potsdam Agreement: 波茨坦公约 225, 232, 234

Prague: 布拉格 34—35

Printing 印刷: early Cracow books 早期克拉科夫的书籍, 19; in Ukraine 在乌克兰, 106

Proletariat (Polish party): 无产阶级（波兰政党）35

Pronaszko, Zbigniew: 兹比格涅夫·普罗纳什科 71

Propaganda: 宣传 159, 172—173, 174—175, 177, 192

Protestants: 新教徒 22—23, 108—109, 111, 118

Przemyśl: 普热梅希尔 211—212, 262, 264

Public opinion: 公众舆论 79, 102, 213, 262, 275—276, 292

Putin, Vladimir: 弗拉基米尔·普京 278

Radical Party (Ukrainian): 激进政党（乌克兰）130

Radkiewicz, Stanisław: 斯坦尼斯拉夫·拉德凯维奇 196

Radziwiłł, Mikołaj (the Black): 米科瓦伊·拉齐维尔 23

Radziwiłł Palace: 拉齐维尔宫 234

Realism: 现实主义 220, 224, 226

Red Army 红军: in Polish-Bolshevik War 在波兰-布尔什维克战争中, 60—63; in Second World War 在第二次世界大战中, 88, 173, 176, 177—178, 180, 182, 205; in postwar Poland 在战后波兰, 194, 196; withdrawal after 1989 1989年后撤退, 236, 239, 245—246

Reformation 宗教改革 : in Lithuania 在立陶宛 , 22—23; in Ukraine 在乌克兰 , 106—110

Reichskomissariat Ukraine: 乌克兰总督辖区 154, 211

Religion 宗教 : *See* individual churches and denominations. 见各个教会与教派。*See also* Counter-Reformation, Nationalism, Reformation. 也见反宗教改革、民族主义与宗教改革。

Renaissance 文艺复兴 : language question 语言问题 , 20; disputation 争议 , 106; in Ukraine 在乌克兰 , 112; women 女性 ,112

Repatriations: 遣送回国 *See* deportations 见驱逐

Revolution of 1848: 1848 年革命 123—124

Revolution of 1905: 1905 年革命 52, 53, 55, 97, 100

Revolution of 1989: 1989 年革命 5, 217, 225, 230, 233, 291

Riga, Treaty of 里加条约 : negotiations 谈判 : 63—64, 140, 224, 238; consequences 后果 , 65—72, 140—141, 142, 218, 245

Rivne: 罗夫诺 145, 147

Rola-Żymierski, Michał: 米哈乌·罗拉-任米尔斯基 196

Roman Catholicism 罗马天主教 : in Grand Duchy of Lithuania 在立陶宛大公国 , 18, 106, 111; as "Polish faith", 作为"波兰信仰" 23; in Belarus 在白俄罗斯 , 41, 283; in Lithuanian SSR 在苏维埃立陶宛 , 94, 251; in early modern Ukraine 在近代早期的乌克兰 , 106—107, 111; and Brest Union 与布列斯特联盟 , 108—109; in Austrian Galicia 与奥地利的加利西亚 , 125, 136; in interwar Poland 在两次大战间的波兰 , 210; in *Kultura* program 在《文化》计划中 , 229—230; in Belorussian SSR 在苏维埃白俄罗斯亚 , 266, 280; in postwar Poland 在战后波兰 , 276

Romania: 罗马尼亚 143, 184, 244, 260, 261

Romanticism 浪漫主义 : in Mickiewicz 密茨凯维奇的 , 28—29; and the nation 与民族 , 28—29, 38, 90—91, 121; influence of German 在德国的影响力 , 37—38; durability as nationalism 作为民族主义的持久性 , 40, 72, 91, 96—98; and emigration 与移民 , 47; and *Kultura* 与《文化》 221

Rome: 罗马 108

Rome, Treaty of: 罗马条约 291

Römer' is, Mykolas: 米科拉斯·罗梅里斯 55, 62, 69—70, 82, 89, 99

Rotundus, Augustyn: 奥古斯丁·罗顿都斯 23

Royal Prussia: 皇家普鲁士 22

Różycki, Edmund: 埃德蒙·鲁日茨基 120

Rukh: 乌克兰人民运动 242, 244, 264

Rus' Palatinate: 罗斯的领地 18, 105, 141

Russia 俄罗斯：See Muscovy, Grand Duchy of; Russian empire; Russian Federation; Russian SFSR, Soviet Union 见莫斯科公国、俄罗斯帝国、俄罗斯联邦、俄罗斯苏维埃联邦社会主义共和国、苏联

Russian empire 俄罗斯帝国: foundation 建立, 25; share in partitions 瓜分波兰时占有的土地, 25; nationality policy 民族性政策, 33, 35, 39, 43—44, 46, 49—51; legitimating ideas 合法性理念, 117—119; and right-bank Ukraine 与右岸乌克兰, 119—120; and left-bank Ukraine 与左岸乌克兰, 120—121; Ukrainians serve 乌克兰人为之服务, 27, 121; territory 领土, 261

Russian Federation (post-1991) 俄罗斯联邦（1991年后）: 230, 278—279; foreign policy 外交政策, 260—261, 278—279; and Ukraine 与乌克兰, 242, 264—266; and Lithuania 与立陶宛, 253, 273; and Poland 与波兰, 275, 279

Russian language 俄语: 116, 118, 127; in USSR 在苏联, 186, 249; in Belarus 在白俄罗斯, 275

Russian SFSR 俄罗斯苏维埃联邦社会主义共和国: in Polish grand strategies 在波兰的大战略中, 221—226; in Polish policy 1989—1991 1989—1991年的波兰政策, 239, 245—246

Russophilia: 亲俄 124—125, 127, 130, 189

Ruthenian language: 鲁塞尼亚语 19, 20, 42, 116

Rzeszów: 热舒夫 189, 199

St. Petersburg: 圣彼得堡 27, 31, 49, 118

Sajūdis: 民主改革运动 101, 240, 242, 247, 272

Šalčininkai: 沙尔奇宁凯 169, 199

Sanskrit language: 梵语 37

Šapoka, Adolfas: 阿道法斯·沙波卡 101

Sarmatian myth: 萨尔玛提亚神话 22

Saudargas, Algirdas: 阿尔及尔达斯·绍达尔加斯 254

Saugumas: 安全警察 84

Schengen border regime: 申根边界政权 291

Schiller, Friedrich: 弗里德里希·席勒 34

Schleicher, August: 奥古斯特·施莱歇 37

Self-determination: 民族自决 134, 185

Sel-Rob: 乌克兰农工联合会 150

Serbia: 塞尔维亚 3, 240. *See also* Yugoslavia. 也见南斯拉夫。

Serfdom: 农奴制 30, 33, 122, 123

Sevastopol: 塞瓦斯托波尔 265

Shashkevych, Markiian: 马尔基安·沙什克维奇 123

Sheptyts'kyi, Andrei 安德烈·舍普季茨基: in Austrian Galicia 在奥地利的加利西亚, 124—125, 127, 131, 132; Second World War 在第二次世界大战, 160, 178; interwar Poland 在两次大战间的波兰, 218

Sheptyts'kyi, Leo: 利奥·舍普季茨基 125

Shevardnadze, Eduard: 爱德华·谢瓦尔德纳泽 243

Shevchenko, Taras: 塔拉斯·舍甫琴科 105, 106, 117, 120, 122

Shoah: 大屠杀 *See* Final Solution 见最终解决方案

Shukhevych, Roman: 罗曼·舒赫维奇 201

Shushkevich, Stanislav: 斯坦尼斯拉夫·舒什克维奇 256, 266—267, 279

Skarga, Piotr: 彼得·斯卡加 23, 208

Skaryna, Frantsysk: 弗兰斯克·斯卡利纳 19, 21

Skubiszewski, Krzysztof 克日什托夫·斯库比斯茨维奇: German unification 德国统一, 235—236; and *Kultura* 与《文化》, 236—238, 268; strategy 战略, 237—238; eastern policy 东部政策, 239—253, 257—276; in USA 在美国, 265

slavery: 奴隶制 114

Šliupas, Jonas: 约纳斯·什柳帕斯 35, 55

Slovakia: 斯洛伐克 260

Słowacki, Juliusz: 尤利乌什·斯沃瓦茨基 71

Smetona, Antanas: 安塔纳斯·斯梅托纳 79, 83

Sniečkus, Antanas: 安塔纳斯·斯涅策库斯 93, 96

Sobibor: 索比堡 160, 166

Sobieski, Jan: 扬·索别斯基 24

Socialism: 社会主义 56—57, 130—131, 230—231

Socialist federalism: 社会主义联邦主义 41, 53, 58, 59, 61, 180

Sokalski line: 索卡尔斯基线 148

Solidarity 团结工会: 1980—1981 on east 1980—1981 年在东部, 213, 227—228; governments after 1989 1989 年后的政府, 217; activists 活动家, 226; and *Kultura* 与《文化》228—229, 231;

469

in 1988—1989 在1988—1989年, 233, 242; post-Solidarity parties 后团结工会政党, 274—275, 278; and Belarus 与白俄罗斯, 280

Soviet nationality policy 苏联民族性政策: to Belarusians 针对白俄罗斯人的, 66, 80—81; wartime 战时的, 83 – 84, 182; to Lithuanians 针对立陶宛人的, 91—98; to Ukrainians 针对乌克兰人的, 141—142, 178; for external consumption 为了外部消耗, 146, 148, 182; after 1944 1944年后的, 182—188; to Poles 针对波兰人的, 244—250 See also deportations, ethnic cleansing 也见驱逐、种族清洗

Soviet partisans: 苏联游击队 163, 167, 169, 172, 174, 177

Soviet Union 苏联: foundation 建立, 65, 83, 140, 185—186, 222, 241; disintegration 解体, 98, 101, 233, 242—246, 256, 290; occupation policy 占领政策, 156—161, 163, 177—178; postwar enlargement 战后扩张, 202; historiography 历史学, 210—211; in 1989—1991 1989—1991年, 218, 233, 236, 241—243, 251; and *Kultura* program 与《文化》计划, 220—222; military forces 军队, 221; opposition 反对, 226, 240, 242—245, 249, 272; alliance with communist Poland 与共产主义波兰结盟, 232, 234; population 人口, 249; 1991 coup 政变, 263 See also nationality policy, NKVD, Red Army, and individual Soviet republics. 也见民族性政策、内务人民委员部、红军和各个苏维埃共和国。

SS: 纳粹党卫队 160, 162, 166

SS-Galizien: 加利西亚党卫队 165—166, 177; and UPA, 192

Stalin, Joseph: 约瑟夫·斯大林 72, 81, 88, 89, 96, 148, 154, 174, 180—182, 184—185, 191, 176, 283, 287

Stalingrad, Battle of: 斯大林格勒战役 154, 167

Studium Ruthenum: 鲁森纳姆学院 123

Sutzkever, Abraham: 亚伯拉罕·苏茨克弗 74, 86

Suvalkai (Suwałki): 苏瓦乌基 33

Sviatopolk-Mirskii, P. D.: P. D. 斯维尔托波克—米尔斯基 50—51

Świerczewski, Karol: 卡罗尔·希维尔切夫斯基 195

Szeptycki, Stanisław: 斯坦尼斯拉夫·舍普季茨基 160

Tarashkevich, Branislav: 布拉尼斯洛·塔拉什克维奇 66

Taryba: 立陶宛民族委员会 61

Teheran: 德黑兰 183

Teutonic Knights: 条顿骑士团 17—18

Thatcher, Margaret: 玛格丽特·撒切尔 234

Toleration: 宽容 23, 25, 115, 149

Treblinka: 特雷布林卡 166

Two-track policy (Polish): 双轨政策（波兰）239—243, 254, 256—257, 280

Ukraine (post-1991): 乌克兰（1991年后）256—257, 260, 262—266, 289—293

Ukrainian Autocephalous Orthodox Church: 乌克兰独立东正教教会 142

Ukrainian Central Committee: 乌克兰中央委员会 158, 159

Ukrainian famine (1932—1933): 乌克兰大饥荒（1932—1933年）142, 149, 150, 152, 186

Ukrainian language 乌克兰语: in 1863 uprising 在1863年起义中, 120; Shevchenko and 与舍甫琴科, 122; Galician reviva 加利西亚复兴l, 123—124; in Austria 在奥地利, 125; standardization 标准化, 128; and Polish 与波兰语, 131; in Polish schools 在波兰语学校中, 149; spoken by Poles 由波兰人使用, 205; and Ukrainian opposition to Soviet rule 与乌克兰人对苏联统治的抗争, 240; in Polish diplomacy 在波兰外交中, 243

Ukrainian National Republic: 乌克兰民族共和国 134, 287

Ukrainian national revival, 乌克兰民族复兴 121—133, 137

Ukrainian SSR 苏维埃乌克兰: 140—142, 149—150; famine 饥荒, 142, 149, 150, 152, 186; enlarged 1939 1939年扩大, 155—159, 185; postwar 战后, 183, 188; in *Kultura* program 在《文化》计划中, 220—221; and Polish eastern policy 与波兰东部政策, 233, 242—245

Ukrainophilia: 亲乌克兰 124—127

Uniate Church 东仪天主教教会: languages 语言, 45—48; and Belarus 与白俄罗斯, 45, 77; in Ukraine 在乌克兰, 45, 111; absorbed by Orthodox Church 被东正教教会吸收, 45, 119—120; origins 起源, 106—110, 123; and Cossacks 与哥萨克, 113, 115; interwar Poland 两次大战间的波兰, 283. *See also* Greek Catholic Church. 也见希腊天主教会。

UNDO: 乌克兰民族-民主联盟 150, 167, 218

Union of Polish Patriots (ZPP): 波兰爱国者联盟 187

Union of Ukrainians in Poland: 波兰的乌克兰人联合会 289

Unitarians: 一神教教徒 23, 108, 114

United Nations: 联合国 233

United States of America 美利坚合众国: entry to First World War 参加第一次世界大战, 134;

end of Second World War 第二次世界大战的终结, 188, 193; intelligence 情报, 201; national identity 民族认同, 204; German unification 德国统一, 235; Ukraine policy 乌克兰政策, 243, 287; NATO enlargemen 北约扩张, 277—278

UPA 乌克兰起义军: cleansing of Poles 清洗波兰人: 162, 168—172, 176—178, 188, 207—209; formation 组成, 167, 171; strategy 战略, 168; at war with Home Army 与波兰救国军作战, 173—175, 177; in postwar Poland 在战后的波兰, 191—193, 196—200, 206, 208; in postwar USSR 在战后的苏联, 191, 195, 200; and deportations 与驱逐, 191—192; truce with AK-WiN 与"救国军–自由与独立"休战, 193; in social memory 在社会记忆中, 203, 212; in communist propaganda 在共产主义宣传中, 212—213; commemorated 被纪念, 162; in politics after 1989 在 1989 年后的政治中, 274—275

Uprising of 1830—1831: 1830—1831 年起义 27, 119

Uprising of 1863—1864 1863—1864 年起义: consequences 后果, 4, 31, 45, 49, 121; national ideas 民族理念, 30, 120; Lithuanian perceptions 立陶宛人的观点, 32; in Ukraine 在乌克兰, 120

urbanization: 城市化 52, 94

Urbšys, Juozas: 尤奥扎斯·乌布伊斯 82, 83

USSR 苏维埃社会主义共和国联盟: *See* Soviet Union 见苏联

Valuev Decree: 瓦廖夫法令 121

Vatican: 梵蒂冈 108—109, 127, 267

Vienna: 维也纳 24, 203

Vilne Gaon: 维尔纳的加翁 56

Vilnius 维尔纽斯: languages of 语言, 15, 95; incorporated by Russian empire 被俄罗斯帝国兼并, 25, 261; and Piłsudski 与毕苏斯基, 41; after 1863 1863 年后, 49—52; nomenclature 命名法, 51, 52, 89, 96; national revivals in 民族复兴, 52—57, 74—79, 247; after First World War 第一次世界大战后, 54—59, 270; interwar contestation of 两次大战间的论证, 57—72, 74—79; population 人口, 52, 54, 76, 82, 91—92, 93—95; Jewish politics 犹太政治, 56, 74—75; LitBel SSR 苏维埃立陶宛–白俄罗斯, 62; annexed by Poland 被波兰吞并, 68—89; annexed by Lithuania 被立陶宛吞并, 79—83; wartime Belarusian claims 战时白俄罗斯人的主张, 80—82; Final Solution 最终解决方案, 84—87; deportations from 驱逐, 83—84, 88—89, 91—92;

Lithuanization 立陶宛化, 92—100; Lithuanian policy towards 立陶宛对其的政策, 236, 247, 253—254; in relations with Poland 1989—1993 1989—1993 年间与波兰的关系, 249—254, 266, 269—272

Vilnius University 维尔纽斯大学: 26—27; in Russian empire 在俄罗斯帝国中, 33, 44, 99; in interwar Poland 在两次大战间的波兰, 76; in Soviet Lithuania 在苏维埃立陶宛, 93—95, 97

Visas: 签证 292

Vistula River: 维斯瓦河 197

Voldemaras, Augustinas: 奥古斯丁纳斯·沃尔德马拉斯 63, 78—79

Volhynia 沃里尼亚: transfer to Poland in 1569 1569 年让渡给波兰, 106; and Brest Union 与布列斯特联盟, 110; in Russian empire 在俄罗斯帝国中, 120, 145; Polish acquisition 1921 1921 年波兰人获得此地, 140; definition 定义, 140—141; in interwar Poland 在两次大战间的波兰, 144—149; population 人口, 145, 169, 203; Soviet revanchism 苏联的收复失地运动, 147—148; Soviet occupation 1939—1941 1939—1941 年被苏联占领, 155—159, 185; Nazi occupation, 1941—1944 1941—1944 年被纳粹占领, 157—164; ethnic cleansing 种族清洗, 168—175, postwar disposition 战后处置, 183

Volhynian State University: 沃里尼亚州立大学 289

Volodymyr: 弗拉基米尔 106

Volodymyr Volyns'kyi: 弗拉基米尔沃伦斯基 261

Vyhovs'kyi, Ivan: 伊万·沃霍夫茨基 114—115

Vytautas the Great: 维陶塔斯大帝 101

Waigel, Theo: 特奥·魏格尔 234

Wałęsa, Lech: 莱赫·瓦文萨 233, 234, 238, 252, 264, 265, 275—276

Warsaw: 华沙 57, 75, 108, 203, 218, 234, 236, 278, 288

Warsaw Pact: 华沙条约 236

Wasilewska, Wanda: 旺达·瓦斯柳斯卡 180—181, 187

Wasilewski, Leon: 利昂·瓦西莱夫斯基 180—181

Wehrmacht: 德意志国防军 83, 86, 88, 156

West Ukraine: 西乌克兰 See Galicia, Volhynia, Ukraine (post-1991). 见加利西亚、沃里尼亚、乌克兰（1991 年后）

West Ukrainian Republic: 西乌克兰共和国 138, 140, 287

West Ukrainian-Polish War: 西乌克兰-波兰战争 138, 156, 167

White Mountain, Battle of the: 白山战役 35

Wiśniowiecki, Jarema: 雅雷马·维西尼奥维茨基 116—117

Witos, Wincenty: 岑蒂·维托斯 146

Wolność i Pokój: 自由与和平 228

World Union of Home Army Soldiers: 救国军国际联合会 289

Wrocław: 弗罗茨瓦夫 202

Yalta accords: 雅尔塔协议 220, 225, 226, 234

Yelstin, Boris: 鲍里斯·叶利钦 245, 256, 260, 272, 278

Yiddish language: 意第绪语 57, 74—75, 134, 136, 141, 148, 203

YIVO: 犹太研究学会意第绪科学院 74, 86

Ypatingas Burys: 德国安全警察特别行动队 84

Yugoslav idea: 南斯拉夫理念 127

Yugoslavia: 南斯拉夫 3, 184, 230, 258—261

Yung Vilne: 年轻的维尔纳人 74, 86

Zawadka Morochowska: 扎瓦卡·莫洛霍夫斯卡 194

Zbruch River: 兹布鲁奇河 138, 197

Żeligowski, Lucjan: 卢茨扬·泽里格斯基 64, 71, 78, 82, 270—272

Zhirinovskii, Vladimir: 弗拉基米尔·日里诺夫斯基 272, 278

Zhytomyr oblast: 日托米尔州 188

Zieja, Jan: 扬·杰贾 227

Zionism: 犹太复国主义 56—57, 136—137, 148

Zlenko, Anatolii: 安纳托利·兹连科 243

Zofijówka: 佐夫约卡 172

Zubrza: 祖布拉 206

Zygmunt III: 齐格蒙特三世 108, 109

Zygmunt August: 齐格蒙特·奥古斯特 19, 24, 33